# 중국 고대 도성제도사【상】

中國古代都城制度史(上)

양관楊寬 저

최재영 역

세창출판사

# 중국 고대 도성제도사 【상】 中國古代都城制度史(上)

—

1판 1쇄 인쇄  2019년 9월 20일
1판 1쇄 발행  2019년 9월 30일

—

저　자 ㅣ 양관楊寬
역　자 ㅣ 최재영
발행인 ㅣ 이방원
발행처 ㅣ 세창출판사

　　　　신고번호 · 제300-1990-63호 ㅣ 주소 · 서울 서대문구 경기대로 88 냉천빌딩 4층
　　　　전화 · 02-723-8660  팩스 · 02-720-4579
　　　　http://www.sechangpub.co.kr ㅣ e-mail: edit@sechangpub.co.kr

—

ISBN　978-89-8411-903-1  93910
　　　　978-89-8411-902-4  (세트)

—

이 번역서는 2009년 정부(교육부)의 재원으로 한국연구재단의 지원을 받아 수행된 연구임(NRF-2009-421-A00008).

—

· 이 책은 한국연구재단의 지원으로 세창출판사가 출판, 유통합니다.(세트)
· 잘못 만들어진 책은 구입하신 서점에서 바꾸어 드립니다.

—

이 도서의 국립중앙도서관 출판시도서목록(CIP)은 서지정보유통지원시스템 홈페이지(http://seoji.nl.go.kr)와 국가자료공동목록시스템(http://www.nl.go.kr/kolisnet)에서 이용하실 수 있습니다.
(CIP제어번호: CIP2019036725)

# 역자의 말

 거의 모든 중국사 개설서에 등장하는 지명이 있다. 바로 장안(長安), 북경(北京), 낙양(洛陽), 남경(南京), 개봉(開封) 등이다. 이를 '5대 고도(古都)'라고 한다. 여기서 '고도'란 단순히 '옛 도시'보다는 '옛 도성'이라고 이해할 수 있다. 이 다섯 도시가 중국 도시 가운데 오랜 기간 동안 도성이었기 때문이다. 즉, 장안은 1077년 동안, 북경은 903년 동안, 낙양은 885년 동안, 남경은 450년 동안, 개봉은 366년 동안 도성이었다. 이러한 중국의 대표적 도성 이외에도 항주(杭州), 업(鄴), 평성(平城) 등 한때 도성이었던 곳도 중국사 개설서에서 쉽게 찾을 수 있다. 그만큼 도성은 중국사를 기술하거나 이해할 때 필수불가결한 소재인 셈이다.

 역사적으로 중국 도시는 서아시아와 유럽 도시와 비교하여 정치와 관리 기능을 수행하기 위해 탄생한 점이 특징이라고 한다. 서아시아와 유럽의 도시가 생활과 경제의 중심인 '시장'을 중핵으로 성립된 것과는 다르다는 것이다. 물론 중국 도시 가운데 경제적 원인에서 탄생한 도시가 없는 것은 아니지만 특히 당대(唐代)까지 조성된 도시들 가운데 통치와 행정 기능을 수행하는 도시가 차지하는 비중이 높다. 그 통치 · 행정 도시의 정점에 바로 도성이 위치하고 있다.

 그런데 도성에 대한 정의는 중국 역대 문헌마다 조금씩 달라 그것을 분명하게 제시하기란 쉽지 않다. 이런 상황에서 장안(長安)의 연혁을 완정한 형태로 전하는 가장 오래된 자료로서 송나라의 송민구(宋敏求)가 희녕(熙寧) 9년(1076)에 편찬한 『장안지(長安志)』는 도성의 개념과 그 변화를 파악하는 데 도움을 준다. 특히 권2 경도(京都) 항목에서는 『석명(釋名)』, 『상서대전(尙書大傳)』, 『춘추좌씨전(春秋左氏傳)』, 『춘추공양전

(春秋公羊傳)』,『백호통의(白虎通義)』,『제왕세기(帝王世紀)』,『풍속통의(風俗通義)』,『삼보결록주(三輔決錄注)』,『오경요의(五經要義)』, 왕영(王嬰)의 「고금통론(古今通論)」, 초주(譙周)의 「법훈(法訓)」,『사기(史記)』,『한서(漢書)』, 두독(杜篤)의 「논도부(論都賦)」 등에 나오는 도성의 개념과 관련된 기록을 제시하고 있다. 이 기록들을 총괄하여 도성을 정의한다면 도성은 '군주가 천하를 통치하기 위해 천하의 중심에 세운 공간'이라고 할 수 있다. 이를 위해 도성에서는 군주의 거처이자 정사를 처리하는 곳인 궁뿐만 아니라 군주의 통치권 계승을 정당화하는 의례를 거행하는 곳인 종묘, 공간적으로 군주의 천하 통치를 정당화하는 의례를 하는 곳인 사직 등을 포함하는 각종 의례 시설이 세워져야 했다. 도성은 곧 군주의 천하 통치를 구현하는 공간이었다.

이러한 도성의 개념이 실제 중국 역대 도성에 반영되는 방식은 중국 왕조가 모두 같지도 않았을 뿐만 아니라 같은 왕조에서도 시대에 따라 달랐다. 하지만 일반적으로 후자에는 크게 주목하지 않는 듯하다. 수나라와 당나라의 도성이었던 장안의 경우 위장(韋莊)의 '장안의 봄[長安之春]'으로 대변되는 8세기 중엽~9세기 초의 장안의 모습이 당대 전 시기의 장안의 모습인 것처럼 비춰지는 경향이 강하다. 그러나 장안은 수문제 때 건설되기 시작한 뒤 당 고종 때 기본적인 구조가 완성되었고 그 이후에도 의례 시설의 변화 등이 일어났다. 이것은 당나라의 변화와 밀접한 관련을 맺고 있다는 점에서 도성의 변화는 왕조의 역사적 전개를 이해하는 데 탐구할 만한 주제이다. 그리고 한 왕조 내에서 일어난 도성의 변화만이 아니라 왕조별 일어난 도성의 변화를 시대적으로 파악한다면 곧 중국사 전개 과정을 폭넓고 새롭게 이해하는 것도 가능할 듯하다.

현재 국내에서는 장안, 북경, 낙양, 남경 등과 관련된 교양서나 개설서가 꽤 출간되어 중국의 역사 도시에 대한 관심과 이해가 높아졌다. 그러나 중국 역대 도성 전체를 다룬 책을 찾기가 쉽지 않다. 이런 점에서

『중국고대도성제도사(中國古代都城制度史)』는 선사시대부터 청대까지 중국사에 등장한 도성의 구조와 성격 등을 기술하고 있어 일독할 만하다.

이 책의 저자인 양관(楊寬, 1914~2005)은 20세기 이후 대표적인 중국 고대사 연구자 중의 한 명이다. 1914년에 상해(上海)에서 태어난 그는 상해 광화대학[光華大學, 현재 화동사범대학(華東師範大學)] 중문학과를 졸업하였다. 25세이던 1939년에 『중국상고사도론(中國上古史導論)』을 발표하여 주목을 받았고 1946년 상해시박물관 관장 겸 광화대학 역사과 교수가 되었다. 1953년에는 복단대학(復旦大學) 역사과 교수에 부임했으며 1960년 상해사회과학원(上海社會科學院) 역사연구소 부소장을 맡기도 했다. 1970년부터 복단대학 교수직을 전담했지만 1986년 미국으로 이주하여 학문 활동을 계속하였다. 그는 『중국고대도성제도사』를 비롯하여 『중국역대척도고(中國歷代尺度考)』, 『전국사(戰國史)』, 『고사신탐(古史新探)』, 『중국고대야철기술발전사(中國古代冶鐵技術發展史)』, 『중국고대능침제도사연구(中國古代陵寢制度史研究)』 등 19종의 저서와 225편의 논문을 발표하였다. 그의 저서 가운데 『중국고대야철기술발전사』는 같은 제목으로 1992년 한국어로 번역 출간되었으며 『중국고대능침제도사연구』는 『중국 역대 능침제도』라는 제목으로 2005년 한국에서 출간되기도 했다.

『중국고대도성제도사』는 『중국고대능침제도사연구』의 자매편으로서 1993년에 처음으로 상해고적출판사(上海古籍出版社)에서 출판되었으나 2003년에 상해인민출판사(上海人民出版社)에서 다시 출판되었다. 두 판본 사이에 내용상 변화는 없고 단지 주석 형식이 바뀌었을 뿐이다. 기존 판본에서는 주석이 각 장 끝에 후주로 붙어 있으나 새로운 판본에서는 각주로 되어 있다. 2016년 상해인민출판사에서 모두 10권으로 출간된 『양관저작집(楊寬著作集)』에도 수록되어 있다.

이 책은 크게 상편과 하편 두 부분으로 구성되어 선사시대부터 청대까지 중국 도성의 구조와 변화를 서술하고 있다. 상편은 선사시대부터 당대까지의 도성 제도를, 하편은 송대부터 청대까지의 도성 제도를 서술하였다. 상편 부분은 이 책이 출간되기 전인 1987년 일본에서 『중국 도성의 기원과 발전(中國都城の起源と發展)』이라는 제목으로 출간되기도 했다. 저자는 상하편 전체를 통해 중국 도성사에서 송대를 기점으로 도성제도의 성격이 바뀌었음을 주장하였다. 즉 선사시대부터 당대까지 도성제도는 폐쇄식 도성구조가 완성되었지만 북송 이후 청대까지 도성제도는 폐쇄식 도성구조가 붕괴되고 점차 개방식 도성구조로 변하였다는 것이다. 이러한 주장은 중국 도성에 대한 통시적인 이해를 가능하게 한다. 또한 저자는 정사(正史)를 포함하여 경전류(經典類), 제자백가서(諸子百家書), 필기소설(筆記小說), 유서(類書), 지방지(地方志) 등 다양한 문헌 자료만이 아니라 갑골문(甲骨文), 금문(金文) 등 출토 자료와 고고 발굴 성과를 활용하며 자신의 주장을 논증하고 있어 도성 연구의 모범을 보여 주고 있다.

게다가 이 책은 한국 도성사 연구에 참고 자료가 될 만하다. 한국 도성사 연구에서 중국의 도성 제도와 변화 및 그 운영 방식 등을 제시하며 한국 도성의 성격을 탐구하는 것이 종종 보인다. 신라 왕경 연구에서는 수당 장안을, 고려 개성 연구에서는 북송 개봉을, 조선 한성 연구에서는 명청 북경을 참고하고 있기 때문이다.

저자의 박학한 지식과 역사적 통찰이 담긴 이 책을 역자의 능력으로 번역하기에는 벅찼다. 되도록 오역을 줄이고 보다 정확하게 번역하기 위해 저자가 인용한 자료의 구절은 가능한 한 모두 원서를 확인하고 대조하였다. 그 결과 오탈자를 발견하기도 하여 오역을 피하기도 하였다. 또한 이 책에서 자주 제시하고 있는 경전류나 제자백가서 가운데 우리말로 번역된 책뿐만 아니라 한국연구재단의 명저번역지원을 받아 출간된 『문선(文選)』과 『동경몽화록(東京夢華錄)』 등을 참고하고 인용하여 번역의 정확도를 높이고자 하였다. 그 과정에서 여러 선생님과 동학으로부터 많은 도움을 받았다. 원서 확인을 위해 부탁한 자료를 흔쾌히 제공해 주고 초벌 번역 원고를 읽고 잘못을 지적해 주셨다. 특히 전남대 사학과의 설배환 선생님은 원대 이후의 번역 부분에서는 공역자라고 할 수 있을 정도로 초벌 원고의 잘못된 부분을 바로잡아 주셨다. 도움을 주신 모든 분들께 감사드린다. 하지만 어디인가 있을지도 모르는 번역상 잘못은 오롯이 역자의 책임이다.

이 책의 번역은 수당장안성에 대한 관심에서 비롯되었다. 번역을 진행하는 과정에서 새로운 것을 배우는 즐거움도 있었지만 처음 접하여 충분히 그 내용을 소화하지 못할 때는 번역에 달려든 역자의 무모함도 반성하였다. 그러다 보니 번역 기간도 길어졌다. 그럼에도 번역을 지원해 준 한국연구재단과 출판을 맡아 준 세창출판사에 감사드린다.

2019년 7월
최재영

# 서 언

필자가 이번에 새롭게 작성한 『중국고대도성제도사』는 1985년에 이미 출판된 『중국고대능침제도사연구』와 함께 친밀한 관계가 있는 자매편이라고 할 수 있다. 역대 군왕이 실행한 "돌아가신 분 섬기기를, 살아 계신 사람을 섬기듯 한다(事死如事生)"라는 예제에서 능원 가운데 능침의 배치 구조와 규격은 항상 생전에 거처한 도성의 구조를 따라 설계하기 때문에 능침제도를 연구할 때에는 반드시 도성제도를 연구해야 한다. 그리하여 우리가 도성제도를 깊히 연구할 때에도 오히려 그것과 능침제도를 합쳐 고찰하지 않을 수 없다.

우리가 현재 도성제도발전사를 탐색하는 데 있어서 먼저 중시해야 할 것은 '성(城)'·'곽(郭)'의 상호 연결 배치 구조의 발전 변화와 '곽' 안에 거주민이 사는 곳인 방리(坊里) 및 시(市)의 발전 변화이다. 궁전을 조영하는 '성' 안의 배치 구조는 그다음으로 중요하다. 모든 도성제도의 발전 역사를 통해서 그 배치 구조는 전후 두 단계로 크게 나눌 수 있다. 앞 단계는 선진시대부터 당대까지로 폐쇄식 도성제도시기인데 이 책의 상편 「중국도성의 기원과 발전」에서 앞 단계를 논한다. 뒷 단계는 송대부터 명청대까지로 개방식 도성제도시기인데 이 책의 하편 「송대 이후 도성제도의 변혁 및 그 중요 시설」에서 뒷 단계를 고찰한다.

이른바 폐쇄식 도성제도는 주로 곽 안에 거주민이 사는 폐쇄식의 방리제도와 상업을 집중시킨 '시'의 제도가 있는 것을 가리킨다. 거주민이 많이 몰려 있는 '방리'와 상점을 개설하는 '시'는 사방 주위에 모두 담장으로 둘러싸여 있고 문마다 설치된 작은 관아가 관리하여 아침저녁으로 정해진 시간에 열고 닫으며 야간에는 출입을 승인하지 않았다.

일반민의 주택은 단지 '방리' 안에 지어야만 했고 도로쪽으로 문을 내는 것은 허가되지 않았다. 저녁이 되면 방문과 시문은 굳게 닫히고 큰 도로에서 통행은 허용되지 않았을 뿐만 아니라 도성 안에는 엄밀한 치안시설이 있었다. 진(秦)의 도성인 함양(咸陽)의 '시'의 도로에는 '정(亭)'이 설치되어 있었는데 도둑 체포 등 관리가 도로의 치안을 담당하였던 것이다. 서한(西漢) 장안(長安)과 동한(東漢) 낙양(洛陽)에는 성 안의 도로에 '정'이 설치되었을 뿐만 아니라 성문 입구마다 곽 바깥으로 약 10리 떨어진 곳에 '외곽정(外廓亭)'이 설치되었다. 당대 장안에 이르면 성문 입구와 큰 도로에 따라 있는 방의 모서리에는 모두 '가포(街鋪)'가 설치되어 경호병이 주둔하며 치안을 관리하였다.

선진시대부터 당대까지 이처럼 실행된 폐쇄식 도성제도의 역사 단계는 성곽 연결 배치 구조의 차이에 따라 세 시기로 나눌 수 있다. 즉 상대(商代)는 성은 있지만 곽이 없는 시기이고 서주(西周)부터 서한까지는 서쪽의 성이 동쪽의 곽과 연결된 시기이며 동한에서 당대까지는 동·서·남 세 면에서 곽 구역이 중앙 북부의 성 구역을 둘러싼 시기이다. 더욱이 서한과 동한 시기는 성곽 연결 배치 구조에서 중대한 변화가 일어났다. 이것은 우리가 연구할 때 더욱 주의를 기울여야 할 점이다.

서주초 주공(周公)이 낙양에서 동도 성주(成周)를 건설할 때 서쪽의 작은 성이 동쪽의 큰 곽과 연결되는 배치 구조를 처음으로 만든 이래 성곽 연결 배치 구조는 오랜 기간 동안 널리 응용되었다. 『오월춘추(吳越春秋)』 일문에서 말한 "성을 쌓아 군주를 보위하고 곽을 만들어 백성을 거주토록 한다(築城以衛君, 造郭以居民)"[『태평광기(太平廣記)』권193에서 인용하고 있는, 『초학기(初學記)』권24에서 '민'을 '인(人)'으로 쓴 것은 피휘에서 비롯되었다]는 방식은 곧 역대 도성 건설의 준칙이 되었다. 서주에서 서쪽의 성과 동쪽의 곽을 연결하는 제도는 춘추전국시대에 중원의 각 제후국이 계속 채용했을 뿐만 아니라 진의 도성 함양과 서한의 도성 장안에도 이어졌다.

진의 도성 함양의 유지는 위수(渭水)가 끊임없이 북쪽으로 옮겨가며 흘렀기 때문에 훼손되었고 서한의 장안에는 외곽이 있을지라도 오히려 곽성이 건설되지 않았다. 그래서 이 두 도성의 배치 구조는 모두 연구자가 중시해야 함에도 주목을 받은 적이 없었다. 그러나 우리가 단지 함양과 장안을 모든 성곽 연결 배치 구조의 발전 변화 과정에 놓고 고찰하면 그것들이 이 발전 변화 과정 중에 중요한 위치에 있음을 알게 되고 다음과 같은 문제를 제기하게 된다. 진한 이전에 이미 서주, 춘추, 전국시대에 중원의 여러 도성은 서쪽의 성이 동쪽의 곽에 연결되는 배치 구조가 유행하였지만 진한 이후에는 북위(北魏) 낙양은 또한 동·서·남 세 면에서 곽 구역이 중앙 북부의 성 구역을 둘러싼 배치 구조를 갖추었다. 이런 양자 사이에 있는 진의 도성 함양, 서한의 장안과 동한의 낙양은 어떻게 성만 있고 곽이 없을 수 있었을까? 이 때문에 이 문제는 우리가 깊이 연구하고 토론할 만하다.

진의 도성 함양을 사례로 들어 보자. 상앙(商鞅)이 변법과정 중에 처음 새로 만든 함양의 도성제도는 일찍이 본보기가 되어 널리 전해졌다. 진 혜왕(惠王)은 촉(蜀)을 멸망시킨 이후 장의(張儀)·장약(張若)을 파견하여 성도(成都) 건설을 주관토록 했는데 "함양과 제도가 똑같아" 성도가 그 때문에 '소함양(小咸陽)'이라는 칭호를 갖게 되었다. 성도는 곧 서쪽의 작은 성이 동쪽의 큰 곽에 연결되는 배치 구조를 채용하여 문헌에서 명확히 촉도 성도는 '그 서쪽에 접한다.(接於其西)'고 한 것은 작은 성이 큰 성의 서쪽에 바짝 붙어 있는 것을 말한다. 구체적으로 말하면 "작은 성이 큰 성과 함께 축조되었는데 오직 서·남·북 세 벽만 있고 동쪽은 큰 성의 서쪽 담벽이었다"[이응(李膺)의 『익주기(益州記)』는 이미 산일되고 현재 집본이 있다]. 성도 고성은 대략 사각형 모양을 띠고 있고 각 면은 3리이며 중간에 사이를 가르는 남북방향의 성벽이 있다. 사각형의 성은 서쪽의 작은 성과 동쪽의 큰 곽으로 나누어져 있는데 작은 성의 남북 길이는 큰 곽의 남북 길이와 같고 단지 동서 폭이 넓고 좁은 차이만 있을 뿐이다. 이 때문에 작은 성은 좁은 장방형을 이루고 큰 곽은 비교적 넓은 장방형을 이룬다[왕문재(王文才)의 『성도성방고(成都城坊考)』 가운데 '성곽'과 '성문' 부분 참조. 1986년 파촉서사(巴蜀書社) 출판]. 진의 도성 함양도 똑같은 구조였을 것이고 규모만 컸을 뿐이다. 함양 도성을 모방한 진시황능원도 똑같은 구조이지만 규모가 작았을 뿐이다. 서쪽의 능침과 능묘를 건축한 두 겹의 작은 성은 좁은 장방형이고 동쪽의 병마용을 내부에 포괄하고 있는 큰 곽은 비교적 넓은 장방형이다. 병마용갱은 응당 큰 곽의 동남 안쪽에 있다. 이로 말미암아 진의 도성이 조성될 당시의 성곽 배치 구조를 추정할 수 있다.

우리는 도성의 '곽' 건설 역사를 회고하면서 서한 장안과 동한 낙양에 있는 곽 구역에 대한 이해를 심화시킬 수 있다. 이른 시기의 곽은 단지 원래 있던 산천을 연결하여 막이로 한 것이라는 점은 청대 학자 초둔(焦循)이 『군경궁실도(羣經宮室圖)』에서 이미 지적한 바이다. 하류 및 그 제방을 이용하여 막이로 삼은 것은 원래 옛사람이 늘상 이용한 방법으로 전국시대 각 나라가 변경에 세운 장성은 대부분 하류의 제방을 이용해 산지에 연결하여 만든 것이다. 이 때문에 우리는 서한 장안의 북곽이 위수 및 그 제방을 이용하여 막이로 한 것이며 동곽은 새롭게 개착한 조거(漕渠) 및 그 제방을 막이로 한 것이라는 점을 어렵지 않게 이해할 수 있다. 송대(宋代) 정대창(程大昌)은 『옹록(雍錄)』에서 조거를 장안 동곽의 막이로 보고 선평문(宣平門) 밖의 옥거(玉渠) 부분에 '곽문 밖'이라고 명확히 쓰고 아울러 [선평문이라는 글자] 옆에다 '동도문(東都門)'이라고 표기한 것은 틀린 것이 아니다. 동한의 낙양은 분명히 망산(邙山), 낙양(洛陽), 조거 및 그 외 수로를 이용하여 외곽의 막이로 삼았으며 북위 낙양에 이르러서도 이와 마찬가지였다.

서한과 동한시대에 도성제도에서 한 차례 중대한 변화가 일어났다. 모든 도성 건설 구조가 '서쪽에 자리 잡고 동쪽을 바라보는 구조[坐西朝東]'에서 '북쪽에 자리 잡고 남쪽을 바라보는 구조[坐北朝南]'로 바뀌었고 서쪽의 성이 동쪽의 곽에 연결되거나 서남쪽의 성이 동북부와 연결되는 배치 구조가 동·서·남 세 면에서 곽 구역이 중앙 북부의 성 구역을 둘러싼 배치 구조로 바뀌었다. 이후 위진 및 북위의 낙양은 모두 동한의 배치 구조를 이어받으면서 더욱 발전을 이루었다. 북위의 낙양은 남궁과 북궁의 이궁 구조를 버리고 북궁만을 두었고 궁문 앞쪽으로 양측에 가지런히 관서를 배치한 중축선을 건설하였다. 당대 장안에 이르면 황성과 곽성을 관통하는 남북방향의 중축선을 건설하여 동서 양쪽의 곽 구역에는 도로, 방과 시장이 대칭을 이루는 바둑판식 배치 구조가 출현하였다. 이것 모두 동한 도성의 '북쪽에 자리 잡고 남쪽을 바라보는 구조'가 한층 더 발전한 결과이다.

　당송시대에 도성제도에서 또 한차례 커다란 변화가 일어났다. 즉 폐쇄식에서 개방식으로 바뀐 것이다. 이 시기에는 도성 인구가 갑자기 증가함에 따라 늘어난 거주민의 생활에 필요한 물품의 수요와 공급이 날로 증가하고 사회경제가 발전하였다. 각 업종의 상인연합조직인 '항(行)'과 '시(市)'가 성장하여 하천을 따라 다리 근처나 성문 입구 안팎에 일용상품을 취급하는 많은 새로운 '항'과 '시'가 생겨나고 새로운 '항'과 '시'를 중심으로 하는 시가지가 점차 형성되었다. 동시에 사교를 필요로 하는 사람들의 수요에 맞춘 술집과 다방도 크게 발전하여 술집과 다방을 중심으로 하는 시가지가 점차 형성되었다. 전국적인 시장도 형성되었다. 새로운 항과 시, 그리고 시가지는 오래된 폐쇄식의 집중된 '시'를 대체하였다. 오래된 폐쇄식 시장이 와해되고 시가지가 크게 이루어져 거주구와 상업구가 서로 뒤섞이며 점차 붙어서 한 뭉치가 되었다. 큰길과 작은 길이 연결된 교통망도 점차 형성되어 거주민이 많이 사는 작은 길은 큰길과 직접 통하였다. 이에 큰 도로와 작은 길이 막힘없이 통하는 구조는 오래된 폐쇄식의 도로와 방 구조를 대체하였다. 앞서 서술한 여러 요인으로 말미암아 원래 있던 폐쇄식 도성제도가 개방식 도성제도로 점차 바뀌었다. 당연히 이것은 당송시대에 비교적 오랜 기간에 걸쳐 낡은 것을 새로운 것으로 대체해 가는 과정이었던 것이다.

우리는 특별히 폐쇄식에서 개방식으로 바뀌는 과정 중에 오대(五代) 후주(後周)의 세종(世宗)이 중대한 공헌을 한 것을 지적하지 않을 수 없다. 그는 시대의 수요에 맞춰 변량[汴梁, 지금의 하남(河南) 개봉(開封)]의 궁성(宮城)과 주성(州城) 밖을 둘러싸고 둘레가 그 네 배나 되는 외성을 축조하여 거주민들이 도로를 따라 집을 짓고 게다가 도로 폭의 1/10 면적을 점유하여 나무를 심고 우물을 파거나 그늘을 드리우는 차양을 치는 등을 허가하였다. 이것은 도시 경제발전에 맞춘 새로운 도로제도이다. 북송(北宋)의 동경(東京)은 이러한 새로운 규획의 기초 위에서 발전하여 궁성, 이성(裏城)과 외성이라는 삼중성의 구조를 형성하였고 궁성을 중심으로 한, 성 전체를 관통하는 사통팔달의 교통이 등장하였다. 북송 말에 이르면 동경에는 맹원로(孟元老)의 『동경몽화록(東京夢華錄)』과 장택단(張擇端)의 「청명상하도(淸明上河圖)」에서 묘사한 것처럼 번화한 시가지 정경이 나타났다. 이것은 도성제도가 크게 바뀐 결과이다.

당송시대에 벌어진 도성제도의 중요한 변화로 도성 거주민은 생활면에서 비약적인 진보를 이루었다. 음식과 주거부터 문화와 오락에 이르기까지 모두 한층 더 발전하였다. 당대 장안에서는 시에서만 여러 놀이 공연이 벌어지고 소설을 이야기해 주는 이가 있었고 큰 사원에는 노래와 춤 그리고 온갖 놀이를 연출하는 극장이 있었다. 북송의 동경에 이르면 육가(六家)[1]가 와자(瓦子)라고 부른 유희 장소가 교통 요지에 분포하였다. 당대 장안에는 시에만 서점이 있었지만 북송의 동경에는 상국사(相國寺)에 모인 시에 서적을 전문적으로 매매하는 장소가 있을 뿐만 아니라 상국사의 동문대가(東門大街)에도 많은 서점이 있으면서 서적만을 취급하는 '항시(行市)'가 이미 형성되어 '문자항(文字行)'이라고 불렸

---

1_ 역자 주 당송팔대가 가운데 당대 인물을 제외한 송대 인물을 가리킨다. 즉 당나라 사람인 한유(韓愈)와 유종원(柳宗元)을 제외한 구양수(歐陽修), 소순(蘇洵), 소식(蘇軾), 소철(蘇轍), 증공(曾鞏), 왕안석(王安石) 등이다.

다. 또한 볶고 조리하는 것이 일종의 기예로서 크게 취급되었고 북송의 동경에는 북식점(北食店), 남식점(南食店), 천식점(川食店) 등처럼 각종 지방 특색이 있는 음식점이 생겨났다. 뿐만 아니라 분야별로 각종 전문 음식점이 있었는데 저명한 가게 가운데 유명한 요리를 파는 곳이 적지 않았다. 남송(南宋)의 임안[臨安, 지금의 항주(杭州)] 시기에 이르면 각 방면이 더욱 확대되어 민간에서 시문, 무예, 기예와 희곡을 다루는 사회 단체가 여기저기 생겨나고 성 안팎에 와자가 많게는 23곳까지 있어 민간 문예의 창작과 연출이 모두 크게 발전하였다. 도서를 출판하는 서점이 많이 늘어나고 서적을 취급하는 항시는 '서방(書房)' 혹은 '문적서방(文籍書房)'이라고 불렀다. 도성의 발전과 변화는 당시 사회, 경제, 정치, 문화 등의 발전과 긴밀하게 관련되어 있다는 것을 알 수 있다.

필자는 도성제도사를 탐색하면서 이상의 견해를 바탕으로 하여 크게 두 과정으로 나눠 진행해 왔다.

이 책의 상편인 「중국 도성의 기원과 발전」은 선진시대부터 당대까지 폐쇄식 도성제도의 기원과 발전 변화를 논술한 부분으로 1983년 7월 이전에 작성한 것이다. 1983년 9월에 일본 도쿄에서 열린 제13회 아시아 · 북아프리카 인문학 국제회의를 통해 이 부분의 초고를 더욱 빨리 완성할 수 있었다.

이 국제인문과학회의의 제1분과는 각국의 도성사를 토론하는 것을 주제로 삼았다. 나는 1983년 초에 초청서를 받은 후 준비하기 시작하였다. 1983년 4월과 5월에는 교학실습 방법을 이용하여 3명의 대학원생과 함께 여러 고성 유지에 가서 실지를 고찰하고 조사하였다. 각 지역의 고고단위와 문물보호단위 소속의 전문가들이 열정적으로 환대해 주고 아울러 현장까지 안내하며 구체적인 지도와 설명을 해 주어 도움을 받은 바가 작지 않았다. 이와 동시에 고찰을 수행하는 여정 중에 나는 각 지역의 대학 역사과와 문물 단위의 초청을 받아 여러 차례 도성제도사와 관련한 주제로 강연을 하면서 나 개인의 관점을 발표하였는데 목적은 먼저 미숙한 의견을 내놓고 다른 사람들의 고견을 듣고자 하는 것이었다. 이번 고찰을 통해서 나는 도성제도의 발전 과정을 한층 더 깊게 이해할 수 있었고 동시에 연구 방법상 문헌과 고고자료를 결합해야 한다는 것을 깨달았다. 같은 해 6월과 7월 두 달 동안 오로지 집필에만 힘을 써 2개월이 지난 뒤 선진시대부터 당대까지의 초고를 완성하였는데 모두 10만 자 이상이었다.

이 회의는 대규모로 거행되는 인문과학 토론회였기 때문에 여러 분과로 나눠져 열렸다. 도성사를 토론하는 제1분과는 아시아·북아프리카 각국의 도성사를 동시에 토론해야 하기에 중국도성사를 토론하는 시간은 단지 하루만 배정받아 사람들은 일정한 시간 안에 발언해야 해서 나는 이미 작성된 초고를 바탕으로 약 5천 자로 줄일 수밖에 없었다. 제목은 「선진·진한시기 도성 배치 구조의 발전 변화와 예제의 관계」로 고쳤다. 영어로는 *The Relationship between the Developing Change of the Layout of Capital Cities and Ritual in the Pre-Qin and Qin-Han Periods*으로 번역하였다. 중국도성사를 토론하는 당일에 일본의 많은 대학, 연구기관과 문물기관의 연구원이 오로지 강연을 듣고자 서둘러 와서 재능 있는 사람들이 한자리에 모였다. 나는 너무나도 죄송스럽게도 도성제도사에 대한 관점을 충분히 설명할 수 없었고 동시에 토론도 충분히 하지 못했다. 회의 후에 적지 않은 분들이 내가 발표한 새로운 견해의 전모를 알고 싶어 하여 도쿄대학의 명예교수인 니시지마 사다오(西嶋定生) 선생님과 도쿄대학의 교수인 오가타 이사무(尾形勇) 선생님이 졸저 『중국도성의 기원과 발전』의 번역을 흔쾌히 허락하고 번역하는 사람을 조직하고 이끈 것에 힘을 입어 앞서 이미 번역되어 출판된 『중국 황제릉의 기원과 변천』의 자매편으로서 똑같이 일본에서 고고서적을 전문적으로 출판하는 가쿠세이샤(學生社)에서 출판되었다. 또한 다카키 사토미(高木智見) 동학이 이 번역에 참가하여 도움을 주었다, 게다가 가쿠세이샤의 사장인 쓰루오카 데이노미(鶴岡阯巳) 선생님과 총편집인인 오쓰 데루오(大津輝男) 선생님은 이를 위해 연회를 베풀어 융숭히 환대해 주셨다. 이 책은 여러 문제에 대해 고문헌을 인용하고 고고자료를 결합하여 새로운 논증을 한 것이기 때문에 번역 작업에 많은 어려움을 주었고 여러 의문 때문에 토의하며 해결해야 할 것이 적지 않아 자주 연락하고 토론하였다. 또한 나는 새로운 자료를 발견하면 새로운 「추기(追記)」와 삽도(揷圖)를 보내어 번역작업의 진행에 혼란을 주었고 더욱 번거롭게 하였다. 니시지마 사다오 선생님, 오가타 이사무 선생님과 다카키 사토미 동학의 끊임없는 노력으로 마침내 어려움을 극복하고 번역작업이 잘 끝나서 이 책의 일본어 번역본이 드디어 1987년 11월에 출판되었다. 동시에 『중국 황제릉의 기원과 연변』의 일본어 번역본의 재판도 발행되었다. 니시지마 사다오 선생님은 일본어 번역본을 위해 「서(序)」를 써서 일본 독자에게 열정적으로 추천하면서 체계적으로 요점을 잡아 책 전반에 걸친 큰 줄기를 명확히 설명해 주셨다. 오가타 이사무 선생님은 일본어 번역본을 위해 「후기(後記)」를 써서 진지하게 번역이 이루어진 과정을 설명해 주셨고 다카키 사토미 동학은 일본어 번역본을 위해 「해제(解題)」를 써서 저자의 학문 연구 방법과 업적 및 이 책의 특징을 소개해 주었다. 니시지마 사다오와 오가타 이사무 두 선생님은 책 안에 필요한 삽도를 선정해 주셔서 짧은 시간 내에 친구들에게 도성 유지의 사진을 빌려 책 앞머리의 도판으로 실어 졸저를 매우 훌륭히 일본 독자에게 내보일 수 있었다. 이상의 선생님들의 끊임없는 노력으로 말미암아 이 일본어 번역본은 일본학계에서 중시되었고 호평도 받았다. 특별히 언급해야 하는 것이 있다. 1987년 하순에 이 책의 일본어 번역이 막 끝나고 출판되려는 무렵 니시지마 사다오 선생님이 미일역사학회의에 참석코자 미국의 로스앤젤레스에 와서 회의가 끝난 뒤에 비행기를 타고 마이애미 해변을 방문하였다. 몇 년간 멀리 떨어져 있어 나누지 못했던 정을 실컷 나누고 연구중인 이러저러한 학술 문제를 토론하였으며 이 책의 번역 출판에 관련된 사무적인 일까지도 이야기했다. 이러한 깊은 정과 두터운 호의는 내 가슴에 영원히 간직될 것이다.

이 책의 상편 가운데 동오(東吳)의 건업(建業)과 위진남조(魏晉南朝)의 건강(建康)을 이야기한 제12장을 제외한 전부는 원래 원고의 본래 모습을 그대로 갖추고 있어 일본어 번역본과 완전히 동일하다. 원래 제12장은 이 방면의 고고자료가 없었기 때문에 쓸 수가 없었는데 나중에 문헌에 의거하여 보충한 것이다. 상편의 삽도도 일본어 번역본과 완전히 같지만 그중 몇몇 삽도는 거듭 새롭게 고찰하여 수정을 하고 설명을 덧붙였다.

이 책의 하편 초고는 그해 국제인문과학회의를 참가하고 돌아온 뒤 재빨리 작성하였지만 이후에도 끊임없이 보충하고 수정하여 편폭을 크게 늘렸다. 당송시대에 일어난 도성제도의 중대한 변화는 이후 사회경제의 발전과 도시 주민생활의 개선을 추동하는 데 크고 중요하게 작용하였다. 이것은 우리가 특별히 중점을 두고 연구해야 할 점이다. 이 방면과 관련하여 1930년대에 일본학자인 가토 시게시(加藤繁)가 개창한 업적을 남겼는데 그 논문은 그의 『중국경제사고증』[중국에는 오걸(吳傑) 동지가 번역한 것이 상무인서관(商務印書館)에서 1959년에 출판되었다]에 실려 있다. 50년 가까이 일본학자들은 그 고찰을 계속하였으나 새로운 것이 낡은 것을 대체해 가는 과정은 비교적 복잡하여 오늘날까지도 여전히 분석이 명확하지 않아 우리들이 더욱 노력해 줄 것을 기대하고 있다. 이 때문에 이 책은 하편에서 특히 이 방면의 토론을 중시하여 새로운 것이 낡은 것을 대체해 가는 모든 과정에 대해 비교적 상세하게 분석하고 서술하였으며 서술방법은 상편과 크게 다르다.

송원시대 이후의 도성은 지금까지도 여전히 연속하여 사용하고 있어 오늘날 도시는 기본적으로 송·원·명의 도시의 기초 위에 세워져 체계적이고 전면적인 고고발굴이 전개되기 쉽지 않아 획득한 고고자료는 매우 한정적이지만 다행히 송원시대 이후 지방지를 편찬하는 분위기가 점차 유행하며 도성의 정경을 기술하는 필기류가 비교적 많아져 관련 문헌자료가 당 이전에 비해 훨씬 풍부하여 우리는 오늘날 남아 있는 유적과 대조하여 비교적 정확한 시의도(示意圖)를 그려 낼 수 있다. 예를 들면 도로·방항(坊巷)·항시 및 와자 분포에 대한 시의도 등이 있다. 뿐만 아니라 종합적인 연구를 진행하면 그 속에서 당송시대에 일어난 도성제도의 변혁의 내력을 고찰할 수 있다. 이 책은 새로운 탐색을 시도한 것이므로 여러분의 가르침을 바란다.

하편을 계속 수정하고 보충하는 과정 가운데 고지군(高智羣) 동지와 일본의 다카키 사토미 동학이 자료 수집과 자료 열람에 도움을 주었다. 특별히 여기에 고마움을 전한다. 이 책은 이전의『중국고대능침제도사연구』와 똑같이 상해고적출판사의 장준준(張俊俊) 동지가 열심히 살펴보며 온 마음으로 교정해 주었고 출판사 미술조의 동지들은 대신 삽도를 제작해 주었다. 모든 분에게 감사의 마음을 표한다.

양관

## 일본어판 서문*

　이 책은 중국에서 고대 도성제도의 발달, 특히 평면 계획의 전개를 예제와 정치사와 연관지으면서 새로운 관점에 기반하여 실증적이고 포괄적으로 해명한 복단대학(復旦大學) 교수인 양관(楊寬) 선생의 중국어 자필 원고를 모두 번역한 것이다.

　그 핵심은 주나라 초에 성주(成周)의 곽성이 낙양(洛陽)에 조성된 이후 중국의 고대도성의 기본 구조는 ① 군주의 궁전 및 그 통치기구로서 관아가 있는 소성(小城) 부분(=성)과 군사·서민·피정복민 등이 거주하며 동(銅)과 철(鐵) 등을 만드는 작방(作坊)이 분포하는 대성(大城) 부분으로 구성되었고 ② 전한(前漢) 장안성(長安城) 이전은 소성이 동남쪽 모퉁이에 동쪽을 바라보며 설치된 것이 많았지만 후한(後漢) 낙양성(洛陽城) 이후는 소성이 중앙부에 위치하며 남쪽을 바라보게 되었고 ③ 이런 변화는 서남쪽에 자리 잡고 동쪽을 바라보는 것을 존귀하다고 여기는 가(家)를 중심으로 한 예제에서 북쪽에 자리 잡고 남쪽을 바라보는 것을 존귀하다고 여기는 군신관계의 예제로 이행한 것을 반영하고 있으며 ④ 북위 낙양성 및 당 장안성의 구조도 그 연장선에 있는 것이라고 생각한다는 것이다.

　양관 선생의 이 관점은 1983년 9월에 도쿄에서 개최된 제31회 국제 아시아·아프리카인문과학회의 제1부회에서 발표된 것(Yang Kuan; The Relationship between the Developing Changes of the Layout of Capital Cities and

---

　*　역자 주 이 일본어판은『中國都城の起源と發展』(西嶋定生 監譯, 尾形勇·高木智見 共譯, 學生社, 1987)이란 제목으로 출간되었다. 이 일본어 서문은 원래 일본어 번역본에 실린 니시지마 사다오(西嶋定生)의 글을 참고하여 번역하였다.

Ritual in the Pre-Qin and Qin-Han Periods)이 최초이지만 발표 시간이 제약되어 있어 그 내용은 개요에 그쳤다. 그러나 이 참신한 관점 때문에 그 새로운 견해의 전모를 일본에서 간행하자는 논의가 일어나 양관 선생도 이를 승낙하여 이전의 저서『중국황제릉의 기원과 변천(中國皇帝陵の起源と變遷)』[원명:『중국고대능침제도사연구(中國古代陵寢制度史研究)』][1]에 이어서 똑같이 가쿠세이샤(學生社)에서 출판하기로 하였다. 그 뒤 귀국한 양관 선생은 얼마 지나지 않아『중국고대도성의 기원과 발전[中國古代都城的起源和發展]』이라는 제목을 단 20만자에 이르는 자필 원고를 보내왔다.

이것에 의하면 그 내용은 앞서 구두로 발표했던 것에 비하여 고찰의 범위도 눈에 띄게 확대되었고 게다가 모든 것에 상세한 논증이 덧붙여 있었다. 우선 도성의 기원에 대한 고찰에는 고고학의 성과를 참조하여 상대(商代) 이전까지 거슬러 올라가며 또한 상대의 도성제도에 대한 고찰에서는 종래 한 시대에는 하나의 도성만 두는 제도가 있었다고 상정했던 것에 대해 배도제(陪都制)의 성립을 상정하였다. 그리고 그 뒤에 고찰하는 주제는 앞서 서술한 성주 낙양의 조영에서 보이는 소성대곽(小城大郭)의 연결방식이 출현한 것으로 이행하고 이어서 그것을 '서쪽에 자리 잡고 동쪽을 바라보는 것[좌서조동(坐西朝東)]' 즉 서쪽을 상위에 두고 동쪽으로 향한다는 예제와 관련지어서 춘추전국시대의 중원 여러 나라 각각의 도성을 검토하였다.

그리고 이어서 진나라 도성인 함양(咸陽)과 한나라 도성인 장안을 고찰의 대상으로 삼았는데 이 두 장은 바로 이 책의 백미라고 할 수 있다. 그 참신한 관점과 주도면밀한 논증은 진정 저자에게만 허용된 혼자만의 공간이라는 느낌을 전해 줄 것이다.

우선 진나라 도성인 함양의 도성 형태에 대해 그 유적이 위수(渭水)가 범람했기 때문에 사라져 버렸다는 것을 확인한 뒤 두 가지 방법으로 그

---

1_ 역자 주 이 책의 우리말 번역본이『중국역대능침제도』(장인성·임대희 옮김, 서경문화사, 2005)라는 제목으로 출간되었다.

것을 복원한다. 그 하나는 문헌 조사로 그것을 추론하는 방법이다. 그 것은 전국시대의 장의(張儀)가 촉(蜀)의 성도(成都)를 함양을 본받아 조 영하였고 게다가 성도가 대성·소성이 연결된 방식이라고 한다는 기록 에 착목하여 그 원형인 도성 함양도 또한 소성·대성이 연결된 구조일 것이라고 상정한다. 다른 하나는 진시황릉의 현재 상태에서 그것을 추 론하는 방법이다. 그것은 죽은 뒤 능묘는 살아 있을 때의 도성을 모방 하는 것이기 때문에 현재의 분구(墳丘)를 둘러싼 이중 성벽이 소성이며 병마용갱(兵馬俑坑)의 설치 지점이 포함된 그 동쪽이 광대한 외곽일 것 이라고 상정한다. 그리고 이것이 시황제가 살아 있을 때의 도성 함양의 구조를 모방한 것이라고 한다면 함양의 구조도 소성·대성이 동서로 연결된 도성 형식이 된다고 추론하는 것이다.

한나라 도성 장안에 대해서는 이제까지 그 성벽이 둘러싼 형태 및 내 부의 궁전 배치 등은 기록이나 고고 조사 등에 의해 상당히 알려졌다. 양관 선생은 그것들을 인정한 위에 한 장안성에 대해 대담한 새로운 견 해를 제창하고 있다. 종래 이해에서는 한 장안성의 구조 계획에 대해 현재도 단속적으로 존재하는 성벽 내부가 장안 전체라고 보았다. 양관 선생은 그것은 소성 부분에 지나지 않는 것이며 일찍이 그 동북부와 북 부에는 게다가 대곽 부분이 존재했다고 상정하고 그것을 당시 문헌이 나 그 밖의 것을 통해 논증하고 있다. 이 상정에 의하면 가지런하지 않 은 형태지만 동서·남북이 각각 6km가 넘는, 현존하는 한 장안성은 당 시 장안성의 내부에 불과하여 내성·외곽을 아우르는 한 장안성의 규 모는 매우 웅장하였다고 할 수 있을 것이다.

이러한 양관 선생의 새로운 견해는 종래 지녀 왔던 의문을 푸는 열쇠 가 되고 있다. 즉 책에서 언급하고 있듯이 『한서(漢書)』 지리지(地理志) 의 기록에 의하면 원시(元始) 2년(2)의 장안 호구통계는 호(戶) 80,800, 구(口) 246,200이지만 성벽 안의 면적은 거의 36km²이고 게다가 2/3 이 상을 궁전·종묘·관아 부분이 차지하고 있어 성 안에는 이 많은 수의 인구를 거주시킬 만한 땅이 남아 있지 않았을 것이라는 의문이 있었다. 그런데 성 밖에 외곽 부분이 있다고 한다면 곽 안이야말로 전통적으로 서민이 거주하는 부분이었기 때문에 거기에 이 인구를 수용하는 것은 곤란하지 않게 된다.

새로운 초고에 의하면 소성대곽·좌서조동의 형식은 한(漢)·위(魏) 낙양성에 이르러서 바뀐다. 그것은 좌서조동에서 좌북조남(坐北朝南)으로 바뀐 것이었고 또한 내성의 동쪽 혹은 북쪽에 있던 곽 부분이 동·서·남 세 방면으로 배치된 것이다. 이것은 앞서 서술한 것처럼 예제의 변화에 따른 것이며 정궁(正宮)에서 출발하여 남교(南郊)·환구(圜丘)에서 교사의례(郊祀儀禮)를 하러 가는 노부출어(鹵簿出御) 때문이기도 하지만 결정적으로는 황제가 남쪽을 바라보며 군신과 회동하는 원단조의(元旦朝儀), 즉 대조회[大朝會, 원회의(元會儀)] 때문이라고 한다.

이것에 의해서 세 방면에는 곽이 있고, 북쪽에 자리 잡고 남쪽을 바라보는 등의 도성 계획이 출현한다. 이 경우에 내성 부분이 북쪽 벽에 붙어 있고 게다가 그것이 궁성 부분과 황성 부분으로 분리되는 구조가 당 장안성의 계획에서 완성된다. 이렇게 더듬어 찾아가면 중국 고대도성의 기원과 발전을 군권의 전개와 맞추어 보며 한 맥락으로 이해할 수 있다.

주지하듯이 저자 양관 선생은 현재 가장 저명한 중국고대사연구의 노대가(老大家)이며 그의 약력과 업적은 앞서 언급한『중국황제릉의 기원과 변천』의 권말부록에 상세히 나와 있다. 그 뒤 양관 선생은 1986년 복단대학을 영광스럽게 퇴직하고 그 신분 그대로 미국에 초빙되어 현재 마이애미시에서 다음 저서를 준비하며 휴양하고 있다. 들은 바에 따르면 준비중인 다음 저서는『서주사고(西周史稿)』라는 책이라고 한다. 또한 선생의 저서인『중국고대야철기술발전사(中國古代冶鐵技術發展史)』[상해인민출판사(上海人民出版社), 1982]에 대해 1986년 9월에 상해시(上海市)에서 '상해시철학사회과학저작상'을 수여하였다. 노년을 잊은 채 왕성히 연구하는 그의 태도에 그저 경탄할 뿐이다. 많은 양의 초고를 보낸 뒤에도 미국에서 서너차례 추기를 보내와 이 책의 내용을 더욱더 충실히 하였다는 것은 이 책의 내용에 나타나 있는 대로이다.

올 여름 나는 미일역사학회의에 출석하기 위해 미국에 갈 기회에 있어서 마이애미시에 거주하는 양관 선생을 방문하였다. 오랜만에 만나 그간의 생활을 이야기하면서 눈동자가 초롱초롱하고 왕성한 정신력으로 연구에 전념하는 그의 근황을 접하고 내 자신의 게으름을 뒤돌아 보았다.

그런데 이 책의 번역 작업은 우선 다카키 사토미(高木知見) 씨에 의해 진행되었다. 다카키 사토미 씨는 나고야(名古屋)대학 문학부 출신으로, 동 대학원에 재학하는 중에 상해의 복단 대학에 유학하여 양관 선생으로부터 직접 지도를 받은 뛰어난 신진 연구자로 선생의 사고법과 연구법을 가장 잘 알고 있어, 번역자로서는 가장 적임자이다. 이 때문에 다카키 사토미 씨에게는 번역문을 작성하는 것 외에 필요한 역주를 해 줄 것을 부탁하였고 또한 양관 선생의 연구방법 등을 기술한 해제를 받았다. 이것에 의해 이 책을 이해하는 것이 한층 쉬워졌을 것이다.

다카키 사토미 씨의 번역 원고는 그 무렵 야마나시(山梨)대학에서 도쿄대학 교수로 옮긴 오가타 이사무(尾形勇) 씨가 원문과 대조하며 치밀하게 검토하였고 게다가 두 사람이 몇 차례나 만나서 번역문을 조정하였다. 의문이 생긴 경우에는 몇 번이나 저자와 질의응답하는 편지가 오갔다. 저자가 제시한 것 외에 독해를 돕고자 지도·사진 등의 도판도 삽입하였다. 그리고 이렇게 하여 완성된 번역 원고를 감수한 뒤 의문이 있는 곳은 솔직히 표시하고 검토를 받았다. 다만 이 때문에 예상 외의 시간이 필요하였고 이전의 책보다 초고의 분량이 두 배 가까이나 늘어나 번역 원고의 완성이 크게 지연되었다. 이 책이 하루라도 빨리 간행되기를 바라는 저자 양관 선생의 기대를 저버리지 않았나 걱정스럽다. 넓은 용서를 구하는 바이다.

되풀이하여 말하지만 이 책은 독창적인 견해와 그것을 뒷받침하는 논증으로 가득한 저술이다. 논증만 있고 독창적인 견해는 없거나 독창적인 견해만 있고 논증이 수반되지 않는 저서와 논문이 적지 않은 오늘날 학계에 이 책이 주는 효과는 크리라고 생각한다.

　　또한 본 역서를 간행할 때에도 이전의 책과 마찬가지로 가쿠세이샤의 사장 쓰루오카 데이노미(鶴岡陡巳) 씨, 편집장 오츠 데루오(大津輝男) 씨 및 출판부 하사타 신이치(羽佐田眞一) 씨로부터 각별한 이해와 배려를 받았다. 마지막으로 깊은 감사의 뜻을 표한다.

1987년 8월

니시지마 사다오(西嶋定生)

## 1. 당대 이전 폐쇄식 도성 구조

1) 폐쇄식의 이제(里制)와 방제(坊制)

2) 폐쇄식의 집중적 시도

3) 폐쇄식 구조의 경비 · 치안 시설

## 2. 당송 사이 도성제도의 중대한 변화

1) 상인의 '항' · '시' 조직의 발전과 강가 다리 근처 및 성문 입구에 형성된 새로운 '항'과 '시'

2) 새로운 '시가'의 형성과 옛 폐쇄식 '시'의 도태

3) 민간 문화 오락 활동의 전개와 '구란'을 중심으로 한 '와자'의 형성

## 3. 북송 동경의 새로운 구조와 신시가

1) 후주의 동경외성 확장계획과 북송에서의 지속적인 발전

2) 북송 동경의 새로운 구조와 새로운 배치

3) 북송 말기 동경의 새로운 '시가'

4) 「청명상하도(淸明上河圖)」가 묘사한 변하를 따라 동수문에 이르는 시가와 홍교(虹橋)의 교시(橋市)

5) 북송말 동경의 주루, 다방과 음식점의 특징

6) 북송말 동경의 각종 집시 분석

7) 북송 말년 동경 와자의 구란 및 그곳에서 펼쳐지는 공연

8) 북송말 동경 시가의 치안 시설과 서비스업

## 4. 남송 임안(항주)의 구조와 시가 분석

1) '좌남조북(坐南朝北)'의 특수 배치 구조

2) 궁전, 관서, 학교와 관료 주택의 분포

3) 주민의 상(廂)과 방(坊)의 분포 배열

# 중국 도성의 기원과 발전

中國都城的起源和發展

# 1. 머리말

도성은 역대 왕조의 정치중심지이다. 새로운 왕조가 창건될 때마다 창업군주나 그를 보좌하는 대신들은 항상 도성 건설을 가장 중요한 정치적 임무로 삼았다. 지점 선정과 설계 확정부터 구체적인 시공과 완공에 이르기까지 모두 그들의 정치 의도와 이미 결정된 방침에 따라 진행되었으며 통치계급의 정치적·경제적 수요에 부응하고자 한 것이었다. 이 때문에 도성을 건설할 때마다 반드시 당시 정치, 경제, 문화의 발전에 중대한 작용과 영향을 끼쳤다. 동시에 주목해야 할 점은 사회경제의 발전, 정치제도의 변혁 및 각 시기의 정치, 군사, 경제 방면의 다른 요구에 따라 도성 건설은 끊임없이 변화하였다는 것이다. 특히 도성 전체의 배치 구조면에서 시대에 따라 현저히 달라지는 모습을 확인할 수 있다. 도성 변화의 발전과정에서 고대 사회경제와 정치제도의 변혁 과정을 엿볼 수 있기 때문에 도성 변화를 중요 과제로 삼아 체계적이고 심도 깊게 연구할 만하다.

이 과제에 대한 연구를 잘 수행하려면 반드시 체계적이고 광범위하게 고고 자료를 수집하고 문헌 기록과 결합하여 종합적으로 분석하고 검토해야 한다. 최근 중국 각지에서 이루어진 고고 발굴은 새로운 성과를 끊임없이 거두고 있는데 역대 주요한 도성 유지에 대해 계획적이고 단계적인 발굴이 진행된 곳도 있고 전면적인 시추 조사가 이루어진 곳도 있다. 문물보관기구를 설립한 곳도 있어 한편으로 보호 작업을 하면서도 한편으로는 조사 연구도 진행하였다. 필자는 일찍이 1983년 4월 과 5월에 이들 주요한 고성 유적에 가서 현장을 고찰하고 조사하였다. 각 곳의 고고단위와 문물보호단위의 전문가들의 열정적인 초대를 받으며 현장으로 안내받아 구체적인 지도와 설명을 들었고 아울러 적지 않은 유적지의 출토유물을 볼 수 있어 매우 유익하였다. 이 책에서는 이때 수행한 현장 조사를 바탕으로 하여 이미 발표된 고고 자료를 참고하고 더불어 문헌 기록을 결합하면서 중국 고대 도성제도를 탐색하여 그에 대한 폭넓은 이해를 도모하고자 하였다.

# 2. 도성의 기원

물론 도성은 국가 성립 후에 출현한 것이다. 그러나 그것은 갑자기 등장한 것이 아니라 점진적으로 형성된 것이다. 이제까지 획득한 고고 자료를 통해 명확히 알 수 있듯이, 국가 성립 이전의 원시사회에서 씨족 촌락은 이미 해자나 담장 등 촌락의 안전을 보호하는 시설을 갖추었고 촌락 전체에도 이미 일정한 배치 구조가 있었다. 이것이 바로 도시의 맹아이자 도성의 기원이라고 할 수 있다.

### 1) 앙소(仰韶)문화기의 씨족제 촌락

지금으로부터 약 5~6천 년 떨어진 신석기시대의 앙소문화기에 씨족제적 촌락의 주위에는 이미 해자가 방어 시설로 설치되기 시작했고 촌락에도 이미 합리적인 배치 구조가 있었다. 현재 섬서성(陝西省) 서안(西安)의 반파(半坡) 유지와 임동(臨潼)의 강채(姜寨) 유지를 예로 들 수 있다.

### (1) 서안의 반파 유지

유적지는 대략 타원형을 띠고 있고 거주구는 남쪽으로 하천 가까이 자리 잡고 있고 북쪽에는 활 모양의 해자가 주위를 두르고 있어 하천과 땅을 파서 만든 해자가 방어 시설이었던 것이다. 해자와 하천 사이에는 동쪽과 서북쪽 방향 모두에 통로의 기능을 하는 빈틈이 있는데 촌락의 출입구 역할을 하였다. 해자의 동북쪽에는 도기를 만드는 공용 가마터가 있고 해자의 북쪽에는 씨족 묘지가 있다. 해자 바깥의 공터에는 여러 형태의 구덩이가 분포하고 있는데 이것은 공용 창고였다. 거주구 중앙에는 공동으로 사용하는 커다란 건물이 있고, 그 주위를 작은 주택이 둘러싸고 있다.

### (2) 임동현의 강채 유지

씨족 촌락의 서남쪽은 하천에 가깝고 북, 동, 남쪽 세 방면은 해자로 둘러싸여 있다. 해자의 정동쪽에는 빈틈이 있고 서북쪽도 하천을 따라 빈틈이 있다. 통로가 남아 있는데 촌락의 출입구 역할을 하였다. 서부의 하천과 맞닿은 곳은 가마터이고 해자 동쪽지역에는 씨족 묘지가 있다. 촌락 중심은 광장으로서 씨족 촌락 구성원의 집회와 오락의 장소였다. 그 주위는 몇 부분으로 나누어졌는데 각 부분마다 큰 건물 1개와 작은 집 몇 개가 있으며 입구 모두가 중심을 향하고 있다(그림 1 참조).

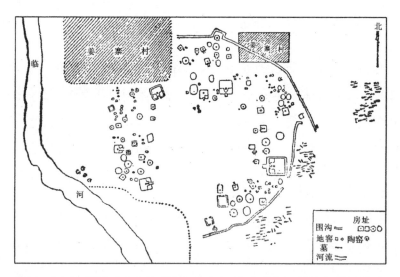

그림 1  섬서성 임동현 강채 유지 씨족 촌락 평면도(출전: 鞏啓明, 「從考古資料看我國原始社會氏族村落赤平面布局」, 『人類學研究』, 中國社會科學出版社, 1984)

이처럼 큰 건물과 광장을 중심으로 하는 거주민 배치 구조, 동쪽을 바라보며 태양을 향하는 도로, 남쪽은 하천에 가깝고 북쪽은 해자를 판 방어 시설, 하류를 수원으로 한 점, 그리고 주변에 가마터, 웅덩이 및 씨족 묘지의 분산 배치 등은 모두 씨족공동체 생활과 안전을 보호하기 위한 것이었다. 이러한 계획적인 배치 구조가 이후 다가올 도시의 맹아였다.

## 2) 용산(龍山)문화 시기의 성보(城堡)

성벽은 해자와 비교하면 더 발전한 방어 시설이다. 그것이 출현하려면 좀 더 시간이 필요했다. 지금까지 출토된 고고 자료를 통해서 살펴보면 적어도 용산문화 중후기에는 이미 성보가 건축되었다. 비교적 중요한 성보 유지로, 이하 세 곳이 있다.

### (1) 왕성강(王城崗)의 성보 유지

하남성(河南省) 등봉현(登封縣) 고성진(告成鎭)에서 서쪽으로 약 1km으로 떨어진 왕성강에서 동서로 연결된 2개의 성보 유지가 발견되었는데 1977년부터 1980년에 걸쳐 발굴되었다. 현재 동성(東城)은 서남쪽 귀퉁이만 남아 있는데 남벽 가운데 서쪽 부분 약 30m가 잔존하고 있고 서벽 가운데 남쪽 부분 65m가 남아 있지만 원래는 아마 정방형이었을 것이다. 서성(西城)은 동성의 서쪽에 바짝 붙어 있는데 남벽과 서벽의 기단 바닥과 땅을 다진 항토층(夯土層)이 여전히 지하에 보존되어 있었다. 남벽 길이는 82.4m이고, 서벽 길이는 약 92m이며 북벽은 약 29m가 남아 있었다. 성보 안의 중부와 서남부의 비교적 높은 지대에서는 성벽과 시기가 같은, 땅을 다진 유지가 발견되었다. 땅을 다져 둥근 구덩이 안을 만든 것도 있는데 그중에는 구덩이 안의 항토층과 항토층 사이에 몇 구의 어른과 아이의 인골이 묻힌 것도 있다. 아마도 건축을 위해 만든 전기갱(奠基坑)일 것이다. 왕성강 제4기의 회갱(灰坑)에서는 청동 용기 파편 1건이 출토되었다. 성보 유지의 연대는 용산문화의 중후기일 것으로 추정된다. 목탄의 방사성탄소 14[이하 C14로 표기] 측정연대는 지금으로부터 4000±65년 떨어진, 대략 기원전 2050년쯤으로 문헌기록상 하왕조 초기에 해당한다. 지리적 위치는 『고본죽서기년(古本竹書紀年)』과 『세본(世本)』에 기록된 "우임금께서 양성(陽城)을 도읍지로 하였다."는 기사와 부합한다. 춘추전국시대의 양성고성(陽城古城)이 등봉현 고성진의 동쪽 변두리에 있고 서로 거리가 가깝기 때문이다. 이 성보 유지를 하대(夏代) 초기 도성으로 추정하기도 한다[1](그림 2 참조).

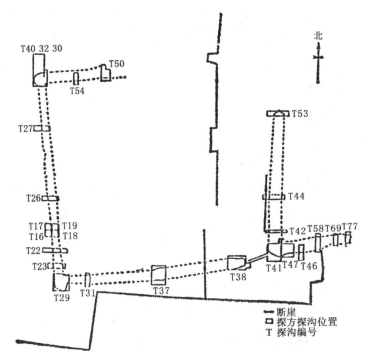

그림 2   하남성 등봉현 왕성강 성보 평면도(출전: 「登封王城崗遺址的發掘」, 『文物』 1983-3)

---

1_ 河南省文物研究所 · 中國歷史博物館考古部, 「登封王城崗遺址的發掘」, 『文物』 1983-3.

### (2) 평량대(平糧臺)의 성보 유지

하남성 회양현(淮陽縣) 동남 4km에 있는 대주장(大朱莊)의 서남에 위치하고 있고 평량대 혹은 평량총(平糧塚)이라고 한다. 주위 지면보다 3~5m 정도 높이 솟아 있고 1980년에 발굴되었다. 유지는 평면상 정방형을 띠고 있으며 각 변의 길이는 185m이고 성내 면적은 34,000㎡ 남짓이지만 성벽 및 바깥부분을 포함하면 면적은 50,000㎡에 이른다. 현존하는 성벽 기저부의 폭은 13m이고 정상부의 폭은 8~10m이며, 남아 있는 벽의 높이는 3m이다. 성벽의 서남귀퉁이는 비교적 잘 보존되어 있고, 그 귀퉁이의 바깥쪽은 대략 활 모양을 띠고 있다. 축성 방법은 비교적 원시적이다. 먼저 소규모의 판축 토벽을 쌓은 후에 그 외측에 흙을 쌓아 안을 다지고 층층이 높이 올려 성벽의 윗부분까지 쌓아올렸다. 남북 성벽의 중앙에는 각각 성문과 노면이 있다. 남문 양쪽에는 서로 마주 보는 문지기 방이 있었고 문지기 방의 평면은 모두 남북으로 긴 장방형을 띠고 있었다. 양쪽 문지기방의 북쪽에는 입구와 통로가 서로 마주 보고 있었다. 흙길의 아래에는 도기로 만든 배수관이 깔려 있었고 북단이 남단보다 높아 성 밖으로 배수가 잘 되도록 하였다. 성안 동북부에서는 나란히 이어진 방의 기저가 발굴되었는데 방의 기저부 일부에는 흙을 다진 토대가 있었고 방의 기저부 주위에는 벽돌로 된 벽과 기둥 구멍 등의 유적이 남아 있었다. 평량대 제3기 회갱에서는 제련된 동부스러기가 출토되었다. 이 유지는 하남성 동부인 예동(豫東)지역의 특징을 띠고 있는 용산문화유지이다. 고성 동남부에서 출토된 목탄의 C14 측정연대는 3960±140년 전이고, 식목연륜연대결정법으로 교정해서는 4355±175년 전이다. 시대적으로는 왕성강 유지보다 약간 이르지만 그 차이가 크지 않다[2](그림 3 참조).

---

2_ 河南省文物研究所·周口地區文化局文物科,「河南淮陽平糧臺龍山文化城址試掘簡報」,『文物』1983-3.

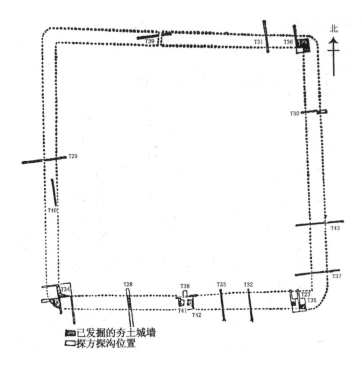

북(北)

已发掘的夯土城墙
探方探沟位置

그림 3  하남성 회양현 평량대 평면도(출전: 「河南淮陽平糧臺龍山文化遺址試
掘簡報」, 『文物』 1983-3)

### (3) 성자애(城子崖) 유지

산동성 장구현(章丘縣) 용산진(龍山鎮)에 위치하며 1930년부터 1931년
에 걸쳐 발굴되었다. 유지는 평면상 정방향의 남북이 긴 장방형이며 남
북 길이가 약 450m이고, 동서 폭이 약 390m이다. 과거에 어떤 사람은
이곳에 의문을 품어 이곳의 상층은 동주(東周)문화층에 속하지만 하층
은 용산문화층에 속하지 않는다고 생각하여 이곳이 춘추시대 담(譚)나
라의 성벽이라고 단정하기도 하였다.[3] 지금은 왕성강과 평량대라는 용

---

3_ 李濟, 『城子崖』, 1934; 董作賓, 「譚譚」, 『歷史語言研究所集刊』 4-2, 1933.

산문화 중후기에 속하는 두 유지가 발견됨에 따라 성자애도 응당 용산문화기의 성보라고 추정할 수 있다.

상술한 이들 유지의 역사적 연대에 대해서는 현재 학계에서 토론을 진행하고 있는 중이다. 그 가운데 이들 유지는 아마 원시사회 말기의 산물이며 원시사회 말기에 이미 성보가 출현했지만 작은 규모의 성보와 출토된 청동파편을 국가기구가 이미 성립되었다는 주요한 증거로 삼을 수 없다는 의견이 있다. 동시에 왕성강 성보 면적이 이리두(二里頭)유지의 1호 궁전[다음 제3장 추기(追記) 참조]보다 작기 때문에 결코 우(禹)의 도성인 양성(陽城)일 리는 없다고 한다.[4]

『예기(禮記)』 예운편(禮運篇)에 공자(孔子)가 말하기를

> 대도(大道)가 행해지면 천하에는 공의(公義)가 구현된다. … 노인으로 하여금 편안한 여생을 보내게 하며, 장년은 일할 여건이 보장되고 어린이는 길러주는 사람이 있으며 의지할 곳 없는 과부와 홀아비, 병든 자도 모두 부양받는다. … 그러므로 집집마다 바깥문을 닫지 않았다. 이런 상태를 대동(大同)이라고 한다. 지금 대도가 숨고 천하는 개인의 가(家)가 되었다. 사람들은 각기 자기의 어버이만 어버이로 여기고 자기의 자식만을 자식으로 여기며, 재화와 노동을 자기만을 위하여 사용한다. 대인(大人)이 그 지위를 세습하는 것을 예(禮)라 하고 성곽과 해자로 요새를 만들고 예의를 기강으로 삼으며 … 제도를 제정하고 전리(田里)를 세우며 용감하고 지혜로운 자를 현명하다고 하며, 자기를 위하여 공을 이룬다. 그러므로 음모가 생기고 병란이 발생한다. … 이런 상태를 소강(小康)이라고 한다.[5]

---

4_ 『中原文物』 1983-2에 게재된 짤막한 글인 「中國考古學會在鄭州擧行第四次年會探討夏商文化和青銅文化」 참조.

5_ 역자 주 陳正炎 · 林其錟 지음, 이성규 옮김, 『中國大同思想研究』(후에 『중국의 유토피아사상』으로 제목 변경), 지식산업사, 1990, p.123 참고.

라고 기록되고 있다. 이 이야기는 실제 역사와 부합한다. '성곽과 해자를 쌓아 견고히 한 것'은 국가의 대외 방어와 대내 통치의 필요에서 비롯된 것으로 도성에는 반드시 정치적·군사적 시설이 갖춰져 있어야 했다. 현재 초기 도성의 특징을 설명할 수 있는 적확한 고고 자료가 아직 없다.

|추기| 왕성강 성보의 연대와 성격에 대해 현재 다른 의견이 나왔는데『문물(文物)』1984년 2기 및 11기에 게재되어 있다. 대부분 의견은 왕성강 성보가 아마 하대(夏代) 초기의 성벽이 아닐 것이라는 것이다. 왕성강 성보가 건설되어 사용된 시기는 '왕성강 제2기 문화'에 해당하며 같은 시기의 회갱에서 출토된 유물의 연대는 C14 탄소측정을 통해 조사하니 4405±109년 전, 즉 기원전 2455±109년이었다. 평량대 성보의 연대는 '평량대 제3기 문화'보다 늦지 않지만 C14 탄소측정을 통해 4355±175년 전, 즉 기원전 2405±175년 전임이 확인되어 왕성강 성보보다 다소 늦다. C14 측정연대는 고고연구소실험실(考古研究所實驗室)의 「방사성탄소연대측정보고(칠)(放射性碳素測定年代報告(七))」(『고고(考古)』1980-4)에 나와 있다. 두 유적의 연대 모두 문헌에서 하대라고 말한 것보다 빠르다. 둘을 비교하면 왕성강 성보의 규모가 작고 건축기술 수준도 낮다. 왕성강의 서성 면적(약 8,500㎡)은 평량대 성보 면적(34,000㎡)의 1/4에 지나지 않는다. 전자의 성벽폭(성벽 기단 바닥의 폭 4.4m)은 후자(성벽 하단부의 폭 13m)의 1/3정도이다. 전자에서는 하묘석[河卵石, 표면에 모가 없는 계란형의 돌]으로 된 흙 다지는 도구가 사용되었지만 후자에서는 4개의 기둥을 묶어서 만든 흙 다지는 도구가 사용되었다. 더욱이 후자의 시설물은 전자보다 진보하여 후자의 남·북 성벽의 중앙에 문이 설치되어 있었고 남문 양쪽에는 대칭을 이루는 문지기 방이 있었으며, 도로 흙길의 아래에는 도기로 만든 배수관이 있었다. 이것이 현재 발견된 성보 유적 가운데 가장 오래된 배수 시설 자료이다.

### 3) 동하풍(東下馮) 유지의 해자와 성벽

해자와 성벽은 똑같이 고대의 방어 시설이다. 그러나 그 발전 과정은 해자의 기원이 상대적으로 빠르고 성벽의 기원이 상대적으로 늦다. 앞에서 서술한 앙소문화기의 씨족 촌락과 용산문화기의 성보가 이 점을 충분히 증명한다. 산서성(山西省) 하현(夏縣) 염장(埝掌)의 동남쪽을 흐르는 청룡하(靑龍河) 양쪽 기슭의 대지 위에 있는 동하풍 유지도 마찬가지이다.

동하풍 유지에는 상하 2층의 문화 유지가 있다. 상층은 상대(商代) 전기 문화이고 하층은 이리두 문화이다. 동화풍 유지에는 해자가 이중으로 둘러싸고 있는데 꼭 '회(回)'자 모양이다. 평면상 위가 넓고 아래가 좁아 역사다리꼴을 나타낸다. 안쪽 해자의 각 변의 길이는 약 130m이고, 바깥 해자의 각 변의 길이는 약 150m이며 나란히 놓인 안팎의 두 해자의 간격은 5.5~12.3m이다. 해자를 세로로 자른 단면으로는 위가 넓고 아래가 좁은데 안쪽 해자의 윗부분 폭은 5~6m이고 바깥 해자의 윗부분 폭은 2.8~4m이며 아래 부분의 폭은 둘 모두 똑같이 2~3m이다. 현존하는 해자의 윗부분에서 아래 부분까지 깊이는 3m정도이다(그림 4 참조). 주거 유지는 모두 요동식(窯洞式)이며 요동은 단애나 해자 벽면을 파고 들어가 있다. 유물로 석기, 골기, 도기 외에 청동 화살촉과 청동 끌 등이 출토되었다.

상대 전기 유적으로 성보가 남아 있지만 이미 모두 지하에 매몰되었다. 남벽과 서벽 일부가 확인되었다. 남벽 중간은 굴절되어 있는데 전체 길이는 400m이다. 동하풍 유지의 역사다리꼴 해자는 바로 이 성보의 서남부를 둘러싸고 있다. 서벽의 남단은 해자의 서쪽 변을 둘러싸고서 해자와 나란히 나 있다. 남벽의 서단은 해자의 남쪽 변을 싸고 있지만 중간 굴절 부분은 해자의 동남쪽 모서리 위를 덮고 있다. 건축터는 원형 토대로 당시 지면보다 30~50㎝가 높고 직경은 대략 8.5~10m이다. 토대 중앙에는 큰 기둥구멍이 있고 그 주위에 20~30개의 작은 기둥

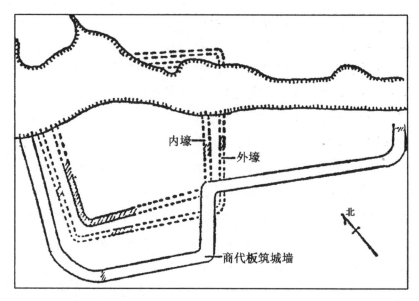

**그림 4** 산서성 하현 동하풍 유지 중구의 해자와 성벽(출전: 「山西下縣東馮遺址東區中區發掘簡報」, 『考古』 1980-2)

구멍이 있다. 건축군의 배열에는 앞뒤 순서가 있고 좌우로 줄을 이루며 평균 5m 간격으로 떨어져 있어 매우 가지런하고 반듯하여 건축물이 계획적으로 세워졌다는 것이 확실하다.[6]

동하풍 유지에서 알 수 있듯이, 오늘날 산서 서남지역에서 확인되는 이리두 문화 시기의 유지에는 해자만이 방어 시설로서 갖추어져 있었으나 상대 초기에 이르러서야 비로소 성보가 건축되었던 것이다.

전체적으로 보건대, 해자나 성보를 거주지의 방어 시설로 삼고 방어 시설의 범위 내에 건축물의 일정한 배치를 계획적으로 한 것은 원시사회 후기에 들어서서 몇 천 년을 지나서야 비로소 점차 이루어졌다. 앙소문화기에 씨족 촌락 주위를 두르는 해자를 판 것은 단지 짐승의 갑작

---

**6_** 東下馮考古隊, 「山西夏縣東夏馮遺址東區中區發掘簡報」, 『考古』 1980-2.

스런 습격을 방어하기 위해서였다. 용산문화기에 이르러 성벽으로 방어 시설을 쌓기 시작하였는데 이는 아마 당시 부족 간의 약탈 전쟁이 발생하여 다른 씨족 촌락의 갑작스런 습격을 막기 위해서였다. 결국 국가 기구가 형성되어 상호 간에 전쟁이 발생하게 되자 성보 건축이 더욱 발전하게 되었다. 성벽과 해자를 결합하여 도시의 방어 시설로 한 것은 시기적으로 비교적 늦게 출현한 셈이다. 현재 이미 발굴된 상대 도성 유지에는 세 종류가 있다. 해자만 있는 것, 성벽만 있는 것, 성벽과 해자가 결합한 것 등이다. 늦어도 상대 중기에 이르면 성벽과 해자가 결합한 성보가 생겨났다.

## 3. 동북부를 중심으로 하는 상대 도성의 배치 구조

이미 발굴된 상대 도성 유지에는 상대 전기에 속하는 정주 상성(鄭州商城)이 있고, 정주 상성보다 조금 늦은 호북성(湖北省) 황피현(黃陂縣)의 반룡성[盤龍城, 당시 상대 남쪽의 한 제후의 국도(國都)]이 있다. 또한 상대 후기에 속하는 안양(安陽) 은허(殷墟)가 있다. 주목할 만한 점은 이들 도성은 기본적으로 동일한 배치 구조를 이미 갖추었다는 것이다. 주요한 특징으로 다섯 가지가 있다.

첫 번째는 상대 도성에는 성벽이 방어 시설인 것도 있고 해자가 하천과 결합하여 방어 시설인 것도 있으며 성벽과 해자가 서로 결합하여 방어 시설을 이룬 것도 있다는 것이다.

하남성 정주에서 1955년에 상대 성터가 발굴되었는데 성벽의 축조 연대는 상대 전기인 이리강 시기의 하층문화에 해당하여 약 기원전 15세기 중엽 전후이다(C14 측정연대로는 기원전 1620년이라고 한다).[1] 성벽은 방형에 가깝고 단지 북벽의 중앙이 북쪽으로 돌출되어 있었다. 성 전체는 동북에서 서남쪽으로 약간 기울어져 있었다. 동벽과 남벽의 길이는 각각 1,700m이고, 서벽 길이는 1,870m이며, 북벽 길이는 1,690m이다. 둘레 길이는 합쳐서 약 6,960m으로 7km에 가깝다. 성벽 전체는 흙을 다져서 단을 나눈 판축으로 만들어졌다. 성벽의 횡단면은 사다리꼴을

---

1_『新中國的考古發現和硏究』, 文物出版社, 1983, p.220.

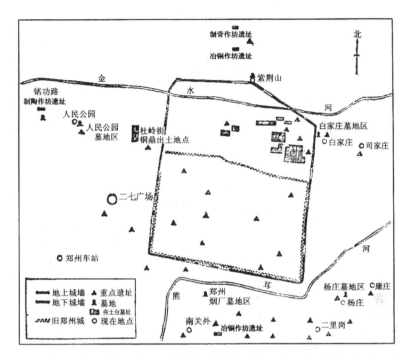

그림 5　하남성 정주 상성 유지(출전:「鄭州商城遺址發掘報告」,『文物資料叢刊』第1輯, 文物
　　　　出版社, 1997)

띠고 있으며 하단의 폭은 평균 20m이고, 정상부의 폭은 5m, 높이는 대
략 10m이다[2](그림 5 참조).

　반룡성은 호북성 황피현 반룡호(盤龍湖) 가의 구릉지대에 있으며 무한
시(武漢市)에서 북쪽으로 약 5km 떨어져 있다. 매년 증수기가 되면 성의 3
면이 물로 둘러싸이고 갈수기에는 반룡호 서안의 호수 바닥과 그 남쪽
에서 상대 문화층과 묘장이 보여 당시 지형이 현재 모습과 크게 달라 원
래 성 전체는 육지였고 서로 연결되어 있었다는 것을 알 수 있다. 성은
평면상 방형에 가깝고 남북 길이는 290m이고, 동서 폭은 260m이다. 성

---

2_　河南省博物館・鄭州市博物館,「鄭州商代遺址發掘報告」,『文物資料叢刊』(1), 1977
　　년 12월 출판.

전체는 동북에서 서남쪽으로 약간 기울어져 있다. 지세는 동북부가 조금 높고 서남부가 낮다. 그곳에 사는 노인의 말에 따르면 수십 년 전에는 성벽이 땅 위로 높이 솟아 있었고 각 성벽의 중간에는 성문이 있었다고 한다. 성의 동남 귀퉁이의 바깥 단면을 통해서 성벽 밖에 폭 10m의 해자가 있었다는 것을 알 수 있다. 성벽의 전체 길이와 성내의 총면적은 모두 정주 상성의 1/25에 지나지 않는다. 또 축성 연대는 이리강 시기 상

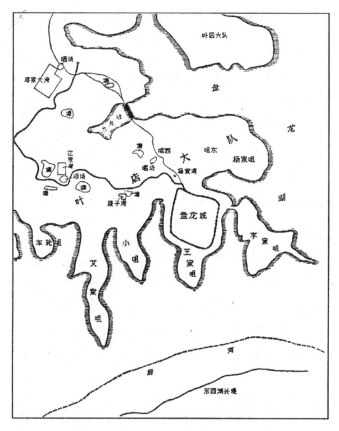

**그림 6** 호북성 황피현 반룡성 유지(출전: 「盤龍城一九七四年度田野考古紀要」, 『文物』 1976-2)

층문화기에 해당하여 정주 상성에 비해 조금 늦다[3](그림 6 참조).

하남성 안양시(安陽市) 서북에 있는 은허는 상대 반경(盤庚) 이후의 도성이고 그 총면적은 24만㎢ 이상이다. 중화인민공화국 성립 이후 고고학자들이 이 지역을 광범하게 발굴하고 조사하였으나 지금까지 성벽 유적은 발견되지 않았다. 궁전구는 소둔촌(小屯村) 북쪽지역에 있는데 바로 원수(洹水)가 서북에서 동남으로 크게 활처럼 굽어 흐르기도 하였다(그림 11 참조). 고고 조사에 따르면, 원수가 예전에 강줄기를 바꾼 흔적은 없었다고 한다. 지금의 소둔촌 중심에서 서쪽으로 200m 떨어진 곳에 거대한 상대 해자 하나가 있다. 이미 750m에 걸쳐 탐사가 이루어져서 확인된 해자의 폭은 7~21m, 깊이는 5~10m였다. 이 해자는 궁전구의 서남쪽에서 만곡하면서 동북쪽으로 향해 있고 회토(灰土)가 가득 쌓여 있다. 추측건대 그것은 아마 서북쪽에서 동쪽으로 구불구불 흐르는 원수와 맞물려 왕궁 주변을 두르는 방어 시설을 이루었을 것이다.[4]

두 번째는 상대 도성에는 모두 이미 일정한 배치 구조가 있었다는 것이다. 정치의 중심인 궁전구가 모두 성안의 동북부에 설치되어 성 전체에서 동북부가 중심이었다.

정주 상성 동북부에서 이리강 시기의 판축 기단 수십 곳이 발견되었다. 전체 범위는 동서 폭이 750m이고, 남북 길이 500m이다. 기단 면적 가운데 작은 것은 100㎡ 남짓이고, 큰 것은 2,000㎡ 정도이다. 이미 발굴된 궁전 유지 두 곳이 있다. 한 곳은 동리로(東里路) 북쪽이자 자형로

---

3_ 湖北省博物館·北京大學考古專業盤龍城發掘隊,「盤龍城一九七四年度田野考古紀要」,『文物』1976-2.

4_ 中國社會科學院考古研究所安陽發掘隊,「1958-1959年殷墟發掘簡報」,『考古』1961 -2 참조. 해자를 왕궁의 방어 시설로 간주하는 것은 하나의 추측일 뿐이다. 이 해자는 은허 제2기에 이르면 폐기되어 해자 안은 회토로 가득 메워졌고 상대 만기 유물도 있을 뿐만 아니라 원수 남안 가까운 곳은 대규모의 유토(游土)로 바뀌었고 회토로 메워진 해자의 동남쪽을 따라 잘게 부서진 도기와 조약돌로 조성된 도로가 있었다. 길이는 약 50m, 폭은 2.3~5.2m이다. 결국 이 큰 해자가 주로 방어를 위해 사용되었는지 아니면 배수를 위해 사용되었는지는 현재는 아직 전면적으로 파악할 수 없어 최종 결론을 도출하기 어렵다.

(紫荊路) 서쪽에 있다. 그것은 우선 땅을 파서 장방형의 기단 바닥을 만든 뒤 그 속에 흙을 넣고 다져서 기단을 만들고 그 위에 장방형의 주초를 두 열로 파는 방법으로 조성되었다. 현재 북측에는 한 열로 27개의 주초가 있고 남측의 동쪽 부분에는 한 열로 주초 10개가 남아 있다(그림 7, 그림 8 참조).

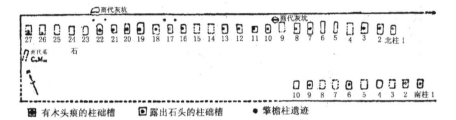

그림 7  정주 상성 유지 궁성터(출전: 河南省文物硏究所, 「鄭州商代城內宮殿遺址區第一次發掘報告」, 『文物』 1983-4)

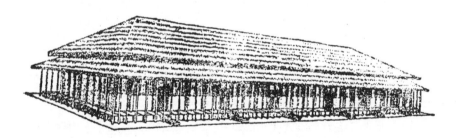

그림 8  정주 상성 유지 궁전 복원도(출전: 河南省文物硏究所, 「鄭州商代城內宮殿遺址區第一次發掘報告」, 『文物』 1983-4)

그 외에 반룡성 동북 귀퉁이에 인위적으로 건축한 높은 대(臺)에 대형 건축군이 밀집되어 있다. 그것은 먼저 지하로 구덩이를 판 뒤 다시 기단을 쌓아 올리고 기단 위에 기둥을 세우고 건물을 만드는 방법으로 건축되었다. 이미 발굴된 궁전 유지 세 곳은 앞뒤로 나란하고 방향도 성벽과 일치한다. 뒤쪽의 유지 한 곳은 바깥쪽에 회랑이 있었고 기단을 오르는 계단이 각 면마다 있다. 건물에는 방 4개가 나란히 있고 중간에 있는 두 방이 상대적으로 컸고 앞뒤로 문이 있다. 양 끝 두 방이 상대적으로 작고 앞쪽에만 문이 있다(그림 9 · 10 참조). 아마도 침궁 같은 건축물이었을 것이다.[5]

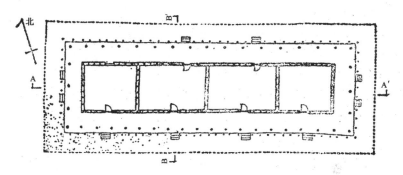

그림 9 반룡성 상대 궁전터(출전: 楊鴻勛, 「從盤龍城商代宮殿遺址談中國宮廷建築發展的幾個問題」, 『文物』 1976-2)

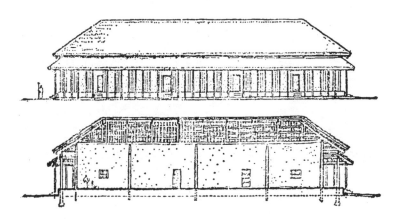

그림 10 반룡성 상대 궁전 복원도(출전: 楊鴻勛, 「從盤龍城商代宮殿遺址談中國宮廷建築發展的幾個問題」, 『文物』 1976-2)

---

5_ 河南省文物硏究所, 「鄭州商代城內宮殿遺址區第一次發掘報告」, 『文物』 1983-4.

은허에는 성벽이 없었지만 궁전구에는 원수와 해자가 서로 결합한 방어 시설이 있었다. 그러나 유지 전체의 배치 구조에서 보면 궁전구는 동북부에 위치한다. 건축 유지는 이미 56곳이 발굴되었는데 이들 형태는 일정하지 않아 장방형, 정방형, 철(凸)형, 요(凹)형, 세장(細長)형 등이 있었다. 이 가운데 가장 큰 유지는 남북 길이 85m이고, 동서 폭 14.5m이어서 반룡성에서 발견된 궁전의 두 배가 넘었다.

셋째는 묘장 지역이 도성을 둘러싼 바깥 지역에 분포한다는 것이다.

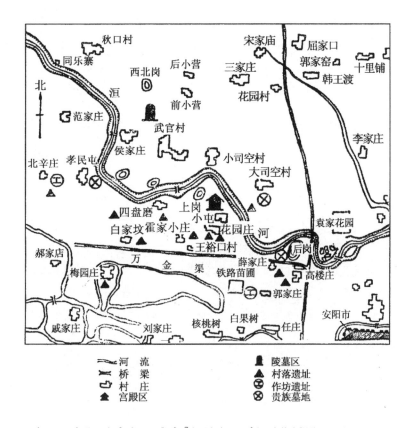

**그림 11** 은허 주요 유적 분포도(출전: 『商周考古』 그림63, 文物出版社, 1979)

정주 상성을 둘러싼 바깥 지역에는 모두 묘장 지역이 있었다. 성 동북쪽의 백가장(白家莊), 동남 귀퉁이의 양장(楊莊), 남쪽의 정주 연창(煙廠), 서쪽의 인민공원(人民公園) 등에서 모두 묘장이 발견되었다. 반룡성 바깥의 동쪽·서쪽·북쪽 세 지역에서도 모두 묘장이 발견되었다. 은허 궁전구의 서북쪽인 원수 북쪽 기슭의 무관촌(武官村)·후가장(候家莊)·서북강(西北岡) 사이에는 왕릉 지역과 귀족 묘지 및 배장갱이 있었다. 궁전구의 동남쪽인 후강(候岡)에도 귀족 묘장 지역이 있었다(그림 11 참조).

넷째는 수공업 작방도 도성 바깥 지역에 분포한다는 것이다.

정주 상성 북벽 중앙부에서 북쪽으로 200m 떨어진 곳에는 동기 주조 작방이 있었다. 청동 칼과 청동 화살촉 등의 병기를 주조하고 아울러 용기를 만들었다. 다시 북쪽으로 200m 떨어진 곳에는 골기 제작 작방이 있었다. 또 남벽 중앙에서 남쪽으로 500m 떨어진 곳에 동기 주조 작업장이 있었는데 대형 괭이 등 생산 용구를 주조하고 아울러 용기를 제작하였다. 서벽 북단에서 서쪽으로 1,300m 떨어진 곳에 도기 제작 작방이 있었다. 은허 궁전구에는 동기 주조나 골기 제작 등의 작방이 있었지만 모두 규모가 작았다. 주요한 작방은 궁전구 밖의 주변 지역에 분포하였다. 남쪽으로 1km 떨어진 철로묘포(鐵路苗圃)와 서쪽으로 2km 떨어진 효민둔(孝民屯)에는 동기 주조 작방이 있었고 서쪽으로 3km 떨어진 북신장(北辛莊)과 동북의 대사공촌(大司空村)에는 모두 골기 제작 작방이 있었다. 은허에서 대량으로 출토된 옥, 바다조개, 대형 거북껍질, 고래뼈, 대합조개 등을 통해 귀족을 위해 종사한 상업이 존재했다는 것을 알 수 있다.

다섯 번째는 주거지가 도성 바깥 주변의 농업, 수공업 지역에 분포한다는 것이다.

정주 상성의 바깥 주위에 있는 자형산(紫荊山), 백가장, 명공로(銘功路) 및 정주시 북부의 임채(任砦) 등에서 중소형의 토대 13곳이 발견되었는데 일반 귀족이 거주하는 곳이었다. 서쪽 교외지역인 명공로 서쪽에 있는 도기 제작 작방 부근에서 작은 토대 14곳이 발굴되었다. 반지혈식이고 면적은 10㎡ 이하이며 작은 것은 단지 4~5㎡일 정도로 작고 비루하여 아마 도기제작에 종사하는 노예들의 주거지였을 것이다. 은허 궁전구 주위의 거주지와 각종 작방 부근의 거주지에서 소형 가옥이 적잖이 발견되었다. 땅 위에 건립된 것은 아마 일반 빈민의 주거지였을 것이다. 반지혈식인 것도 적잖이 있지만 형태는 일정하지 않다. 작은 것은 직경 2m 정도이고 큰 것은 직경 7m 이상이다. 빈민과 노예의 주거지였음이 분명하다.

앞에서 서술한 정주 상성, 안양 은허와 반룡성은 시대는 다르고 각각 멀리 떨어져 있으나 성벽 건축, 궁전 구조, 묘장 습속 측면에서 비슷한 점이 많다. 게다가 도성의 전체적인 배치 구조에서도 모두 동북지역을 중심으로 설정하였다는 공통점이 있다. 특히 정주 상성과 반룡성의 성벽은 모두 동북에 서남 방향으로 약간 기울어져 있고 궁전 건축은 서북에서 동남으로 기울어져 있다는 점에서 당시 상대 영역 내에서는 중앙에서 지방에 이르기까지 도성 건설에는 이미 통일적 규격이 있었고 규정된 예제(禮制)를 이미 갖추고 있었다고 추측된다.

|추기| 하남성 언사현(偃師縣) 서남의 이리두에 위치한 상대 초기 유지의 중앙 부분에서 궁전의 판축 기단이 발견되었다. 기단 중앙에서 북쪽으로 치우친 곳에 전당(殿堂)의 기단 유적이 있다. 배열된 기둥 구멍을 통해서, 정면에서 보아 옆으로 여덟 간, 안으로 세 간의 대형 목조건축이었다는 것을 알 수 있다. 이것은 지금까지 발견된 것 가운데 가장 오래된 궁전 유지이다. 전당의 정남으로 약 70m 떨어진 곳에는 판축 기단 남쪽 면의 중앙부분에 큰 문의 건축 유지가 있고 판축 기단의 주위에도 낭무식(廊廡式) 건축 유지가 있다. 궁전 전체가 전당, 정원(庭院), 문, 낭무로 구성되었다. 출토 문물을 통해 유지 내부에는 동기 주조, 골기 제작, 도기 제작 등의 수공업 작방이 있었음을 알 수 있다. 그러나 전체

배치 구조는 아직 명확하지 않아 더 이상 연구를 진행하기 어렵다.

1983년 봄 하남 언사현의 서남쪽인 낙하(洛河) 북쪽 기슭의 높은 지역에서 상대 초기의 성터가 발견되었다(이하 그림 12 참조). 성터는 대략 장방형으로 남북 길이는 약 1,700m이다. 동서 폭은 동벽의 남쪽 부분이 안으로 굽어 들어가 있어 북쪽 부분의 폭이 1,210m이고, 남쪽 부분의 폭이 740m이다. 면적은 약 190만㎡이다. 북벽의 중앙에 성문 유지가 있고, 동벽과 서벽에 각각 3곳의 성문 유지가 있다. 이미 발굴된 서벽 중간의 성문 유지 한 곳은 문도(門道)의 폭이 2.3~2.4m이고, 길이가 16.5m이며 두께는 성벽과 같았다. 성문 안쪽으로 남쪽 4m 되는 곳에는 동서 방향의 '마도(馬道)'가 있는데 성벽에서 성안을 들어가는 동서 방향의 큰길로서 길이가 약 30m이고, 서쪽이 높고 동쪽이 점차 낮아져 비탈형태를 이룬다. 상부의 폭은 3m이고, 하부의 폭은 4m로서 거마(車馬)가 성안의 큰길에서 '마도'를 통과하여 성벽에 오를 수 있었다. '마도'와 연결된 성안의 큰길의 폭은 약 8m이다. 성안에서 이미 네 곳의 대형건축 유지가 발견되었는데 그 가운데 세 곳은 성 구역의 남부에 분포한다. 1호 건축 유지가 규모가 가장 큰데 성 구역 남부 중앙에 위치하며 주위 담벽은 방형에

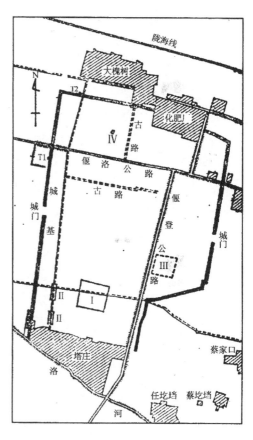

**그림 12** 하남성 언사 상성 유지(출전: 「偃師商城的初步勘探和發展」, 『考古』 1984-6)

가깝다. 동서 폭은 190~200m이고, 남북 길이는 180~185m이며 벽의 두께는 3m 정도이다. 1호 건축 유지의 동부에서 궁전 건축물이 발굴되었다. 이 건축물은 북쪽에 있는 정전(正殿)을 중심으로 하여 중앙에 정원이 있고 동·서·남 세 면에는 낭무가 있다. 정전의 동서 폭은 36.5m이고, 남북 길이는 11.8m이다. 남쪽 주변에는 장방형의 삼층 계단 네 곳이 있다. 정원의 동서 폭은 40m이고, 남북 길이는 14m이다. 북쪽이 높고 남쪽이 낮은데 경사가 매우 뚜렷하다. 남쪽 낭무의 중앙에는 문도가 있다. 고고학자들은 이 건축물을 궁전일 것이라고 추측한다. 이 주장이 확실하다면 이 상대 초기의 도성은 남부를 중심으로 한 것이기 때문에 이후 상대 도성의 배치 구조에서 동북이 중심인 것과는 다르다.

출토 유물에 의거하여 그 연대는 상문화의 이리강 시기에 해당하고 폐기 연대는 이리강 시기 상층이거나 조금 더 늦은 시기이다. 이것은 현재까지 고고 조사로 발굴된 것 가운데 가장 빠르고 일정한 규모를 갖춘 옛 성터이다.[6] 발굴 보고서에서는 문헌 기록에 의거하여 상 탕왕이 도읍으로 정한 서박(西亳)은 한대(漢代) 언사의 시향(尸鄕)에 있고(『한서(漢書)』 지리지(地理志) 하남 언사현 주: "시향은 은 탕왕이 도읍으로 한 곳이다."[7]) 옛 성터의 중앙에는 시향이라는 긴 수구가 횡단하고 있어 이 성이 곧 서박이라고 추정하였다. 현재에도 고고 발굴 조사가 진행 중에 있어 전체 배치 구조는 아직 명확히 밝혀지지 않고 있다.

---

6_ 발굴 보고서로는 『偃師商城的初步勘探和發掘』(『考古』 1984-6), 「1983年秋季河南偃師商城發掘簡報」(『考古』 1984-10)와 「1984年春偃師尸鄕溝商城宮殿遺址發掘簡報」(『考古』 1984-4) 등이 있다.

7_ 『漢書』[이하 중국 정사(正史)는 중화서국(中華書局) 표점본임] 卷28上 地理志, p.1555. 「尸鄕, 殷湯所都.」

# 4. 상대의 '대읍상(大邑商)'과 별도제(別都制)

## 1) '대읍상'의 소재 및 그 범위

은허에서 출토된 복사(卜辭)에는 '상(商)', '중상(中商)', '대읍상(大邑商)' 등으로 칭해지는 지명이 있다. 복사에서 '중상'이란 지명이 나오는 횟수는 적고 그 의미도 간단하여 그것이 도대체 어디에 위치했는지 판단하기 어렵다. '상'이라는 지명이 나오는 횟수는 많고 그 가운데 "왕은 여기 상에 오셨는가?"라는 점복이 가장 많은데 상왕조의 국도(즉 지금의 은허)를 가리킨다. 그러나 복사에 기록된 '상'이 전부 한 곳을 가리키는 것이 아니다. 어떤 것은 확실히 상구(商丘)를 가리킨다. 예를 들면 "왕이 상에서 점을 친다. 묻건대 박(亳)으로 가는데 재앙은 없는지?"[1]『은허서계후편(殷墟書契後編)』권 상(上), 9쪽 제12편(片)]라는 것이 있다. 박은 지금의 산동성 조현(曹縣) 남쪽에 있는데[2] 여기서 '박'에 가까운 '상'이란 곧 '상

---

**1**_ 『殷墟書契後編』(羅振玉 編, 1916) 卷上, p.9 第12片. 「[王卜才]商, 貞[步]于亳, 亡災」.

**2**_ 박(亳)의 소재에 대해서는 종래 네 가지 주장이 있었다. 즉 두박(杜亳: 지금의 섬서성 서안시 동남), 남박(南亳: 지금의 하남성 상구 동남), 북박(北亳: 지금의 산동성 조현 동남)과 서박(西亳: 지금의 하남성 언사(偃師) 서남) 등이다. 뢰학기(賴學基)는 「상도은박고(商都殷亳考)」(『개암경설(介庵經說)』권2)에서 북박설을 주장하며 네 가지 근거를 제시하였다. (1) 탕왕은 박에 거주하였고 갈(葛)에 가까워 [『맹자(孟子)』 등문공편(滕文公篇)] 북박은 갈과 단지 50리밖에 떨어져 있지 않다. (2) 『춘추좌씨전(春秋左氏傳)』 애공(哀公) 24년조에 송(宋) 경공(景公)이 "박(薄)은 종읍(宗邑)이다."라고 한 것이 기록되어 있다. 송은 상의 후예이기 때문에 탕왕이 거주한 박이 송의 박읍(薄邑)임을 증명한다. (3) 탕왕이 박에 거주하면서

구'라는 것에는 의심할 여지가 없다. 복사에서 '상'은 아마 '대읍상'을 줄여 지칭한 것으로 왕기(王畿)를 가리킨다.

복사에는 '대읍상'도 자주 등장한다. "왕이 지금 대읍상에 오셨는가?"[3] (『은허서계속편(殷墟書契續編)』 권3, 3쪽 제1편)라고 점치는 것, "왕은 대읍상에 계시는가?"[4](『은허서계후편』 권상, 18쪽 제2편)라고 점치는 것, "대읍상에 알렸는가?"[5](『복사통찬(卜辭通纂)』 제592편)라고 점치는 것 등이 있다. '천읍상(天邑商)'이라고 쓴 것도 있는데 예를 들면 "천읍상의 공궁(公宮)"[6](『갑골철합편(甲骨綴合編)』, 제182편·제183편)이라고 한 것이다. 나진옥(羅振玉)과 왕국유(王國維)는 '대읍상'을 왕기라고 매우 정확하게 해석하였다. 하존(何尊)의 명문에는 "왕께서 종소자(宗小子)에게 경실(京室)에서 말하기를 … 무왕(武王)께서 대읍상을 정복하고 곧 하늘에 고하기를 '나는 여기 중국에 있으면서 은나라 백성을 다스리겠습니다'라고 하였다."라는 것이 실려 있다. 성왕(成王)이 말하는 '무왕이 정복한 대읍상'이란 확실히 상나라의 왕기 전체를 가리킨다. 또 『일주서(逸周書)』 도읍편(度邑篇)에 의하면 무왕은 상나라를 정복한 후 밤새 한숨도 자지 못하였다. 주나라

---

위(韋)·고(顧) 등의 나라로 출정하였는데[『시경(詩經)』 상송(商頌) 장발(長發)] 지리적 위치도 서로 부합한다. (4) 송나라 도성의 성문은 모두 바라보는 지명으로 성문의 명칭을 삼았는데 그 북쪽 성문을 동문(桐門)이라 한 것은 바로 "이윤(伊尹)은 동(桐)에서 태갑(太甲)을 방벌하였다."[『맹자』 진심편(盡心篇), 『사기(史記)』 은본기(殷本紀)]고 한 것에서 비롯되었다. 동이 그 북쪽에 있는 것도 박이 곧 북박임을 증명한다. 지금의 하남성 상구 이북, 산동성 조현 동남에 있다. 왕국유(王國維)도 「설박(說亳)」(『관당집림(觀堂集林)』 권12)에서 뢰학기와 같은 주장을 펼쳤다. 증거로 들고 있는 세 가지도 뢰학기가 제시한 앞부분의 세 가지이기에 견해가 서로 같다.

3_ 『殷墟書契續編:第3冊』(羅振玉 撰, 北京, 北京圖書館出版社, 2000) 卷3, p.3 第1片.「王其入大邑商.」

4_ 『殷墟書契後編』卷上, p.18 第2片.「才大邑商.」

5_ 『卜辭通纂附考釋:第1冊』(郭沫若 撰, 北京, 北京圖書館出版社, 2000) 征伐, 592片. p.45「告于大邑商.」(『卜辭通纂附考釋:第3冊』 p.129에 이 갑골편에 대한 고찰이 나와 있다.)

6_ 『甲骨綴合編:第1冊』(曾毅公 撰, 北京, 北京圖書館出版社, 2000) 182片·183片, p.86.「天邑商公宮.」

가 아직 "천보(天保)[7]를 결정함에 천실(天室)[8]에 의지한다."[9]는 것이 없어서 무왕은 이예(伊汭)와 낙예[洛汭: 이예는 이수(伊水)가 낙수(洛水)로 들어가는 곳을 가리키고 낙예는 낙수가 황하로 들어가는 곳을 가리킨다]의 사이에 새로운 수도를 건설할 것을 주장하였다. 즉 하존명문(何尊銘文)에 "저는 여기 중국(中國)에 거처하고자 합니다."라고 한 구절이 있는데 여기서 '중국'이란 낙양을 중심으로 한 '중원(中原)'을 의미한다. 또 『상서(尙書)』 다사(多士)에는 주공(周公)이 은나라 귀족들에게 경고하며 "지금 너희들은 또한 '하나라 신하들이 계도되고 선발되어 왕의 조정에서 일하는 자로서 백관들 사이에 있었다.'고 하는데 나 한 사람은 덕이 있는 사람을 등용할 뿐이다. 이에 내가 감히 너희들을 천읍상에서 구하겠는가?"[10]라고 한 것이[11] 기록되어 있다. 이것은 곧 "현재 너희들은(은나라 귀족을 가리킨다) 또한 '은나라에서는 일찍이 하나라 유신을 뽑아 왕정에 남겨서 많은 관서에서 직책을 담임토록 했다.'고 하였다. 나는 단지 덕이 있는 인물을 등용할 것이니 어째서 감히 상나라 왕기 전체의 사람들을 등용할 수 있겠는가?"라는 뜻이다. '천읍상'도 상나라 왕기 전체를 가리킨다.

상대 왕기의 면적은 비교적 넓었다. 『전국책(戰國策)』 위책(魏策) 1에는 오기(吳起: 병법가, 기원전 440~기원전 381)가 "은 주왕(紂王)의 나라는 왼쪽은 맹문(孟門)이고, 오른쪽은 장수(漳水)와 부수(釜水)이며, 앞으로는

---

7_ 역자 주 천보(天保)란 하늘의 중심인 북극성이란 뜻이지만 그 의미가 확대되어 인간세계의 중심인 도성, 수도 등을 가리킨다.

8_ 역자 주 천실(天室)은 별자리의 배열 위치라는 뜻이지만 도성이나 궁전을 건설할 때 기준으로 삼는다.

9_ 『逸周書彙校集注』(黃懷信·張懋鎔·田旭東 撰, 李學勤 審定, 上海, 上海古籍出版社, 1995) 卷5 度邑解, p.503. 「定天保, 依天室.」

10_ 역자 주 이 구절 끝부분인 '肆予敢求爾於天邑商'에 대해 『서경집전(書經集傳)』에서는 "이에 내 감히 너희들을 천읍상에서 구하여 [낙읍(洛邑)에] 오게 한 것은"이라고 해석하기도 한다. 하지만 여기서는 이 구절 바로 아래에 제시된 저자의 해석을 좇아 번역하였다.

11_ 『尙書今古文注疏』(淸 孫星衍 撰, 陳抗·盛冬鈴 點校, 北京, 中華書局, 1986), 卷20 多士, p.429. 「今爾又曰: "夏迪簡在王庭, 有服在百僚. 予一人惟所用德, 肆予敢求爾于天邑商?"」

황하가 띠처럼 두르고 뒤로는 산들이 둘러싸고 있었습니다. 이러한 험요함이 있었지만 정치를 제대로 하지 않자 무왕이 그를 정벌하였습니다."[12]라고 한 것이 실려 있다. 맹문은 지금의 하남성 휘현(輝縣) 서쪽의 태항산(太行山)에 있는 중요한 관문이다. 이 구절은 은나라 주왕의 나라는 왼쪽에는 태항산이 있고 오른쪽에는 장수와 부수가 있으며 앞으로는 황하가 있으며 뒤에는 산맥이 있어 천연의 요새임을 나타낸 것이다. 즉, 여기서 말한 은나라 주왕의 나라란 곧 상의 왕기이고 상의 왕기에는 사방으로 천연의 험요함이 있었다는 것을 가리키며 왕기의 범위가 단지 그만큼 넓었다는 것만을 말하는 것은 아니다. 『고본죽서기년(古本竹書紀年)』(『사기(史記)』 은본기(殷本紀)의 『사기정의(史記正義)』에서 인용)에서는 "반경은 은으로 옮기고서 … 다시 도읍을 옮기지 않았다. 주왕 때 자못 그 읍을 넓혀 남쪽으로는 조가(朝歌)에 이르렀고 북쪽으로는 한단(邯鄲) 및 사구(沙丘)를 포함하였으며 모두 이궁(離宮)과 별관(別館)을 지었다."[13]고 하였다. 여기서 말하는 '읍을 넓혀'의 '읍'은 '대읍상'의 대읍을 가리키는 것이자 왕기 전체를 가리키는 것이다. 여기서 말한 조가·한단·사구 등의 지역에 이르렀다는 것은 이궁·별관을 가진 성읍(城邑)을 세웠다는 것이지 왕기의 범위가 이 세 지점에 한정된다는 것은 아니다. 그러나 『죽서기년』 및 『전국책』에서 게재하고 있는 오기의 말에서 대읍상의 범위는 매우 광대하여 태항산, 황하, 장수와 같은 많은 천연 울타리 및 조가, 한단, 사구 등 이궁과 별관이 세워진 성읍을 포함하고 있다는 것을 알 수 있다.

상대 후기에 안양의 은허를 선정하여 국도(國都)로 삼은 중요 이유 중 하나는 천연의 험요함을 이용할 수 있다는 점이었다. 그 동쪽과 남쪽에

---

12_ 『戰國策注釋』(何建章 注釋, 北京, 中華書局, 1990) 卷22 魏策1, p.813. 「殷紂之国, 左孟门而右漳·釜, 前带河, 後被山. 有此險也, 然爲政不善, 而武王伐之.」

13_ 『史記』 卷3 殷本紀, p.105. 「【正義】括地志云: "… 竹書紀年自盤庚徙殷至紂之滅二百五十三年, 更不徙都, 紂時稍大其邑, 南距朝歌, 北據邯鄲及沙丘, 皆為離宮別館."」

는 알맞게 황하가 있었고 서쪽에는 태항산이 있어 이른바 '앞에는 황하가 띠처럼 두르고 뒤로는 산들이 둘러싸고 있었던' 것이다. 그러나 왕기로 삼은 범위를 황하와 태항산으로 한정하지 않은 것은 황하를 따라 동쪽과 남쪽, 그리고 태항산 서쪽에 중요한 거점이 적지 않았기 때문이다. 그렇지 않았다면 이 천연의 험요함만으로는 방어가 쉽지 않았을 것이다. 예를 들어 사구는 지금의 하남성 거록현(巨錄縣) 동남쪽, 즉 옛 황하의 물길의 동쪽에 있었다.

당시 왕기의 북쪽 경계는 적어도 지금의 하북성 형대시(邢臺市)와 거록현 일대였다. 조을(祖乙)이 천도하였다는 형(邢)은 오늘날 형대시에 있으며 형대시 서남쪽에서 대규모의 상대 전기 문화유지가 발견되었다.[14]

왕기의 남쪽 경계는 황하를 넘었을 터이고 적어도 지금의 낙양에서 정주에 이르는 일대를 포함하였다. 이 점은 주 무왕의 목야[牧野, 지금의 하남성 기현(淇縣) 서남, 본장 제3절 참조] 진군 노선 및 황하 남쪽 지역의 정

---

**14_** 조을이 천도한 곳인 형(邢)은 혹 경(耿)이라고 쓰는데 음이 비슷하여 통용된다. 『서서(書序)』에서는 "조을이 경에서 무너졌다."고 했다. 『사기』 은본기의 『사기색은(史記索隱)』에서는 "지금의 하동(河東) 피씨현(皮氏縣)에 경향(耿鄕)이 있다."고 하였다. 그 주장은 믿을 수 없는데 상이 오늘날 산서성 하진(河津)의 동남쪽까지 도읍을 세울 수 없기 때문이다. 왕국유는 「설경(說耿)」(『관당집림』 권12)에서 단옥재(段玉裁)의 『고문상서고이(古文尙書撰異)』(『서서』 제32)를 좇아 [경은] 곧 지금의 하남 온현(溫縣)의 형구(邢丘)라고 하였고 "그 지역이 바로 큰 강가에 있어 조을이 여기서 무너진 것이다."라고 하였다. 『통전(通典)』[권178 주현(州縣) 8 거록군(鉅鹿郡) 형주(邢州)조] 등의 전적에 따르면 모두 조을이 천도한 형은 나중에 주공의 아들이 봉해진 형국(邢國)이며 형주, 즉 지금의 형대시에 있다고 한다. 『원화군현도지(元和郡縣圖志)』[권15 하동도(河東道)4 형주(邢州)조] 등의 책에서도 모두 형국은 형주성(荊州城) 내의 서남 귀퉁이에 있는 작은 성이라고 한다. 현재 형대 서남에서 대규모의 초기 상문화 유지가 발굴되어[河北省文物管理委員會,「邢臺曹演庄發掘報告」,『考古學報』1958-4] 조을이 도읍으로 삼은 형이 확실히 형대에 있었다는 것이 밝혀졌다. 『서서』에서 말한 "경에서 무너졌다."는 것은 갑작스러운 홍수 때문에 쓸어내려져 무너졌다는 것이다. 형대는 과거에 항상 홍수가 갑작스럽게 일어나 쓸어내려 유실되는 것이 우환이었고 청대 건륭(乾隆)연간에 이르러 이곳에 제방을 쌓았다[『가경중수일통지(嘉慶重修一統志)』 순덕부(順德府) 사저하(沙底河)조의 석문을 참조].

복 과정에서 명확히 알 수 있다. 무왕은 맹진[孟津, 지금의 하남성 맹진현(孟津縣) 동북]에서 황하를 건너 목야로 진군했는데 강을 건너기에 앞서 우선 황하 남쪽 기슭에 있는 맹진 부근의 중요 거점을 점령해서 진공을 위한 후방기지로 삼았다. 그렇지 않으면 대군이 대규모로 맹진 일대에서 강을 가로질러 건널 수 없었기 때문이다. 무왕은 목야에서 벌어진 전투에서 결정적 승리를 거두고 상나라를 멸망시키는 전과를 올리고서 대군을 지휘하며 길을 나눠 남하토록 하였다. 「대무(大武)」의 악장에서 이것을 묘사하고 있다. "처음 연주할 때는 북진하였고 두 번째 연주할 때는 상을 멸망시켰고 세 번째 연주할 때에는 남하하였으며 네 번째 연주할 때에는 남쪽 나라와 경계를 이루었다."[15]고 하였다. 『일주서』세부편(世浮篇)에 따르면, 당시 무왕은 대군에게 명령을 내려 일곱 노선으로 나누도록 하였고 그중 한 노선만 여망(呂望)이 은나라 장군 방래(方來)를 추격한 것 이외에 나머지 여섯 노선의 진군 목표는 모두 남쪽 제후였다. 여타(呂他)는 조희방[越戱方, 지금의 하남성 공의(鞏義) 동남[16]]을 정벌하였고 후래(侯來)는 진[陳, 지금의 하남성 회양(淮陽)]에서 은나라 장군 미집(靡集)을 정벌하였다. 백엄(百弇)은 위[衛 즉 시위(豕衛), 지금의 하남성 활현(滑縣) 남쪽[17]]를 정벌하였고 진본(陳本)은 력[磿, 즉 력(歷) 혹은 력(櫟), 지금의

---

**15_** 『禮記集解』(孫希旦 撰, 北京, 中華書局, 1989) 卷38 樂記, p.1024. 「始於北出, 再成而滅商, 三成而南, 四成而南國是彊.」

**16_** 『노사(路史)』국명기(國名紀) 상세후백(商世侯伯)에서 희방(戱方)이 곧 춘추시대 정(鄭)나라의 희(戱)라고 하였는데 『춘추좌씨전』양공(襄公) 9년조에서 확인할 수 있어 이 주장은 따를 만하다. 『수경주(水經注)』하수(河水)조에는 사수(汜水)는 부희산(浮戱山)에서 나온다고 했으며 『원화군현도지』에서는 사수는 현동남 32리에 있는 부희산에서 나온다고 하였다. 조희방(趙戱方)은 부희산 아래에 있는 곳이어서 오늘날 하남성 공의현(邛義縣)의 동남에 있다.

**17_** 이 위(衛)는 나중에 위나라의 국도가 되는 조가(朝歌)일 수 없다. 목야 전투에서 조가는 이미 일찍 주나라에게 점령당했기 때문이다. 여기서 위(衛)는 시위(豕韋)의 위(韋)이다. 옛날에 '위(衛)'와 '위(韋)'는 음이 같아 통용되기 때문이다. 시위는 또한 간단히 '위(韋)'라고 하는 것이 『시경』상송(商頌) 장발(長發)에 보인다. 『국어(國語)』정어(鄭語)에 사백(史伯)이 "대팽(大彭)·시위(豕韋)는 상백(商伯)이다."라고 한 것이 기록되어 있다. 『춘추좌씨전』양공 24년조에는 범선자(范宣子)가

하남성 우현(禹縣)[18]을 정벌하였다. 백위(百韋)는 선방(宣方, 상세히 알 수 없다)을 정벌하였고 신황(新荒)은 촉[蜀 즉 촉택(蜀澤), 지금의 신정(新鄭) 서남, 우현 동북[19]을 정벌하였다. 그러나 황하 남쪽 기슭의 중요한 거점인 낙읍(洛邑, 지금의 하남 낙양)과 관읍(管邑, 지금의 하남 정주)은 진군 목표가 되지 않았다. 낙읍과 관읍 일대는 상의 왕기에 속해 있었고 상대에는 이 지역에는 제후가 분봉되는 일이 없었으며 이때 무왕이 이미 일찍 이곳을 점령하였다.

낙읍과 관읍이 정치적 · 군사적으로 중요한 지역이라는 점을 무왕은 일찍부터 인식하고 있었던 것이다. 따라서 그는 상을 정복한 뒤 바로 낙읍에 동도(東都)를 건설할 것을 주장하였고 관읍에도 여러 번 주둔하였던 것이다. 아울러 관숙(管叔)에게 관읍을 분봉하여 주고 상대의 왕기를 감독하는 '삼감(三監)'의 하나로 삼았다.

---

"옛날에 개(匄)의 조상은 … 상나라때에는 시위씨(豕韋氏)였다."고 한 것이 기록되어 있다. 시위가 상대에 이르러서도 여전히 존재하고 있어 주나라의 토벌 대상이 되었다는 것을 알 수 있다. 시위는 오늘날 하남성 활현 남쪽에 있다.

18_ 력(磿)은 춘추시대 정(鄭)나라의 력(歷)이며 혹은 력(櫟)이라고도 쓴다.『국어』정어(鄭語)에 "두 읍을 정복한다면 오(鄥) · 폐(弊) · 보(補) · 단(丹) · 의(依) · 유(隷) · 력(歷) · 화(華)는 군주의 땅이 될 것이다."고 하였다. '력(歷)'을 '력(櫟)'으로 쓰는 것은 음이 같아 통용되기 때문이다.『사기』정세가(鄭世家)에서 "려공(厲公)이 변방에 있는 읍인 력(櫟)으로 나가 있었다."고 하였고『사기색은』에서 "생각건대 력(櫟)의 음은 력(歷)이며 정나라가 초기에 얻었던 10읍 가운데 력(歷)이다."라고 하였다. 지금의 하남 우현에 있다.

19_ 심연국(沈延國)은『일주서집해(逸周書集解)』에서 심조면(沈祖緜)의 주장을 인용하여 "『속한서(續漢書)』지리지(地理志)에서 영천군(潁川郡) 장사현(長社縣)에는 촉성(蜀城) · 탁진(濁津)이 있다고 하였다. 주(注)에 따르면『사기』에서 '위(魏)혜왕(惠王)원년에 한(韓)나라와 조(趙)나라가 군대를 합쳐 위(魏)나라의 촉택(蜀澤)을 침공하였다.'고 했는데 촉지(蜀地)가 아닐까 한다."고 하였다. 생각건대, 심연국의 주장이 옳다.『사기』위세가(魏世家)에서는 탁택(濁澤)이라고 쓰여 있고 조세가(趙世家)와 육국연표(六國年表)에서는 탁택(涿澤)이라고 쓰여 있다.『사기집해』에서는 서광(徐廣)의 말을 인용하여 "장사현에는 탁택이 있다."고 하였다. 지금의 하남 신정(新鄭) 서남쪽이자 우현 동북쪽에 있다.

## 2) '상교목야(商郊牧野)'에서 본 '대읍상'의 '교(郊)'·'야(野)' 제도

『상서』 목서(牧誓)에는

> 때는 갑자일 새벽, 왕이 아침 일찍 상나라 교(郊)인 목야에 이르시어 맹
> 세하시었다.[20]

고 하였다. 상나라 때는 왕기 전체를 하나의 '대읍(大邑)'으로 간주하였
고 '대읍상'으로 칭하였다. 중앙의 국도 이외에 주변 광대한 지역으로
많은 성읍(城邑)을 포함하고 있는 곳을 '교(郊)'로 칭하였다. 읍(邑) 하나
하나에 대해 말할 때에는 성읍 밖의 주변 지역은 '야(野)'로 칭하였다.
무왕이 대군을 이끌고 목야로 진격했을 때 목야는 '상교(商郊)'의 일부였
기 때문에 '상교목야(商郊牧野)'로 연칭되었다. 옛 문헌에서 목야는 종종
'상교'로 쓰이곤 하였다. 예를 들면 『여씨춘추(呂氏春秋)』 귀인편(貴因篇)
에는 무왕이 목야로 진군하기 전에 도중에 은나라 사신 교격(膠鬲)과 만
나 교격에게 "장차 갑자일에 은교(殷郊)에 이르겠다."[21]고 알렸는데 그
뒤 "무왕이 과연 갑자일에 은교에 이르니 은은 이미 먼저 진을 치고 있
었다."고 기록되어 있다. 여기서 말하는 은교는 곧 목야를 가리킨다.
또 『상서대전(尙書大傳)』[『예기(禮記)』 제통(祭統)의 『예기정의(禮記正義)』에서
인용]에서 "무왕께서 주(紂)를 정벌하고자 상교에 이르러 멈추시고 밤을
보내셨다."고 한 것에서도 목야가 상교의 범위 내에 있어 '상교'로도 통
칭되었다는 것을 알 수 있다. 『상서』 목서에서는 무왕이 궁사에게 맹
세하며 마지막에

---

20_ 『尙書今古文注疏』 卷11 牧誓, pp.282~283.「時甲子昧爽, 王朝(早)至于商郊牧野,
　　乃誓.」
21_ 『呂氏春秋校釋』(陳奇猷 校釋, 上海, 學林出版社, 1984) 卷15 愼大覽 七日貴因,
　　p.926.「將以甲子至殷郊. … 武王果以甲子至殷郊. 殷已先陳矣.」

부디 군세고 군세어 범과 같고 비휴와 같으며 곰과 같고 큰곰과 같이 상교에 가서[어상교(於商郊)] 싸워 도망하는 자들을 맞아 공격하여 서토(西土) 사람들을 노역하게 하지 말라. 힘쓸지어다. 장사들아. 너희들이 힘쓰지 않으면 너희들 몸에 죽임이 있을 것이다.[22]

한 것을 기록하고 있다. 여기서 '어(於)'는 '가다'는 뜻이다. 이것은 무왕이 통솔하고 있던 대군에게 위풍당당하고 용맹하게 상교로 진격하도록 호소하며 결전을 준비하는 것이다. 상교는 목야를 포함하는, 상대 도성을 둘러싼 '교' 지역을 가리킨다. 상교는 하나의 지역 명칭으로 상대국도 밖이면서 왕기 안쪽 지역인 광대한 '교'를 의미하고 많은 성읍을 그 안에 포함하였다.

목야도 하나의 지역 명칭으로 '목읍(牧邑)' 주변의 야외지역을 가리킨다. 덧붙여 『시경』 노송(魯頌) · 비궁(閟宮)에는 "문왕과 무왕에 이르러 태왕[太王, 고공단보(古公亶父)]의 전통을 이으사 하늘의 계(屆, 벌을 의미한다)를 이루기를 목의 야에서[於牧之野] 하시니"[23]라고 하였다. 여기서 목야를 '목의 야에서'로 칭하고 있어[『묵자(墨子)』 명귀하(明鬼下)와 『순자(荀子)』 유효(儒效)에는 모두 '목지야(牧之野)'라고 쓰여 있다] 목야란 목읍 주변을 '야'라고 칭한 지역을 가리키는 것임을 알 수 있다. 고대 도성에는 '국(國)'과 '야'로 구성된 향수제도(鄕遂制度)가 있었는데 '국'이란 성읍과 그 사교(四郊)를 의미하고 '야'란 사교 바깥의 광대한 지역을 가리킨다. 『시경』 대아(大雅) · 대명(大明)에는 "목야가 넓고 넓으니 박달나무 수레가 휘황찬란하며"[24]라고 하였고 『모전(毛傳)』에서는 "양양(洋洋)은 넓다는 것이다."[25]라고 하였다. 곧 목야가 야외의 광대한 지역이었기 때문에 결

---

22_ 『尙書今古文注疏』 卷11 牧誓, pp.288~290. 「尙桓桓, 如虎如貔, 如熊如羆, 於商郊, 弗迓克奔, 以役西土. 勖哉夫子! 尒所弗勖, 其於尒躬有戮.」

23_ 『詩三家義集疏』(王先謙 撰, 吳格 點校, 北京, 中華書局, 1987)卷27 魯頌 閟宮, p.1079. 「至於文武, 纘大王之緖, 致天之屆, 於牧之野.」

24_ 『詩三家義集疏』卷21 大雅 大明, p.833. 「牧野洋洋, 檀車煌煌.」

전의 전쟁터로서는 매우 적합했던 것이다. 「대명(大明)」에 대한 『시경
정의(詩經正義)』에서는 정현(鄭玄)이 "목야는 주(紂)의 남교 지명이다."라
고 한 것을 인용했다. 정확히 말하면 목야는 상대 왕기의 남교에 속하는
지역 명칭이다.

부가 설명을 하면, 금본(今本) 『이아(爾雅)』 석지(釋地)에는 "읍의 밖을
교라 하고 교의 밖을 목이라 하며 목의 밖을 야라고 한다."²⁶고 하였다.
'목의 바깥을 야라고 한다.'는 것에 의거해 '목야'를 해석하는 이도 있으
나 이것은 잘못된 것이다. 옛 문헌에서는 모두 "교의 바깥을 야라고 한
다."고 하고 있어 금본 『이아』의 기록은 잘못이므로 '교의 바깥을 야라
고 하며 야의 바깥을 목이라고 한다.'가 되어야 한다.²⁷ 『이아』에서 말
한 "읍의 밖을 교라 하고 교의 밖을 야라고 한다."는 것은 '국'과 '야'로

---

**25_** 『詩三家義集疏』 卷21 大雅 大明, p.833. 「傳: "洋洋, 廣也."」

**26_** 『爾雅注疏』(李傳書 整理, 徐朝華 審定, 北京, 北京大學出版社, 1999) 卷7 釋地,
p.196. 「邑外謂之郊, 郊外謂之牧, 牧外謂之野.」

**27_** 『詩經』 魯頌·駉 毛傳, 「邑外曰郊, 郊外曰野.」; 『詩經』 召南·野有死麕, 『詩經』 邶
風·燕燕 毛傳, 「郊外曰野.」. 『시경』 정풍(鄭風)·숙어전(叔於田)에 대한 정현의 주
해도 이와 같다. 『설문해자(說文解字)』의 '멱(冖)'자에서 "읍의 바깥은 그것을 교
(郊)라고 하고 교의 바깥은 그것을 야(野)라고 한다."고 하였다. '야(野)'자에서는
"야(野)는 교외(郊外)이다."라고 하였다. 모두 "교의 바깥은 그것을 목(牧)이라고 한
다."는 기술은 없다. 『문선(文選)』의 서도부(西都賦)에 대해 이선(李善)은 『이아』를
인용하여 또한 "읍의 바깥을 교(郊)라고 하고 교의 바깥을 야(野)라고 한다."고 하
였다. 진환(陳奐)의 『시모씨전소(詩毛氏傳疏)』 동고훈전(駧詁訓傳)29·왕균(王筠)
의 『설문구두(說文句讀)』 야(野)자 부분 등의 책에서도 금본 『이아』에 착오가 있다
고 보았다. 생각건대 『국어』 주어중(周語中)에서 "국(國)에는 교목(郊牧)이 있다."
고 했는데 위소(韋昭)의 주에서는 "국(國)의 바깥은 교(郊)라고 하고 목(牧)은 방
목하는 땅이다."라고 하였다. 『시경』 소아(小雅) 출거(出車)에서는 "내 수레를 냄
을 저 교의 바깥에 하노라."고 하였고 『모전(毛傳)』에서는 "수레를 내고 말을 목
지(牧地)에 이르게 한다."고 하였는데 정현의 주해에서는 "목지(牧地)는 원교(遠
郊)에 있다."고 하였다. 응당 정현의 주장이 옳다. 『주례(周禮)』 지관(地官) 재사
(載師)에서 "택전(宅田), 사전(士田), 가전(賈田)으로 근교(近郊)의 땅을 바치고 관
전(官田), 우전(牛田), 상전(賞田), 목전(牧田)으로 원교(遠郊)의 땅을 바친다."고
하였다. 목(牧)이 먼 교의 바깥에 있으며 방목하는 말을 위한 초지 때문에 그 명칭
을 얻었다는 것을 알 수 있다. 『이아』에서는 마땅히 「郊外謂之野, 野外謂之牧.」이
라고 써야 한다.

구성된 향수제도를 가리키는 것으로 '교'가 경계선이 되어 '교'의 안쪽이 성읍 및 사교가 되고 교의 바깥이 '야'가 된다.[28] 여기서 언급한 '교'는 상대 왕기 주변의 광대한 지역을 지칭하는 '교'와는 다르다. 『일주서』 작락편(作雒篇)에는 주공(周公)이 동쪽 정벌에 승리한 뒤 "이내 대읍(大邑) 성주(成周)를 토중(土中)에 세웠다."[29]고 하였고 동시에 "교전(郊甸)을 사방 600리로 제정한 것은 서토(西土)에서는 사방 1,000리로 하였기 때문이다."라고 하였다. 이처럼 동도(東都) 성주 밖 사방 600리를 '교전'으로 칭한 것은 상대 왕기제도를 답습한 것이다. 서주시대에 동서 두 수도 주변에 '왕기천리'를 세운 것은 상대 왕기제도를 기초로 해서 한 걸음 더 나아간 것이었다.

### 3) 상대 후기 별도(別都)로서 목(牧), 즉 매(沬)

『고본죽서기년』(『사기』 은본기의 『사기정의』에서 인용)에서 "반경이 은으로 천도한 이래 주(紂)의 멸망에 이르기까지 273년 동안 다시는 도읍을 옮기지 않았다."[30]고 하였다. 은은 상대 후기에 오랜 동안 도성이었다. 그러나 문헌에는 무을(武乙)이 조가(朝歌)로 천도했다는 이야기도 있다. 『사기』 은본기에는 "경정(庚丁)이 승하하시고 아들 제무을(帝武乙)이 들어섰다. 은은 다시 박을 버리고 하북으로 옮겼다."[31]고 하였다. 후대 사람들은 '하북'이 곧 조가를 가리킨다고 여겼으며 또한 제무을을 제을(帝乙)이라고 하였다. 『제왕세기(帝王世紀)』(『사기』 주본기(周本紀)의 『사기정의』에서 인용)에는 "제을이 다시 하북에서 조가로 옮겼다. 그의 아들 주(紂)

---

**28**_ 拙著 「試論西周春秋間鄕遂制度和社會結構」(『古史新探』, 中華書局, 1965 수록) 참조.

**29**_ 『逸周書彙校集注』卷5 作雒解, p.560. 「乃作大邑成周于土中.」

**30**_ 『史記』卷3 殷本紀, p.105. 「【正義】括地志云: "… 竹書紀年自盤庚徙殷至紂之滅二百五十三年, 更不徙都. …".」

**31**_ 『史記』卷3 殷本紀, p.104. 「庚丁崩, 子帝武乙立. 殷復去亳, 徙河北.」

는 그에 따라 여기에 도읍지를 두었다."[32]고 하였다.『수경주』기수(淇水) 조에서는 무을을 또한 무정(武丁)이라고 잘못 기록하였고 조가 대목에서는『진서지도기(晉書地道記)』를 인용하여 "본래는 매읍(沬邑)이다."라고 하였다. 또한 "은왕 무정이 처음 천도하여 그곳에 거주하였다."[33]고 하였다. 호위(胡謂)의『우공추지(禹貢錐指)』권14와 조일청(趙一淸)의『수경주석(水經注釋)』권9에서는 모두 '무정'은 '무을'의 잘못이라고 보았다.[34]

조가가 상대 후기의 도성이라는 주장에는 역사적 배경이 있다.『상서』주서(周書) 주고(酒誥)는 주공이 위(衛)에 봉해진 강숙(康叔)을 훈계한 글인데 그 첫머리가

왕이 대략 말씀하시길 큰 명(命)을 매방(妹邦)에 밝히노라.[35]

고 하였다. 매(妹)와 매(沬)는 옛 음이 같아 통용되었고 춘추시대 이후 조가라고 칭해졌다. 정현은 "매방이란 주왕의 도읍이 있는 곳이다."[36] [『시경』용위(鄘衛) · 상중(桑中)의『시경정의(詩經正義)』에서 인용]라고 주석하였다.『상서』주서 주고에서 또한 말하기를

32_『史記』卷4 周本紀, p.122.「【正義】… 括地志又云: "… 帝王世紀云帝乙復濟河北, 徙朝歌, 其子紂仍都焉.」

33_『水經注疏』(北魏 酈道元 撰, 楊守敬 · 熊會貞 疏, 段熙仲 點校, 陳橋驛 復橋, 南京, 江蘇古籍出版社, 1999) 卷9 淇水, p.851.「殷王武丁始遷居之.」

34_ 역자 주 이에 대해서 곽수경(郭守敬)이 소(疏)에 다음과 같이 상세히 달아 두었다.「趙云:按『禹貢錐指』曰:「殷本紀」曰武乙復去亳, 徙河北. 此則紂都朝歌也, 武丁自 鄴南復遷于亳, 至武乙則又自亳遷于朝歌.「淇水注」引『晉書地道記』, 謂武丁遷居沬邑, 盖誤以武丁爲武乙耳.」

35_『尙書今古文注疏』卷16 酒誥, pp.373~374.「王若曰: 明大命於妹邦.」

36_『詩三家義集疏』卷3中 邶 · 鄘衛 桑中, p.233.「鄭注: "妹邦者, 紂之都所處也.」 역자 주 저자는 이 출전을 용풍(鄘風) 상중(桑中)이라고 했으나 용풍(鄘風)은 용위 (鄘衛)의 오기이다.

매토(妹土)의 사람들아! 너희들의 팔다리를 계속 놀려서 크게 조와 피를 심도록 해라.[37]

고 하였다. '매토'와 '매방'의 뜻은 비슷하며 상대 말기의 옛 명칭을 연이어 사용한 것이다. 강숙은 위에 봉해진 뒤 곧 조가에 도읍을 세웠다. 『사기』 위세가(衛世家)에서는 "강숙을 위군(衛君)으로 봉하고 황하와 기수 사이에 거처하도록 했는데 옛 상나라 터이다."[38]라고 하였다. 여기서 말한 '황하와 기수의 사이'가 곧 조가이다. '옛 상나라 터'란 상의 옛 도읍지를 가리킨다. 『한서(漢書)』 지리지(地理志)의 하내군(河內郡)·조가현(朝歌縣) 조목에서는 "주(紂)가 도읍한 곳이나 주 무왕의 동생인 강숙이 봉해진 곳으로 이름을 위(衛)로 고쳤다."[39]고 하였다.

목야 전투에서 하루 안에 무왕은 도성을 공격하였다. 갑자일 이른 아침에 무왕은 목야에서 진공을 개시하여 상의 군대를 크게 괴멸한 후 그 날 밤 바로 도성까지 밀고 들어가 주(紂)가 스스로 분사(焚死)토록 하였다. 『일주서』 극은편(克殷篇)에서는 목야 전투에서 "상의 군대가 크게 붕괴하니 상신(商辛)은 안으로 도망가 녹대(鹿臺) 위에 올라 사람들을 물리치며 막은 뒤 스스로 불 속으로 몸을 불살랐다."[40]고 하였다. 『일주서』 세부편에서도 "이제 5일 갑자일에 아침 일찍 상에 다다랐고",[41] "때는 갑자 저녁, 상왕 주는 가장 질이 좋은 옥 및 보통 수준의 옥을 가지고

---

37_ 『尙書今古文注疏』 卷16 酒誥, p.376. 「妹土, 嗣爾股肱, 純其藝黍稷.」
38_ 『史記』 卷37 衛康叔世家, p.1589. 「封康叔爲衛君, 居河·淇開故商墟.」 역자 주 현행 중화서국(中華書局)의 표점본에 따르면 이 구절은 '강숙을 위군으로 봉해 황하와 기수 사이의 옛 상나라 터에 거처토록 했다.'고 번역할 수 있으나 저자의 표점에 따라 해석하였다.
39_ 『漢書』 卷28上 地理志, p.1554. 「朝歌, 紂所都. 周武王弟康叔所封, 更名衛.」
40_ 『逸周書彙校集注』 卷4 克殷解, p.363. 「商師大崩, 商辛奔內, 登鹿臺之上, 屛遮自燔于火.」
41_ 『逸周書彙校集注』 卷4 世浮解, p.439. 「越五日甲子朝, 至, 接于商」. 역자 주 저자는 이 구절에 대해 「越五日甲子, 朝接于商」로 끊어 읽어 다소 차이가 있으나 의미상 큰 차이가 없어 저자의 표기와 표점대로 번역하였다.

몸에 두르고서 스스로를 불살랐다."[42]고 하였다. 무왕은 목야 전투에서 갑자일 그 하루 안에 결정적 승리를 거두어 상왕 주가 도망쳐 궁중에서 자살토록 하였으니 '상신이 안으로 도망쳐서'라고 한 것이다. 당시 주(紂)가 도망친 '안'과 올라간 '녹대'는 모두 조가에만 있었을 것이다.

이미 앞에서 언급했듯이 이른바 '목야'란 '목읍(牧邑)의 야'이다. 사실상 목읍이 곧 '매(妹)' 혹은 '매(沫)'이고 '조가'였던 것이다. 동한(東漢)의 마융(馬融)은 "매방이란 방목하며 기르는 곳이다."라고 하였다[『경전석문(經典釋文)』[43] 인용]. 청대 학자 단옥재(段玉裁), 진교종(陳橋樅), 진환(陳奐), 마서진(馬瑞辰) 등은 모두 마융의 주장에 의거하면서 더 나아가 매(妹)는 곧 목야이며 매(妹)와 목(牧), 두 소리는 통용된다고 하였다.[44] 실제 매(妹) 혹은 매(沫)는 목읍을 가리키고 목야는 단지 '목읍의 야'였던 것이다. 『설문해자(說文解字)』에서는 "목은 목(坶)이라고 쓰며" "목(坶)은 조가 남쪽 70리이다."[45]라고 하였다. 『속한서(續漢書)』 군국지(郡國志)의 하내군(河內郡) 조가(朝歌) 대목에서 "남쪽에 목야가 있다."고 했는데 유소(劉昭)는 "현에서 17리 떨어져 있다."[46]고 주석하였다. '십칠(十七)'은 '칠십(七十)'의 잘못이다. 목야가 '조가의 야'인 것은 조가 남쪽 지역이기 때

---

**42_** 『逸周書彙校集注』卷4 世浮解, p.471. 「時甲子夕, 商王紂取天智玉琰及庶玉環身以自焚.」

**43_** 역자주 『경전석문(經典釋文)』은 당(唐) 육덕명(陸德明)이 찬술한 것으로 이 구절은 권4 상서음의(尙書音義) 하 주고(酒誥) 제12에 나온다. 또한 『상서금고문주소(尙書今古文注疏)』에서도 「馬注見釋文. 云'妹邦卽牧養之地.」라고 인용하고 있다 (『尙書今古文注疏』卷16 酒誥, p.374).

**44_** '목(牧)'은 『설문해자』에서 '목(坶)'이라고 썼다. 단옥재(段玉裁)의 『고문상서찬이』, 진교종(陳橋樅)의 『금문상서경설고(今文尙書經說考)』[권18 주고(酒誥) 제18], 진환(陳奐)의 『시모씨전소(詩毛氏傳疏)』[권4 용백주고훈전(鄘柏舟詁訓傳) 4 상중(桑中)], 마서진(馬瑞辰)의 『모시전전통석(毛詩傳箋通釋)』[권5 용상중(鄘桑中)], 왕선겸(王先謙)의 『시삼가의집소(詩三家義集疏)』[권3중 패(邶)·용위백주(鄘衛柏舟) 제4 상중(桑中)]에서는 모두 '목(牧)', '매(妹)', '목(坶)'의 소리는 통용된다고 보았다.

**45_** 『說文解字注』(漢 許愼 撰, 段玉裁 注, 許惟賢 整理, 南京, 鳳凰出版社, 2007) 第13篇 下 土部, p.1286. 「坶, 朝歌南七十里.」

**46_** 『後漢書』志19 郡國1 河內郡, p.3395. 「南有牧野. 去縣十七里.」

문이다. 이른바 '칠십리'는 폭넓다는 것을 가리키는 수치이다. 후대 사람들이 목야를 지명으로 오해하여 조가 남쪽 70리 지점에 있다고 한 것은 틀린 것이다. 『수경주』 청수(淸水) 조에서 "조가에서 남쪽으로 청수에 이르기까지 땅은 평평하게 펼쳐져 있고 그곳에는 늪이 곳곳에 있으며 못이 펼쳐져 있는데 모두 목야(坶野)이다."[47]라고 한 것은 매우 정확한 것이다.

『고본죽서기년』에서는 반경이 은허땅으로 천도한 뒤 한 번도 천도하지 않았다고 하였지만 실제 목(즉 조가)이 실제 주왕이 거주했던 도성은 아니었을까? 합리적으로 해석하면 '대읍상'인 '교' 지역에는 원래 별도(別都)가 세워져 있었고 목은 바로 상대 말기의 별도였던 것이다. '목'에는 이궁과 별관이 있었을 뿐만 아니라 강력한 군대가 주둔하여 남교의 중요 출입구를 방어하였다. 목은 상대 말기에 강력한 군대가 주둔한 곳이었기 때문에 무왕이 상을 정복하려면 반드시 목야로 진군하여 결전을 치러야 했다. 무왕이 하루아침에 목야 전투로 결정적인 승리를 얻게 됨에 따라 은의 도성은 곧 방어할 방법이 없게 되었고 '대읍상' 전역이 단시간에 완전히 점령당해 상왕조는 곧 멸망하게 되었다. 서주 초기에 이르러 주왕조의 중요 군대인 '은팔사(殷八自)'가 이곳에 주둔하였다. 소신련궤(小臣謎簋)[48]의 명문에는

> 아, 동이(東夷)가 크게 반란을 일으키니 백무보(伯懋父)는 은팔사(殷八自)로 동이를 정벌하였다. 11월 면사(冕自)에서 나와 동관(東關)의 죄를 물었고 해미(海眉)를 정벌하였다. 그리고 우로 되돌아와 목사(牧自)에 머물렀다.[49]

---

47_ 『水經注疏』 卷9 淸水, p.815. 「自朝歌以南, 南曁淸水, 土地平衍, 居皐跨澤, 悉坶野矣.」

48_ 역자 주 1931년 준현(濬縣)에서 출토된 서주 초기의 청동기로 높이 24.5cm, 구경 20.1cm, 무게는 4.05kg이다.

49_ 역자 주 「小臣謎簋」의 석문에 관해 저자는 「東尸(夷)大反, 自(伯)懋父以殷八自征東

고 하였다. 백무보는 곧 강숙의 아들인 강백모(康伯髦)이며 왕손모(王孫
牟)라고도 칭하였다. 무(懋)・모(髦)・모(牟)는 소리가 같아 통용된다. 백
무보는 은 팔사를 통솔하여 동이를 정복하고 승리를 거둔 뒤 목사로 돌
아왔다. 여기서 목사란 조가이자 위(衛)나라의 국도이다. 서주 초에 강
숙이 상의 옛 수도 조가에 봉건된 후에도 상대의 옛 제도를 답습하였고
위(衛)나라의 군주는 조가에 주둔한 강력한 군대인 은 팔사를 통솔하여
작전을 펼친 것이 너무도 분명하다. 여기서 목사라고 한 것은 강력한
군대를 주둔시킨 까닭에서 비롯된 것이다.

현재 하남성 기현[淇縣, 즉 조가진(朝歌鎭)]에는 아직까지 옛 성터가 보
존되어 있다. 남아 있는 성벽은 세 겹인데 첫 번째 겹은 진(鎭)의 북쪽
20리 고촌교(高村橋) 일대에 있고 두 번째 겹은 진의 북쪽 3리, 즉 기현
역 동쪽 일대에 있으며 세 번째 겹은 진 주위에 있다. 세 번째 성벽의
서북 귀퉁이는 지세가 비교적 높은 대지이어서 적성대(摘星臺)라고 불
린다. 절단된 벽과 해자에서 용산문화층, 상대문화층, 춘추전국문화층
이 발견되었다. 서쪽 해자의 단층면에는 모두 춘추전국시기의 문화층
이 두텁게 퇴적되어 있다.[50] 세 번째 성벽이 내성의 성벽일 것이고 적성
대는 궁전터가 있었을 곳이며 첫 번째와 두 번째 성벽은 북쪽의 '곽(郭)'
성일 것이다. 첫 번째와 두 번째 성벽이 서로 17리나 떨어져 있어 '곽'
의 범위가 비교적 넓었다는 것을 알 수 있다. 이 성터는 더 철저한 조사
와 시추 결과를 기다려야 비로소 전체의 모습을 알 수 있을 것이다.

---

尸(夷), 唯十又一月, 遣自𪊟𠂤, 述東𨟚, 伐海眉(湄), 雩厥復才(在)牧𠂤.」라고 하고 있
으나 『殷周金文集成-修訂增補本:第3册』(中國社會科學院考古研究所 編, 北京, 中華
書局, 2007) 04238, 04239에 제시된 「东尸(夷)大反(叛), 伯懋父以殷八𠂤征东尸(夷),
唯十又一月, 遣自𪊟𠂤(次), 述東𨟚, 伐海眉(堳), 雩厥復歸在牧𠂤.」라는 석문과 다소
차이가 있다. 이 해석과 관련하여 白川靜, 「金文通釋 13」 63 小臣謎簋, 『白鶴美術
館誌』 13, 京都, 1965, pp.729~736 참조.

**50_**『文物參考資料』1957年 第5期 工作報道, 「湯陰朝歌發見龍山和商代等文化遺址」.

### 4) 상대 전기의 별도로서 정주(鄭州) 상성(商城) 즉 난(闌) 혹은 관(管)

　정주 상성의 역사적 지명에 대해 학자 가운데 서로 다른 두 가지 견해가 있는데 모두 납득하기 어렵다. 혹자는 중정(仲丁)이 천도한 오[放, 효(囂)라고 쓰기도 한다]로 추정하기도 하지만[51]『제왕세기』와『수경주』의 기록 이래로 모두 오산(放山) 혹은 오창(放倉) 근처에 있다고 하고 있어 오의 위치는 지금의 정주 서북 50리가 되어 정주 상성의 위치에 부합하지 않는다.[52] 혹자는 성탕(成湯)이 거처로 정한 박(亳)으로 추정하기도 한다.[53] 주요한 근거가 정주 상성의 동북부와 북부에서 출토된 도문(陶文) 속에 8개의 '박'자가 있다는 것이지만 증거가 비교적 박약하다. 아마 이 '박'자는 도기제작 작방이 소재한 지명이었을 것이다. 성탕이 세운 수도 박의 위치에 대해서는 뢰학기(雷學淇)와 왕국유(王國維)의 고증이 옳아 박은 지금의 산동성 조현(曹縣)의 동남에 있었지 지금의 정주에 있지 않았다.

---

51_ 安金槐,「時論鄭州商城商代遺址-隞都」,『文物』1961-4・5 참조.

52_ 『제왕세기(帝王世紀)』(『태평광기(太平廣記)』권83 인용)에서 "중정(仲丁)이 효(囂) 혹은 오(放)로 천사했는데 지금의 하남 오창(放倉)이 이것이다."라고 하였다.『수경주』제수(濟水)조에서 "제수 또한 동쪽으로 오산(放山) 북쪽을 지난다. … 그 산위에 성이 있는데 은나라 왕 중정이 천사한 곳이다."라고 하였다. 황보밀(皇甫謐)의『제왕세기(帝王世紀)』에서 "중정이 박(亳)에서 효(囂)로 옮기면서 황하 가에 있었던 것을 혹자는 오(放)이다라고 하였다. 진(秦)나라가 그 안에 창고를 설치하였으므로 또한 오창성(放倉城)이라고 한다."고 하였다. 옛사람들은 수해를 피하고 편리하게 방어하기 위해 높은 지대나 산 지역으로 자리를 옮겼을 것이다.『상서』반경(盤庚) 하에서 "옛적 우리 선왕이 '장차 전대의 공보다 많게 하리라' 하시고, 산으로 가시어 우리의 흥덕을 덜어내시어 우리나라에 아름다운 공적을 이루셨느니라."고 하였다. 반경가(盤庚歌)는 선왕이 천도한 정치를 칭송한 것인데 그 가운데 '산으로 가시어'라고 한 것은 산지로 천사하였다는 뜻이다. 초나라의 최초 도성인 단양(丹陽)도 산 위에 있었다.『수경주』강수(江水)조에 따르면 단양성(丹陽城)은 자귀현(秭歸縣)에 있으며 "성은 산을 의지하며 구릉에 걸터앉아 있으며 둘레는 8리 280보이다. 동서 양쪽 모두 깎아지른 계곡을 접하고 있고 서쪽으로는 정하계(亭下溪)를 끼고 있으며 남으로는 큰 강을 베고 있다. 험난하게 가파르고 우뚝 서 있어 진실로 하늘이 내려준 험요함이다."라고 하였다.

53_ 鄒衡,「論湯都鄭亳及其前後的遷徙」,『夏殷周考古論文集』참조.

지리적 연역에서 보면 정주 상성은 서주 초기 관숙에게 봉해졌던 관국(管國)임이 분명하다. 『괄지지(括地志)』(『사기』 주본기의 『사기정의』에서 인용)에서 "정주 관성현(管城縣)의 외성은 옛날의 관국이다. 주 무왕의 동생 숙선(叔鮮)에게 봉해진 땅이다."54라고 하였다. 『원화군현도지(元和郡縣圖志)』 권8 정주 관성현 조목에서도 "성곽의 바깥은 원래 주가 관숙에게 봉한 곳이다."55라고 하였다. 이른바 관성현의 외성과 정주의 성곽 바깥이 현재 발견된 정주 상성인 것이다.

고고 발굴에 따르면 정주 상성의 상대 판축 성벽에 붙어 있는 외벽에는 전국시대에 수축한 성벽이 덧붙여 있고 그 위에 전국문화층이 있다. 한대 이후 계속해서 상대와 전국시대의 성벽을 이용하며 보수했으나 규모는 1/3 이상 축소되었다. 북쪽 부분에 새롭게 북쪽 성벽을 쌓아 1/3 면적을 밖으로 떼어내 버렸는데 이 북부의 1/3 부분이 곧 '외성' 혹은 '곽'이 된 것이다. 『괄지지』와 『원화군현도지』에서 '외성' 혹은 '곽'을 포함한 대성을 관숙에게 봉해진 관국으로 비정한 것은 매우 정확한 것이다. 전국시대에 관(管)은 본래 한(韓)나라의 읍이었고 일찍이 진(秦)나라의 공격을 받았다는 내용이 『전국책』 위책(魏策)4에 보인다. 나중에 위(魏) 안리왕(安釐王)의 공격을 받아 탈취당했다는 것이 『한비자』 유도편(有度篇)에서 확인된다.56 현재 발견된 전국시대에 수축하여 부가

---

54_ 『史記』 卷4 周本紀, p.127. 「正義」括地志云: "鄭州管城縣外城, 古管國城也, 周武王弟叔鮮所封."」

55_ 『元和郡縣圖志』(李吉甫 撰, 賀次君 點校, 北京, 中華書局, 1983) 卷8 河南道 鄭州 管城縣, p.202. 「郭下本周封管叔之國.」

56_ 『전국책(戰國策)』 위책(魏策) 4에서는 "진(秦)나라가 한(韓)나라의 관읍(管邑)을 공격하니 위왕(魏王)이 군사를 일으켜 그를 도우려 하였다."고 하였고 또한 "위(魏)나라가 관읍을 공격하였지만 함락하지 못하였다. 안릉인(安陵人) 축고(縮高)라는 사람이 있었는데 그 아들이 관읍을 수비하였다."고 하였다. 오사도(吳師道)는 "진나라가 한나라의 관읍을 공격하여 그곳을 획득하였는데 축고의 아들이 진나라를 위해 수비한 사람이다."라고 하였다. 이 주장은 부정확한 것이다. 진나라가 한나라의 관읍을 공격하였으나 위나라의 구원 때문에 획득하지 못했다. 축고의 아들은 한나라를 위해 수비했던 것이다. 후에 관읍은 위나라가 획득하였다. 『한비자(韓非子)』 유도편(有度篇)에서는 위(魏) 안리왕(安釐王)이 "한나라를 공격하여 관읍을

된 성벽은 바로 한(韓)나라가 방어를 강화하기 위해 수축하였던 것이다. 한대에는 이곳이 관현이 되었고 이후 관성현, 정주 혹은 정현(鄭縣)으로 되었다. 정주 상성의 역사적 연혁은 매우 명확하여 의심할 여지도 없다.

그러나 반드시 지적해야 할 점은 서주 초 관숙에게 봉해진 관국의 '관'은 상대의 옛 명칭을 그대로 이어 쓴 것이지 결코 새롭게 제정한 국명이 아니라는 것이다. 『사기』관채세가(管蔡世家)에서 무왕은 은을 정복한 이후 "관에 숙선을 봉했다."[57]고 하였다. '관'이라는 지명은 일찍부터 존재했지만 '관(管)'은 후대에 생겨난 글자일 뿐, 원래 '관(管)'이라고 쓰지는 않았다. 『묵자』에서는 '관(管)'이 아니라 '관(關)'으로 쓰며 두 차례나 관숙(管叔)을 관숙(關叔)이라고 하였다. 『묵자』경주편(耕柱篇)에서는 "옛날 주공 단은 관숙(關叔)을 비난하였다."[58]고 하였다. 『묵자』공맹편(公孟篇)에서는 "관숙(關叔)은 천하의 난폭한 사람이다."[59]라고 하였다. 이 글자는 상대와 서주의 금문(金文)에서는 '란(闌)'이라고 쓰여졌는데 아래 열거한 대로 다섯 가지의 다른 서법이 있었다.

이 글자는 '간(柬)'의 소리를 따르며 간(柬)은 혹 '속(束)'으로 줄여 쓴다. '면(宀)', '간(間)', 혹은 '문(門)' 등의 구성 요소는 모두 의미를 나타내는 부호이다. 용경(容庚)의 『금문편(金文編)』에서는 재호각(宰楜角)의 이 글자를 '란(闌)'이라고 정확하게 해석하였다. 우성오(于省吾)는 이궤명문(利簋銘文)을 석독하며 이 문자는 모두 '관(管)'의 최초 글자체이고 "옛날에는 관(管)자가 없었으며 '관(管)'은 후대에 생겨난 가차자"[60]라고 했는데 매우 정확한 것이다. 서중서(徐中舒)도 이궤명문에 의거하여 "신

빼앗았고 기하(淇下)에서 승리하였다."고 하였다.

**57_** 『史記』卷35 管蔡世家, p.1564. 「封叔鮮於管.」

**58_** 『墨子校注』(吳毓江 撰, 孫啟治 點校, 北京, 中華書局, 1993) 卷11 耕柱篇, p.659. 「古者周公旦非關叔.」

**59_** 『墨子校注』卷12 公孟篇, p.704. 「關叔爲天下之暴人.」

**60_** 于省吾, 「利簋銘文考釋」, 『文物』 1977-8.

利簋（《文物》1977年第8期）　宰椃角（《三代吉金文存》卷一六，图五十）　霽卣（《颂斋吉金续录》图五十）　父己簋（《商周金文录遺》一四七）　戍嗣子鼎（《文史论集》图版三七）

미(辛未)일은 갑자(甲子)로부터 8일 뒤이고, '란', 그곳은 반드시 은의 수도 조가(朝歌)에서 멀지 않아 우성오가 음운과 지리 위치로써 란을 관숙의 관이라고 한 주장은 믿을 만하다."[61]라고 하였다. 게다가 『묵자』에서 '관숙(管叔)'을 '관숙(關叔)'이라고 하였고 '란'과 '관'은 음과 뜻이 비슷하여 '란(闌)'이 곧 '관(管)'이라는 것이 분명하다.

이궤명문에서

무왕께서 상을 정복하셨다. 갑자 이른 아침 상처를 입혀 응당 멸망시켰고, 밤늦게 상을 차지하였다. 신미일에 란사(闌師)에 머물렀다. 유사(有事)인 리(利)에게 금을 하사하시었다.[62]

---

61_ 「關于利簋銘文考釋的討論」, 『文物』 1978-6.

62_ 역자 주 「이궤명문(利簋銘文)」의 석문에 관해 저자는 「武征商, 惟甲子朝(早), 歲(通作'劌')鼎(通作'丁')克, 聞(通作'昏'), 夙又(有)商. 辛未才(在)闌師, 易(錫)又(有)事

고 하였다. '세(歲)'는 '귀(劌)'와 통하는데 『설문해자』에서는 "귀(劌)는 '날 카롭다', '상처를 입힌다'는 것이다."[63]라고 하였다. '정(鼎)'은 '정(丁)'으로 통용되는데 '응당'이란 뜻이다. '문(聞)'은 '혼(昏)'과 통하여 쓰는데 '밤늦 게'라는 뜻이다. 이 명문의 의미는 '무왕이 상을 정복했을 때 갑자일 이 른 아침에 공격하여 궤멸하고 바로 승리를 거두어 밤늦게 재빨리 상의 도성을 점령하였다. 팔일째 되던 신미일에 이르러 무왕이 란사에 있었 는데 리(利)에게 금을 상으로 하사하였다.'는 것이다. 무왕이 상나라를 정복한 이후 여덟 번째 날에 란사에 이르러 신하에게 상을 내렸다는 것 은 란사가 당시 후방의 중요한 군사적 거점이었고 목야로 진공하기에 앞서 이미 점령했음과 동시에 강력한 군대가 배치되어 방어하고 있어 '란사'로 칭해졌다는 것을 의미한다. '목사'와 마찬가지로 란사는 원래 상의 별도였던 것이다.

무왕이 은을 정복한 뒤 동생 관숙을 이 지역에 봉하고 본래 상대 왕 기의 은 귀족들을 감시하는 '삼감(三監)'의 하나로 삼은 이유는 실로 이 지역이 상대 왕기 근처에 위치하여 전략적 요충지이자 군사적 중요 거 점이고 가까이에서 감시하기에 편리한 곳이었기 때문이다. 그해에 무왕 은 스스로 여러 차례나 이곳에 와서 정무를 주관하기도 했다. 『일주서』 문정편(文政篇)에서는 "은을 멸망시킨 지 2년, 왕께서 관에 오셨다. 관숙 과 채숙은 종묘를 열어 맞이하며 왕명을 받들어 일을 처리하였다."[64]고 하였다. '유십유삼사(惟十有三祀)'란 상을 정복한 지 2년이라는 것이고 '개종(開宗)'은 종묘를 열어 영접한다는 것이며 '순왕(循王)'은 왕명을 받 들어 일을 처리한다는 것이다. 왜 채숙과 관숙이 함께 '종묘를 열어 왕

(官名)利金.」라고 했으나 『殷周金文集成-修訂增補本: 第3冊』 04131에 제시된 「武 征商, 惟甲子朝, 歲鼎克聞(昏), 夙又(有)商. 辛未王在闌(管)師(次), 賜又(有)事(史)利 金.」라는 석문과 다소 차이가 있다. 해석과 관련하여 王輝, 『商周金文』 5.利簋, 北 京, 文物出版社, 2005, pp.31~34; 吳伟, 「利簋銘文再釋」, 『文博』 2009-3 참조.

63_『說文解字注』 第4篇下 刀部, p.318. 「劌, 利, 傷也.」
64_『逸周書彙校集注』 卷4 文政解, p.394. 「惟十有三祀, 王在管, 管蔡開宗循王.」

을 맞이하였다.'고 했을까? 주우증(朱右曾)은 "채숙의 식읍(食邑)이 아마 지금의 대명부(大名府) 장원현(長垣縣)의 제성(祭城)일 것이다. 그 뒤 성왕(成王)은 다시 채중(蔡仲)을 채(蔡)에 봉했는데 지금의 여녕부(汝寧府) 상채현(上蔡縣)이다."65[『일주서집훈교석(逸周書集訓校釋)』卷4]라고 하였다. 『속한서(續漢書)』군국지(郡國志)의 하남윤(河南尹) 중모현(中牟縣) 조목을 살펴보면, 관성(管城)이 있고 채정(蔡亭)도 있다는 것은 관(管)과 채(蔡)가 본래 가까이 인접한 2개의 읍임을 의미한다. 『괄지지』(『사기』 주본기의 『사기정의』에서 인용)에서 "원래 제성은 정주 관성현 동북 15리에 있으며 정(鄭) 대부 제중(祭仲)의 읍이다. 『석례(釋例)』에서 '제성은 하남에 있으며 위로는 오창(放倉)이 있고 주공(周公)이 나중에 봉한 곳이다.'라고 했다."66고 하였다. 관숙은 원래 관의 부근지역에 봉해졌지만 후에 채숙 때문에 삼감의 반란에 가담하여 본인은 추방되어 죽고, 그의 아들 채중이 상채(上蔡)에 다시 봉해졌다. 『일주서』 대광편(大匡篇)에도 "은을 멸망시킨 지 2년, 왕께서 관에 오셨다. 관숙 스스로 은감(殷監)이 되었다."67고 하였다. 이때 무왕 스스로 관에 간 것은 관숙을 도와 은의 귀족에 대한 관리와 통제를 강화하기 위해서였다. 주공이 관숙·채숙 및 무경(武庚)의 반란을 진압하고 나서 동도 성주를 건설한 이후에는 관의 중요성은 크게 감소하였으나 성왕이 성주로 갔을 때에도 관읍에 와서 시찰했다. 간정명문(柬鼎銘文)에 "왕께서 오시어 신읍(新邑)에서 술을 받쳐 제사를 올리고 □순(旬) 4일 정묘(丁卯)일에 □□ 신읍에서 간(柬)으로 가셨다."68

---

65_ (淸) 朱右曾,「逸周書集訓校釋」(臺北, 世界書局, 1978) 卷4 文政解, p.103.「蔡叔食邑, 疑卽今大名府長垣縣之祭城, 其後成王改封蔡仲于蔡, 今汝寧府上蔡縣地.」

66_ 『史記』卷4 周本紀, p.135.「【正義】括地志云: "故祭城在鄭州管城縣東北十五里, 鄭大夫祭仲邑也. 釋例云'祭城在河南, 上有放倉, 周公後所封也.'"」

67_ 『逸周書彙校集注』卷4 大匡解, p.381.「惟十有三祀, 王在管, 管叔自作殷之監.」

68_ 역자 주 「간정명문(柬鼎銘文)」의 석문에 관해 저자는 「王來奠新邑, □旬又四日丁卯, □□新邑於柬.」라고 했으나 『殷周金文集成-修訂增補本: 第2冊』, 02682에서는 정(鼎)의 명칭을 신읍정(新邑鼎)이라고 하였고 석문을 「王來奠新邑, [二]旬又四日丁卯, [王]自新邑於柬.」라고 제시하였다.

고 하였다. 신읍은 곧 성주이다. 『상서』 낙고(洛誥)에서 성주를 '신읍'이라고 하였고[69] 『상서』 강고(康誥)에서도 '신대읍(新大邑)'이라고 했으며[70] 『상서』 다사(多士)에서는 '신락읍(新洛邑)'이라고[71] 하였다. 간(柬)은 곧 란(闌)이므로 관읍(管邑)인 것이다. '어(於)'는 가다라는 뜻이다.

고고 발굴 성과에 따르면 정주 상성은 상대 전기(이리두하층문화기)에 축조되어 비교적 오랫동안 줄곧 사용되었다. 상나라는 탕왕에서 시작하여 전기에는 옛 황하의 남쪽과 서쪽에 수도를 두었다. 탕왕은 박에 거주하였는데 지금의 산동성 조현 남쪽이다. 중정이 오로 옮겼는데 지금의 정주 서북 50리이다. 하단갑(河亶甲)이 상(相)으로 옮겼고 지금의 하남 내황현(內黃縣) 동남이다. 조을(祖乙)이 형(邢)으로 옮긴 이후부터는 황하 이북에도 지배가 미쳐 아마 란사가 상대 전기의 별도였을 것이다. 군사의 중요한 주둔지였기 때문에 상대 후기가 되어서도 여전히 활용되었다. 또한 별도로서 종묘가 건설되었기 때문에 상왕이 항상 그 곳에 와서 종묘에서 신하에게 상을 하사하였다. 1959년 안양(安陽) 원갱묘(圓坑墓)에서 출토된 술사자정명문(戍嗣子鼎銘文)에서는

병오(丙午)일에 왕이 술사자(戍嗣子)에게 조개 20쌍을 상으로 내리셨다. 종묘에서 이것으로 부계(父癸)의 보배로운 정(鼎)을 만들었다. 왕이 란(闌)의 큰 건물에서 수여한 것이 9월이었다. 견어[犬魚; 씨족명][72]

---

69_ 역자 주 『尙書今古文注疏』 卷19 洛誥, p.408. 「惟以在周工, 往新邑.」

70_ 역자 주 『尙書今古文注疏』 卷15 康誥, p.356. 「周公初基作新大邑于東國洛.」

71_ 역자 주 『尙書今古文注疏』 卷20 多土, p.423. 「惟三月, 周公初于新洛邑, 用告商王土.」

72_ 역자 주 「戍嗣子鼎銘文」의 석문에 관해 저자는 「丙午王(賞)戍嗣子貝什朋, 才(在)闌宗, 用作父癸寶鼎. 惟王賞闌大室, 才(在)九月. 犬魚.」라고 했으나 『殷周金文集成: 修訂增補本』 2冊, 02708에 제시된 「「丙午, 王商(賞)戍嗣+子貝什朋, 在闌(管)宗, 用乍(作)父癸寶鼎(鍊), 惟王賞闌(管)大室, 在九月, 犬魚」 라는 석문과 다소 차이가 있다. 이 해석과 관련하여 郭沫若, 「安陽圓坑墓中鼎銘考釋」, 『考古学報』 1960-1; 郑振香·陈志达, 「安阳殷墟五号墓的发掘」, 『考古学報』 1977-2; 王輝, 『商周金文』 2. 戍嗣子鼎, pp.23~25 참조.

고 하였다. '종(宗)'은 종묘를 의미하고 '대실(大室)'은 종묘 내의 큰 방을 가리킨다. 상왕이 란에 와서 신하에게 조개를 상으로 내린 예는 또한 재호각명문(宰椃角銘文)과 부기궤명문(父己簋銘文)에도 보인다.

이러한 상의 별도(別都) 제도는 후세에 큰 영향을 끼쳤다. 초나라는 춘추시대에 일찍이 이 제도를 시행하였다. 예를 들어, 초 장왕(莊王)은 진(陳)·채(蔡)·불갱(不羹) 세 현에 성을 쌓았고 그곳이 "군부(軍賦)로 모두 1000대의 전차를 내는" '삼국(三國)'이라고 부른 것이 『국어』 초어상(楚語上)에 보이는데[73] 위소(韋昭)는 "삼국은 초나라의 별도이다."라고 주석하였다. 초나라는 별도를 바꾸어 현으로 삼았다.[74] 무성(武城)은 본래 초의 별도 가운데 하나였다. 초왕이 항상 무성에 간 것은 무성에는 종묘가 설치되어 있었기 때문이었다.[75] 언(鄢)은 더욱이 초나라의 중요한 별도였는데 초나라 수도인 영(郢) 북쪽의 중요한 출입구이자 군사적으로 중요한 거점이었다. 제나라도 전국시대에 들어서면 오도(五都)제도를 설치하였는데 국도인 임치(臨淄)를 제외하고는 사방 경계지역에 별도로 평륙(平陸)·고당(高唐)·즉묵(卽墨)·거(莒) 등을 설치하였다. 별도는 똑같이 군사적 중요 거점이라는 성격을 가지고 있어서 이른바 '오도지병(五都之兵)'이라고 하였다.[76] 연하도(燕下都)는 연나라의 별도이며 연나라 서남의 중요한 출입구이자 중요 군사 거점이라는 성격을 띠고 있었다.

---

73_ 『國語』(尙學鋒·夏德靠 譯注, 北京, 中華書局, 2007) 楚語, p.301. 「今吾城三國, 賦, 皆千乘也.」

74_ 拙稿, 「春秋時代楚國縣制의 性質問題」, 『中國史硏究』 1981-4를 참조.

75_ 역본량(易本烺)은 『춘추초지답문(春秋楚地答問)』에서 "초나라의 무성(武城)은 지금의 하남성 남양(南陽) 북쪽에 있고 또한 방성(方城) 안에 있다. 초나라 군주에게 북방에 일이 있으면 주둔하는 곳이었다. … 소공(昭公) 4년 영왕(靈王)이 신(申)에서 제후와 회합하고 무성에서 수렵하였는데 '때때로 종묘 제사가 있으면 수렵하여 제사를 준비한다.'라고 하였다. 이것은 무성에 초나라 옛 조상의 종묘가 있었기 때문이다."라고 하였다.

76_『전국책』 연책(燕策) 1에 "제(齊) 선왕(宣王)은 장자(章子)에게 오도(五都)의 병사를 지휘토록 하고 북쪽 지역의 사람들을 바탕으로 연(燕)나라를 정벌하였다."는 것이 실려 있다. 오도(五都)의 병사[五都之兵]는 또한 '오가(五家)의 병사[五家之兵]'를 칭한다[졸저, 『戰國史』(上海人民出版社, 1986) p.212의 내용을 참조].

# 5. 서주 도성의 배치 구조 발전

## 1) 서주 도성제도의 단계적 형성

서주·춘추시대에는 왕의 왕기와 제후의 봉국(封國)은 모두 '국(國)'과 '야(野)'로 구성된 향수(鄕遂)제도를 실행하였다. '향(鄕)'이란 국도 및 근교 지역에 사는 주민 조직으로 '교(郊)'라고도 칭해졌다. '수(遂)'는 '향' 밖의 농촌지역에 사는 주민 조직으로 '비(鄙)' 또는 '야'라고 불리었다. '향'에 거주하는 주민은 '국인(國人)'이라고 불렀는데 그들은 자유민적인 성격을 띠고 있으면서 정치에 참여하거나 교육을 받거나 선발될 수 있는 권리를 지녔다. 병역과 노역에 복역해야 하는 의무도 안고 있었다. 당시 군대 조직은 '향'의 주민편제와 서로 결합되었다. '수'에 거주하는 주민은 '서인(庶人)'이나 '야인(野人)'이라고 하는데 정전제(井田制)에 따라 복역하는 농업생산자였다. 『상서』 비서(費誓)에서 "노나라 사람은 삼교 삼수(三郊三遂)하였다."[1]고 하는데 '삼교삼수'는 곧 삼향삼수(三鄕三遂)이 다. 이는 서주 초에 이미 '국'과 '야'로 구성된 향수제도가 실행되었음을 의미하며[2] 서주 국도의 배치 구조에는 일정한 특징이 있었다. 이미 귀족의 궁전 지역이 있고 또한 '국인'의 거주 지역이 있으며 군대 주둔지

---

1_ 『尙書今古文注疏』 卷26 費誓, p.516. 「魯人三郊三遂.」

2_ 拙稿, 「試論西周春秋間鄕遂制度和社會結構」(『古史新探』, 中華書局, 1965 所收) 참조.

가 설치되어 있었던 것이다.

서주 도성의 이런 특징은 끊임없는 건설 과정에서 점차 형성된 것이었다. 『시경』 대아 공류(公劉)에는 주나라의 선조인 공류가 빈[豳, 지금의 섬서성 빈현(彬縣) 동북]에 천도한 상황이 기록되어 있다. 수원이 풍부한 비옥한 평원, 거처를 건축하기에 적합한 넓은 남향의 고지대 및 군대를 주둔하기 위한 영지, 개간하여 곡물을 생산하기에 적당한 농경지 등을 선정하는 데 이미 주의를 기울이고 있었다. 공류에는

> 후덕하신 공류께서, 저 백천(百泉)으로 가시어 저 너른 언덕을 보시고 남쪽 등성이에 오르사 경구(京丘)를 보시니 언덕이 넓고 많은 사람이 살 만한 들이기에 이에 집에 거처하며 이에 나그네들을 붙여 살게 하며 이에 말할 것을 말하며 이에 논란을 말하시니라.[3]

고 하였다. '경(京)'은 남향의 넓은 고지대로 많은 궁실을 세우는 데 적합한 곳이다. '사(師)'는 군대 주둔지를 가리킨다. '경사(京師)'라고 연칭된 것은 이곳에 강력한 군대가 주둔했기 때문이다. 나중에 국도를 '경' 혹은 '경사'라고 칭한 것은 곧 여기에서 기원한 것이다. 공류에서 또한

> 후덕하신 공류께서, 토지가 이미 넓고 길거늘 해그림자를 관찰하고 등성이에 올라가 음지와 양지를 보며 흐르는 물을 관찰하니 삼단(三單)이로다. 습지와 언덕을 헤아려 밭을 통하여 양식을 장만하며 석양을 헤아리니 빈(豳)땅에 거주하는 것이 진실로 광대하도다.[4]

---

3_ 『詩三家義集疏』卷22 大雅 公劉, p.899.「篤公劉, 逝彼百泉, 瞻彼溥原, 迺陟南岡, 乃觀于京. 京師之野, 于時處處, 于時廬旅, 于時言言, 于時語語.」
4_ 『詩三家義集疏』卷22 大雅 公劉, p.901.「篤公劉, 旣溥旣長, 旣景(影)迺岡, 相其陰陽, 觀其流泉, 其軍三單. 度其濕原, 徹田爲糧, 度其夕陽, 豳居允荒.」

고 하였다. '삼단(三單)'의 '단(單)'은 '사(師)' 혹은 '퇴(堆)'라고 새겨야 한다. 주둔한 세 군대를 가리킨다.[5] 앞 문장의 "해그림자를 관찰하고 등성이에 올라가"와 "흐르는 물을 관찰하니"의 구절에서 알 수 있듯이 주둔군의 영지는 선정 과정을 거쳐 정해진 것으로 군사적 방위와 거주 편리를 위해 교외의 높은 언덕과 물이 흐르는 곳이었다. "습지와 언덕을 헤아려 밭을 통하여 양식을 장만하며"라는 구절은 저습지와 평원을 측량하고 농경지로 개간해 곡물을 생산한다를 의미한다. "석양을 헤아리니 빈땅에 거주하는 것이 진실로 광대하도다."는 구절은 빈의 서쪽 지역을 측량하니 거처를 세울 만한 정도로 면적이 매우 넓다는 뜻이다. '석양(夕陽)'은 저녁 해가 비추는 서쪽 지역이고[6] '황(荒)'은 광대하다는 의미이다. 이처럼 도성을 수원이 풍부한 고지대에 세우려는 생각, 도성에 군대 주둔지를 설치한 것, 거주 지역을 서쪽에 배치하는 구조 등은 후대 도성 건설에 깊은 영향을 끼쳤다.

공류가 건설한 빈이라는 도읍은 여전히 원시적이었다. 이곳에는 성벽이 축조되지 않았고 궁전과 종묘도 건설되지 않았다. 공류로부터 9대째인 고공단보[古公亶父, 즉 태왕(太王)]가 기산(岐山)의 남쪽에 있는 주원

5_『모전(毛傳)』에서는 "삼단(三單)은 서로 잇는다는 것이다."라고 하였다. 이것은 '단(單)'을 '선[嬗, 물려주다]' 혹은 '선[禪, 물려주다]'라고 새긴 것으로 군대가 순서를 번갈아 징발되는 것을 의미한다. 『정전(鄭箋)』에서는 "때마침 삼군(三軍)의 수가 채워져 끝내 선졸[羨卒, 한 집안에서 두 번째로 징발되는 병졸]이 없었다."고 하였다. 이것은 '단(單)'을 선[殫, 두루, 모두 다]으로 새긴 것으로 '진[盡, 끝내]'라고 해석한 것이다. 청대 학자에게 여러 가지 해석이 있으나 모두 견강부회한 것이다. 우리들은 '단(單)'을 '사(師)' 혹은 '퇴(堆)'라고 새겨야만 '기군삼단(其軍三單)'이 '기군삼사(其軍三師)'이고 은대의 '왕작삼사(王作三師)'와 같게 된다.

6_『모전』에서는 "산의 서쪽을 석양(夕陽)이라고 한다."고 하였다. 『이아』 석산(釋山)에서도 이와 같다. 『정전』에서는 "석양이라는 것은 빈(豳)이 거처하는 곳이다."라고 하였다. 진환은 『시모씨전소』권24 생민지십고훈전(生民之什詁訓傳)에서 이 점에 근거하여 "석양에 나라를 세운 즉 빈거(豳居)가 빈산(豳山) 서쪽에 있게 되었다."고 해석하였다. 도읍이 큰 산의 서쪽에 조성될 수 없고 이것은 거주 생활에도 적합하지 않다고 생각한다. 이른바 "그 석양을 헤아렸다."는 것에서 석양은 경사가 있는 고원의 서쪽 지역을 가리키는 것이고 빈의 주요 궁실[즉 이른바 '빈거(豳居)']가 광대한 서쪽 지역에 만들어졌던 것을 알 수 있다.

(周原, 지금의 섬서성 기산 동북)으로 천도했을 때 도성의 규모가 어느 정도 갖추어졌다. 『시경』 대아 면(緜)의 묘사에 따르면 고공단보는 주족을 이끌고 주원에 이르러 한 곳을 선정한 뒤 "이곳에 거주하여 이곳에 집을 지으라 하시니라."[7]고 하니 여기에 자리를 정한 뒤 거주할 집을 건축하였던 것이다. 이어 "이에 큰 경계를 구획하고 작은 조리를 만들어 흩어져 살게 하고 이랑을 만드니"[8]라고 하니 밭 경계를 정하고 농토를 정리하였으며 도랑과 이랑을 만들었던 것이다. 그런 뒤 도성을 대규모로 건설하였다. 「면」에서는

> 이에 사공(司工)을 부르고 이에 사도(司徒)를 불러 집을 세우게 하셨도다.
> 그 먹물이 곧기도 하거늘 판자를 묶어 이으니 지은 사당이 엄정하도다.
> 그릇에 흙을 담기를 많이많이 하며 흙을 판자에 던져 넣기를 많이많이
> 하며 담장을 다지기를 서로 호응하며 중복된 곳을 깎기를 단단히 하며
> 담장들이 모두 일어나니 북치는 소리가 감당하지 못하도다.[9]

고 하였다. 여기서 일상의 집을 세움과 동시에 종묘를 정연하게 건축한 것을 "지은 사당이 엄정하도다."라고 하였고 대규모의 토벽을 축조한 것을 "담장들이 모두 일어나니"라고 하였다. 판축으로 토벽을 쌓은 모습을 생동감 있게 묘사하기도 했는데 판축 과정은 먼저 새끼줄을 똑바로 잡고 직선의 기준을 정하고 나무 기둥을 곧추 세워 긴 판을 묶고 층을 구분하는 판대를 만들어 흙을 넣고 다져서 토벽을 만드는 것이다. 즉 "그 먹물이 곧기도 하거늘 판자를 묶어 이으니"라는 것은 벽을 쌓을 때 먼저 흙을 대나무 바구니에 담아서 층을 구분하는 판대 사이에 밀어

7_『詩三家義集疏』卷21 大雅 緜, p.836.「曰止曰時, 築室于玆.」
8_『詩三家義集疏』卷21 大雅 緜, p.838.「迺疆迺理, 迺宣迺畝.」
9_『詩三家義集疏』卷21 大雅 緜, p.838.「迺召司空, 迺召司徒, 俾立室家. 其繩則直, 縮版以載, 作廟翼翼. 捄之陾陾, 度之薨薨, 築之登登, 削屢馮馮, 百堵皆興, 鼛鼓不勝.」

넣고 단단히 다진 뒤 토벽 위에 돌출된 부분을 깎아 평평히 했다는 것이다. 흙을 담아 바구니에 넣은 소리, 흙을 층 사이의 판대 안으로 밀어넣은 소리, 단단히 다져 쌓은 소리, 새롭게 쌓은 토벽 위에 튀어나온 곳을 깎아 평평히 하는 소리 모두 매우 크고 끊이지 않고 이어졌던 것은 곧 "그릇에 흙을 담기를 많이많이 하며 흙을 판자에 던져 넣기를 많이많이 하며 담장을 다지기를 서로 호응하며 하며 중복된 곳을 깎기를 단단히 하며"라고 표현하였다. 「면」에서 또한

고문(皐門)을 세우니 왕의 성문이 높기도 하며 응문(應門)을 세우니 왕의 정문이 엄정하기도 하며 태사(太社)를 세우니 융추(戎醜)가 출행하리로 다.[10]

고 하였다. 고문은 궁전의 바깥문이고 응문은 궁전의 정문이다. 이때는 모두 높고 크게, 그리고 웅장하게 건설하였다. 또 사신[社神, 토지신]에 제사하는 큰 제단도 지어 침범하여 소란을 피우는 융추를 위협할 수 있었다. '융추'는 융적을 멸시하여 부르는 호칭이다. 『시경』에서 언급하는 '추(醜)'는 혹은 포로를 가리키기도 하는데 예로 "신문할 괴수를 잡고 포로를 붙잡아"[11][『시경』소아 출거(出車)]라는 것을 들 수 있다. 혹은 사냥한 들짐승을 가리키기도 하여 예로 "저 큰 언덕에 올라가 짐승떼가 많은 곳을 찾도다."[12][『시경』소아 길일(吉日)]라는 것을 들 수 있다. 그런데 사신에게 제사 드리는 제단을 세우는 것으로 어떻게 융적을 위협할 수 있는 것일까? 옛 사람들은 사신이 죄인의 사형을 주관한다고 믿었기 때문에 전쟁에 승리한 후 포로를 바치는 의례가 항상 신사(神社)에서 거

---

10_ 『詩三家義集疏』卷21 大雅 緜, p.840. 「酒立皐門, 皐門有伉, 酒立應門, 應門將將, 酒立冢土, 戎醜攸行.」

11_ 『詩三家義集疏』卷14 小雅 出車, p.588. 「執訊獲醜.」

12_ 『詩三家義集疏』卷15 小雅 吉日, p.628. 「升彼大阜, 從其羣醜.」

행되었다.[13]

『사기』주본기에서는 "고공단보가 융적의 풍속을 물리치고 성곽과 건물을 지어 읍과 구분하여 그곳에 머물렀다."[14]고 하였다.「면」에서는 단지 집을 짓고 종묘, 궁문, 토벽만을 건축하였다고 했을 뿐 성곽을 축조하였다고는 하지 않았다.「면」에서 "담장들이 모두 일어나니"라는 구절은 궁전을 벽으로 둘렀다는 것을 의미한다. 당시에는 결코 성곽이 축조되지 않았다. 그러나 고공단보가 지은 도성의 배치 구조는 깊은 영향을 끼쳤다. 고문·응문 등 궁문 설치, 종묘·신사의 건설 등은 이때 창시된 것이다. 또 사공·사도 등의 관리를 등용하여 백성을 징발해서 도성을 건설하는 것도 여기에서 시작되었다.

주대 도성에서 대규모 성벽을 갖춘 것은 아마 문왕(文王)이 풍(豊)에 도읍한 것에서부터 시작되었다. 『시경』대아 문왕유성(文王有聲)에는 문왕이 "풍에 읍을 짓는 것"[15]을 묘사하는 구절이 있는데 "성을 쌓되 옛 도랑을 그대로 따르시고 풍읍을 만드시되 성에 걸맞게 하시니"[16]라고 하였고 "왕의 공적이 빛나심은 풍 땅에 담을 쌓으셨기 때문이다."[17]라

---

13_ 『상서』감서(甘誓)에서 "명을 따르는 자에게는 종묘에서 상을 내리고, 명을 따르지 않는 자는 사(社)에서 죽일 것이다."라고 하였다. 『묵자』명귀하편(明鬼下篇)에서는 『제춘추(齊春秋)』에 근거하여 "'제(齊) 장공(莊公)에게는 두 명의 조카가 있었는데 소송한 지 3년이 되어도 재판이 끝나지 않아서' 나중에 '제(齊)의 신사(神社)에서 맹약을 하다가' 죄가 있는 자가 양 뿔에 받쳐 죽었다."고 하였다. 『춘추좌씨전』소공(昭公) 10년조에 "계평자(季平子)가 거(莒)를 정벌하고 경(郠)을 차지하고서 포로를 바치고 처음으로 박사(亳社)에서 사람으로 제사지냈다."고 하였다. 사신(社神)은 형벌을 관장하기 때문에 전쟁 승리 후 포로를 바치는 의례도 신사에서 거행해야 했다. 이른바 처음으로 "박사에서 사람으로 제사지냈다."는 것은 실제 원시적 예속(禮俗)을 복구하여 사용했다는 것이다. 『일주서』세부편(世俘篇)에서는, 무왕이 상나라를 정복한 뒤 포로를 바치는 의례를 거행한 것은 많은 포로를 살해한 뒤 제사에 바친 것인데 '주묘(周廟)에 아룁니다.', '하늘에, 후직(后稷)에 아룁니다.' 혹은 '사(社)에 맹세합니다.'라고 하였다.

14_ 『史記』卷4 周本紀, p.114.「古公乃貶戎狄之俗, 而營築城郭室屋, 而邑別居之.」

15_ 『詩三家義集疏』卷21 大雅 文王有聲, p.869.「作邑于豊」

16_ 『詩三家義集疏』卷21 大雅 文王有聲, p.870.「築城伊淢, 作豊伊匹.」

17_ 『詩三家義集疏』卷21 大雅 文王有聲, p.871.「王公伊濯, 維豊之垣.」

고 하였다. '역(淢)'은 『한시(韓詩)』에 '혁(洫)'이라고 쓰여 있는 데 해자인 것이다. 성벽뿐만 아니라 성벽과 부합하는 해자도 만들었던 것이다. 풍은 현재 섬서성 서안시 서남쪽을 흐르는 풍하(灃河) 중류의 서쪽 언덕에 있다.

무왕은 상나라를 정복한 뒤 '호(鎬)'에 도성을 세우고 종주(宗周)라고 칭했는데 현재 서안 서남쪽을 흐르는 풍하 중류의 동쪽 언덕에 있다. 『시경』 대아 문왕유성에 따르면 호경(鎬京)에는 벽옹(辟雍)이 설치되었다.[18] 서주 금문 사료에 따르면 종주에는 종묘가 있어 주왕이 항상 여기서 대신을 만났다. 『일주서』 세부편에는 무왕이 상나라를 정복한 뒤 주의 종묘에서 포로를 헌상하는 의례를 거행한 것에 대해 "무왕이 아침에 와서 주묘(周廟)에서 요제사(燎祭祀)를 올렸다."[19]고 하였고 "무왕이 이내 각 제후국의 수급을 가지고 주묘에서 제사를 올리고 … 주묘에 알렸다."[20]고 했는데 여기서 주묘란 종주의 종묘이다.

풍과 호의 배치 구조에 관해서는 검토할 만한 사료가 없다. 그러나 한 가지 분명한 것은 호경에는 대군이 주둔했기 때문에 당연히 군이 주둔할 수 있는 병영 및 그 방어 시설이 있었을 것이라는 점이다. 문헌에서 제시하고 있는 '육사(六師)'[『상서』 고명(顧命), 『시경』 대아 역박(棫樸) 등]나 서주 금문에 보이는 '육사'[우저궤(啟貯簋)·남궁류정(南宮柳鼎) 등 명문] 등은 분명 종주에 주둔했던 군대였다. 우정명문(禹鼎銘文)에는 '서육사(西六自)'와 '은팔사(殷八自)'가 기록되어 있는데 '서육사'란 주둔지가 서쪽의 종주에 있었기 때문에 붙여진 명칭이다. 서주시대에는 모두 주요한 세

---

18_ 역자 주 『詩三家義集疏』 卷21 大雅 文王有聲, p.872. 「鎬京辟廱, 自西自東, 自南自北, 無思不服, 皇王烝哉.」

19_ 『逸周書彙校集注』 卷4 世俘解, p.463. 「武王朝至燎于宗廟.」

20_ 『逸周書彙校集注』 卷4 世俘解, pp.468~469. 「武王內以庶國馘祀于周廟, … 告于周廟.」 역자 주 저자는 '武王內以庶國馘祀于周廟' 구절 다음에 '告于周廟'이 오는 것처럼 표기하고 있으나 '武王內以庶國馘祀于周廟'과 '告于周廟' 사이에는 '翼予沖于, 斷牛六, 斷羊二. 庶國乃竟.'라는 구절이 있다.

군대가 있었는데 '성주팔사(成周八自)'는 동도 성주에 주둔하였고 '은팔사'는 은의 옛 수도 목(즉 조가)에 주둔하였으며 '서육사'는 서도 호경에 주둔하였다.

## 2) 동도(東都) 성주(成周)를 효시로 하는 소성(小城)이 대곽(大郭)에 연결된 구조

서주의 도성 가운데 동도인 성주는 특히 중시해야 한다. 주공이 관숙과 채숙이 무경 및 동이(東夷)와 연합하여 일으킨 반란을 평정한 뒤 은 귀족의 반란을 방지하고 중원지역 및 사방에 대한 통제를 강화하기 위해 무왕의 유지를 계승하여 원래의 낙읍에 동도인 성주를 건설하였다. 이것은 상대의 별도 제도가 설치된 이래 중요한 발전이었고 동시에 동서 두 도성을 나란히 건설하여 중앙집권적 통치를 강화한 것으로 중국 정치상 처음 있는 일이었다. 서주의 군주가 종주인 호경에 상주했으나 때때로 동도인 성주로 가서 정무를 처리하기도 하였고 실제 지리적 위치상 종주보다 성주가 중요하였다.

성주 건설에 관해서는 『일주서』 작락편에 구체적으로 묘사되어 있다.

주공은 조심히 뒷날을 생각하며 말했다. "나는 주왕실이 장구하지 않을 것이 두려워 낙읍을 천하의 중심으로 한다."고 하였다. 정치를 성왕(成王)에게 이르게 하기 위해 대읍 성주를 토중(土中)에 지었다. 성을 짓는 데 사방 1,720장(丈)이고 곽은 사방 70리이며 남쪽으로 낙수(雒水)에 붙어 있고 북쪽으로 겹산(郟山)에 붙어서 천하가 모두 모이는 곳으로 삼았다. 교전(郊甸)을 제정하는 데 사방 600리로 한 것은 서토(西土) 호경의 교전이 사방 1,000리였기 때문이었다. 나누어 100현(縣)으로 하고 현에는 4군(郡)이 있고 군에는 4비(鄙)가 있었다. 큰 현에는 성을 세우고 사방으로 왕성의 1/3로 하였다. 작은 현에 성을 세우고 사방으로 왕성의 1/9로 하였다.

국도와 변읍의 규모가 100실을 넘지 않게 하여 농사에 이롭게 하였다.[21]

고 하였다. 여기서 언급한 "대읍 성주를 토중에 지었다."에서 '대읍 성주'는 성주의 왕기 전체를 가리킨다. 이것은 대읍상의 제도를 계속하여 사용한 것으로 '교전의 한 변 600리'를 그 안에 포함하였다. '토중'이란 사방의 중심을 뜻한다. 『상서』소고(召誥)에 소공(召公)이 "성왕이 오셔서 상제(上帝)의 명을 이어 스스로 토중에서 복종토록 하시네."[22]라는 것이 기록되어 있다. '토중'은 천하의 중심이란 것이다. 『사기』주본기에서 "주공이 말하기를 이곳은 천하의 중심으로 사방에서 조공하러 오는 데 거리가 같다고 하였다. 소고(召誥)·낙고(洛誥)를 지었다."[23]고 하였다.

공조(孔晁)가 "성을 짓는 데 사방 1,720장이고"에서 '성'은 왕성이라고 해석한 것은 매우 정확한 것이다. 이는 그 뒤의 문장에서 "큰 현은 사방으로 왕성의 1/3로 하였다. 작은 현은 사방으로 왕성의 1/9로 하였다."고 한 것을 통해서도 증명된다. 『예문류취(藝文類聚)』·『초학기(初學記)』등의 책 모두 '사방 1,720장'이라고 한 것을 인용하며 6척(尺)이 1보(步)이고 300보가 1리(里)라는 것으로 계산하니 사방 9리라고 하였다. 이것은 「고공기(考工記)」에서 말한 "장인(匠人)이 도성을 조영할 때 사방 9리로 한다."는 것에 부합한다.[24] '부(郛)'란 '곽(郭)'이다. 송본(宋本)『일주서』와

21_ 『逸周書彙校集注』卷5 作雒解, pp.559~566. 「周公敬念于後曰: 予畏周室不延, 俾中天下. 及將致政, 乃作大邑成周于土中. 入城方千七百二十丈, 郛方七十里, 南系于雒水, 北因于郟山, 以爲天下之大湊. 制郊甸方六百里, 因西土爲方千里. 分爲百縣, 縣有四郡, 郡有四鄙. 大縣立城, 方王城三之一. 小縣立城, 方王城九之一. 都鄙不過百室, 以便野事.」

22_ 『尙書今古文注疏』卷18 召誥, p.395. 「王來紹上帝, 自服于土中.」

23_ 『史記』卷4 周本紀, p.133. 「曰:"此天下之中, 四方入貢道里均." 作召誥·洛誥.」

24_ 초순(焦循)은 『군경궁실도(群經宮室圖)』권상(上) 성도(城圖) 1에서 "계산하면 각 5보(步)가 3장(丈)이 되고, 각 180장이 1리(里)가 되므로 9로 그것을 곱하면 1,620장이 되어 「고공기(考工記)」의 9리와 딱 들어맞는다."고 설명하였다. 김악(金鶚)은 「천자성방구리고(天子城方九里考)」(『구고록례설(求古錄禮說)』권1)에서

『예문류취』, 『초학기』 등의 책에서도 "곽은 사방 72리이다."라고 한 것을 인용하였다. 『시지리고(詩地理考)』·『통감전편(通鑑前編)』 또한 "곽은 사방 72리이다."라고 한 것을 인용하였다. 김악(金鶚)과 류사배(劉師培)는 '17리'로 써야 한다고 했으며 손이양(孫詒讓)은 '27리'로 써야 한다고 하였다.[25] 지금 남아 있는 사료에서 도성에 소성(小城)과 대곽(大郭)이 설치된 것은 성주부터 시작된 제도임을 알 수 있다. 여기서 주의해야 할 점은 초기단계의 곽은 "산천에 의지하여 그것을 만든 것이었지 성 네 면에 담장을 쌓은 것은 아니었다."는 것이다. 성주의 곽이 "남쪽으로 낙수에 붙어 있고 북쪽으로 겹산에 붙어 있다."는 것은 원래 있던 산천을 이용하여 연결하였다는 것이다. 『관자(管子)』 팔관편(八觀篇)에는 "대성(大城)은 완전하지 않으면 안 된다. 주곽[周郭, 주곽은 원래 곽주(郭周)로 잘못 쓰여졌으나 장패륜(張佩綸)의 교정에 따른다]은 밖으로 통해서는 안 된다. 이역(里域)은 옆으로 통해서는 안 된다. … 그러므로 대성이 완전하지 못하면 세상을 어지럽히는 사람들이 모의를 꾸미고 주곽이 밖으로

---

"칠백(七百)의 칠(七)자는 육(六)자를 잘못 쓴 것이다. 성을 세울 때 반드시 리(里)는 딱 떨어진 수가 되도록 해야지 나머지가 있어서는 안 된다. 만약 성(城)이 1,720장이라면 10리로 계산하면 부족하고 9리로 계산하면 남아 결코 올바른 법식이 아니다. … 1,620장은 9리가 되므로 이것이 주(周) 천자(天子)의 제도로서 분명히 의거할 만하다."고 하였다.

25_ 김악은 「천자성방구리고」에서 "70리는 응당 「전편(前編)」을 따라서 17리로 써야 하며 아마 옮겨 쓰다가 실수한 것이다. 『맹자』에서는 '三里之城, 七里之郭'이라고 했는데 칠(七)은 오(五)의 잘못인즉 곽(郭)은 성(城)보다 크기가 두 배에도 미치지 못하는데 지금 곽의 사방 70리는 성보다 거의 8배나 커서 『맹자』에 부합하지 않는다."고 하였다. 류사배(劉師培)는 『주서보정(周書補正)』에서 그 주장을 좇으면서 아울러 왕응린(王應麟)의 『왕회편보주(王會篇補注)』, 『시지리고(詩地理考)』와 류서(劉恕)의 『통감외기(通鑑外紀)』를 인용하며 '17리'로 써야 하는 것을 논증하였다. 손이양(孫詒讓)은 『주서짐보(周書斟補)』에서 "27리가 아닐까 한다. 성의 사방 규모를 나타내는 수[즉 9리]의 세 배이기 때문이다. 『주례(周禮)』 전명(典命)의 정주(鄭注)에서는 '성 사방 9리에 대해 궁(宮)은 사방 900보이고 900보는 곧 3리라는 것이다.'라고 하였다. 그렇다면 주 왕궁은 사방 3리이고, 성은 사방 9리이며, 곽은 사방 27리이어서 모두 3배씩 늘어난다."고 하였다. 생각건대, 17리 주장이 비교적 합리적인데 당시에는 곽성을 너무 크게 만들 수 없었을 것이다.

통하면 몰래 도망가거나 담을 넘어가는 것이 일어나게 되고 이역이 옆으로 통하면 약탈하거나 절도하는 것이 끊이지 않는다."[26]고 하였다. 주곽은 대성, 이역과 함께 방어를 위해 만들어진 것이었으나 그 구조가 다르다는 것을 알 수 있다. 주곽의 용도는 '몰래 도망가거나 담을 넘어가는 것'을 막고 '밖으로 통하지' 않도록 하는 것이었다. 초순(焦循)이 『군경궁실도(群經宮室圖)』 성도(城圖) 6에서 이 점에 근거해 "주곽은 반드시 산천에 의거하여 만들고 그것을 넘어갈 수 없도록 하였다."고 매우 정확히 설명하였다. 또 초순은 성주의 주곽은 낙수와 겹산 등 산천에 의거하면서도 인공적으로 연결하여 만든 것이라는 것을 밝혔을 뿐만 아니라 문헌사료를 인용하여 춘추시대 정(鄭)나라의 곽 역시 "물에 의존하면서 성을 쌓았다."는 것을 증명했는데 매우 통찰력 있는 견해이다.

앞에서 인용한 『일주서』 작락편에 의하면 성주는 동도의 총칭이었고 왕성은 그 소성에 해당하고 대곽이 따로 있었다. 이와 관련해 『한서』 지리지에는 왕성과 성주를 두 개의 읍으로 나누어 왕성은 한대 하남군의 하남이고, 성주는 낙양이다라고 하였다. 이에 따르면 왕성은 오늘날 낙양시에 있는 왕성공원(王城公園) 일대이고 성주는 낙양시 동쪽 약 1km에 있는 한위고성(漢魏故城)이 되지만 이 주장은 분명 잘못된 것이다. 이 착오는 『춘추공양전(春秋公羊傳)』에서 가장 먼저 시작되었다. 『춘추공양전』에서는 "성주는 어디일까? 동주이다."[27][선공(宣公) 16년]라고 하였고, "왕성은 어디일까? 서주이다."[28][소공(昭公) 22년]라고 하였다. 이것은 주나라가 분열되어 형성된 '서주·동주'라는 두 소국의 도읍을 왕성과 성주의 소재지로 오해한 것이다. 춘추시대의 사료를 통해서 성주는 동

---

26_ 『管子校注』(黎翔鳳 撰, 楊運華 整理, 北京, 中華書局, 2004) 卷5 八觀篇, p.256. 「大城不可以不完, 主槨不可以外通, 里域不可以橫通 … 故大城不完則亂賊之人謀, 周郭外通則姦遁·逾越者作, 里域橫通則攘奪·竊盜者不止.」
27_ 『春秋公羊傳注疏』(浦衛忠 整理, 楊向奎 審正, 北京, 北京大學出版社, 1999) 卷16 宣公十六年條, p.362. 「成周者何? 東周也.」
28_ 『春秋公羊傳注疏』 卷23 昭公二十二年條, p.515. 「王城者何? 西周也.」

도의 총칭이며 왕성은 단지 주왕이 거주하는 궁성이라는 것을 알 수 있다. 이 점에 대해서는 동서업(童書業) 선생이 「춘추왕도변의(春秋王都辨疑)」에서 이미 상세하고 정확한 고증을 하였다.[29] 서주 문헌에서도 성주를 낙(洛, 『상서』 소고), 낙사(洛師, 『상서』 낙고)로 부르거나 혹은 신읍(新邑, 『상서』 낙고), 신낙읍(新洛邑, 『상서』 다사), 신대읍[新大邑, 『상서』 강고(康誥)] 등으로 칭하고 있는데 모두 단지 하나의 읍이 있었지 두 개의 읍이 있었던 적은 없었다. 이 점은 매우 명확한 것이다.

서주 금문에서도 똑같이 '성주', 혹은 '신읍'[신읍은 앞에서 인용한 간정명

---

29_ 동서업(童書業)의 「춘추왕도변의(春秋王都辨疑)」는 원래 『우공(禹貢)』 반월간(牛月刊) 7권 6·7기(1937년 출판)에 발표되었으며 나중에 『中國古代地理考證論文集』(上海, 中華書局, 1962)에 수록되었다. 상하 두 편으로 나눠져 있는데 상편이 「春秋時周室未遷都辨」이고 하편이 「成州爲東都大名, 王城爲成州內城考」이다. 하편은 『상서』, 『서서(書序)』, 『춘추』, 『좌전』, 『국어』 등의 책을 인용하며 낙읍이 곧 성주이고 성주는 곧 동도이며 왕성이 곧 성주 안에 있다는 것을 논증하였다. 『좌전』 희공(僖公) 25년조에서 "양왕(襄王)이 왕성에 들어오셨다."고 하였고 『국어』 진어(晉語) 4에서도 "양왕이 성주에 들어오셨다."고 하였으므로 왕성이 성주 안에 있다는 것이 분명하다. 『좌전』 소공(昭公) 23년조에서 "왕자 조(朝)가 아침에 왕성에 들어갔고 이어 좌항(左巷)에 갔다. 가을 7월 무신일(戊辛日)에 심라(鄩羅)가 장궁(莊宮)으로 왕자 조를 맞이하였다."고 하였다. 『좌전』 정공(定公) 7년조에서 "왕께서 왕성에 들어오셔서 공족(公族) 당씨(堂氏)에게 머무르신 후 아침에 장궁에 가셨다."고 한 것은 장궁이 왕성에 있다는 것을 전해준다. 그런데 『좌전』 소공(昭公) 26년조에서는 "12월 계유일(癸酉日)에 왕께서 성주로 들어오시고 갑술일(甲戌日)에 양궁(襄宮)에서 맹약을 하셨다. 진(晉)의 사절이 성공(成公) 반(般)에게 주나라를 방비하라고 하고 돌아갔다. 12월 계미일(癸未日)에 왕께서 장궁으로 들어오셨다."고 했는데 이것도 또한 장궁이 성주에 있다는 것을 말하는 것이며 왕성이 곧 성주의 내성이라는 것을 충분히 증명하는 것이다. 동서업의 『춘추좌전연구(春秋左傳硏究)』(上海人民出版社, 1980)에는 '성주여왕성(成周與王城)'이라는 조목(pp.223~225)이 있는데 이러한 고증을 개괄적으로 서술하고 있다. 양균여(楊筠如)도 『상서핵고(尙書覈詁)』[1934년 초판, 1959년 섬서인민출판사(陝西人民出版社) 재판]에서 일찍이 같은 관점을 나타내었다. 그는 『상서』 낙고와 『좌전』에서 장궁은 왕성에 있고 또한 성주에 있다고 한 기록에 근거하여 성주는 동도라고 단정하였으며 『한서』 지리지의 기록을 통해 성주를 주의 통치에 불복종하는 은나라의 백성을 거주토록 한 지역이고 왕성은 주공이 경영하는 읍이라고 보는 것은 크게 잘못된 주장이라고 여겼다. 그러나 그는 성주와 왕성은 모두 『한서』 지리지에 있는 낙양의 성주라고 보고서 도리어 『한서』 지리지의 왕성과 주공이 경영한 동도는 관련이 없다고 한 것은(pp.212~213) 착오를 한 것이다.

문(柬鼎銘文)에 보인다]라고 칭하였다. 단지 영이명문(令彝銘文)에만 '성주'와 '왕(王)'이라는 두 지명이 동시에 있다.

이 10월 초길(初吉) 계미일(癸未日)에 명공(明公)께서 이른 아침 성주에 이르러서 세 가지 영(令)을 행하셨다. … 사방의 영을 행하셨다. 두루 영을 행한 뒤 갑신일(甲申日)에 명공께서 희생을 경궁(京宮)에서 바치셨고 을유일(乙酉日)에는 희생을 강궁(康宮)에서 바치셨다. 그런 뒤 희생을 왕(王)에서 바치고서 명공께서 왕에서 돌아오셨다.[30]

라고 하였다. 당란(唐蘭)과 진몽가(陳夢家) 두 사람은 이 명문에 근거해 '왕(王)'은 왕성이고 성주와 왕성은 확실히 두 개의 읍이었다고 하였다.[31] 그러나 간이명문의 앞뒤 문장에서 판단해 보면 두 개의 읍일 수

----

**30_** 역자 주 「영이명문(令彝銘文)」의 석문에 관해 저자는 「惟十月月吉癸未, 明公朝至于成周, 出令, 舍三事令. … 舍四方令. 既咸令, 甲申明公用牲于京宮, 乙西用牲于康宮. 咸既, 用牲于王, 明公歸自王.」라고 하고 있는데 『殷周金文集成-修訂增補本: 第6冊』 09901에 제시된 「唯十月月吉癸未, 明公朝至于成周, 佮令舍(捨)三事令. … 舍(捨)四方令. 既咸令, 甲申明公用牲于京宮, 乙西, 用牲于康宮. 咸既, 用牲于王, 明公歸自王.」라는 석문과 대략 동일하다. 이 해석과 관련하여 白川靜, 「金文通釋 6」 25 令彝, 『白鶴美術館誌』 6, 1964, pp.276~309 참조.

**31_** 당란(唐蘭)은 「作冊令尊及作冊令彝考釋」(『國學季刊』 제4권 제1호)에서 "왕(王)은 왕성(王城)이다. 『한서』 지리지에서 ' … 그런 즉 왕성과 성주는 실제 2개의 읍이다.'라고 하였다. 왕성에서 희생을 바친다는 것은 또한 제례이다. 나진옥(羅振玉)은 잘못하여 '명공(明公)이 왕을 흠향한다.'고 하였고 오석(吳釋), 오기창(吳其昌)]도 그것을 좇으니 오류가 매우 심하다."고 하였다. 생각건대 당란이 '용생(用牲, 희생을 바친다)'을 제사라고 해석한 것은 매우 옳다. '용생'은 희생을 이용하는 성대한 제사이다. 갑골문, 금문과 고문헌에서 무엇을 '쓰는[用]' 것은 모두 제사에 사용한다는 것을 가리킨다. 예를 들면 복사(卜辭)에 종종 보이는 '용강(用羌)'이나 『좌전』에서 말한 '용인우박사(用人于毫祀)' 등이다. 그러나 왕성과 성주를 두 개의 읍이라고 한 것은 잘못된 것이다. 진몽가(陳夢家) 선생은 「西周銅器斷代(二)」(『考古學報』 제10책)에서 "명공(明公)은 계미일(癸未日)에 성주에 왕명을 행하고 이튿날인 갑신일(甲申日)에 두 궁에서 희생을 바친즉 경궁(京宮)과 강궁(康宮)이 있는 왕(王)은 성주와 하루 여정도 떨어져 있지 않아 왕성이어야 한다."고 하였다. 또한 "명공이 왕(王)에 있은 지 이틀째 날에 빠르게 돌아갔다는 것은 경궁과 강궁 두 궁에서 희생을 바친 것이 곧 전기전례(奠基典禮)라는 것을 충분

없다. 명공은 계미일에 성주로 이르러 '세 가지 영을 행한 것'과 '사방의 영을 행한 것'이 끝난 뒤 다음날 갑신일에 희생을 경궁에서 바쳤고 그 이튿날인 을유일에는 강궁에서 희생을 바쳤으니 이어서 "희생을 왕에서 바치고서 명공께서 왕에서 돌아오셨다."고 한 것이다. 앞뒤 문장을 통해서 알 수 있듯이 경궁과 강궁은 모두 성주의 종묘이며 명공은 을유일 하루 만에 희생을 성주의 강궁에서 바치고 또 왕성에서도 바치고 돌아와야 했으니 만약 성주와 왕성이 30여 리나 떨어져 있다면 당시의 교통 조건에서는 하루 안에 희생을 바치는 성대한 제사를 거행할 수는 없었을 것이다.

진몽가는 서주시대의 동서의 도읍지는 모두 쌍성(雙城)이며 하나는 종묘가 있는 곳이고 하나는 왕궁이 있는 곳으로 왕성이 왕궁의 소재지이고 성주가 종묘의 소재지라고 주장하였다. 아울러 「영이명문(令彝銘文)」에서 말한 경궁과 강궁은 모두 왕성 안의 왕궁이고 명공이 가서 '희생을 바쳤다'는 것은 전기전례[奠基典禮, 건축을 시작할 때 올리는 제사 의례]

---

히 설명한다."고 하였다. 나는 이런 해석은 명문(銘文)의 본래 뜻에는 부합하지 않는다고 생각한다. 명문은 "계미일에 명공이 성주에 도착하여 세 가지 영(令)을 행하였고 사방의 영을 행하였으며 완전히 끝난 뒤 이튿날 갑신일에 명공이 경궁에서 희생을 바쳤고 그 다음날인 을유일에 강궁에서 희생을 바쳤는데 모두 완전히 끝나고서 비로서 왕에서 희생을 바쳤다."는 것을 명확하게 말하고 있다. 분명히 경궁과 강궁이 모두 성주에 있었고 게다가 왕성에 있지 않았으므로 경궁과 강궁 두 궁에서 제사를 지낸 뒤에야 비로소 왕성에 가서 제사를 지냈던 것이다. 만약 경궁과 강궁 두 궁이 모두 왕성에 있다면 '경궁에서 희생을 바치고' '강궁에서 희생을 바친' 것이 곧 '왕에서 희생을 바친' 것이 되어 아래 문장에서 다시 '왕에서 희생을 바쳤다.'는 것이 뜻이 통하지 않게 된다. 진몽가는 「西周銅器斷代(二)」에 있는 '서주 금문에 있는 도읍'이라는 소절의 '왕(王)·주(周) 및 성주(成周)·신읍(新邑)을 논함'이라는 대목에서 영이명문(令彝銘文)에서 '왕(王)'은 곧 서주의 기타 금문에 있는 '주(周)'이고 왕의 강궁은 곧 주의 강궁이라는 것을 설명하며 "왕(王)은 주(周)를 의미할 수 있으나 성왕(成王) 이후의 주(周)는 종주(宗周)를 의미하지 않으며 성주(成周)도 의미하지 않는다."고 하였다. 이 주장도 성립할 수 없다. 송정명문(頌鼎銘文)에는 "왕께서 주(周)의 강소궁(康邵宮)에 계신다."고 하였고 왕이 "너에게 명하노니 성주(成周)의 저입가(貯廿家)를 관장토록 하라."고 한 것이 기록되어 있어 주(周)는 성주(成周)를 줄여 부른 호칭이 되므로 '주(周)'와 '성주(成周)'가 두 지역이라고 판정할 수는 없다.

를 주재한 것이라고 보았다. 왕성에 왕궁을 세우는 데 왜 일부러 명공이 전기전례를 해야만 했던 것일까라는 의문이 든다. 확실히 말이 통하지 않는다. 진몽가는 왕성이라는 호칭이 서주 초기의 「영이명문」에만 보이고 그 후 명문에는 보이지 않는 것은 이후에는 왕성이라고 칭하지 않고 '주(周)'로만 칭했기 때문이라고 하였다. 예를 들면 「면궤명문(免簋銘文)」에 "왕이 주(周)에 오셨다. 새벽녘에 왕이 대묘(大廟)에 이르셨다."고 하였고 「오방이명문(吳方彝銘文)」에서는 "왕이 주에서 큰 건물을 지으셨다. 왕은 묘(廟)에 오셨다."고 하였다. 진몽가는 "밤에는 왕성에서 자고 아침에 성주로 갔다고 해석해야 한다."고 하였다. 이미 언급했듯이 당시 교통 조건에서 주왕이 왕성에서 출발해 날이 새기 전에 30여 리나 떨어진 종묘에 달려가 제사를 주재한다는 것이 어떻게 가능할 수 있을까? 당시 종묘는 조상에게 제사를 드리는 곳일 뿐만 아니라 즉위, 조빙(朝聘), 책명(策命) 등처럼 정치적으로 중요한 의례가 모두 이곳에서 거행되어야 했고 종족 내부의 의례도 모두 이곳에서 거행해야 했기에 예당(禮堂)이라는 성격을 가지고 있었다.[32] 이 때문에 종묘는 반드시 왕궁 근처에 만들어야 하고 무릇 도성(별도도 포함)은 모두 반드시 종묘시설을 갖추어야 했다. 이 점은 춘추시대에 이르러서도 여전히 마찬가지였다. 『춘추좌씨전』 장공(莊公) 28년조에서 "무릇 읍에 종묘, 선군의 위패가 있는 곳을 도(都)라 하고 없는 곳을 읍(邑)이라 한다."[33]고 하였다. 왕궁과 종묘가 두 개의 성으로 나뉘어 만들어졌다는 주장은 성립할 수 없다.

왕성 유지는 당대(唐代)에 이르러서도 유적이 남아 있었다. 『괄지지』(『사기』 주본기의 『사기정의』에서 인용)에는 "옛 왕성은 하남성(河南城)이라

---

32_ 拙稿, 「試論西周春秋間的宗法制度和貴族組織」 第1節 宗廟制度(『古史新探』, 中華書局, 1965) 참조.
33_ 『春秋左傳注』(楊伯峻 編著, 北京, 中華書局, 1990) 莊公 28年條, p.242. 「凡邑有宗廟先君之主曰都, 無曰邑.」

고 하는데 본래는 겹욕(郟鄏)으로 주공이 새롭게 축성하였다. 낙주(洛州) 하남현(河南縣) 북쪽 9리, 원내(苑內)의 동북 귀퉁이에 있다.”[34]고 하였다. 『구당서(舊唐書)』 지리지에서도 왕성고성은 “지금 원내의 동북 귀퉁이에 있다.”[35]고 하였다. 이른바 ‘원내’란 신도원(神都苑)을 가리킨다. 신도원의 위치는 동으로는 낙양의 궁성 성벽에 접하고 북으로는 망산(邙山)에 가까웠다. 그렇기 때문에 왕성 유지가 ‘원내의 동북 귀퉁이에 있었던’ 것이며 왕성은 필연적으로 당대 낙양성 밖 서북 귀퉁이에 있고 망산 가까운 지역에 있을 수밖에 없다. 현재 춘추시대 왕성 유지는 이미 발굴이 끝났고 그 지점은 확실히 한대 하남현의 성터와 겹친다. 다만 면적은 하남현성보다 크고 평면상 대략 장방형을 띠고 있어 남북이 동서보다 조금 길다. 북쪽 성벽만 거의 완전히 남아 있고 전체 길이는 2,890m이며 왕성 전체는 간수(澗水)가 낙수(洛水)로 들어가는 곳에 위치한다.[36] 그러나 서주의 왕성 유지는 아직 발견되지 않았지만 『괄지지』에서 “낙주 하남현 북쪽 9리에 있다.”고 한 것에 따르면 아마 동주 왕성의 북쪽에 있었을 것이다.

성주의 대곽은 왕성의 동쪽에 있으면서 전수(瀍水) 양쪽 기슭을 걸치고 있었을 것이다. 『상서』 낙고에는 주공이

> 내가 이내 간수의 동쪽과 전수의 서쪽에서 점치니 오직 낙땅만이 길하였으며 내가 또한 전수의 동쪽에서 점치니 역시 낙땅만 길하였도다.[37]

고 한 것이 기록되어 있다. ‘식(食)’은 길조를 얻어 채용하는 것을 말한

---

34_ 『史記』 卷4 周本紀, p.131. 「【正義】括地志云: 故王城一名河南城, 本郟鄏, 周公新築, 在洛州河南縣北九里苑內東北隅.」
35_ 『舊唐書』 卷38 地理志 p.1420. 「故城在今苑內東北隅.」
36_ 中科院考古所洛陽發掘隊, 「洛陽澗濱東周城址發掘報告」, 『考古學報』 1959-2.
37_ 『尙書今古文注疏』 卷19 洛誥, p.403. 「我乃卜澗水東・瀍水西, 惟洛食, 我又卜瀍水東, 亦惟洛食.」

다.[38] 주공이 성주의 조영을 위해 점을 쳤을 때 우선 간수의 동쪽과 전수의 서쪽에서 점쳐 길조를 얻어 채용하였고 또한 전수의 동쪽에서 점쳐 길조를 얻어 채용하였다. 성주를 조영하는 전체 범위가 간수의 동쪽에서 전수의 동쪽까지 이르렀다는 것을 말한다. 그러므로 왕성이 간수의 동쪽에는 있었기 때문에 대곽은 당대 낙양과 똑같이 전수의 동서 양기슭에 걸쳐 있었고 서주의 성주 대곽은 약간 북쪽으로 치우쳐 낙수의 북쪽에 있었다. 당대의 낙양성은 남쪽으로 치우쳐져서 낙수의 남북 양기슭에 걸쳐 있었다(그림 13 참조).

몇 년에 걸친 고고 발굴로 전수 하류 동서 기슭에서 많은 서주시대의 묘지와 유적이 발굴되었는데 북으로는 망산에서 시작하여 동으로는 마파(馬坡), 탑동(塔東), 탑서(塔西)에 이르렀고 서쪽으로는 낙양고성[洛陽故城, 금대(金代) 이후의 옛 성]의 서관(西關)까지 이르렀다. 500~600기의 서주시대 묘장이 발견되었고 그 가운데 북요방가구(北窯龐家溝)에 묘지가 가장 많이 집중해 있어 모두 400여 기의 묘장이 있었고 이미 367기가 발굴되어 서주명문동기가 출토되기도 했다. 명문에는 왕임(王妊), 대보구(大保簋), 강백(康伯), 백무보(伯懋父), 모백(毛伯), 풍백(豊伯) 등의 인물이 기록되어 있어 이 묘지가 서주 귀족의 묘지라는 것을 알 수 있다. 묘지 남쪽에서는 면적 20만㎡에 이르는 서주 초중기 동기 제작 유지가 발견되어 용동로(熔銅爐, 최대 직경 1.8m), 생산도구 및 도범(陶範) 등이 출토되었다(그림 13 참조). 곡부(曲阜), 임치(臨淄), 신정(新鄭) 등과 같은 서주와 춘추시대 고성터에는 귀족의 무덤이 성곽 내에 있어 거주지와 멀리 떨

---

38_「위공전(僞孔傳)」에서는 "점을 치려면 먼저 먹으로 거북에 쓴 뒤에 그것을 사르면 징조가 순조로우면 먹을 먹는다."고 하였다. 유월(劉樾)은 『군경평의(群經平議)』권6 상서(尙書) 4에서 '식묵[食墨, 묵을 먹는다]'이 길조라는 주장은 부정확한 것이며 '식(食)'은 마땅히 '용(用)'으로 뜻을 새겨야 한다."고 하였다. 양균여(楊筠如)는 『상서핵고(尙書覈詁)』에서 또한 "식(食)은 사(事)의 가차이며 사(事)는 다스린다[治]와 같다."고 하였다(섬서인민출판사 판본, p.212). 총괄하면 '식(食)'은 길조를 얻어 채용한다는 것을 말한다.

어져 있지 않았다. 동시에 동기 제작 유지도 대부분 성곽 내에 있다. 아마 성주도 이럴 것으로 생각된다. 따라서 낙양 고고 발굴 성과에 근거하여 성주의 대곽은 전수의 양쪽 기슭에 걸쳐 있고 당대 낙양의 북쪽에 위치하고 북으로는 망산과 인접하였을 것으로 추정할 수 있다. 1952년 낙양의 동쪽 교외인 파가로(擺駕路) 입구, 하요촌(下瑤村) 서쪽 지역, 동대사(東大寺) 지역 등에서 서주 초기에 속하는 은나라 유민의 무덤이 발견되었는데 출토된 도기(陶器)와 방기(蚌器)는 은나라 유풍을 남기고 있을 뿐만 아니라 묘실에는 요갱(腰坑)이 있었고 개가 희생물로 묻혀 있었다. 동시에 북요방가구에 있는 서주 귀족 묘지는 도기 방면에서는 주 초기의 도기를 계승하고 있다는 것이 드러났을 뿐만 아니라 묘실에는 요갱과 개뼈가 없었다. 낙양에서 서로 다른 두 종류의 묘장이 발견된

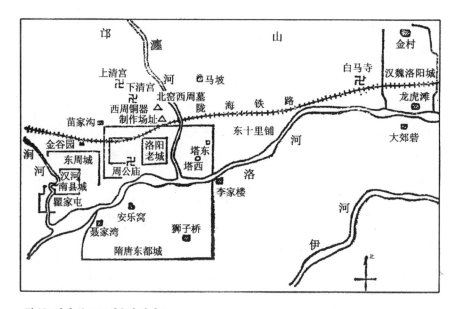

그림 13 낙양 부근 고성유지 변천도
　[그림에서 '동주성(東周城)'은 춘추시대의 왕성 유지이다. '북요서주묘(北窯西周墓)'는 북요방가구의 서주 귀족 묘가 모여 있는 곳을 가리킨다. '서주동기제작장지(西周銅器製作場址)'는 면적 20만㎡의 서주 초중기 동기 제작 장소를 가리킨다.]

것은 노나라 곡부(曲阜)고성에서 발견된 것과 기본적으로 동일하다.

주공이 조성한 동도 성주의 배치 구조는 서쪽의 소성과 동쪽을 마주하는 대곽이 서로 결합한 방식을 채용한 것으로 춘추전국시대의 중원 각 제후국의 도성 특히 전국시대 제(齊)·위(魏)·한(韓)·조(趙)·진(秦) 등 큰 나라의 모든 도성에 커다란 영향을 주었다. 심지어 서한의 도성인 장안의 배치 구조에도 직접적인 영향을 미쳤기 때문에 이 점은 주목할 만하다.

|추기| 만엽송(葉萬松)·여부위(余扶危)는 「서주 낙읍성 유지에 관한 탐색[關於西周洛邑城址的探索]」(『인문잡지총간(人文雜誌叢刊) 제2집 서주사연구(西周史研究)』, 1984년 8월 출판)에서 전수 양쪽 기슭의 서주시대 유적지와 묘장 출토문물에 근거해 이 일대가 서주 귀족의 생활공간이고 동시에 안양(安陽)에서 천사된 은의 유민이 거주한 곳이다라고 하였다. 게다가 여기서 발견된 동기 제작터가 서주 전기에 속하며 '주공이 조성한 낙읍성터는 아마 전수가에 있었을 것'으로 단정하였다. 이 주장은 내 관점과 동일하지만 나는 이 일대가 성주의 대곽이 있었던 곳이고 대곽의 서쪽은 왕궁이 있는 왕성과 연결되었다고 생각한다. 나는 이 문제에 대해 일찍이 「서주 초기 동도 성주의 건설 및 그 정치 기능[西周初期東都成周的建設及其政治作用]」이라는 글을 『역사교학문제(歷史敎學問題)』, 1983년 제4기에 발표한 적이 있는데 참고하시길 바란다.

### 3) 성주에 건설한 대곽(大郭)의 기능

주공이 동도 성주를 건설한 것은 원래 무왕의 희망을 완성하기 위한 것이었지만 그 목적은 은 귀족의 반란을 막고 중원 및 사방(四方)지역에 대한 통치를 강화하는 것이었다. 『일주서』도읍편에 따르면 무왕은 상나라를 정복한 이후 "이 은을 평정하고자"[39] 동도 건설을 주장하며 "낙예

(洛汭, 낙수가 황하로 들어가는 곳)에서 이예(伊汭, 이수가 낙수로 들어가는 곳)에 이르는데 "장차 유하(有夏)의 거처일 것이다."[40]라고 생각하였다. 즉 주나라 사람이 도읍을 건설해야 하는 곳이었다. 이른바 '유하의 거처'란 곧 주나라 사람의 거처이다. 주나라 사람들은 항상 스스로를 유하 혹은 구하(區夏)라고 부른 것이 『상서』의 강고(康誥), 군석(君奭), 입정(立政) 등의 여러 편에 보인다.[41] 무왕은 이 일을 주공에게 부탁하고 아울러 "낙읍에 주나라의 도성을 계획하고 위치를 정한 뒤에 세상을 떠났다."[42](『사기』 주본기)고 한다. '영(營)'은 계획하고 위치를 정한다는 뜻이다.[43] '주거(周居)'는 주나라 사람의 도성이 있는 곳이라는 것이다. 그 뒤 주나라가 낙읍에 주둔하면서 대군을 옹유하였는데 주공이 동도 건설을 완성하기 이전

---

**39_**『逸周書彙校集注』卷5 度邑解, p.511.「圖夷玆殷.」

**40_**『逸周書彙校集注』卷5 度邑解, p.512.「自洛汭延于伊汭 … 其有夏之居.」

**41_**『상서』강고(康誥)에서는 "우리 구하(區夏)를 창조하시자"라고 했는데 양균여는 『상서핵고』에서 "대고(大誥)에 나오는 '우리 소방주(小邦周)를 일으키다.'는 것과 같다."고 하였다(섬서인민출판사 판본, p.171). 『상서』 군석(君奭)에서는 "문왕께서 거의 능히 우리가 소유한 유하(有夏)를 닦고 화합토록 하셨으니"라고 했는데 『상서핵고』에서는 "여기서 유하(有夏)는 곧 유주(有周)를 말한다."라고 하였다(섬서인민출판사 판본, p.248). 『상서』 입정(立政)에서는 "이내 우리 유하로 하여금"이라고 했는데 『상서핵고』에서는 "여기서 유하는 곧 유주를 말한다."라고 하였다(섬서인민출판사 판본, p.268). 『사기』 주본기에도 『일주서』 도읍편과 똑같은 기록이 있는데 무왕이 "낙예(洛汭)에서 이예(伊汭)에 이르기까지 평탄한 곳에 살 수 있고 험요한 곳은 없으니 장차 유하의 거처일 것이다."라고 했다.『사기금주(史記今注)』의 굴만리주(屈萬里注)에서 "여기서 유하는 또한 응당 주(周)를 가리키는 말이다. '기(其)'는 장차라는 말이다. 이곳이 장차 주의 거처[의미는 경도(京都)]가 될 것이다는 것을 가리킨다."고 하였는데 매우 옳은 말이다.

**42_**『史記』卷4 周本紀, p.131.「營周居于雒邑而後去.」

**43_**『시경』대아(大雅) 영대(靈臺)에서 "그것을 경(經)하고 그것을 영(營)한다."고 하였다. 『모전(毛傳)』에서 "경(經)은 그것을 헤아린다는 것이다."라고 하였다. 『정전(鄭箋)』에서는 "영(營)은 그 위치를 나타낸다는 것이다."고 하였다. 『상서』 소고(召誥)에서 "길한 점괘를 얻고서 경영(經營)하였는데 3일이 지나 경술일(庚戌日)에 태보(太保)가 마침내 많은 은 귀족을 데리고 낙예에서 위치를 조영하였다."고 하였다. 「위공전(偽孔傳)」에서는 "이미 길한 점괘를 얻고서 성곽(城郭)·교묘(郊廟)·조시(朝市)의 위치를 경영하고 측정하였다."고 하였다. 경영은 계획하여 위치를 정한다는 뜻이므로 『상서』의 이 구절은 3일이 지나서 많은 은 귀족에게 명령하여 낙예에 위치를 정하고 건설토록 하였다는 것을 말한다.

에 낙읍은 이미 군사적 중요 거점이었기 때문이다. '낙사(洛師)'라는 명칭이 있을 정도였다. 『상서』 소고(召誥)에서는 "다음날인 을묘일(乙卯日)에 주공께서 아침에 낙사에 이르러"[44]라고 하였고 『상서』 낙고(洛誥)에서는 "내가 을묘일 아침에 낙사에 이르러"[45]라고 하였다. 낙(洛)을 '낙사'라고 부르는 까닭은 서주 금문에서 대군이 주둔하는 어떤 지역을 '모사(某師)'라고 하는 것과 같다.

주공의 성주 건설에서 소성 동쪽에 대곽을 건설해야 했던 까닭이자 대곽의 주요한 기능 가운데 하나가 바로 대군을 주둔시키기 위한 좋은 방어 시설을 갖춘다는 것이었다. 서주에는 군대가 세 곳에 주둔하였는데 '성주팔사(成周八師)'는 성주에 주둔했기 때문에 붙여진 명칭이다. 또 다른 주요 기능은 은 귀족을 천사시키는 것이었다. 원래 무왕은 삼감(三監)을 설치하여 원래 상나라의 왕기(王畿)에 있는 은 귀족에 대해서는 그 지역으로 가서 감독하고 관리하는 방법을 채용하였다. 관숙, 채숙과 무경의 반란을 평정한 이후에야 여기서 교훈을 얻고서 은 귀족을 분산하고 천사시키는 방법으로 바꾸어서 감시, 관리, 활용 등의 편의를 도모하였다. 당시에 일부 은 귀족을 백금(伯禽)처럼 분봉되어 나간 제후에게 상으로 지급하고 봉국(封國)에 살도록 한 것 외에 많은 은 귀족을 낙읍에 천사시켜 감독과 활용에 편의를 도모하였다. 그들은 원래 은 귀족의 수령인 '후복(侯服) · 전복(甸服) · 남복(男服)의 방백(邦伯)'이 대동하고 온 사람들이다. 소공(昭公)과 주공은 성주를 조영하면서 천사된 많은 은 귀족의 역량을 주로 활용하려고 했다. 『상서』 소고에서 "태보(太保, 즉 소공)가 이내 많은 은 귀족을 데리고 낙에 위치를 정하고 건설하였다."[46]고 하였고 또한 "주공이 이내 아침에 명령을 발포하는 문건으로 은 귀족과 후복 · 전복 · 남복의 방백에게 명령을 내렸다. 이미 은 귀족

---

44_ 『尙書今古文注疏』 卷18 召誥, p.393. 「若翼日乙卯, 周公朝至于洛師」.

45_ 『尙書今古文注疏』 卷19 洛誥, p.403. 「予惟乙卯朝廟至于洛師」.

46_ 『尙書今古文注疏』 卷18 召誥, p.392. 「大保乃以庶殷攻位于洛汭.」

에게 명하시니 은 귀족이 크게 일하였다."[47]고 하였다. 『상서』의 다방(多方)과 다사(多士)에는 주공이 '왕명(王命)'으로 낙읍에 천사한 은 귀족을 훈계하는 것이 기록되어 있다. 서서(書序)에 "성주가 이미 완성되어 은의 완강한 사람들을 천사하고는 주공은 왕명으로 훈계하였기에 「다사」를 지었다."[48]고 하였다. 성주 건설이 완성된 이후에도 주공은 더욱더 은 귀족을 천사시켰던 것이다.

주공은 성주로 천사된 은 귀족에 대해 감독과 활용이라는 방침을 채용하면서도 여전히 그들에게 토지와 주택을 지급하여 그들로부터 복종과 헌신을 얻었다. 『상서』 다사의 마지막 단락에 은 귀족을 훈계하며

> 이제 짐이 큰 도읍을 이 낙읍에 만든 것은 내가 사방의 제후들은 손님으로 머물게 할 곳이 없기 때문이며 또한 너희 다사(은 귀족을 가리킨다)들이 복역하고 온 힘을 다하니 나에게 신하로 복종하고 대단히 순종하기 때문이다. 너희들은 거의 너희들의 토지를 소유하며(너희들에게 토지를 분배할 수 있고) 너희들은 거의 편히 일하고 거주할 것이다.[49][녕간지(寧干止)는 일과 거처에 안심하다는 뜻이다.]

라고 하였다. 이른바 '복역하고 온 힘을 다한다'는 것은 병역에 복무하는 것을 포함하여 '성주팔사'의 병사로 그 안에 충당되어야 한다는 것이다. 이 같은 은 귀족을 천사시키는 정책은 일거양득이라고 할 수 있다. 은 귀족이 원래 거주지에서 소유한 세력을 약화시켜 그들의 반란을 방지할 수 있었다. 또한 그들에 대한 감독을 강화할 수도 있고 그들을 활

---

47_『尙書今古文注疏』卷18 召誥, p.394. 「周公乃朝用書命庶殷侯甸男邦伯. 厥其命殷庶, 庶殷丕作.」

48_『尙書今古文注疏』卷30 書序下, p.602. 「成周旣成, 遷殷頑民, 周公以王命誥, 作多士.」

49_『尙書今古文注疏』卷20 多士, p.431. 「今朕作大邑于玆洛, 予惟四方罔攸賓, 亦惟爾多士, 攸服奔走, 臣我多遜, 爾乃尙有爾土, 爾乃尙寧干止.」

용하여 '성주팔사'를 충실히 하여 성주팔사의 군사력을 더욱 증강시킬 수 있었다.

주공은 이처럼 성주에 대곽을 건설하여 대군을 주둔시키고 은 귀족을 천사시킴으로써 동도의 '국인(國人)'의 역량을 충실히 하고 '국(國)'·'야(野)'로 구성된 향수제도를 확충하였다. 향수제도에 따르면 국도(國都)의 군대는 귀족이 골간을 이루고 '국인' 가운데 장정을 징발하여 편성하였다. 군대의 편제는 '국인'의 향리 조직과 밀접하게 결합되어 있었다. 이 때문에 주왕조는 성주 동곽에 대한 관리와 계도를 매우 중시하였다. 『서서』에서 "주공이 죽고 나서 군진(君陳)에게 명하여 동교성주(東郊成周)를 나누어 다스리라고 했기에 「군진」을 지었다."[50]고 하였다. 『예기』 방기(坊記)에도 「군진」의 산일된 문장을 인용하고 있는데 정현은 "군진은 무릇 주공의 아들로서 백금(伯禽)의 동생이다."[51]라고 주석을 달았다. 이른바 '동교성주'란 성주 동부의 대곽에 있는 '국인'의 거주 지역이다. 당시 '국인'의 거주 지역은 '향(鄕)' 혹은 '교(郊)'라고 칭했다.[52] '분정(分正)'은 나누어 다스린다는 뜻이다. 서서에서 또한 "강왕(康王)이 작책(作冊) 필공(畢公)에게 명하여 성주교(成周郊)를 백성이 거주하는 리(里)로 나누도록 했기에 「필명(畢命)」을 지었다."[53]고 하였다. 이른바 '성주교'는 주로 성주의 동교를 가리킨다. '분거리(分居里)'는 백성

---

50_『尙書今古文注疏』卷30 書序下, p.608. 「周公旣沒, 命君陳分正東郊成周, 作君陳.」

51_『禮記集解』卷50 坊記, p.1287. 「鄭氏曰: 君陳, 蓋周公之子, 伯禽弟也.」

52_『예기』 방기(坊記), 치의(緇衣) 등의 여러 편에서 군진(君陳)을 인용한 것을 보면 모두 훈계하는 이야기이다. 예를 들어 "너에게 좋은 계획과 좋은 방법이 있으면 들어가서 너의 임금에게 안에서 아뢰고 너는 이것을 밖에서 선포하기를 '이 계획과 이 방법은 오직 나의 군주의 덕이다.'라고 하여라. 아아! 진실로 임금의 이름을 드러내는 것이다."라고 하였다(『예기』 방기에서 인용). 이것은 바로 주 성왕이 군진에게 명하여 동교(東郊)를 나누어 다스리라고 할 때 그에게 동교의 국인(國人)에 대해 어떻게 관리하고 계도해야 하는 방법을 가르친 것으로 자기에게 좋은 계획과 방침이 있다면 반드시 군주에게 보고하고 밖으로 선포할 때는 군주의 덕행이라고 이야기해야 한다는 것이다.

53_『尙書今古文注疏』卷30 書序下, p.609. 「康王命作冊畢公分居里成周郊, 作畢命.」

이 거주하는 리를 나눈다는 것으로 향리조직에 대한 관리를 강화한다는 것이다.

서주왕조가 동서 양도를 창립하고 동서를 연결하는 왕기(王畿)를 건립하여 전국 통일의 중추로 삼았는데 이것은 정치적으로 중요한 조치로 이후 서주시대의 정치, 경제, 문화의 발전에 중요한 기능을 하였다. 『일주서』작락편에서 성주는 "교전(郊甸)을 사방 600리로 제정한 것은 서토(西土)가 사방 1,000리였기 때문이다."[54]라고 하였다. 『한서』지리지에서도 "처음에 낙읍은 종주(宗周)와 봉기(封畿)를 서로 연결하여 동서가 길고 남북이 짧았는데 길고 짧은 것이 겹쳐져 천리가 되었다."[55]고 하였다. 그 가운데 동도 성주는 통치상 매우 중요한 기능을 하였고 게다가 전국의 공부(貢賦)를 징수하는 중심이었다. 즉 『사기』주본기에 "사방에서 재물을 바치는 데 거리가 서로 똑같았다."[56]고 하였다. 성주는 주변의 '교전'에 대해 인력과 물자를 징발하는 중심이었을 뿐만 아니라 사방의 제후에 대해 공부를 징수하는 중심이었고 사방의 정복당한 이민족 혹은 국가에 대해 인력과 물자를 징발하는 중심이었다. 혜갑반 명문(兮甲盤銘文)에 따르면 주 선왕(宣王)이 혜갑[즉 윤길보(尹吉甫)]에게 명하여 "성주 사방의 저장 물자를 징발하여 남회이(南淮夷)에 이르도록 했는데" 남회이는 폐백, 각종 곡물과 재화를 공납해야 했고 또한 사람(노역에 종사하는 노동자)을 바쳐야 했다. 게다가 모두 반드시 일정한 지점까지 운송해야 했다. 그렇지 않을 경우 토벌당했다. 당시 군사적인 정벌에서 주된 목적은 공부의 징수, 인력과 재화의 징발이었다.[57]

---

54_ 『逸周書彙校集注』卷5 作雒解, p.564. 「制郊甸方六百里, 因西土方千里.」 역자 주 이 구절에서 '동(同)'자는 '인(因)'자의 오기인 듯하다. 『수경주(水經注)』에서도 '인(因)'자로 되어 있다. '인(因)'자로 해석하는 것이 뜻이 순통하여 여기서는 그것을 따라 번역하였다.

55_ 『漢書』卷28下 地理志, p.1650. 「初雒邑與宗周通封畿, 東西長而南北短, 短長相覆 為千里.」

56_ 『史記』卷4 周本紀, p.133. 「四方入貢道里均.」

57_ 拙稿, 「試論西周春秋間的鄕遂制度和社會結構」第3節 西周時代的六師八師和鄕遂制

이상을 통해 알 수 있듯이 성주의 배치 구조에서 왕성 동쪽에 대곽을 건설해서 '국인'을 안치하고 은 귀족을 천사하여 '성주팔사'를 주둔시킨 것은 주나라가 중원 및 사방에 대한 통치를 강화하려는 필요에서 비롯된 것이다. '성주팔사'는 복종하지 않는 제후와 이민족 부락을 정벌할 때 활용되었을 뿐만 아니라 통치를 공고히 하는 위력적인 힘이기도 하였다.

---

度的關係(『古史新探』, 中華書局, 1965 수록) 참조.

# 6. 노(魯)나라 도성 곡부(曲阜)의
# '좌서조동(坐西朝東)' 구조

## 1) 노나라 도성 배치 구조에 대한 분석

현존하는 주대 제후국의 도성 유지 중에서, 고고 조사를 거쳐 서주시대에 건축된 것이라고 판명된 것은 곡부(曲阜)의 노나라 고성(故城)뿐이다. 이로부터 우리들은 당시 제후국 국도의 배치 구조를 명확히 알 수 있게 되었다.[1]

노나라 고성은 평면상 대략 장방형을 띠고 있는데, 동서의 가장 넓은 폭은 3.7km이고, 남북의 가장 긴 길이가 2.7km이며, 면적은 약 10㎢이다. 서쪽과 북쪽의 주위는 수수(洙水)를 이용해 해자를 만들었고 동쪽과 남쪽의 주위는 해자와 수수를 연결하였다. 남벽 동문의 동쪽, 고성의 서북 귀퉁이, 북벽의 동쪽 끝 등 세 곳에 대한 시굴을 통해 모두 초기에서 후기까지 여러 층의 성벽이 서로 겹쳐서 층차를 이루고 있다는 것이 확인되었다. 서북 귀퉁이와 북벽 동쪽 끝에서 발견된 가장 오래된 성벽은 서주 후기에 속하는 것이고, 남벽 동문의 동쪽에 있는 가장 오래된 성벽은 서주 초기에 속하는 것이었다. 이는 이 성벽이 서주 초기에 처

---

1_ 山東省文物考古硏究所·山東省博物館·濟寧地區文物組·曲阜縣文管會 編, 『曲阜魯國故城』, 濟南: 齊魯書社, 1982.

음으로 축조되고, 서주 후기에 개조되고 보수되었지만 춘추전국시대 내내 그 위치는 변화가 없었다는 것을 의미한다.

곡부 고성의 성문 배치나 간선도로 배열에서 보면, 중심[궁전 등이 축조된 중심부]은 서부와 중앙 북쪽에 있고, 고성 전체 구조는 원래 '좌서조동[坐西朝東, 궁전 등 중심부가 서쪽에 위치하고, 그 전체가 동쪽을 향하는 구조]'이었다.

성문은 11개로 동, 서, 북 세 벽에 각 3개씩, 남벽에 2개가 있다. 북쪽 성문의 분포는 비교적 빽빽하고 거리도 비교적 짧아 약 0.5km쯤 떨어져 있다. 성 전체를 관통하는 간선도로는 주로 북부에 있고 모두 동서 방향으로 나 있으며 모두 세 도로가 있다. 1호 간선도로는 서벽의 북문에서 북벽의 동문까지 관통하고, 2호 간선도로는 서벽 중문에서 동벽 북문까지 관통하는데 서쪽 끝의 폭은 8~9m이지만, 동벽 북문에 가까울수록 넓어져 14m에 이른다. 3호 간선도로는 서벽 정문에서 궁전 지역의 남쪽 변을 지나 동벽 중문까지 이어지는데 서쪽 끝의 폭은 10m이고, 동쪽 끝의 폭은 13~15m이다. 이처럼 주요 간선도로는 동서 방향으로 나 있고 동쪽 끝으로 갈수록 도로 폭이 넓어진다는 것은 원래 배치 구조가 동쪽을 정문으로 했음을 의미한다. 이외에 동서 방향의 도로가 둘이 있는데 똑같이 주거 지역을 왕래하기 위해 특별히 설치된 것이다. 4호 도로의 폭은 8m인데 동벽 북문에서 서쪽으로 나서 중부의 동북에 치우쳐 있는 궁전 지역[지금의 주공묘(周公廟) 부근의 높은 지역]까지 통하고 있다. 5호 도로도 폭이 8m인데 동벽 남문에서 서쪽으로 나서 부근의 주거 지역[지금의 고성촌(古城村) 서남]까지 이어져 있다.

성안의 남북 방향의 도로를 보면 성의 서부를 관통하는 6호 도로는 북벽 서문에서 남쪽으로 나서 남벽 서문까지 통하는데 폭이 겨우 6~7m일 뿐이다. 7호 도로의 폭은 6m로 북벽 중문에서 남쪽으로 뻗어 있으며 동서 방향의 1호·2호 간선도로와 서로 교차한다. 남북 방향 도로에서 궁전 지역을 관통하는 도로만 비교적 넓은데, 8호 간선도로는 폭은 12m이고 북벽 중앙 근처에서 시작하여 동서 방향의 1호·2호 간선 도로를 관통하고 궁전 지역에 이르고 있다. 9호 간선도로는 폭이 15m 이고, 남벽 동문에서 북으로 나가 궁전 지역까지 이르고 동서 방향의 3 호 간선도로와 맞닿아 있다. 그러나 이 남북 방향의 폭넓은 간선도로는 춘추 초기에야 비로소 확충된 것이며 9호 간선도로의 양쪽에는 시대적 으로 꽤 지난 판축 유지가 많이 분포하고 있다.

고성에는 남벽의 동서 두 문의 남쪽 입구 양쪽에만 판축 기단이 남아 있는데 모두 문궐(門闕)의 터이다. 서문 터는 비교적 작은데(동서 폭 19m, 남북 길이 16m) 한대(漢代)에 축조된 것이다. 동문 터는 비교적 크며(동서 폭 30m, 남북 길이 58m, 높이 1m) 그 문도(門道)는 성안 중앙부의 동북쪽에 치우친 궁전 지역과 정확히 마주하며 9호 간선도로와 이어져 있다. 이 남벽 동문은 노 희공(僖公)시대에 증축된 것이다. 『춘추』 희공 20년(기 원전 640) 조에 "봄에 새로이 남문을 짓는다."[2]고 했는데 두예(杜預)는 "노 나라 성의 남문이다. 본래는 직문(稷門)이라 하였다. 희공이 그것을 더 욱 크고 높게 하였다. 지금도 여전히 여러 문과 똑같지 않으며 이름을 고문(高門)으로 고쳤다."[3]고 주를 달았다. 또 『수경주』 사수(泗水) 조에 서도 "그 유지는 여전히 남아 있는데 땅에서부터 8장(丈) 남짓이다. 또 한 우문(雩門)이라 한다."[4]고 하였다. 이 성문의 정남쪽으로 1,735m 나 간 지점의 기수(沂水) 남쪽 기슭에 우단(雩壇)이 있는데 기우제, 즉 이른 바 '대우(大雩)'에 사용되었다. 노 희공이 이 성문을 증축한 것은 바로 '대우'를 위해서였던 것이다. 9호 간선도로도 아마 동시에 증축되었을 것이다.

시굴 성과에 의하면 고성 내의 유적 가운데 서부와 북부의 쪽이 연대

---

2_ 『春秋左氏傳』 僖公 20年條, p.386. 「春新作南門.」
3_ 『春秋左氏傳』 僖公 20年條, p.386. 「杜注: 魯城南門也. 本名稷門, 僖公更高大之, 今 猶不與諸門同, 改名高門也.」
4_ 『水經注疏』 卷25 泗水, p.2104. 「其遺基猶在, 地八丈餘矣. 亦曰雩門.」 역자 주 본문 에는 '地八丈餘矣' 부분이 '入地丈餘矣'로 잘못되어 있다.

적으로 동부와 남부쪽보다 빠르다. 궁전 지역의 북쪽인 지금의 성과사(盛果寺) 일대는 성안에서 가장 큰 거주지 유지이고 유지 서부에는 2m 이상의 문화층이 퇴적되어 있는데 대여섯층에 이른다. 서주 전기부터 한대까지 연속적으로 이어져 있다. 고성 서북 귀퉁이인 지금의 빈과원(蘋果園) 서쪽에 있는 거주지 유지의 상층은 춘추시대에 속하지만 하층은 서주시대에 속한다. 서남 남북 근처에는 3호 간선도로가 동서로 관통하는 투계대(鬪鷄臺) 유지가 있는데 문화층이 서주 전기에서 한대까지 연속적으로 퇴적되어 있었다. 고성 내에 초기 수공업 작방도 북부와

**그림 14**  곡부 노나라 고성 유지(출전: 『曲阜魯國故城』, 齊魯書社, 1982)

서북부에 분포하고 있었다. 성과사의 동기 제작 유지는 서주시대에 시작하여 춘추시대까지 이어진 것이다. 서북부인 지금의 약포(藥圃)지역에 있는 동기 제작 유지는 서주 후기에 속한다. 현재 약포 북쪽과 탄황창(彈簧廠)에 위치해 있는 도기 제작 유지는 서주 전기에 속한다. 지금의 주공묘(周公廟) 부근의 높은 지대에 있는 궁전 지역은 동서 길이가 약 1km인데 광대한 규모의 궁전 유지가 있다. 상층은 한대에 속하지만 하층은 춘추전국시대에 속한다. 현재 대규모의 발굴이 진행되지 않았기 때문에 서주의 궁전이 이곳에 건축되었는지 아닌지를 판단할 방법은 아직까지는 없다(그림 14 참조).

전체적으로 보아, 서주시대의 주요 거주 지역은 성의 서부와 중앙의 북부에 있고 수공업 작방도 서부와 중앙의 북부에 집중해 있으며 서주 말기가 되면 거주 지역의 범위가 동북부로 확대되었다고 할 수 있다. 성 전체 가운데 남부에만 초기의 문화층 퇴적이 발견되고 있지 않다. 원래 성 전체가 '좌서조동'이어서 거주 지역과 수공업지역이 모두 서부와 중앙의 북부에 치우쳐 있었던 것이다. 춘추 초기에 이르러 '대우'를 거행하기 위하여 비로소 궁전 지역에서 남벽 동문에 이르는 간선도로를 깔고 아울러 그 성문을 확충하였다. 이 같은 '좌서조동'의 배치 구조는 동도 성주의 구조와 일치한다. 그러나 노나라에는 작은 '성'이 큰 '곽'과 연결하는 구조를 채택하지 않은 것은 아마도 왕도인 성주를 제후국인 노나라가 예제에 따라 그대로 본받을 수 없었기 때문이었을 것이다.

### 2) 곡부의 두 종류의 묘장과 배치 구조

노나라 고성 안에는 묘장이 서부의 1/3 정도 범위 내에 분포하고 있었고, 동부에서는 아직 묘지가 발견되지 않았다. 주목되는 점은, 묘장에는 갑을(甲乙) 두 조로 나눌 수 있는 유형이 있고 묘혈(墓穴), 예속(禮

俗), 부장품 등이 달라 묘장이 다른 두 부족에 각각 속한다는 것이다. 갑조(甲組)에 속하는 묘지는 네 곳에서 발견되었다. ① 고성 서북부, 즉 지금의 약포에 있는 묘는 모두 소형 무덤인데 주로 서주 전기와 춘추 후기에 속한다. ② 서벽 남문 부근에 있는 투계대 묘지의 묘장 연대는 서주 초기에서 춘추 초기까지 이어진다. ③ 고성 서남부, 즉 지금의 현성(縣城) 서북에 있는 묘는 모두 춘추시대의 무덤이다. ④ 중화인민공화국 건국 초기에 고성 서남부에 있는 공부(孔府) 뒤편의 화원에서 서주 초기의 묘가 발견되었다. 을조(乙組) 묘지는 오직 한 곳에서만 발견되었다. 성내 중앙에서 서북으로 치우친 망부대(望父臺)에는 대형·중형무덤과 소형무덤이 있다. 소형무덤은 대부분 서주시대 묘이며 대중형묘는 춘추시대에 속한다.

　두 유형의 묘장에는 각각의 특징이 있다. 우선 을조의 서주 묘의 경우 묘혈이 비교적 좁고 그 폭은 길이의 1/2이거나 그보다 작기도 하여 1/3 정도인 것도 있다. 피장자(被葬者)의 머리는 북쪽을 향하고 묘실에는 요갱(腰坑)이 있지도 않았고 개도 순장되지도 않았다. 배장된 도기는 대개 격(鬲)과 관(罐)인데 대부분 격은 하나만 있고 관은 둘 이상 있다. 도기로 만들어진 격은 동기(銅器)의 형식을 띠었으며 궤(簋), 두(豆), 우(盂) 등의 도기는 보이지 않는다. 그와는 달리 9개의 서주 묘에는 동기가 배장되어 있었다. 다섯 묘에는 단지 정(鼎) 하나만 있었다. 그리고 정 하나와 궤 하나가 있는 묘, 정 하나, 궤 둘, 반(盤) 하나, 이(匜) 하나 등이 있는 묘, 정 하나, 수(盨) 하나, 반 하나, 이 하나가 있는 묘, 정 셋, 궤 둘, 반 둘, 이 둘, 보(簠) 하나, 언(甗) 하나, 호(壺) 하나 등이 있는 묘가 있었다. 그 가운데 두 묘에서는 명(銘)이 새겨 있는 동기가 출토되었는데 묘주의 이름은 노백여(魯伯悆)와 노중제(魯仲齊)이었고 후자의 관직은 사도(司徒)였다. 노나라 종실의 구성원이라는 것이 틀림없다. 이처럼 동정(銅鼎)과 동궤(銅簋)를 중심으로 한 동기 조합에서도 피장자가 희(嬉)성인 주 귀족일 것임이 확실하다.

갑조의 서주 묘의 경우 묘혈이 비교적 넓고, 그 폭은 길이의 1/2을 넘는다. 피장자의 머리는 남쪽으로 향하고, 묘실에는 요갱이 설치되고 개가 순장되어 있었다. 배장된 도기가 구성한 기물의 형태는 비교적 많은데 대족격(袋足鬲), 권족궤(圈足簋), 두(豆) 등이 주류를 이루고 관(罐), 우(盂), 뢰(罍) 등도 있는데 항상 짝수로 조합을 이루고 있었다. 갑조의 춘추묘에서도 피장자의 머리는 대부분 남쪽으로 향하였지만 요갱과 개의 순장 풍습은 이미 없어졌다. 갑조의 서주 묘에서 출토된 도기와 부근의 거주지 유지에서 출토된 도기를 비교하면 도격(陶鬲)과 도두(陶豆)의 형태는 기본적으로 같아 갑조의 묘장은 도성 안에 사는 거주민 즉 이른바 '국인(國人)'과 관련된 것임을 알 수 있다.

노나라는 서주 초부터 '국'과 '야'로 구성된 향수제도를 실시하였는데 이른바 '삼교삼수(三郊三遂)'라고 한다. 노나라 군대는 주 귀족을 중심으로 하고 '삼교'의 '국인'을 편제하여 이루어졌다. 노나라 '국인'은 대부분 백금(伯禽)이 봉해졌을 때 나눠 받은 '은민육족(殷民六族)'[5]이었다[『춘추좌씨전』 정공(定公) 4년조]. 당나라의 가공언(賈公彦)은 『주례(周禮)』 추관(秋官) 사약(司約)에 대한 소(疏)에서 『춘추좌씨전』의 구주(舊注)를 인용하여 '은민육족'에 대해 "은민이란 녹부(祿父)의 유민(遺民)으로 삼십족(三十族), 육성(六姓)이다."[6]라고 해석하였다. 육성이 합쳐 삼십족이면 대략 십족을 일교로 삼아 삼교를 설치한 것이다. 춘추 초기 노 희공(僖公: 기원전 659~기원전 627)은 '공거천승(公車千乘)'과 '공도삼만(公徒三萬)'[7]을 보유했다[『시경』 노송(魯頌) 비궁(閟宮)]. 만약 제 환공(桓公: 기원전 685~기원전 643)시기의 제나라처럼 '국인' 한 집마다 1명씩 징발해 군대를 편성하였

---

5_ 역자 주 『春秋左氏傳』 定公 4年條, p.1536. 「殷民六族, 條氏・徐氏・蕭氏・索氏・長勺氏・尾勺氏.」

6_ 『周禮正義』(淸 孫詒讓 撰, 王文錦・陳玉霞 點校, 北京, 中華書局, 1987) 卷68 秋官 司約, p.2847. 「殷民, 祿父之餘民三十族, 六姓也.」

7_ 역자 주 『詩三家義集疏』 卷27 魯頌 閟宮, p.1084 「公車千乘, 朱英綠縢, 二矛重弓. 公徒三萬, 貝冑朱綅, 烝徒增增.」

다면 '공도삼만'은 '국인' 삼만가에서 나온 셈이 된다. 그 당시 노나라의 '삼교'에는 이미 삼만가가 있었고 '교'마다 만가였던 것이다. 서주 초기의 노나라 국인의 호수(戶數)는 이보다는 적었을 것이다. 현재 발견된 갑조의 묘는 '삼교'에 속한 '국인'이자 '은민육족' 후예의 무덤이어서 그들이 사용한 도격의 형태는 주나라 사람의 것과는 다르고 은나라 사람의 것에 가까우며 은허에서 출토된 도기와 유사했던 것이다.

노나라 도성에는 주 귀족과 '은민' 후예라는 풍속이 다른 두 집단이 있었으며 이런 상황은 춘추 말기까지 이어졌다. 양호(陽虎)가 노나라에서 정권을 장악하고 "주사(周社)에서 공(公) 및 삼환(三桓)과 결맹하고, 박사(亳社)에서 국인과 결맹하였다."[8]『춘추좌씨전』 정공(定公) 6년조]고 하였다. 노공(魯公)과 삼환씨가 주의 귀족이어서 반드시 주사에서 결맹해야 했고 '국인'은 원래 '은민'의 후예였기에 반드시 박사에서 결맹해야 했던 것이다. 박은 은의 발상지이자 일찍이 탕왕(湯王)의 국도여서 은민의 신사(神社)를 박사라고 칭했다. 결맹의 풍속은 주나라 사람과 은나라 사람이 달랐고 각각 그 신사를 가지고 있었으므로 장례 풍속도 당연히 달랐다. 이것이 노나라 고성 안에 서로 다른 두 종류의 묘장 풍속이 출현할 수 있었던 원인이었다. 현재 발견된 갑조와 을조의 묘장의 경우 춘추전국시대의 자료는 완전하지 않아 갑조 묘장에는 춘추시대의 것만 있고 을조 묘장에는 전국시대의 것만 있다. 그런데 갑조의 춘추 말기의 무덤과 을조의 춘추 말 전국 초기의 무덤을 비교하면, 양자 사이에는 역시 현저한 차이가 있다는 것을 발견할 수 있다. 갑조 묘장에 배장된 도기는 궤, 개두(蓋豆), 화개호(華蓋壺) 등 권족기(圈足器: 바닥에 원형 혹은 사각형의 받침대를 가지는 용기)를 중심으로 구성되어 있고 모두 뚜껑이 있다. 한편 을조 묘장에 배장된 도기는 권족(圈足)을 가지지 않는 부(釜), 관(罐), 호(壺), 뢰(罍) 등을 중심으로 구성되어 있으며 개두는 없었다. 호

---

8_ 『春秋左氏傳』 定公 6年條, p.1559. 「盟公及三桓於周社, 盟國人於亳社.」

도 관식평저호(罐式平底壺)로서 갑조의 화개호와는 매우 다르다. 이는 춘추 말·전국 초기에 이르러도 두 족인들은 다른 풍습을 꿋꿋이 보존하며 융합하지 않았음을 전해 준다. 이 때문에 양호가 주사와 박사에서 나눠 결맹해야 했던 것이다.

무덤의 위치를 보면, 갑조 묘장은 약포, 비계대, 현성의 서북에 있어 모두 서벽과 가까운 곳에 있으며 을조 묘장은 고성의 서북부에 위치한 망부대에 있지만, 비교적 중앙부 가까이에 있다. 이는 당시 두 족인의 거주지와 무덤은 인접했다는 것을 의미한다. 주 귀족은 주로 고성 중북부에 있었고 '국인'으로서 은민의 후예는 성안의 서쪽 성벽 가까운 곳에 있었던 셈이다. 이곳이 곧 '삼교'의 소재지였던 것이다.

노나라 고성에서 발견된 서로 다른 두 묘장에서 알 수 있듯이, 고성이 작은 '성'과 큰 '곽'이 결합한 구조가 아닐지라도 큰 성안에 주 귀족과 '국인'의 거주 지역과 묘지가 나눠져 있었다. 이것은 당시 향수제도와 연관된 것이었다.

# 7. 춘추전국시대 중원 여러 도성의
# 서성동곽(西城東郭) 연결 구조

### 1) 제나라 도성 임치(臨淄)

춘추전국시대의 제후국 도성 가운데 보존상태가 비교적 양호하여 초보적인 시추 조사를 이미 거친 것으로 제나라 도성인 임치[臨淄, 지금의 산동성 치박(淄博)시 소재], 정(鄭)나라와 한(韓)나라의 도성인 신정[新鄭, 지금의 하남성 신정현(新鄭縣) 소재], 진(晉)나라 도성인 신전[新田, 지금의 산서성 후마(侯馬)시 소재], 위(魏)나라 도성인 안읍[安邑, 지금의 산서성 하현(夏縣) 소재], 조(趙)나라 도성인 한단(邯鄲, 지금의 하북성 한단시 소재), 초(楚)나라 도성인 영[郢, 지금의 호북성 강릉현(江陵縣) 소재], 진(秦)나라 도성인 옹[雍, 지금의 섬서성 봉상현(鳳翔縣) 소재] 등이 있다. 이 가운데 영과 옹을 제외하면 모두 중원지역에 있다. 중원의 여러 도성에는 배치 구조상 공통된 특징이 있다. 즉 서쪽의 '성'과 동쪽의 '곽'이 결합하였다[이하 '서성동곽'구조라 표기]는 것이다. 이런 배치 구조는 서주 초기의 동도인 성주에서 시작한 것이라는 점을 이미 앞에서 언급하였다. 춘추전국시대에 이르러 제후 가운데 대국이 적잖이 출현하여 패권을 다투고 왕을 앞 다투어 칭하면서 왕도의 이러한 구조가 채용되었다.

문헌 기록에 따르면, 서주 초기에 여상[呂尙, 태공망(太公望)]은 제에 분봉되어 영구(營丘)에 도읍지를 세웠다. 주 이왕(夷王, 기원전 887~기원전 858)때에 이르러 제 호공(胡公, 기원전 860~기원전 852)은 박고[薄姑, 지금의 산동성 박흥(博興) 동남]로 도읍을 옮기고 제 헌공(獻公) 또한 임치로 도읍을 옮겼다[『사기』 제세가(齊世家)]. 그러나 종래 주석가 가운데 어떤 이는 영구가 임치라고 주장하기도 하고 어떤 이는 다른 지역으로 생각하기도 하여[1] 이 점에 대해 지금으로서는 정확한 판단을 내릴 수 없다.

임치의 고성은 동쪽으로는 치수(淄水)에 접해 있고, 서쪽으로는 계수 [系水: 지금의 니하(泥河)]에 가까워 서남쪽의 작은 '성'과 동북쪽의 큰 '곽' 이 연결되어 있다. 주위에는 해자가 있다. 소성은 장방형을 띠고 있으며 그 동북부가 대곽의 서남 모퉁이까지 쭉 펼쳐져 둘이 서로 맞물려 이어져 있다. 소성의 동벽 길이는 2,195m이고, 서벽 길이는 2,274m인데 굴곡이 매우 심하다. 북벽 길이는 1,404m이고, 남벽 길이는 1,402m이다. 대곽은 불규칙적인 장방형을 띠고 있는데 북벽 길이는 3,316m이고, 그 서쪽 부분은 계수 때문에 굽어 있다. 동벽 길이는 5,209m이고, 치수 때문에 굴곡이 몇 곳에 있다. 서벽 길이는 2,812m이고, 그 남쪽 끝이 소성의 북벽과 붙어 있다. 남벽 길이는 2,821m이고, 그 서쪽 끝이 소성의 동벽과 붙어 있다(그림 15 참조).

---

1_ 영구(營丘)는 일설에는 창락(昌樂)에 있는 영릉고성(營陵故城)이라고 한다. 『한서』 지리지 제군임치(齊郡臨淄)조의 안사고(顔師古)주에서 "응소(應劭)는 '제 헌공이 영구에서 이곳으로 옮겼다.'고 하였고 신찬(臣瓚)은 '임치가 곧 영구이다.'라고 하였다."고 하였다. 응소는 영릉설을 주장하였고 신찬은 영구와 임치가 같은 곳이라고 생각했다는 것을 알 수 있다. 『수경주』 치수(淄水)조에서는 영구가 곧 임치라는 것을 주장하며 영릉설을 반박하였는데 『이아』의 "물이 그 앞 왼쪽으로 나가는 곳이 영구이다."는 구절에 근거하여 "영릉성(營陵城) 남쪽에는 물이 없고 단지 성 북쪽에 물길 하나가 있는데 세상 사람들이 그것을 낭수(狼水)라고 부른다. … 『이아』의 '앞 왼쪽으로 나간다.'는 문장에서 보아 영릉성이 영구일 수 없고" "지금의 임치성 안에는 언덕이 있는데 작은 성안에 있으며 둘레는 300보이고 높이는 9장이며 북쪽으로 낮아져 5장이 된다. 치수가 그 앞으로 나가니 영구라는 명칭이 있게 되었다."고 하였다.

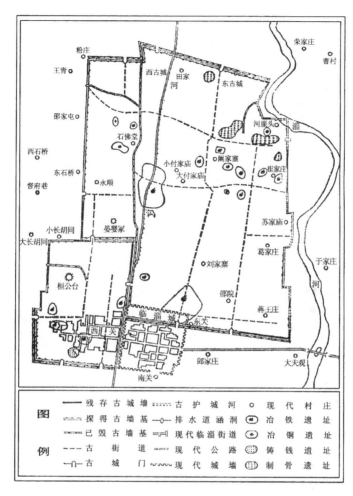

그림 15  임치 제나라 도성 평면도(출전: 楊寬, 『戰國史』卷首圖版, 上海人民出版
社, 1980)

　　대곽의 서남 모퉁이에 위치하는 소성은 성문과 도로의 구조를 통해
서 보면, '좌서조동(坐西朝東)'으로 동문과 북문을 정문으로 하였고, 동문
을 더 중시하였다. 소성에는 성문 5개가 있었는데 동·서·북의 3면에
각각 1개의 성문이 있었고, 남면에 2개의 문이 있었다. 그 가운데 동·

북의 두 문이 대곽으로 통하는 문이며 모두 문궐(門闕)이 설치되었는데 동문의 문궐이 좀 더 돌출되어 있었다. 동문은 동벽의 북쪽에 위치하는데 문도(門道)의 폭이 14m이고, 문도 밖의 양쪽 성벽에는 앞쪽으로 비교적 많이 돌출된 부분이 있는데 원래 그 위에 문궐이 축조되어 있었을 것이다. 북문은 북벽 중앙에 있고 문도의 폭은 10m이다. 문도 밖 양쪽에도 앞으로 튀어나온 곳이 있는데 원래 그 위에 문궐이 축조되어 있었을 것이다(그림 16 참조). 문도 안의 양쪽에는 판축 기단이 성벽과 연결되어 있는 곳이 있는데 성문에 부속된 건축물로서 방어를 위해 사용되었을 것이다. 소성의 동벽과 북벽은 대곽 안쪽 부분에 있는데 벽밖에는 모두 해자가 있고 게다가 남벽과 서벽의 해자와 비교하면 그 폭이 2배 가까이 되어 25m정도에 이른다. 해자는 동문과 북문 앞을 통과하면서 굽어지고 폭도 좁아지는데 원래 다리가 설치되어 있었을 것이다. 소성의 서벽 성문은 남쪽에 있으며 문도의 폭은 20.5m이다. 문 안의 남쪽에

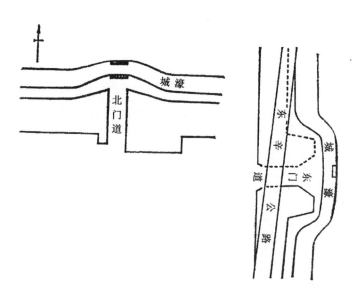

그림 16 임치 제나라 고대 소성 동문, 북문 및 해자(출전: 「臨淄齊國故城勘探紀要」, 『文物』 1972-5)

도 판축 기단이 성벽과 연결되어 있는 곳이 있는데 방어 기능을 하는 건축물이 있었을 것이다.

궁전터는 소성 북부의 서쪽지역에 있는데 이른바 '환공대(桓公臺)'를 중심으로 하고 있다. 소성의 간선도로는 모두 궁전 지역을 중심으로 뻗어 있었다. 북에서 남으로 향하는 북문 간선도로(폭 6~8m)는 궁전 지역의 서쪽을 통과하여 남하해서, 동서 방향으로 뻗은 서문 간선도로(폭 17m)와 연결된다. 동서 방향으로 뻗은 동문 간선도로(이미 파괴되었음)는 서쪽으로 궁전 지역에 통해 있고, 도중에 남북 방향으로 뻗은 남벽의 동문 간선도로(폭 8m)와 연결된다.

대곽에는 성문 8개가 있다. 서벽의 문(폭 11m)은 남쪽에 위치하고, 북벽에는 동문(폭 17m)과 서문(폭 13m)이 있으며 남벽에도 동문(폭 11m)과 서문(폭 13m)이 있다. 동벽에는 북문, 중문, 남문 세 문이 있었는데 모두 치수(淄水) 때문에 파괴되었으나, 북문, 중문 두 문은 오늘날에도 그 유적을 찾을 수 있다. 대곽의 북부에는 동서로 횡단하는 간선도로 2개가 있다. 하나는 동벽 북문에서 서쪽으로 뻗어 있다. 약간 서북쪽에 치우쳐서 곧장 서벽까지 이르며 도로의 폭은 15m이다. 다른 하나는 동벽 중문에서 서쪽으로 뻗어 있다. 약간 서북쪽에 치우쳐서 서쪽의 남북으로 흐르는 물길 때문에 단절되어 있다. 도로의 폭은 17m이다. 남북으로 뻗은 간선도로도 2개가 있는데 동쪽에 편중되어 있다. 하나는 성의 동북 귀퉁이에서 동서 방향의 두 간선도로를 통과하여 남벽 동문에 이른다. 도로의 폭은 20m이다. 다른 하나는 동서 방향의 두 간선도로를 지나 남벽 서문에 이른다. 도로의 폭 역시 20m이다. 동서 방향의 두 간선도로와 남북 방향의 두 간선도로는 하애두촌(河崖頭村)·감가채촌(闞家寨村)일대의 한신령(韓信嶺)이라는 고지에서 교차한다. 이는 그 일대가 대곽 가운데 가장 번화한 장소였다는 것을 의미한다. 문화층도 비교적 두텁게 퇴적되어 서주 말기와 춘추전국시대에서 한대에 이르는 문화퇴적층이 일찍부터 발견되었다.[2] 문헌 기록에 따르면 춘추시대 임치성

안에는 장(莊)이라는 '육궤(六軌)의 도로[六軌之道]'가 있었고, '악(嶽)'이라는 이(里)가 있었는데 북문 안쪽, 내궁 북쪽에 위치하였다. 전국시대에이르러 장과 악 일대는 매우 번영하여 이른바 '장악의 사이[莊嶽之間]'는제나라에서 인구가 가장 밀집한 지역이었다. 서한(西漢) 초에도 매우 번화하였다.[3] 아마도 한신령 일대에 있었다고 추측된다.

최근의 고고 조사에 따르면 임치의 대곽은 소성보다 시대적으로 오래되었다고 추정할 수 있다. 대곽의 서남 귀퉁이와 소성이 겹쳐진 지점을 조사하여 중첩된 곳의 단면을 잘라보니 대곽은 원래 완정한 형태의장방형으로 지어졌으나 그 서남 한 귀퉁이가 유실된 것은 소성이 건축될 때 밖으로 뻗으면서 대곽의 일부를 잘랐기 때문이다. 이는 현재 대곽 서벽에는 남쪽으로 뻗어 소성 안까지 펼쳐져 있는 100m 정도의 유적을 통해 충분히 확인된다. 또 대곽의 동북 귀퉁이에는 사람을 희생한전기갱(奠基坑)이 발견되었다. 성곽을 쌓을 때에 사람을 죽여 제사를 드리는 것은 상당히 이른 시기의 풍습이었다. 대곽의 동북부인 하애두촌에는 서주와 춘추시대의 묘지가 일찍이 발견되었고, '중(中)'자형을 한춘추시대 국군(國君)의 대묘도 있었다. 묘실은 이미 도굴되었으나, 동·서·북 세 면에는 묘실을 둘러싸듯이 큰 순마갱이 있었다. 순장된 말의총수는 600필에 이르렀다. 이제까지 발굴된 선진(先秦)시대의 고성터를보면 이른 시기의 귀족 묘장은 때때로 그 거주지 부근에 설치되어 있었다. 이 때문에 이 일대가 제나라 초기 국군의 궁전 지역이었을 가능성이 높다. 제나라가 처음 임치에 도읍을 건설했을 때는 대성 하나만 축조하였고 상대의 예제를 그대로 좇아 궁전은 성 내 동북부에 조성하였기 때문에 대성의 동북부에 문화층이 가장 두텁게 퇴적되어 있었다. 대곽의 서부에는 남북 방향의 물길이 있다. 북벽 서문의 동쪽 지역에서남쪽으로 향해 소성의 동북 귀퉁이까지 이른다. 물길 서쪽의 지세는 비

---

2_ 群力, 「臨淄齊國故城勘探紀要」, 『文物』1972-5.

3_ 拙著, 『戰國史』(上海人民出版社, 1980) 98쪽 주1 참조.

교적 낮아 문화층도 비교적 얕게 퇴적되어 있어 옛 사람들이 주로 활동했던 지역이 아니었을 것이다. 오늘날 동북부의 한신령 일대의 고지가 제나라가 도읍지를 세운 영구일 것이라는 견해가 있다.[4] 이것은 단지 추측일 뿐이며 고고 조사를 더 진행해야만 알 수 있을 것이다.

현재까지 진행된 고고 조사에 따르면 임치의 대곽 건설은 서주까지 거슬러 올라갈 수 있으며 소성은 전국시대에 축조된 것이었다. 춘추전국시대에 이르러 사회경제가 발전함에 따라 임치는 수공업과 상공업이 발달한 도시가 되었다. 전국시대에는 7만 호가 있었으며 서한 초기에는 10만 호로 증가하였다. 이때가 임치의 전성기였다. 조사에 따르면 수공업 작방이 주로 대곽의 동북부와 소성의 남부에 분포하였다. 대곽 동북부의 동기 제작 유지는 춘추 전기에 속하는 것이고 또한 전국시대에 속하는 대규모 철 제작 유지도 발견되었다. 성 서쪽의 석불당(石佛堂) 일대에서도 전국시대의 대규모 철 제작 유지가 발견되었다. 또 소성의 남부에서는 동기 제작 유지와 제나라 도화(刀貨) 주조 유지도 발견되었는데 전국시대에 속하는 것이었다.

---

4_ 왕은전(王恩田)은 「關于齊國建國史的幾個問題」(『東岳論叢』 1981-4)에서 "필자는 1954년에 일찍이 영릉고성(營陵故城)에 가서 조사를 했는데 이 성의 성벽의 보존은 매우 양호하였으나 문화 유물만은 부족하여 단대 판정에 도움을 줄 도와(陶瓦) 잔편이라도 찾고자 하였으나 끝내 얻을 수 없었다."고 하였다. 또한 "역도원(酈道元)이 영구가 임치고성의 소성(小城) 안에 있다고 한 주장은 잘못된 것이다. 역도원이 둘레 30보, 높이 9장의 흙언덕은 지금은 환공대(桓公臺)라고 부르고 있으며 동한때에는 환대(環臺)라고 불렀는데 환(桓)과 환(環)의 음이 같아 환공대는 환대에서 잘못 변한 것일 것이다. 시추 조사에 따르면 이 대(臺)는 판축으로 건축된 지반이며 자연적으로 형성된 흙언덕이 아니다. 고고 조사가 증명하고 있듯이 소성의 성벽 및 환공대를 포함하여 그 안에 있는 문화유물과 유지는 대부분 전국시대 이후의 것에 속하여 환공대가 영구일 수 없다."고 하였다. 게다가 "필자가 생각하기에 지금 대성 동북 귀퉁이인 한신령 일대는 지세가 높고 유물도 풍부하며 시대가 빠르다는 특징을 가지고 있다. 1971년 가을 한신령 서남단의 감가채(闞家寨)에서 발굴하던 중 출토된 도격(陶鬲)은 섬서성 서안의 보타촌(普陀村) 묘장에서 출토된 도격과 형태가 비슷하여 시대가 목왕(穆王)시기에 속한다. 또한 임치에서 수집한 물품 가운데 서주 초기의 도궤(陶簋)가 발견되기도 하였다. 이 때문에 한신령이 태공(太公)이 봉해진 영구일 가능성이 높다."고 하였다.

## 2) 정나라와 한나라의 도성 신정(新鄭)

서주 말기 정나라는 원래의 봉지[지금의 섬서 화현(華縣) 동쪽]에서 낙수 (洛水) 동쪽지역으로 옮기고, 춘추 초에 정 무공(武公)이 증(鄶)과 동괵(東 虢) 등을 병합하여 신정(新鄭, 지금의 하남 신정현)에 도읍을 세웠다. 전국 초 한(韓) 애후(哀侯, 기원전 376~기원전 375)가 정나라를 멸망시키고 양적 [陽翟, 지금의 하남 우현(禹縣)]에서 신정으로 도읍을 옮겼다. 따라서 신정은 정나라와 한나라 두 나라의 도성이 연이어 되었다.

신정 고성은 동남쪽으로 유수[洧水, 지금은 쌍계하(雙洎河)라고 한다]에 인 접해 있고 서북쪽에는 황수(黃水)에 가까워 두 물줄기가 교차해서 만들 어진 삼각지대에 위치하였다. 불규칙적인 장방형을 띠고 있으며 동서

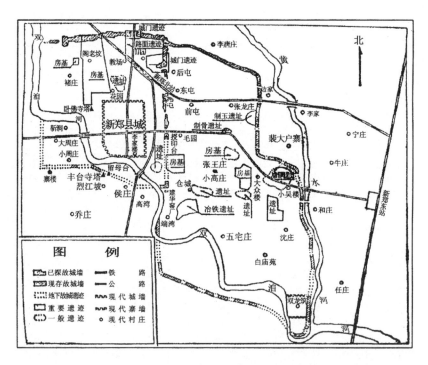

그림 17 신정 정한고성(鄭韓故城) 평면도(출전: 楊寬, 『戰國史』卷首圖版, 上海人民出版社, 1980)

폭은 약 5,000m이고, 남북 길이는 약 4, 500m이다. 중간에는 남북 방향의 가림벽이 있는데 길이가 4, 300m로 서쪽의 '성'과 동쪽의 '곽' 부분을 나누고 있다(그림 17 참조).[5]

서'성'은 동'곽'의 서북쪽에 위치하고 있다. 중북부에는 건축 유지가 밀집하여 분포하고 있다. 중앙부에는 장방형의 궁벽이 있는데 동서 폭은 약 500m이고, 남북 길이는 약 320m였다. 궁벽 안에는 궁전 건축물이 있었을 것이다. 궁벽 북쪽에는 귀족 거주 지역이 있었고 서북부에서는 식품을 저장하는 대형 구덩이가 발견되었다. 서'성' 북벽 중앙에는 북문이 있고 문 안 양쪽에는 장방형의 건축터가 있었다, 가림벽 동쪽 끝에는 또한 동문이 있었고 문 안 양쪽에도 장방형의 건축터가 있었다. 동'곽'의 동벽 북쪽 끝, 현재 배대호채(裴大戶寨) 가까운 곳에 동문이 있었고 문 안 남쪽에 장방형의 건축터가 있었다. 이런 성문 안쪽의 건축물은 모두 방어를 위해 이용되었을 것이다. 지금까지 거둔 고고 자료를 통해 서'성'이 먼저 건축되었고 동'곽'의 성벽이 나중에 수축된 것임을 알 수 있다. 문헌 기록에 따르면 춘추 전기에 이미 곽과 곽문이 있었고 곽문 안쪽에 '규(逵)' 혹은 '대규(大逵)'로 불리는 간선도로가 있었다. 도로 위에 '규시(逵市)'라 불리는 '시(市)'가 있었다. 그러나 그 당시의 이른바 '부(郛)' 혹은 '곽(郭)'은 '강물로 성을 이루어' 유수, 황수 등의 제방을 이용하여 연결한 것이지 사방을 둘러싼 완전한 형태의 곽성을 건축한 것은 아니었다.[6] 현재 곽성 유지는 춘추 후기 혹은 전국시대에 조성된

---

5_ 河南省博物館新鄭工作站 · 新鄭縣文化館,「河南新鄭鄭韓故城的鉆探和試掘」,『文物資料叢刊』3, 文物出版社, 1980년 5월.

6_ 『춘추좌씨전』 장공 28년조에 "가을에 자원(子元)이 전차 600대를 거느리고 정(鄭)나라를 침공하여 길질(桔柣)의 문으로 쳐들어갔다. … 전차들이 순문(純門)으로 들어가서 규시(逵市)에 이르렀다. [정나라는 내성(內城)의] 문을 내걸지 않고 정나라 병사들이 초(楚)나라 말을 흉내내며 나왔다."는 것이 실려 있다. 두예주(杜預注)에서는 "순문은 정나라 외곽의 문이다. 규시는 곽 안의 길가에 있는 시장이다."라고 하였다. 길질의 문과 순문은 모두 외곽의 남문일 것이다. 『춘추좌씨전』에서는 여러 곳에서 정나라의 대규(大逵)를 언급하고 있는데 고동고(顧棟高)는 『춘추대사표(春秋大事表)』권72에서 "성안과 성 밖에 모두 구궤(九軌)의 도

것이다.

신정 고성의 배치 구조는 임치 고성의 구조와 기본적으로 비슷하다. 소성은 대곽의 서쪽과 연결되어 있다. 임치의 소성이 대곽의 서남에 있고 신정의 소성은 대곽의 서북에 있다. 신정의 대곽 면적이 임치의 대곽 면적보다 훨씬 작을 뿐이다. 그러나 서'성'과 동'곽' 전체의 배치 구

---

로가 있는데 그것을 대규라고 한다.”고 하였다. 초순(焦循)은 『군경궁실도(群經宮室圖)』성도(城圖) 6에서 “그렇다면 길질의 문에 들어가도 또 순문에 들어간 것은 어째서인가? 둘 모두 곽문(郭門)이다. 『춘추좌씨전』희공(僖公) 33년조에서는 초나라가 정나라를 침공할 때 '길질의 문을 공격하여 그때 공자(公子) 하(瑕)의 [수레가] 주씨(周氏)의 연못에 빠져 엎어졌다.'고 하였다. 주씨의 연못은 제중(祭仲)이 옹규(雍糾)를 살해한 곳으로 정돌(鄭突)이 그 시신을 메고 나왔으니 무릇 성안에 있는 지역이다. 길질을 통해 여기에 이르렀다는 것이지 순문을 거쳤다는 말은 없다. 『춘추좌씨전』양공(襄公) 18년조에서는 초나라 자경(子庚)이 정나라를 침공할 때, '순문을 공격하여 성 아래에서 이틀을 지내고 돌아갔다.'고 하였다. 또한 그가 길질로 왕래했다는 말은 없다. 『춘추좌씨전』애공(哀公) 27년조에서는 진(晉)나라가 정나라를 포위할 때 '남리(南里)로 들어가 길질의 문을 공격하였다.'고 하였다. 즉 남리는 길질의 밖에 있었다. 『춘추좌씨전』양공 26년조에서는 초나라가 정나라를 침공할 때 '남리로 들어가 그 성을 파괴하고 낙씨(樂氏)의 나루터에서 유수(洧水)를 건너 사지량(師之梁)을 공격하였다. 현문이 닫혀 [정나라 사람] 아홉명을 잡아 범(氾)에서 건너 돌아왔다.'고 하였다. 사지량은 정나라의 성문이다. 양공 9년에 순언(荀偃)과 한기(韓起)가 사지량을 공격하였고 양공 30년에 양공이 사지량 밖에서 국인(國人)과 맹약을 맺었고 소공(昭公) 7년에 소공이 초나라에 갈 때 정백(鄭伯)이 사지량에서 위로를 했는데 이 기사에서 사지량은 바로 이곳을 가리킨다. 남리로 들어가 낙씨의 나루터에서 건넜다는 것은 곧 성 아래에 도착한 것으로 순문을 거치지도 길질의 문을 경유하지도 않은 것이다. 무릇 순문과 길질의 문은 모두 정나라의 남쪽의 곽문으로 초나라에 가까워 초나라가 정나라를 침공할 때 순문으로 들어가거나 길질의 문으로 들어간 것이다. 자원이 문부인(文夫人)을 음란한 일로 미혹시키고자 하여 대규모의 전차 600대로 정나라를 침공했는데 선봉대를 길질의 문에 세우고 뭇 전차들은 순문으로 들어갔다. 그리고 두 문으로 들어감으로써 군사가 많다는 것을 과시하였다. 『춘추좌씨전』문장의 의미가 너무도 분명하여 두에 스스로도 살펴보지 않았던 것이다. 정나라의 외곽[郛]은 물길을 따라서 성을 이루어 낙씨의 나루터를 거쳐서 성 아래에 이르렀으니 곽이 성처럼 사면을 둘러싼 담장은 아니었다. 양공 원년에 진나라가 정나라를 침공할 때 그 외곽으로 들어가서 그 보병을 유수가에서 물리쳤다고 하는데 정나라의 성은 유수의 동쪽에 있고 유수는 양성산(陽城山)에서 나오므로 그 서쪽의 외곽은 무릇 유수에 의지하여 이루어졌던 것이다.”라고 설명하였다. 생각건대, 신정(新鄭)의 동곽(東郭)은 남쪽으로는 유수를 이용하여, 동쪽으로는 황수를 이용하여 방어벽을 삼았다.

조는 모두 '좌서조동'이며 동문이 정문이 된다. 수공업 작방과 시장 지역은 주로 동곽 내에 분포하였다.

동곽에는 동기 제작 유지, 철 주조 유지, 골기 제작 유지 등이 있었다. 동부인 소오루촌(小吳樓村)에는 춘추전국시대의 동기 제작 유지가 있는데 면적이 10만㎡나 된다. 유지 동북부 주변에는 전국시대 문화층이 춘추 문화층을 누르고 그 위에 있는 것이 발견되었다. 춘추문화층에서는 용동로(熔銅爐), 목탄 찌꺼기, 도범(陶範) 등이 발견되었다. 도범은 주로 대형 괭이, 삽, 자귀, 끌 등을 만드는 공구였고 대형 괭이가 상대적으로 많았다. 전국문화층에서도 용동로, 도범 등이 발견되었다. 동곽 서남부인 창성촌(倉城村) 남쪽에는 전국시대의 철 주조 유지가 있는데 면적은 4만㎡ 정도 된다. 부서진 노(爐), 홍범요(洪範窯), 도범 및 철기 등이 발견되었다. 도범으로는 대형 괭이, 호미, 삽, 자귀, 도(刀), 삭(削), 끌, 낫, 검, 극(戟), 전간(箭竿), 대구(帶鉤) 등 10여 종이 있었다. 출토된 철기도 모두 공구이다. 동곽 동북부인 장용장(張龍莊) 남쪽에는 춘추전국시대의 골기 제작 유지가 있는데 면적이 7,000㎡ 정도였다. 동시에 동곽에는 '규시'가 있었다. 동곽에 있는 수공업과 시장 지역의 번성은 춘추전국시대의 사회경제 발전에 따른 결과였다.[7]

---

7- 1923년 8월 하남 신정에 사는 이예(李銳)가 집안 뜰에서 우물을 파다가 대정(大鼎) 하나, 중정(中鼎) 둘을 얻었는데 대규모 발굴이 이어져 백여 개의 동기가 출토되었다. 이해 겨울에 장홍원의 『신정출토고기도지(新鄭出土古器圖志)』가 출판되었고 1929년에는 관백익(關百益)의 『신정고기도록(新鄭古器圖錄)』이 출판되었다. 후에 또한 『정가고기도록(鄭家古器圖錄)』이 편찬되었다. 1937년에는 손해파(孫海波)가 편찬한 『신정이기(新鄭彝器)』가 출판되었다. 동기 가운데 명문이 있는 것은 겨우 2개이고 그 가운데 하나는 「왕자영차로(王子嬰次盧)」이다. 왕국유(王國維)는 초나라 공자 영제(嬰齊)가 영윤(令尹) 자중(子重)이다라고 하였다. 곽말약(郭沫若)은 이 동기는 정나라 자의(子儀)의 기물이며 자의의 이름이 영제라고 보았다. 『한서』 고금인표(古今人表) 하중(下中) 등에 정나라의 자영제(子嬰齊)는 자미(子亹)의 동생이라는 것이 실려 있고 『사기』 조세가(趙世家)에서는 공자 영(公子嬰)이라고 하였으며 『춘추좌씨전』 장공(莊公) 14년조에서는 자의라고 하였다. 자의의 재위기간은 14년이며 자의 및 그 두 아들은 부하(傅瑕)에게 살해당했다고 하였다. [郭沫若의 「新鄭古器之一二考核」(『殷周靑銅器銘文研究』 수록) 참

### 3) 진(晉)나라 도성 신전(新田)

20년 전쯤에 지금의 산서성 후마시(侯馬市) 서북에서 일련의 고성이 발견되었다. 분수(汾水)의 동남쪽, 회수(澮水) 북쪽에 위치하고 있다. 그 가운데 후마시 서쪽, 후하공로(侯河公路) 북쪽의 백점[白店, 백전(白澱)이라고도 한다]고성이 이른 시기에 속하는 것이고 우촌(牛村), 평망(平望), 대신(臺神), 마장(馬莊), 정왕(呈王) 등 다섯 고성은 늦은 시기에 속하는 것인데 춘추 중기 이후 진나라 도성인 신전일 것이다. 평망, 우촌, 대신 등 세 고성은 길이와 폭이 모두 1,000m 이상이고, 면적은 다르지만 서로 연결되어 '품(品)'자형을 이루고 있으며 고성터의 주요한 부분이다. 세 고성의 동북으로 1km정도 떨어진 곳에 마장고성이 있고, 세 고성의 동쪽으로 1km 정도 되는 곳에 정왕(呈王)고성이 있다. 마장과 정왕의 면적은 비교적 작아 길이와 폭이 300m~-500m를 넘지 않는다(그림 18 참조). 많은 궁성이 접근해 있거나 서로 연결되어 있는 구조는 아마 춘추 후기 진나라 도성의 특징이며 뒷날 전국시대 조(趙)나라에서 그대로 계승하였다. 지금까지 발표된 고고 자료는 우촌고성과 평망고성 부분뿐이다.[8]

우촌고성은 평면적으로 불규칙한 장방형을 띠고 있는데 동서 폭은 약 1,100~1,400m이고, 남북 길이는 약 1,340~1,740m이다. 서벽과 남벽

---

조.] 그러나 정나라의 자영제(子嬰齊)가 왜 왕자(王子)라고 칭해졌는지는 아직까지 합리적인 해석을 제시하기가 어렵다. 역자 주 저자는 자영제는 자미(子麋)의 동생이라고 했으나 현행 중화서국(中華書局) 표점본에는 자영제가 자미의 아들로 나와 있다.(『漢書』卷20 古今人表, p.908. 「子嬰齊, 子麋子.」)

8_ 姚監·李遇春·暢文齋, 「侯馬東周文化遺存新發見報異」, 『文物參考資料』1957-1; 楊富斗, 「侯馬西新發見一座故城遺址」, 『文物參考資料』1957-10; 暢文齋, 「侯馬地區古城址的新發見」, 『文物參考資料』1958-1·2·3; 山西省文管會, 「山西省文管會侯馬工作站工作的總收獲(1956年冬至1959年初」, 『考古』1959-5; 侯馬市考古發掘委員會, 「侯馬牛村古城東周遺址發掘簡報」, 『考古』1962-2; 山西省文物工作委員會, 「建國以來山西省考古和文物保護工作的成果」第二段, 『文物考古工作三十年(1949~1979)』, 文物出版社, 1979.

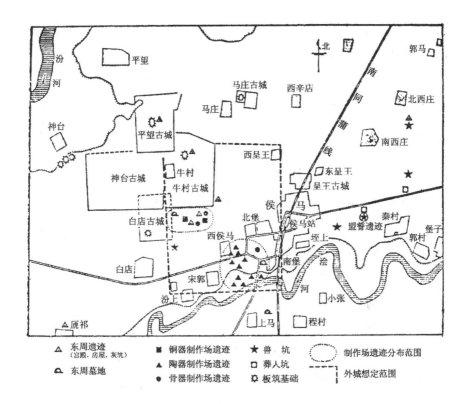

**그림 18** 산서성 후마 진나라 신전고성 평면도(출전: 江村治樹, 「侯馬盟書考」, 『內田吟風博士頌壽紀念東洋史論集』, 京都, 同朋舍, 1978)

은 비교적 반듯하지만 동벽은 동북에서 서남쪽으로 비스듬하며, 북벽
은 서북에서 동남쪽으로 비스듬하다. 평망고성의 동남 귀퉁이가 우촌
고성의 서남 귀퉁이로 뻗어 있어 우촌고성의 서남 귀퉁이가 곡척(曲尺)
처럼 직각으로 들어가 있다. 서벽과 남벽 가운데 곡척 형태를 띠는 부
분은 모두 300m이다. 평망고성도 장방형이고 동북 귀퉁이에는 밖으로
돌출된 부분이 있으며 면적은 우촌고성보다 조금 작다.

우촌고성과 평망고성은 모두 궁성이라는 성격을 지니고 있다. 성안
에 궁전 건축 유지가 있기 때문이다. 우촌고성의 궁전 건축 유지는 성

내 북부의 정중앙에 있고 평면으로는 정방형을 띠고 있다. 각 변의 길이는 52m이고 높이는 6.5m이며 남쪽이 완만하고 북쪽이 급경사이다. 평망 고성의 궁전 건축 유지는 평망촌과 1,200m 떨어진 북쪽에 있으며 높이는 8.5m이다. 기단은 3단으로 되어 있고, 가장 아래 기단은 방형으로 길이와 폭이 각각 75m이고 남변의 정중앙에는 남쪽으로 돌출된 장방형의 판축 기단이 있는데 폭이 30m이다. 이 돌출된 판축 기단의 중앙부에는 남쪽으로 뻗은 노토[路土: 밟아서 굳힌 길]가 있는데 폭이 약 6m이다. 두 번째 기단의 높이는 지면으로부터 4m이며 남변의 정중앙은 경사져 있다. 세 번째 기단은 두 번째 기단의 북반부에 위치하고 남북 길이는 35m이고, 동서 폭은 45m이다(그림 19 참조).

우촌고성 동남에는 동기 제작 유지, 도기 제작 유지, 골기 제작 유지 등이 있고 동남으로 2.5㎞ 되는 곳에 맹서(盟誓)유지가 있다. 고성의 동쪽 3㎞ 되는 곳이자 고성의 남쪽 0.5㎞ 되는 지점에는 동물을 희생하여 묻은 수갱군(獸坑群)이 있다. 갱은 일정한 질서에 따라 분포되어 있으며 2갱 혹은 4갱을 한 조로 하였다. 매장된 희생 동물로는 말이 가장 많고 양은 비교적 적으며 소는 더욱 적다. 또한 거기에는 옥벽(玉璧), 옥황(玉璜) 등 옥기가 부장되어 있었다. 이것들은 진나라의 교사(郊祀)에 사용된 제물 및 제기일 것이다. 고성 남쪽 2㎞의 회수 남쪽에는 무덤이 집중적으로 모여 있다. 고성 동남

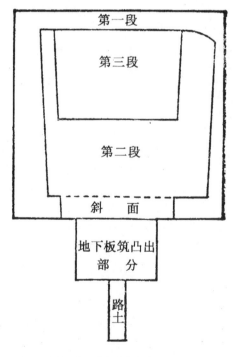

그림 19 평망고성 궁전 유지(출전: 「侯馬地區故城址的新發見」, 『文物參考資料』 1958-12)

쪽 2-3km의 범위 내는 '곽'의 구역이었다고 추측되지만 현재까지 곽성의 건축 유지는 아직 발견되지 않았다.

### 4) 진(秦)나라 도성 옹(雍)

옹은 춘추시대 진나라 도성이다. 진 덕공(德公) 원년(기원전 677)에 평양[平陽, 지금의 섬서 보계현(寶鷄縣) 동쪽]에서 옹으로 천도했는데, 전국시대 초기인 진 헌공(獻公) 2년(기원전 383)에야 비로소 옹에서 역양[櫟陽, 지금의 섬서 부평현(富平縣) 동남쪽]으로 천도하였다. 진나라는 280여 년이라는 시간동안 옹에 도읍을 두었던 것이다. 그 뒤 진나라가 새로운 도성을 건설했어도 오랫동안 건설한 옛 도성을 폐기하지 않고 궁전과 종묘는 계속해서 사용하여 특히 중요한 몇몇 전통 의례는 옹의 조묘(祖廟)에서 거행하였다. 진시황(秦始皇)에 이르러서도 여전하였다. 진나라의 예제에 따르면 진왕은 22살이 되면 반드시 옹의 조묘에 가서 성인식인 '관례(冠禮)'를 거행해야 했으며 그 관례가 끝나야 비로소 정무를 처리할 수 있었다. 『사기』 진시황본기(秦始皇本紀)에 의하면 진시황 9년(기원전 238년) 진왕 정(政)은 22살이었는데 4월에 옹의 기년궁(蘄年宮)으로 가서 머물면서 기유일(己酉日)에 "왕관을 쓰고 칼을 찼다."[9]고 한다. 당시 노애(嫪毐)가 난을 일으켜 "기년궁을 공격하려고 하였다."고 하는데 『사기정의』에서 인용한 『괄지지』에서는 "기년궁은 기주성(岐州城) 서쪽의 고성 내에 있다."[10]고 하였다. 진왕 정이 반드시 옹에 와서 '관례'를 거행해야 한 까닭은 '관례'는 꼭 조묘에서 거행해야 하고 진의 조묘가 옛 도성인 옹에 있었기 때문이다. 이에 옹은 진나라 군주가 중시하여 원래 있던 궁전과 종묘 이외에 새로운 행궁을 건설하였다.

---

9_ 『史記』 卷6 秦始皇本紀, p.227. 「四月, 上宿雍. 己酉, 王冠, 帶劍.」

10_ 『史記』 卷6 秦始皇本紀, p.227. 「正義蘄, 巨衣反, 括地志云: "蘄年宮在岐州城西故城內."」

옹에는 원래 궁성 하나만 있었는데 대정궁(大鄭宮)이라고 불렀다. 『사기』 진본기에는 "덕공(德公)원년에 처음으로 옹성의 대정궁에 머물렀다."[11]고 하였고 『사기정의』에서 인용한 『괄지지』에도 "기주 옹현의 남쪽 7리에 있으며 옛 옹성은 진 덕공의 대정궁성이다."[12]라고 하였다. 그 후 진의 군주는 옹성에 적잖이 궁과 침전을 지었다. 「진기(秦紀)」(『사기』 진시황본기 끝에 부기되어 있다)에 따르면 덕공이 대정궁에 머물렀고 선공(宣公)은 양궁(陽宮)에 머물렀으며, 강공(康公)과 공공(共公)은 옹고침(雍高寢)에 기거하였고, 환공(桓公)은 태침(太寢)에 머물렀으며, 경공(景公)은 옹고침(雍高寢)에 기거하였고, 도공(悼公)은 옹에 성을 쌓았으며, 조공(躁公)은 수침(受寢)에 기거하였다. 도공이 "옹에 성을 쌓았다."[13]는 것은 옹의 성벽을 확대한 것일 것이다. 『한서』 지리지에 따르면 진 효공(孝公)은 일찍이 이곳에 탁천궁(橐泉宮)을 세웠고 진 소왕(昭王)도 이곳에 역양궁(棫陽宮)을 세웠다고[14] 한다.

옹고성은 지금의 섬서성 봉상현성(鳳翔縣城)의 남쪽에 있고 남쪽으로 옹수(雍水)에 가까우며 성터 전체는 불규칙한 방형을 띠고 있다. 동서 폭은 약 3,300m이고 남북 길이는 약 3,200m이다. 지표상에는 단편적으로 성벽의 유지가 보여 시추 조사를 거쳐 서쪽 성벽의 대부분과 동쪽, 남쪽, 북쪽의 성벽 일부분이 발견되었다. 서쪽 성벽은 서북에서 동남으로 기울어져 있고 남쪽 성벽은 옹수를 따라서 축조되어 몇 군데에 굴곡이 있다. 또 서쪽 성벽에서는 성문 하나가 발견되었는데 폭이 약 10m이다[15](그림 20 참조).

옹의 주요한 궁성과 종묘는 모두 성내 서남쪽으로 치우친 중부지역에

---

11_ 『史記』 卷5 秦本紀, p.284. 「德公元年, 初居雍城大鄭宮.」
12_ 『史記』 卷5 秦本紀, p.284. 「正義括地志云: "岐州雍縣南七里故雍城, 秦德公大鄭宮城也."」
13_ 『史記』 卷6 秦始皇本紀, p.287. 「悼公享國十五年. 葬僖公西. 城雍.」
14_ 역자 주 『漢書』 卷28上 地理志, p.1546. 「橐泉宮, 孝公起. … 棫陽宮, 昭王起.」
15_ 「秦都雍城鑽探試掘簡報」, 『考古與文物』 1985-2.

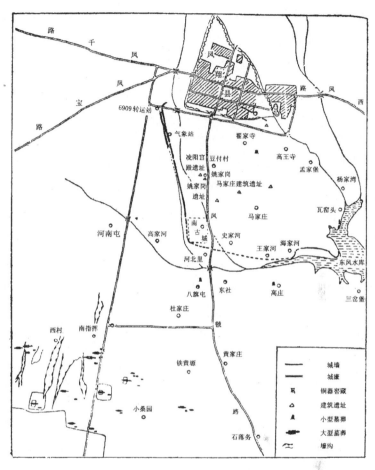

그림 20 섬서성 봉상 진나라 옹성 유지 평면도(출전: 「秦都雍城鑽探與試掘簡報」, 『考古與文物』1985-2)

건설되어 있었다. 지금의 마가장(馬家莊)에 있는 3호 건축 유지의 경우 규모는 거대하고 모두 5개의 원락(院落)이 있어 지금까지 발견된, 가장 완전한 형태의 선진시대 궁전 배치이며 외조(外朝), 내조(內朝) 및 침궁(寢宮) 등을 그 안에 포괄하고 있다. 건축물 전체는 담장으로 둘러싸여 있고 남쪽에서 북쪽으로 5개의 원락으로 나누어져 전체 길이는 326.5m,

북단의 폭은 86m, 남단의 폭은 59.5m이고 면적은 21,849㎡이다. 원락마다 남쪽 담장의 정중앙에는 문이 설치되어 있고 문 안에는 뜰이 있다. 제1원락의 문 앞 25m 지점에는 판축한 벽으로 만든 담이 있다. 앞부분에 있는 3개의 원락은 동서 폭이 모두 60m 정도이고, 제1원락과 제2원락의 남북 길이는 모두 50m 정도이며 면적은 모두 3,000㎡ 남짓이다. 제1원락은 그 안에 건축물은 없고 큰 뜰만 있어 '외조'의 소재지였을 것이다. 제2원락 중앙에서 약간 북쪽의 동서 양측에 각각 남북 길이가 16m이고, 동서 폭이 12.5m인 건축물이 있는데 면적이 똑같이 200㎡이다. 아마 동상(東廂)과 서상(西廂)으로 신하가 정무를 처리하거나 알현을 준비하는 곳이었을 것이다. 제3원락의 남북 길이는 82.5m이고 면적은 약 5,000㎡이며 중심에는 남북 길이가 17m이고, 동서 폭이 32~34m인 건축물이 있는데 면적은 약 580㎡이다. '내조'의 조당(朝堂)이었을 것이다. 제4원락은 동서 폭이 늘어나 70m까지 이르고 남북 길이는 51m이고, 면적은 3,570㎡이다. 원 안에는 단지 큰 뜰만 있고 건축물은 없다. 제5원락은 동서 폭이 늘어나 86m에 이르고 남북 길이는 65m이고 면적은 5,590㎡이기 때문에 5개의 원락 가운데 가장 넓다. 원 안의 정중앙에서 북쪽으로 치우친 곳 및 그 앞의 양쪽에는 각각 건축물 하나가 있는데 '품(品)'자 형태로 배열되어 있다. 크기는 서로 같아 똑같이 폭은 17m이고, 길이 22m이며, 면적은 374㎡이다. 남쪽 담벽의 중간에 있는 큰 문의 양쪽에는 좁고 긴 장방형의 건축물이 있는데 똑같이 동서 폭이 35.85m이고, 남북 길이 7.5m이며, 면적은 269㎡이다. 이 원락이 곧 침궁이 있었던 곳이었을 것이다(그림 21 참조).

이 궁전 유지에서 동쪽으로 500m 떨어진 곳에 마가장 1호 건축 유지가 따로 있다. 이것은 지금까지 발견된, 가장 완전한 형태를 띤 선진시대의 종묘 유지이다. 북부의 중앙에 위치하는 조묘(祖廟), 동부의 중앙에 위치하는 소묘(昭廟)와 서부의 중앙에 위치하는 목묘(穆廟)가 '품(品)'자형 구조로 배치되어 있다. 조묘는 북쪽에 자리 잡고 남쪽을 바라보고

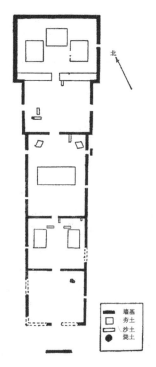

있으며 소묘는 동쪽에 자리 잡고 서쪽을 바라보고 있다. 목묘는 서쪽에 자리 잡고 동쪽을 바라보고 있다. 모두 중간의 중정(中庭)을 마주 보고 있다. 세 묘의 형태는 대체적으로 비슷하다. 평면적으로 '요(凹)'자형을 띠고 있고 폭은 20.8m이며 깊이는 13.9m이다. '요'자형의 앞 부분 중앙은 '묘당(廟堂)'이 있는 곳이며 뒷부분이 '침궁'에 연결되어 있다. 중정은 동서 폭이 30m, 남북 길이가 34.5m이다. 남쪽 담장의 중간에 있는 큰 문의 양쪽에 건축물이 있는데 남쪽 절반은 이미 파손되어 없어졌지만 문숙[門塾, 문 옆의 당실]이었을 것이다. 중정은 제사를 지낸 곳으로 모두 제사갱 181개가 발견되었다. 그 가운데 소가 묻힌 갱이 86개, 양이 묻힌 갱이 55개, 소와 양이 함께 묻힌 갱이 1개, 사람이 묻힌 갱이 8개, 사람과 양이 묻힌 갱이 1개, 아무 것도 없는 빈 갱이 28

그림 21 진나라 옹성 궁성 유지(출전: 「秦都雍城鉆探與試掘簡報」, 『考古與文物』1985-2)

개, 수레가 묻힌 갱이 2개였다. 조묘 북쪽의 정중앙에는 장방형의 작은 건축터가 있는데 동서 폭이 5.4m이고 남북 길이가 3.8m이다. 이것이 어떤 기능을 했는지에 관해서는 앞으로 연구가 필요하다[16](그림 22 참조).

앞서 서술한 마가장 궁전 유지에서 서쪽으로 약 600m 떨어진 곳에 요가강(姚家崗) 궁전 유지가 있는데 일찍이 동으로 만든 춘추 초기의 건축부품이 출토되었다. 그 부근에서도 방형의 큰 구덩이가 발견되었는데 동쪽에서 서쪽으로 흐르는 배구수를 갖추고 있었다. 고고학자들은

---

**16_** 「鳳翔馬家莊1號建築群遺址發掘簡報」, 『文物』1985-2 참조.

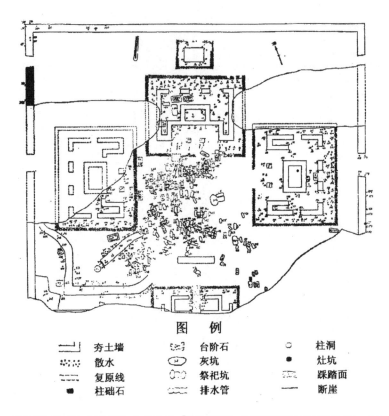

그림 22  진나라 옹성 종묘 유지(출전: 「鳳翔馬家莊一號建築群遺址發掘簡報補正」, 『文
博』 1986-1)

얼음을 저장하는 시설, 즉 『시경』 빈풍(豳風) 7월조에서 '능음(凌陰)'이라
고 한 얼음 창고였을 것으로 추측하고 있다.

진나라 도성인 옹성의 서남부는 군주와 귀족의 거주 지역인 것은 확
실하다. 궁전과 종묘가 모두 성안 서남지역에 편중되어 있을 뿐만 아니
라 묘장도 모두 성 밖의 서남지역에 있기 때문이다. 고성의 서남부이자
옹수의 남쪽 기슭인 고장(高莊), 동촌(東村), 팔기둔(八旗屯) 일대에는 진
나라의 작은 무덤이 많이 분포해 있고 팔기둔 서남쪽인 남지휘(南指揮),

서촌(西村)의 남쪽지역은 진나라 군주의 능원지역으로 이미 '진공릉원(秦公陵園)' 13개가 발견되었다. 능원 모두 서쪽에 자리 잡고 동쪽을 바라보고 있었으며 능묘도 능원의 서남부에 위치하고 있었다. 이를 통해 옹의 배치 구조가 중원 각 나라의 도성제도와 일치함을 알 수 있다.

|추기| 옹성의 성안은 총면적 11㎢이고 서남부(마가장, 요가장 일대)에서 궁전과 종묘 유적이 발견된 것 외에 동부 및 동북부[지금의 고왕사(高王寺), 봉미촌(鳳尾村) 일대]에서 전국시대 건축 유지가 발견되었다. 이미 동북부에서는 전국시대의 '시(市)' 유지가 발견되었고 그 '시' 서쪽의 중부와 서부에는 '정(井)'자형으로 교차하는 8개의 도로 유적이 발견되었다. '시' 유지는 옹성 북쪽 성벽에서 남동쪽으로 300m되는 곳에 있는데 장방형의 담장으로 주위가 둘러쳐져 있다. 남북 길이는 160m이고, 동서 폭은 180m이며 기단의 두께는 1.5m~2m이다. 사면의 담장 중앙부에 각각 '시문(市門)' 하나가 있으며 이미 발굴이 끝난 서문(西門)은 남북 길이가 21m이고, 동서 폭은 14m인데 건축물은 평면상 '요(凹)'자형을 띠고 있다. 문의 출입구에는 대형 공심전(空心甎)으로 만든 계단이 있다. 사면을 두르고 있는 기둥 구멍과 퇴적된 기와 파편을 통해 문 위에는 사파식(四坡式)으로 대형 기와가 씌워져 있었다는 것을 알 수 있다. 담장 안이 시장지역으로 면적은 3만㎡에 가까웠다. 이것은 지금까지 발견된 선진시대의 완전한 형태를 지닌 '시' 구조이다. '시'에서 서쪽으로 30m 떨어진 곳에서 성안을 남북 방향으로 뻗은 도로 넷과 동서 방향으로 난 도로 넷이 종횡으로 교차해 '정(井)'자형을 이루고 있는 것이 발견되었다. 그 가운데 동서 방향의 네 도로는 동서 양벽에 만들어진 성문으로 통하고 있어 옹성 전체의 배치 구조가 '좌서동조'이란 점을 나타내고 있다. 도로마다 길이가 3,000m이고, 도로 폭이 15~20m였고 노토(路土)의 두께는 1~1.5m이다. 평행하게 뻗은 도로의 간격은 약 400~800m이다. 이미 발굴된 마가장이나 요가장의 궁전과 종묘 유지도 서부

의 이들 도로 사이에 위치하고 있다. 옹성에는 중원 여러 나라의 도성처럼 서쪽의 궁성이 대곽과 연결된 구조가 발견되지 않지만 옹성의 서남부에 군주와 귀족의 거주 지역이 있는 것과 동북에 시장지역과 일반 주민의 거주 지역이 배치되어 있는 것은 역시 중원의 각 나라 도성의 배치 구조와 일치한다. 이상은 1986년 5월 20일 서안 신화사(新華社) 보도에 근거한 것이다.

### 5) 조(趙)나라 도성 한단(邯鄲)

한단은 춘추시대에는 원래 위(衛)나라에 속해 있었으나 나중에는 진(晉)나라에 속했다. 조나라는 경후(敬侯) 원년(기원전 386)에 중모[中牟, 지금의 하남 학벽시(鶴壁市)]에서 한단으로 천도했고 그로부터 한단은 오랫동안 조나라의 도성이었다.

조나라 한단고성에서 궁성은 진나라 도성인 신전처럼 한 곳에 여러 성이 연결되어 있는 배치 방식을 채택하였다. 속칭 '조왕성(趙王城)'이라고 하였다. 3개의 궁성이 연결되어 있기 때문에 불규칙한 '품(品)'자형을 이루었다. 서성(西城)은 정방형에 가까워 각 변의 길이가 1,400m 정도이다. 성안 중앙에서 약간 남쪽 지점에 현재 '용대(龍臺)'라고 불리는 궁전 건축 기단이 있는데 동서 폭은 265m이고, 남북 길이는 285m이며, 동부의 가장 높은 지점의 높이가 19m이다. 동성(東城)은 서성과 연결되어 있어 동성의 서벽이 곧 서성의 동벽이며 장방형을 이루고 있다. 남북 길이는 서성과 같으며(1,400m 정도) 동서 폭만이 935m이다. 서부에는 성벽에 가깝고 남북으로 서로 마주하는 2개의 건축 기단이 있다. 북성(北城)은 동성과 서성과 연결되어 있어 북성의 남벽이 곧 동성의 북벽과 서성 북벽의 동단이다. 성 전체는 불규칙적인 장방형을 띠고 있고 동벽 중간 부분이 오목하게 들어가 있다. 동서 폭은 1,326m이고 남북 길이는 1,557m이다. 서쪽으로 치우친 곳에 건축 기단이 있다(그림 23 참조).

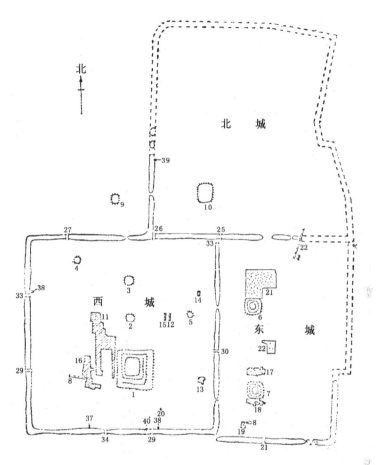

**그림 23** 하북성 한단 조나라 고성 궁성 유지 평면도(출전:「趙都邯鄲故城調査報告」,『考古學集刊』제4集, 1984)

　　조왕성 가운데 서성과 동성은 일찍부터 널리 알려져 있었으나 북성은 1965년에야 비로소 발견되었다. 1972년~1973년에는 '품(品)'자형의 조왕성의 동북에서 규모가 비교적 큰 '곽'이 발견되었다. '곽'은 평면상 불규칙한 장방형을 띠고 있었고 몇 단만이 지면에 노출되어 있고 대부분의 유지는 지하에 묻혀 있었다. 동서 폭이 약 3,000m이고 남북 길이는 약 4,800m이며 전국시대 문화층은 일반적으로 지하 7~8m의 깊은 곳에 있었다. 대곽 안에는 전국시대와 한대의 문화층이 널리 퍼져 있고 전국시대 문화층은 비교적 두터워 최고 두께가 2m에 이르는 곳도 있었다. 대곽의 축조연대는 조왕성보다 빨랐을 것이다.[17] 대곽 내의 동북부에는 높이 26m에 이르는 '총대(叢臺)'가 있는데 지금의 한단시 중화로(中華路) 서쪽의 인민공원에 위치한다. 이 총대는 원래 전국시대에 건축되었는데 서한 초에는 조왕궁(趙王宮) 안에 있는 유흥과 오락을 위해 사용되는 대(臺)가 되었다. 『한서』 고후기(高后紀)에 고후원년 "여름 5월 병신(丙申)일에 조왕궁의 총대에서 재해가 일어났다."[18]고 하였다. 안사고는(顔師古)는 "연결되어 모여 있지만 하나가 아니기 때문에 총대라고 이름 붙였다. 육국(六國) 때에는 본래 조왕(趙王)의 고대(故臺)로서 한단성 안에 있었다."[19]고 주석을 달았다. 『수경주』 탁장수(濁漳水) 조에서도 "그 강[우수수(牛首水)]은 동쪽에 있는 총대를 거쳐 남쪽으로 흐르는데 육국 때 조왕의 대(臺)였다. … 옛 기단과 토벽이 여전히 남아 있다."[20]고 하였다. 총대는 높은 토대가 모여서 이루었기 때문에 붙여진 이름이다. 1963년 8월 한단 지방은 많은 비로 재해가 일어나서 총대의 동남면

---

17_ 邯鄲市文物保管所, 「河北邯鄲市區故遺址調査報告」, 『考古』 1980-2 참조. 춘추 말에 한단은 진대부(晉大夫) 조오[趙午, 조쇠(趙衰)의 6대손]의 봉읍(封邑)이어서 한단오(邯鄲午)라고 불렸다. 조앙(趙鞅)이 일찍이 '위(衛)에서 바친 500가'를 이끌고 그것을 한단에 두었다는 것은 한단이 이미 일정한 규모를 갖추고 있었다는 것을 전해 준다. 아마 한단의 대곽은 춘추 말에 한단성을 기초로 하여 확대된 것이며 대곽 동북부에 있는 '총대'도 춘추 말에 조오의 궁전 유지 위에서 발전한 것이다. 전국초 조나라의 경후(敬侯)가 한단에 막 천도했을 때 궁성을 건설할 수 없어서 아마도 대곽 동북부에 있는 '총대'에 거주했을 것이다. 원래 한단에는 대성(大城)만 있었고 동북부 지역이 정치의 중심이었다. 이것은 상나라 이래의 옛 제도를 그대로 이은 것이다.

18_ 『漢書』 卷3 高后紀, p.96. 「夏五月丙申, 趙王宮叢臺災.」

19_ 『漢書』 卷3 高后紀, p.96. 「師古曰: "連聚非一, 故名叢臺. 蓋本六國時趙王故臺也, 在邯鄲城中."」

20_ 『水經注疏』 卷10 濁漳水, p.948. 「其水又東徑叢臺南, 六國時趙王之臺也. … 今遺基舊堨尙在.」

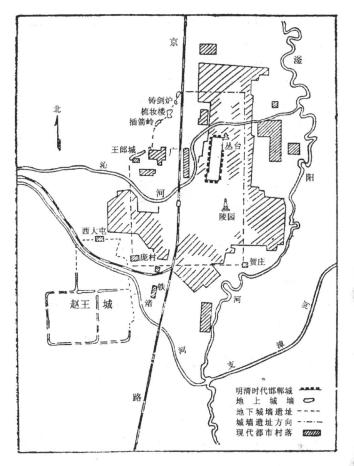

京

滏

铸剑炉
梳妆楼
插箭岭

北

王郎城　广

丛台

阳

沁

河

陵园

西大屯

庞村

铁

渚

河

贺庄

赵王　城

河

支

漳

河

路

明清时代邯郸城
地上城墙
地下城墙遺址
城墙遺址方向
现代都市村落

그림 24　한단 조나라 고성 유지(출전: 邯鄲市文物保管所 編, 「邯鄲市名勝古
　　　　蹟」, 1978)

이 무너져 그 단면에서 총대의 흙이 안팎 두 층으로 나누어져 있다는
것이 드러났다. 내층은 판축으로 다져져 있었는데 판축층의 두께가 8~
12cm이고 판축으로 다져 생긴 작은 원형의 구덩이도 있었다. 전국시대
한단성의 성벽 축조방법과 같다. 판축층에는 전국시대의 도기 파편 및
기와 파편이 섞여 있어 총대가 확실히 전국시대에 조나라가 쌓은 것이

고 초기의 궁전소재지였다는 것이 분명하다.

조나라 도성 한단의 배치 구조는 제나라 도성 임치의 배치 구조와 기본적으로 같아 궁성은 대곽의 서남쪽에 있었다. 그러나 궁성이 3개의 소성으로 '품(品)'자형을 구성하고 있어 궁성의 성벽은 대성의 성곽과 연결되어 있지는 않았다.

|추기|　「조나라 도성 한단 조사 보고(趙都邯鄲調査報告)」(『考古學資料叢刊』 4, 1984년 출판)을 통해 한단의 궁성과 대곽의 배치를 더욱 명확히 알수 있다. 3개의 성이 연결되어 '품(品)'자형을 이루는 궁성, 이른바 '조왕성'에서 지리적으로 서남에 있는 서성이 중심을 이룬다. 서성의 중부에는 남북 방향으로 병렬된 정방형의 건축기단이 3개 남아 있었다. 가장 남쪽의 1호 기단(속칭 '용대')이 가장 규모가 크다. 남북 길이는 296m이고, 동서 폭은 264m이며, 사면은 사다리꼴 모양을 띠고 있다. 아래에서부터 위로 세면 5층부터 8층까지 사면의 층계수가 다르다. 그 최상부는 비교적 평탄하고 남북 길이는 132m이고, 동서 폭은 102m이며 동부의 높이는 16.3m이다. 1호 기단 북쪽에 있는 2호 기단과 3호 기단은 면적에서 1호 기단의 1/25밖에 되지 않고 높이도 1호 기단의 1/3밖에 되지 않는다. 1호 기단에서 2호 기단까지, 그리고 2호 기단에서 3호 기단까지의 간격은 220m 정도이다. 2호 기단 동서 양쪽에는 남북 방향으로 평행한 주춧돌 두 줄이 이미 발견되었는데(그림 25 참조) 건축물 전체의 동서 양쪽에 부속되어 있는 남북 방향의 장랑(長廊) 유지일 것이다. 이 내용은 고마이 가즈치카(駒井和愛) 등의 「한단-전국시대 조왕성지의 발굴」(『東方考古叢刊』 乙種 第7冊, 1954)에 기술되어 있다. 3호 기단에도 비슷한 규모의 건축물이 있었을 것이지만 1호 기단에는 웅대한 규모의 궁전이 세워졌음이 확실하다. 이는 서성 중부에 있는 3개의 궁전은 남북 방향의 중축선을 이루며 외조, 내조, 침궁 등을 그 안에 포함하고 있다는 것을 의미한다. 궁성이 '품(品)'자형을 이루는 3개의 성으로 구성되

었다는 것에서 서성이 궁성의 중심이었다는 점은 명확하다.

동성의 서쪽, 즉 서성으로 통하는 2개의 성문 부근에 마주 보고 있는 방형 기단 2개가 있다. 북쪽 기단은 각 변이 약 120m이고, 남쪽의 기단은 각 변이 약 110m이다. 북성에는 비교적 큰 기단이 있는데 동서 111m이고 남북 135m이다. 그 위치는 북성의 서남 귀퉁이이고 서성 가까이에 있다. 궁성은 확실히 전국시대에 조영된 것으로 보이는데 전국시대 문화층 아래에서 더 빠른 시기의 유물이 출토되지 않았기 때문이다.

대곽은 궁성보다 빨리 건설되었다. 대곽 동쪽 중부의 남단, 지하 11m에 있는 전국시대 문화층 하부에서 세파두(細把豆)와 가는 새끼줄무늬가 새겨진 도관(陶罐)이 출토되었는데 연대가 궁성에서 출토된 유물과 비교하면 더 빠르다. 결국 대곽이 언제 조영되었는지를 알기 위해서는 앞으로 더 조사가 필요하다.

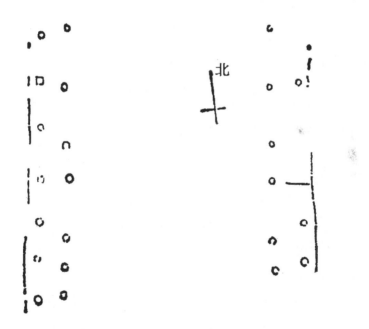

그림 25   한단 조나라 고성 2호 건축 유지의 2열 주춧돌(출전: 駒井和愛, 『邯鄲
戰國時代趙都城址の發掘』, 1954)

현재 대곽 내에서 발굴을 진행하면서 대곽 동쪽 중부에서 철기, 동기, 도기, 골기, 석기 등의 작방터가 발견되었다. 철기 제작 유지에서 발견된 연철로(煉鐵爐) 밑바닥에 남아 있는 소토면(燒土面)의 크기는 동서 약 3m, 남북 약 2m이다. 주위에는 대량의 연사(煉碴)와 소토(燒土)가 퇴적되어 있었고 높이는 1m~3m였다. 이곳이 비교적 규모가 큰 철기 제작 유지였다는 것을 전해 준다. 한단은 원래 전국시대 유명한 야철업의 중심지였다. 한단 사람 곽종(郭縱)은 야철업을 경영하여 막대한 부를 쌓았다고 한다[『사기』화식열전(貨殖列傳)]. 동을 주조한 유지에서는 동을 녹이는 항아리가 출토되었다. 석기 작방 유지에서는 석판, 원형의 주춧돌 및 석재의 굴림대 등 많은 건축용 석재가 출토되었다. 이 일대에서 전국시대의 도정권(陶井圈)이 많이 발견된 것은 대곽이 일찍이 오랫동안 수공업 지역과 거주 지역이었던 것을 의미한다. 이것은 당시 중원의 다른 나라 도성의 대곽 상황과 같다.

### 6) 위(魏)나라 도성 안읍(安邑)

안읍은 원래 춘추 말기 진(晉)나라 경대부 위씨(魏氏)의 봉읍인데 위강[魏絳, 진 도공(悼公)을 보좌한 경(卿)]이 처음으로 안읍으로 이주하였다. 세 가문이 진나라를 분할한 뒤(기원전 453) 안읍은 위나라의 국도가 되었고 위 문후(文侯, 기원전 445~기원전 396)와 무후(武侯, 기원전 395~기원전 370)는 모두 이곳에 도읍을 세웠다. 무후 2년(기원전 394) 안읍성을 축조하였다[『사기』위세가(魏世家)]. 위 혜왕(惠王) 9년(기원전 361)에 이르러서야 비로소 안읍에서 대량[大梁, 지금의 하남성 개봉시(開封市)]으로 천도하였다.

안읍고성은 산서성 하현(夏縣)에서 서북으로 약 7km 떨어진 곳에 있고 지금은 '우왕성(禹王城)'이라고 불린다. 성터는 대성(大城), 중성(中城), 소성(小城) 및 우왕묘(禹王廟) 네 부분으로 나뉜다. 중성은 대성 안의 서남부에 있고 소성은 대성 중부와 중성 동북 귀퉁이에 있다. 우왕묘는

소성 밖 동남 귀퉁이에 있는데 옛 기단을 이용하여 수축한 근대 건축물
이다.[21]

대성은 평면상 사다리꼴을 띠고 있는데 북벽 길이는 2,100m이고 남
벽 길이는 3,565m이며 서벽에는 굴곡이 있고 길이는 4,980m이다. 동
벽은 북단이 남아 있는데 1,530m이다. 중성은 대성 안의 서남부에 있
고 평면상 방형을 띠고 있다. 서벽과 남벽은 대성의 서벽과 남벽의 일
부분이며 북벽 길이는 1,523m이다. 중성의 동북 귀퉁이에는 소성이 있
고 동벽은 소성 남벽의 중앙에서 남쪽으로 뻗어 있다. 소성은 중성 동북

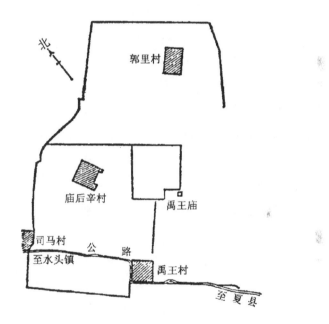

그림 26  산서성 하현 위나라 도성 안읍 평면도(출전:「山西
夏縣禹王城調査」,『考古』1963-9)

21_ 陶正剛, 葉學明,「故魏城和禹王故城調査簡報」,『文物』1962-4·5. 中國科學院考古
    研究所山西工作隊,「山西夏縣禹王城調査」,『考古』1963-9. 山西省文物工作委員會,
    「建國以來山西省考古和文物保護工作的成果」,『文物考古工作三十年』, 文物出版社,
    1979.

귀퉁이에 위치하고 있는데 평면상 방형을 띠고 있으나 동남 귀퉁이는 장방형을 잘라낸 형태를 하고 있다. 북벽 길이는 855m이고, 서벽 길이는 930m이다(그림 26 참조).

안읍고성은 일찍이 산서성 문물공작위원회와 중국사회과학원 고고연구소가 여러 차례 인원을 파견하여 조사했지만 현재 자세한 시추 조사나 발굴이 이루어지지 않아 세 성의 관계는 명확하지 않다. 산서성 문물공작위원의 대략적인 견해는, 대성은 위나라 도성인 안읍이고 중성은 아마 진한시대의 하동군(河東郡) 치소이며 소성은 가장 빠른 시기에 조성된 안읍의 궁성이라는 것이다. 그들이 중성을 진한의 하동군 치소라고 판단한 이유는 중성 안에 한대 문화층이 전체적으로 분포하고 반대로 전국시대 유물은 한대 유물보다 풍부하지 않다는 것이다. 이 견해는 앞으로 검증을 거쳐야 한다. 중성 북벽에 판축으로 다져진 흙에서는 적지만 전국시대의 기와 파편이 포함되어 있어 중성도 또한 전국시대에 축조되었을 것이다. 성안에 한대 문화층이 두루 분포하는 것도 전국시대 이후 한대에 비교적 오랫동안 사용되고 조성되었기 때문이다. 중성은 성격상 임치와 신정의 서'성'에 해당하고 대성은 성격상 동'곽'에 해당하며 서'성'도 동'곽'의 서남 귀퉁이에 위치하고 있어 배치 방식이 기본적으로 일치한다. 소성만 신정의 서성 내에 방형의 궁벽이 있는 것처럼 궁벽일 뿐이며 그것은 서'성'의 일부였다. 물론 이것은 추론일 뿐으로 앞으로 더 자세한 고고 조사가 실시되어 증명되기를 기대한다. 그러나 대성이 원래 안읍의 곽이라는 것은 의문의 여지가 없다. 현재 대성 안의 동북부에는 곽리촌(郭里村)이라는 촌장(村莊)이 있는데 이른바 '곽리(郭里)'란 대'곽'의 안이라는 의미이다. 당연히 옛날부터 전해져 내려온 지명이므로 유력한 증거가 된다.

## 7) 춘추전국시대 중원 여러 도성의 배치 구조 특징

앞에서 서술했듯이 춘추전국시대에 중원의 각 제후국의 도성은 모두 서성이 동곽에 연결되는 배치 구조를 갖추고 있었다. 이러한 배치는 주공이 건설한 동도 성주에서 시작된 것이다. 원래 주공이 이런 배치를 창안한 것은 주로 '국인(國人)'을 안치하고 은민(殷民)을 이주시키고 군대를 주둔하기 위해서였다. 군사력과 웅장함을 갖춘 동도를 건설함으로써 중원 및 사방에 대한 통치를 강화할 수 있었다. 당시의 사회 구조에서는 '국'과 '야'로 구성된 향수제도를 실행하여 '국'(국도)의 역량을 충실히 해야만 비로소 밖으로는 방위력을 강화하고 안으로는 통치력을 증가시킬 수 있었기 때문이다. 춘추시대에 이르면 중원의 제후 가운데 몇몇 대국들은 서로 쟁패를 벌이는 과정 가운데 도성의 역량을 증대하기 위해 이런 배치를 채용하였다. 전국시대에 들어서 사회경제가 발전하고 정치제도가 크게 변하여 중앙집권체제가 확립됨에 따라 각 대국은 앞다투어 왕을 칭하며 이 배치 구조를 더욱 발전시켰다.

소성과 대곽이 결합하는 배치 구조가 널리 확대된 것은 우선 정치적인 원인에서 비롯되었다. 중앙집권체제의 확립으로 궁전 부근에 중앙 상급 관청을 건설해야 함에 따라 반드시 도성에는 관청을 집중시킨 구역을 조성하여 국군(國君) 및 보좌대신이 관리를 편리하게 할 수 있었다. 이와 동시에 지극히 높고 절대적인 군왕의 권세를 구현하는 예제도 점차 시행되었다. 이에 상응하여 성대한 예의를 거행하는 궁전도 반드시 건설해야 했다. 이처럼 일정한 규모의 궁성을 건설해야 했던 것이다. 전국시대의 조나라의 경우, '대조(大朝)'를 거행하기 위해 신궁(信宮)을 건설하여 군주가 다른 나라 군신의 알현을 응대할 수 있었다. 예를 들어 무령왕(武靈王) 원년(기원전 325) "양(梁) 양왕(襄王)이 태자 사(嗣)와 함께, 한(韓) 선왕(宣王)이 태자 창(倉)과 함께 신궁으로 와서 알현하였다."[22]고 하였다. 또한 춘정월에는 '대조'를 거행하는 장소이기도 하였다. 무령왕

19년(기원전 307) "춘정월에 신궁에서 대조를 열어 비의(肥義)를 불러 함께 천하를 의론하였는데 의론한 지 5일이 되어 끝마쳤다."[23]고 하였다. 동궁(東宮)도 있었는데 대조를 거행하는 장소였다. 무령왕 27년(기원전 299) "5월 무신(戊申)일에 동궁에서 대조를 열어 국군의 지위를 물려주려고 왕자 하(何)를 세워 왕으로 삼았다. 왕은 묘를 찾아뵙는 의례를 끝마치고 조정으로 나갔는데 대부(大夫)는 모두 신하가 되었다."[24]고 하였다. 당시 국군이 태자에게 왕위를 전해주는 것도 대조의 의례를 거행해야 했다. '대조'가 벌어지는 장소는 매우 컸을 터인데 신하와 종실 등을 포함하여 조례를 하는 사람들이 그 장소 안에 있어야 했기 때문이다. 혜문왕(惠文王) 4년(기원전 295) "신하들을 조견할 때 안양군(安陽君) 또한 내조하니 주보[主父, 무령왕]가 왕에게 조정을 주관하도록 하고 자신은 옆으로 가서 신하들과 종실의 예의를 살펴보았다."[25]고 하였다(이상 모두 『사기』 조세가에 보인다).

당시 성곽은 군사적 원인 때문에도 확대해야 했다. 춘추전국시대에는 전쟁이 자주 일어나서 성곽 건설의 주요한 목적의 하나가 군사적 방어 시설을 강화하는 것이었다. 성곽을 이용해 방어 시설을 갖추는 것이 당시 중요한 전략 가운데 하나였다. 고동고(顧棟高)의 『춘추대사표(春秋大事表)』 권38 춘추축성표(春秋築城表)를 통해 이 점을 충분히 증명할 수 있다. 전쟁을 통해 병법(兵法)을 강구한 이후부터 병법가들은 더욱 주의하여 성 방어 전술을 논하고 연구하였다. 『묵자(墨子)』의 비성문(備城門) 등 여러 편은 전문적으로 수성 전술을 강구한 것이다. 『묵자』

---

22_ 『史記』 卷43 趙世家, p.1803. 「梁襄王與太子嗣, 韓宣王與太子倉來朝信宮.」

23_ 『史記』 卷43 趙世家, p.1805. 「十九年春正月, 大朝信宮. 召肥義與議天下, 五日而畢.」

24_ 『史記』 卷43 趙世家, p.1812. 「二十七年五月戊申, 大朝於東宮, 傳國, 立王子何以為王. 王廟見禮畢, 出臨朝. 大夫悉為臣.」

25_ 『史記』 卷43 趙世家, p.1815. 「四年, 朝羣臣, 安陽君亦來朝. 主父令王聽朝, 而自從旁觀窺羣臣宗室之禮.」

칠환편(七患篇)에서는 "성곽이 온전히 갖추어지지 않으면 스스로 지킬 수 없다."[26]고 하였다. 또한 "성이라는 것은 스스로를 지키는 근거이다."[27]라고 하였다. 『손빈병법(孫臏兵法)』의 웅빈성편(雄牝城篇)은 공격하기 어려운 '웅성(雄城)'과 공격하기 쉬운 '빈성(牝城)'이 지형상 다른 특징을 지녔다는 점을 설명한 것이다. 당시 수성을 강구한 병법가는 이미 성의 크기와 거주민의 수가 지닌 전쟁 승패와의 관계, 식량 비축 상황 및 성과 시장 사이의 거리가 지닌 승패와의 관계 등에 주의를 기울였다. 『묵자』잡수편(雜守篇)에서는

무릇 성을 지키지 못하는 것에는 다섯 가지가 있다. 성이 크지만 사람이 적은 것이 첫째로 지키지 못하는 것이다. 성은 작지만 사람이 많은 것이 둘째로 지키지 못하는 것이다. 사람은 많지만 식량이 적은 것이 셋째로 지키지 못하는 것이다. 시장이 성으로부터 멀리 떨어진 것이 넷째로 지키지 못하는 것이다. 수성(守城)에 필요한 기물을 비축한 것이 밖에 있고 부자가 성안에 없는 것이 다섯째로 지키지 못하는 것이다. 수성을 위해서는 성이 만가를 거느리고 성은 한 변이 3리(里)가 되어야 한다.[28]

고 하였다. 이를 통하여 전국시대에 만가의 읍을 건설할 때 '3리의 성과 7리의 곽'이라는 구조를 채택한 것은 전쟁 경험을 총결산한 뒤 제정한 것이라는 것을 알 수 있다. 『울료자(尉繚子)』무의편(武議篇)에서도

무릇 병기를 꺼내었으나 병기가 나빠 싸움할 만하지 않고 성으로 군비를 넣었으나 군비가 적어 지킬 만하지 않으면 그것은 시장을 통한 교역으로

---

26_ 『墨子校注』卷1 七患篇, p.36. 「城郭不備全, 不可以自守.」

27_ 『墨子校注』卷1 七患篇, p.37. 「城者, 所以自守也.」

28_ 『墨子城守各篇簡注』(岑仲勉 撰, 北京, 中華書局, 1987) (戌)雜守 第71, p.155. 「凡 不守者五; 城大人少, 一不守也. 城小人衆, 二不守也. 人衆寡食, 三不守也. 市去城遠, 四不守也. 畜積在外, 富人在虛(墟), 五不守也. 率萬家而城方三里.」

바로잡는다. 시장이란 싸우거나 지키기 위한 물자를 공급하는 곳이다. 만승지국(萬乘之國)에게 천승지국(千乘之國)의 도움이 없다면 반드시 백승지국(百乘之國)과 시장을 통한 교역은 있어야 한다.

무릇 시장은 온갖 재화를 주관하는 곳이다. … 천하의 조직되고 훈련받은 군대를 손에 잡았어도 온갖 재화를 주관하는 곳이 없다면 그것이 능히 싸울 수 있다고 할 수 없다.[29]

고 하였다. 춘추전국시대 도성에서 시장이 확대된 것은 분명 당시 사회 경제적 변혁과 수공업·상업의 발전에서 비롯된 것이지만 동시에 전투와 방어의 수요에도 부합하는 것이었다.

춘추전국의 교체기에 수공업과 상업의 발전으로 '곽'의 기능에 큰 변화가 일어났다. 주공이 동도를 건설할 때에 '곽'은 '국인'을 거주토록 하고 은민을 이주시키고 군대를 주둔시키기 위해 설치되었다. 춘추전국시대에는 향수제도는 이미 와해되었고 '국인'도 분화되어 '곽' 지역은 이제 '국인'의 거주 지역이 아니라 관료, 지주, 상인, 수공업자 등의 거주 지역이 되었다. 또한 수공업 작방과 상점이 집중적으로 모인 시장구역은 이미 상당한 규모를 이루었다. 비록 궁성 안에도 시장이 설치되었고 수공업 작방과 상점이 있더라도 규모는 크지 않았을 뿐만 아니라 주로 관부와 귀족을 위해 기능했을 뿐이다. 그러나 곽 안의 시장구역 및 수공업 작방은 크기는 다르지만 일반민의 생산 및 생활과 밀접한 관련이 있었다. 시장구역 안에는 상점이 빽빽이 들어서 있었고 일정한 규모를 갖추면서 사방을 두른 담장이 축조되었고 시문(市門)이 설치되었다. 아울러 시관(市官)이 설치되어 시를 관리하였다. 시문은 매일 아침저녁으로 시간에 맞춰 열리고 닫혔다. 활기찬 시장구역에는 이른 아침부터

---

29_ 『尉繚子今註今譯』(劉仲平 註譯, 臺北, 商務印書館, 1977) 武議 第8, pp.107~108. 「夫出不足戰, 入不足守者, 治之以市. 市者所以給戰守也. 萬乘無千乘之助, 必有百乘之市. 夫市也者, 百貨之官. … 夫提天下之節制而無百貨之官, 無謂其能戰也.」

많은 고객들이 시문이 열리기를 기다렸다. 시문이 열리기를 기다려 "어깨를 부딪치며 문을 다투고 들어가" 어떤 사람들은 "기약한 물건"을 쟁취하기도 했다[『사기』 맹산군열전(孟嘗君列傳)의 풍환(馮諼)의 말[30]]. 사실상 당시 몇몇 제후국의 도성은 한편으로 국도라는 성격을 띠고 있으면서도 다른 한편으로는 도시의 성격을 갖추고 있어 수공업과 상업이 집중적으로 모인 곳이 되었다. 전국시대에 이르러 문화학술이 발전함에 따라 국군들이 인재를 초빙하여 학술 연구와 토론의 장을 펼침으로써 도성 부근에 특별 문화구역이 설치되기도 하였다. 예를 들면 제나라 임치의 서성 서쪽의 직하[稷下, 직문(稷門) 밖]에는 학궁(學宮)이 설치되어 학자를 초빙하였는데 "그들을 위해 번화한 거리에 저택을 짓고 문이 높고 지붕이 큰 집에 살게 하면서 그들을 존중하고 총애하였다."[31]고 하였다[『사기』 맹자순경열전(孟子荀卿列傳)]. 문화구역의 설치도 전국시대 도성의 특징 가운데 하나이다.

---

30_『史記』 卷75 孟嘗君列傳, p.2362. 「明旦, 側肩爭門而入; 日暮之後, 過市朝者掉臂而不顧. 非好朝而惡暮, 所期物忘其中.」

31_『史記』 卷74 孟子荀卿列傳, pp.2347~2348. 「為開第康莊之衢, 高門大屋, 尊寵之.」

# 8. 초(楚)나라 도성 영(郢)·언(鄢)과 연하도(燕下都)

### 1) 초나라 도성 영(郢)

춘추초기 초나라는 단양[丹陽, 지금의 호북성 자귀현(秭歸縣) 동남]에서 영(郢)으로 천도했다. 영은 지금의 호북성 강릉현(江陵縣)에서 서북쪽으로 10여㎞[1] 떨어진 곳에 있는 기남성[紀南城, 기산(紀山)의 남쪽에 있다고 해 붙여진 이름이다.]이다. 한 기록에는 초 무왕(武王, 기원전 740~기원전 690)이 영으로 천도하였다[『춘추좌씨전』환공(桓公) 2년조, 정의(正義)에서 인용한 『세본(世本)』]고 하는데 무왕 원년은 주(周) 평왕(平王) 31년(기원전 740)이다. 다른 기록에는 초 문왕(文王, 기원전 689~기원전 677)이 비로소 영을 도읍으로 하였다[『사기』초세가]고 하는데 문왕 원년은 주 장왕(莊王) 8년(기원전 689)이다. 초가 막 도읍을 영으로 옮겼을 때에는 성은 축조되지 않았으며 초 강왕(康王) 때에 이르러서 영윤(令尹) 자낭[子囊, 즉 공자(公子) 정(貞)]이 오(吳)나라에게 패배를 당하자 영에 성을 쌓을 것을 건의하였다.[2] 지금 남

---

1_ 역자 주 원문에는 '十多里'라고 되어 있으나 '公里'의 '公'이 누락되어 원래는 '十多公里' 즉 10여㎞이다.

2_ 『춘추좌씨전』 양공(襄公) 14년조에서는 "초나라 공자 낭(囊)이 오나라를 정벌하다가 죽었다. 죽으려 할 때 공자 경(庚)에게 '꼭 영(郢)에 성을 쌓으라'고 유언했다."고 하였다. 『춘추좌씨전』 소공(昭公) 23년조에서는 "초나라 낭와(囊瓦)가 영윤(令尹)이 되어[두예주(杜預注): 공자 낭의 손자인 공자 상(常)이다. 양개(陽匃)를 대신하였다.] 영에 성을 쌓았다.[두예주: 초나라는 공자 낭의 유언을 이용해 이미 영에 성을 쌓았는데 지금 오나라가 두려워 다시 보강하고 수축하여 공고히

아 있는 기남성은 춘추 말과 전국 초에 여러 차례의 확장을 거쳐 완성된 것이다.

기남성은 평면상 장방형인데 동서 폭은 약 4,450m이고, 남북 길이는 약 3,588m이다. 남벽 중부에서 약간 동쪽인 곳이 돌출되어 있지만 장방형을 이루고 있다. 성안 면적은 약 16㎢이고 성벽의 둘레는 15,506m이다. 성 밖에는 성을 둘러싸는 해자가 있지만 동벽의 남북, 북벽의 서문 및 남벽의 돌출 부분에만 해자가 없다. 성안에는 옛 물길 넷이 있다. 모두 7개의 성문이 있는데 그 가운데 5곳이 육로 성문이다. 즉 서벽의 남북 두 문, 남벽의 동문(돌출 부분에 있다), 동벽의 남문, 북벽의 서문 등이다. 2곳은 수로 성문인데 남벽의 서문과 북벽의 동문이다.[3]

비교적 밀집된 거주 지역은 주로 성 동쪽에 있다. 동남부에 판축 기단이 밀집해 있고 최대 기단은 궁전 건축터이다. 동북부에도 비교적 많은 판축 기단이 있다. 동북과 동남 사이를 연결하는, 현재 동서 방향으로 흐르는 용교하(龍橋河)의 양쪽 기슭은 모두 도기와 기와 등을 제작하는 수공업지역이었다. 서남부에는 판축 기단이 비교적 적지만 주로 야주(冶鑄)작방이 있었다. 서북부에는 판축 기단은 매우 적었는데 춘추 초기 묘장이 발견되었다. 성 주위 가운데 성 남쪽에는 제사 혹은 방어에 사용되었을 기단이 많이 있다. 성 서쪽에는 일반민의 거주 지역이 밀집해 있었고 성 동쪽에는 도기 제작 작방이 있었다. 성 교외지역에는 크고 작은 귀족묘지가 많이 있다. 성에서 자못 멀리 떨어진 서쪽의 팔령산(八嶺山)과 북쪽의 기산에는 대형 분묘가 집중해 있어 왕릉 지역이었

하였다.]"고 하였다. 심윤술(沈尹戌)은 " … 또한 감독은 없었던 것일까? 약오(若敖) · 분모(蚡冒)에서 무왕(武王)과 문왕(文王)까지 영토는 변함이 없었고 그 사방의 경계(境界) 확대를 신중히 하면서 아직 영에 성을 쌓지 않았던 것이다. 지금 영토가 사방 몇천 리가 되어서 영에 성을 쌓았으니 또한 어렵지 않겠는가?"라고 하였다. 영성(郢城)은 공자 낭의 건의를 거쳐 비로소 건설되었던 것이고 이후 끊임없이 확장을 거쳤다는 것을 알 수 있다. 역자 주 저자의 인용에는 양공 14년조의 '楚子囊還自伐吳' 다음에 '졸(卒)'자가 빠져 있다.

3_湖北省博物館,「楚都紀南城的勘查和發掘」,『考古學報』1982-3 · 4.

을 것이다(그림 27 참조).

초나라 도성 영의 배치 구조는 성과 곽이 연결된 방식을 채택하지 않고 단지 1개의 대성만 있을 뿐이었다. 중심지가 도성의 동남부에 있어 당시 중원 각 나라의 중심지가 도성의 서부에 있던 모습과는 달랐다.

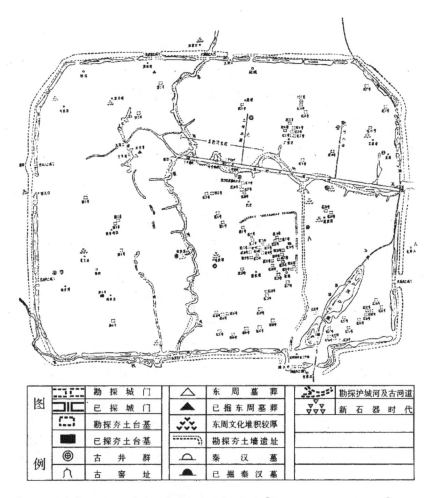

| 图 | | 勘探城门 | △ | 东周墓葬 | | 勘探护城河及古河道 |
|---|---|---|---|---|---|---|
| | | 已探城门 | ▲ | 已掘东周墓葬 | | 新石器时代 |
| | | 勘探夯土台基 | | 东周文化堆积较厚 | | |
| | | 已探夯土台基 | | 勘探夯土墙遗址 | | |
| 例 | ⊕ | 古井群 | | 秦汉墓 | | |
| | | 古窖址 | | 已掘秦汉墓 | | |

**그림 27**  호북성 강릉(江陵) 초나라 도성 영 유지 평면도(출전:「楚都紀南城的勘查和發掘」,『考古學報』 1982-3)

## 2) 초나라의 별도(別都) 언(鄢)

지금의 호북성 의성현(宜城縣)에서 동남으로 7.5km 떨어진 곳에 초황성(楚皇城) 유지가 있다. 초나라 별도인 언과 한대 의성현의 소재지이다. 『춘추좌씨전』 소공(昭公) 13년조에 "왕[초 영왕(靈王)]은 하(夏, 즉 한수(漢水)]를 따라 언에 들어가고자 했다."[4]는 것이 기록되어 있다. 『사기』 초세가(楚世家)에서는 "이에 왕이 배를 타고 언에 들어가고자 했다."[5]고 하였다. 『사기집해(史記集解)』에서는 복건(服虔)이 "언은 초의 별도(別都)이다."[6]라고 한 것을 인용하였다. 고동고도 "본래는 초나라 별도였기에 영왕(靈王)이 들어가고자 하였다."[『춘추대사표』 권7-4 초도읍표(楚都邑表)]고 하였다. 전국시대에 이르러서 언은 여전히 초나라 별도였다. 위치가 국도 영의 북쪽이어서 영으로 진출하기 위한 중요한 입구였기 때문에 이곳에는 강력한 부대가 주둔하여 초나라의 군사적 중요 거점이 되었다. 전국시대 사람들은 이 때문에 항상 언영(鄢郢)이라고 연칭했다. 『전국책』 제책(齊策) 3에서는 제나라 대부인 국자(國子)가 "안읍이란 위나라의 국도이다. 진양(晉陽)이란 조나라의 국도이다. 언·영이란 초나라의 국도이다."[7]라고 하였다. 주국(柱國)은 곧 국도라는 의미이다. 당시 사람들은 언과 영을 함께 초나라의 국도라고 여겼고 동시에 초나라 대신에 대해서도 '언영대부(鄢郢大夫)'라고 칭했다. 『전국책』 제책 6에는 즉묵대부(卽墨大夫)가 제왕(齊王)을 알현하며 "언영대부들은 진나라를 위하려 하지 않습니다."[8]라고 한 말이 실려 있다. 언영대부는 곧 초나라

---

4_ 『春秋左氏傳』 昭公 13年條, p.1347. 「王沿夏將欲入鄢.」
5_ 『史記』 卷40 楚世家, p.1707. 「於是王乘舟將欲入鄢.」 역자 주 원문에서 '승주(乘舟)'의 '주(舟)'가 누락되어 있다.
6_ 『史記』 卷40 楚世家, p.1707. 「集解服虔曰; "鄢, 楚別都也."」
7_ 『戰國策注釋』 卷10 齊策3, p.375. 「安邑者, 魏之柱國也. 晉陽者, 趙之柱國也. 鄢·郢者, 楚之柱國也.」
8_ 『戰國策注釋』 卷13 齊策6, p.477. 「鄢郢大夫不欲爲秦.」

의 조정대신을 가리킨다. 언이 초나라의 별도이고 군사적 중요 거점이었기 때문에 진(秦) 소왕(昭王) 28년(기원전 279)에 백기(白起)가 파견되어 초나라를 공격하였다. 백기는 먼저 언을 향해 진공을 개시하였는데 언수[鄢水, 즉 장곡수(長谷水)]를 끌어 들여 긴 수로를 만들어 언에 물을 끌어 대었으며 물을 성의 서쪽에서 성 동쪽으로 흐르게 하니 "성 동쪽에서 죽은 사람이 수십만이었다."9[『수경주』 면수(沔水)]고 한다. 이에 성은 공격을 받고 함락당해 초나라 병력은 큰 손실을 입었다. 이것은 초나라의 존망을 결정하는 전투였다. 백기는 곧이어 다음 해에 초나라 영을 공격하여 함락하였다.

'초황성' 유지가 언의 옛 성이다. 중앙의 동북부부터 지세가 점차 높아질 뿐이고 그 나머지는 평지이다. 성은 평면상 사다리꼴을 띠고 있지만 동벽이 굽어져 가지런하지 않다. 그 길이는 2,000m이다. 서벽 길이는 1,840m, 북벽 길이는 1,080m, 남벽 길이는 1,500m이다. 성벽마다 잘려진 곳이 둘이 있는데 아마 성문일 것이다. 성벽 판축층에는 신석기 말 및 춘추전국시대의 유물[단매채도편(蛋賣彩陶片), 도방륜(陶紡輪), 도격족(陶鬲足) 및 통와(筒瓦), 판와(板瓦) 등]이 섞여 있지만 진한 이후의 유물은 발견되지 않아 성벽은 늦어도 전국시대에 축조되었을 것임이 분명하다. 성안에서 출토된 유물도 대부분 한대 유물이며 춘추시대 유물과 그 이전의 유물도 있다. 이 때문에 이 유지의 연대는 위로는 춘추전국시대로 올라가며 아래로는 진한시대까지 내려온다고 할 수 있다. 이 점은 문헌자료에서 이 지역이 초나라의 언이며 한대의 의성현이라고 한 것과 일치한다. 또한 백기가 물을 끌어서 언에 대었던 긴 수로는 아직도 보존되어 있는데 성의 서쪽까지 곧장 이어져 있다. 동벽 남단에는 폭 60m의 큰 틈이 있는데 백기가 물을 끌어 언에 대었던 출수구(出水口)라고 전해지고 있다.10

---

9_ 『水經注疏』 卷28 沔水中, p.2396. 「(百姓隨水流)死于城東者, 數十萬.」

10_ 湖北省文物管理委員會, 「湖北宜城楚皇城遺址調査」, 『考古』 1965-8; 楚皇城考古發

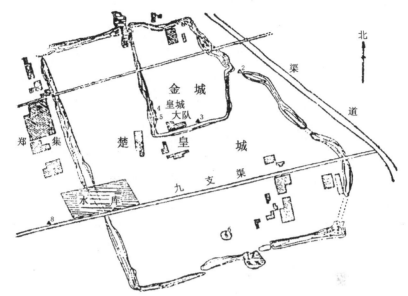

北

渠
道

金 城
皇城
大队
郑 集
楚 皇 城

九 支 渠
水三库

1. 解剖城墙处　2. 长渠水溃东城墙的缺口　3. 散金坡　4. 跑马堤
5. 桃林探方　6. 金鸡冢　7. 烽火台　8. 雷家坡墓地

**그림 28**　호북성 의성현 초나라 별도 언 유지 평면도(출전:「湖北楚皇城勘探簡報」,『考古』1980-2)

　　성벽의 네 모퉁이가 뚜렷이 높이 솟아 있는 것은 주목할 만하다. 서
북 모퉁이가 파괴된 것을 제외하면 나머지 세 모퉁이는 여전히 양호하
게 보존되어 있다. 서남 모퉁이는 비교적 낮고 동남 모퉁이가 가장 높
은데 타원형의 토대로서 높이는 약 5m이다. 현지에서는 '관루자(觀樓
子)'로 부르고 있어 성 위에 있는 망루였을 것이다. 옛날에 궐은 또한
'관(觀)'이라고도 칭했다. 『이아』석궁(釋宮)에서는 "관(觀), 그것을 궐(闕)
이라고 한다."[11]고 하였다. 『설문해자』에서도 "궐은 문관(門觀)이다."[12]

---

　　掘臺,「湖北楚皇城勘探簡報」,『考古』1980-2.
　11_『爾雅注疏』卷5 釋宮, p.130. 「觀謂之闕.」
　12_『說文解字注』, 第12篇上 門部, p.1021. 「闕, 門觀也.」

라고 하였다. 궐은 '루(樓)'처럼 고층 건물로서 조망하거나 방어하는 기능을 하였다. 동시에 볼만한 몇몇 화살촉과 그 외의 병기가 출토되었는데 동벽 안에서 일차적으로 동으로 만든 화살촉이 수백 개가 출토되었다. 이것은 언이 군사적 중요 거점이라는 성격을 지닌 별도라는 것을 밝혀 주는 중요한 증거이다(그림 28 참조).

동시에 이 고성의 동북부 고지에는 장방형에 가까운 소성이 있다. 북쪽은 대성에 붙어 있고 동쪽, 남쪽, 서쪽 세 면에는 성벽이 있다. 성벽 판축층에는 새끼줄무늬의 와편(瓦片), 기하무늬의 화전(花磚) 등이 출토되었다. 소성은 한대에 의성현 치소를 만들기 위해 증축된 것으로 소성 안의 지면에서 발견된 것도 대부분 한대 유물이다. 이 소성은 초나라 별도인 언과 관련이 없다는 것을 알 수 있다.

### 3) 연하도(燕下都)

연하도는 지금의 하북성 이현(易縣) 동남쪽에 있으며 북이수(北易水)와 남이수(南易水) 사이에 끼어 있다. 『수경주』이수(易水) 조에 따르면 이곳은 곧 "무양(武陽)으로 무릇 연(燕) 소왕(昭王, 기원전 311~기원전 279)이 성을 쌓은 곳이다."[13]라고 하였다. 이곳은 바로 연 장성(長城)의 서북단에 있어 연나라 서남쪽의 중요한 출입구이기에 군사적 중요 거점이라는 성격을 띤 별도였다.

연하도는 동서 두 성이 연결되어 있고 중간에 남북으로 관통하는 물길이 둘을 나누고 있다. 동성은 평면상 장방형에 가까우며 동벽 길이는 3,980m이며, 북벽은 굴곡이 비교적 많고 길이는 4,594m이다. 남벽과 서벽은 완전히 남아 있지 않다. 성안의 동북부에는 높은 기단이 있는데 지금은 무양대(武陽臺)라고 부른다. 지면보다 11m나 높아서 궁전건축 유지

---

13_『水經注疏』卷11 易水, p.1023. 「武陽, 蓋燕昭王之所城也.」

이며 그 동남쪽와 서남쪽에는 건축군의 기단이 있다. 무양대 북변에 가까이 붙어서 동서로 횡단하는 가림벽이 있는데 궁전 지역을 방어하기 위한 기능을 했을 것이다. 가림벽 외에 무양대에서 북쪽으로 200m 떨어진 곳에 3.5m 높이의 기단이 있는데 지금은 망경대(望景臺)라고 부른다. 다시 북쪽으로 450m 떨어진 곳에 3m 높이의 기단이 있는데 지금은 장공대(張公臺)라고 부른다. 다시 북쪽으로 730m 떨어진 북벽 밖에는 12m 높이의 기단이 있는데 지금은 노모대(老姆臺)라고 부른다. 세 기단은 앞뒤로 배열되어 있고 무양대의 궁전건축을 향해 정확히 마주하고 있다. 가림벽 동단 위에는 부속 건축 유지가 있는데 파손되고 남아 있는 높이는 4m이다. 동벽 북단의 성문 가까운 곳에도 부속 건축 유지가 있는데 파손되고 남아 있는 높이는 3m이다. 북벽 동단에도 부속 건축 유지가 있는데 높이는 11m이고 지금은 연대(煉臺)라고 부른다. 이러한 가림벽, 동벽, 북벽 위에 있는 부속 건축물은 군대를 주둔토록 하여 방어하기 위한 기능을 하였음에 분명하다. 연하도가 군사적 중요 거점이라는 성격을 지닌 별도라는 점은 성벽 위에 부설된 방어 건축물을 통해서 명확히 알 수 있다(그림 29 참조).

수공업 작방은 주로 동성의 서부지역에 있다. 무양대 서북에서는 가림벽 외에 규모가 비교적 큰 주철(鑄鐵) 유지 2곳, 병기 작방 유지 1곳, 골기 제작 유지 1곳이 있다. 동성 서벽의 중앙부에도 주철과 주전(鑄錢) 유지가 있다. 이외에 무양대건축군 남쪽에도 병기 작방 유지가 있다. 주철 작방과 병기 작방이 많다는 것도 군사적 중요 거점이라는 성격을 지닌 별도로서의 특징이다. 거주 지역은 동성의 동부, 중앙부, 서남부 등에 있다. 묘장지역은 동성의 서북 모퉁이에 있다.

서성은 사다리꼴에 가까운데 동성보다 조금 작다. 북벽 길이는 4,452m이고, 서벽 길이는 3,717m이며, 남벽은 서단만 남아 있다. 성안에는 대형 건축 유지는 없고 문화유물도 매우 적어 방어를 강화하기 위해 확장한 부속 곽이었을 것이다.[14]

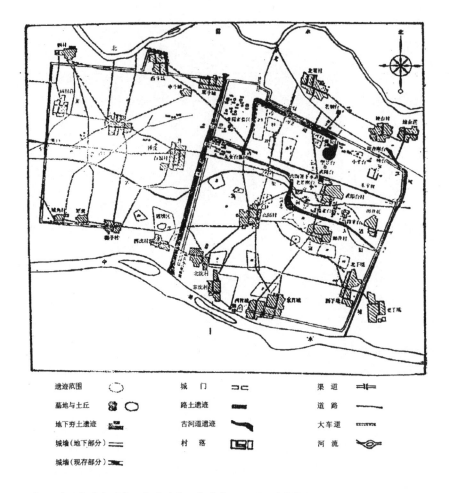

| 遺迹范围 ◯ | 城 門 ⊐⊏ | 渠 道 ╫╫ |
| 墓地与土丘 ▓ ◯ | 路土遺迹 ▬ | 道 路 ▬ |
| 地下夯土遺迹 ▬ | 古河道遺迹 ▰ | 大車道 ▦ |
| 城墙(地下部分) ═ | 村 落 ▥ | 河 流 ◉ |
| 城墙(現存部分) ▦ | | |

**그림 29** 하북성 이현 연하도 유지 평면도(출전:『河北省出土文物選集』, 1980)

---

**14_** 연하도의 고고 조사에 관해서는 1929년 북경대학(北京大學) 연구소인 국학문
(國學門)에서 조사를 진행하였다(傅振倫, 「燕下都發掘報告」, 『國學季刊』 3권 1호
참조). 1960년대에 중국역사박물관고고조(中國歷史博物館考古組)가 조사를 진행
하였다(中國歷史博物館考古組, 「燕下都城址調查報告」, 『考古』 1962-1 참조). 나중
에 하북성문물국문물공작대(河北省文物局文物工作隊)가 탐사와 시굴을 실시하였
다(河北省文物局文物工作隊, 「河北易縣燕下都故城勘察和試掘」, 『考古學報』 1965-1).
여기에서는 마지막으로 실시된 탐사와 시굴에 관한 보고서에 의거하여 작성하였
다.

# 9. 진(秦)나라 도성 함양(咸陽)의
# 서'성'동'곽' 연결 배치 구조

## 1) 성도(成都) 고성에서 추측한 함양의 배치 구조

진나라는 효공(孝公, 기원전 361~기원전 338)이 상앙(商鞅)의 변법을 채용함에 따라 진 효공 13년(기원전 350)에 함양으로 천도하였다. 『사기』진본기(秦本紀)에는 진 효공 12년에 "함양을 짓고 궁정 밖의 문궐을 세운 뒤 진나라는 그곳으로 천도하였다."[1]는 것이 실려 있다. 함양고성터는 지금의 섬서성 함양시(咸陽市) 동북의 탄모촌(灘毛村)·요점(窯店) 일대에 있다.[2] 함양은 남쪽으로 위수(渭水)와 가까운데 위수가 끊임없이 북쪽으

---

1_ 『史記』卷5 秦本紀, p.203. 「十二年, 作為咸陽, 築冀闕, 秦徙都之.」

2_ 王丕忠, 「秦咸陽宮位置的推測及其他問題」, 『中國史研究』 1982-4. 왕비충(王丕忠)은 "진(秦) 함양궁(咸陽宮)과 한(漢) 장락궁(長樂宮)이 위수를 사이에 두고 남북으로 서로 바라보고 있었고 한대(漢代) 위수는 장안성(長安城)에서 북쪽으로 1.5km에 있었다. 현재 한 장안성 유지와는 5.5km 떨어져 있어 위수가 북쪽으로 4km 이동한 것이 된다. 따라서 함양궁 및 그 성터는 모두 훼손되었다. 현재 함양시에서 동북으로 10km 떨어진 장릉(長陵)역 부근의 탄모촌 일대에서 동기 제작과 도기 제작의 작방 유지가 발견되었다. 수년 전에 어떤 사람이 탄모촌 동남지역에서 옛 성벽유지를 발견하기도 했는데 진 함양성 유지 가운데 잔존한 서쪽 부분이었다. 함양시에서 동북으로 15km 떨어진 우양촌(牛羊村)에서 발견된 제1호 궁전유지는 함양성 옆에 만들어진 궁관(宮觀)이지 함양궁은 아니다. 秦都咸陽考古工作站, 「秦都咸陽第一號宮殿建築遺址簡報」 및 「秦都咸陽幾個問題的初探」(『文物』1976-11)에서 제1호 궁전유지에 의거하여 추정한 함양궁유지의 범위는 근거가 부족하여 믿

로 이동하여 고성터가 파손을 당해 이제는 성터의 흔적을 찾아볼 수 없다. 함양은 전국시대 진나라의 도성이었을 뿐만 아니라 진나라가 통일 왕조가 된 이후에도 도성이었다. 후에 서한이 장안에 도읍을 세웠는데 장안성(長安城)은 함양고성 남쪽, 즉 강 건너편(위수가 중간을 가르고 있다)에 조성되어 함양성은 서한의 장안성 건설에 직접적 영향을 주었다.

진나라 도성 함양의 배치 구조는 이미 그 유지가 파괴되어 고고학적 방법으로 밝힐 수가 없다. 단지 문헌 사료 및 다른 고고 자료를 근거로 탐색할 뿐이다. 문헌에 따르면 진 혜왕(惠王, 기원전 337~기원전 311)이 촉(蜀)을 멸망시킨 후 장의(張儀) 등에게 명하여 축조한 성도성(成都城)은 도성 함양의 구조를 따라서 건축한 것이었다. 이 때문에 성도고성의 구조를 명확히 하면 함양의 배치 구조를 추정할 수 있다.

『화양국지(華陽國志)』 권3 촉지(蜀志)에서

혜왕(惠王) 27년 장의(張儀)는 장약(張若)과 함께 성도에 성을 쌓았는데 둘레가 20리이고 높이는 7장이었다. … 성도현의 본래 치소는 적리가(赤里街)에 있었는데 장약은 소성(少城)의 내성(內城)으로 옮겨 설치하고 관사를 조영하고 확대하여 염철시관(鹽鐵市官)과 장승(長丞)을 두었으며 시장의 문을 정비하고 시장에는 가게들을 개설하여 배치하니 함양과 제도가 같았다.[3]

고 하였다.

『태평환우기(太平寰宇記)』 권72에서 인용하고 있는 촉왕본기(蜀王本紀)에서

---

을 수 없다."고 하였다. 이 논리적 판단은 정확한 것이다.

3_『華陽國志校注』(常璩 撰, 劉琳 校注, 成都, 巴蜀書社, 1984.) 卷3 蜀志, p.196. 「惠王二十年儀與若城成都, 周迴二十里, 高七丈. … 成都縣本治赤里街, 若徙置少城內城, 營廣府舍, 置鹽鐵市官並長丞, 修整里閈, 市張列肆, 與咸陽同制.」

진 혜왕은 장의와 사마착(司馬錯)으로 하여금 촉을 안정토록 하니 이에 성도에 성을 쌓아서 그곳을 현(縣)으로 삼았다. 치소가 적리가에 있었으나 장약은 소성의 안으로 옮기고 처음으로 부현(府縣)의 관사를 조영했는데 지금 장안과 제도가 같았다.[4](『전한문(全漢文)』 권53에도 보인다.)

고 하였다. 두 사료의 내용은 기본적으로 같다. 단지 『화양국지』에서는 "함양과 제도가 같았다."고 하였고 『촉왕본기』에서는 "지금 장안과 제도가 같았다."고 하였다. 1차 사료에는 "함양과 제도가 같다."라고 쓰여 있을 것이다. 당시 함양이 국도였고 이치상 따라야 할 모범이었을 것이기 때문이다. "지금 장안과 제도가 같았다."는 것은 『촉왕본기』의 저자가 고쳐 쓴 것일 것이다. 『촉왕본기』에서 "함양의 제도와 같았다."는 구절을 "지금 장안과 제도가 같았다."라고 고쳐 쓴 것에서 장안의 도성제도가 함양을 본뜬 것이라는 점을 알 수 있다. 이 점에 대해서는 다음 장에서 설명하고자 한다. 『태평어람(太平御覽)』 권193에서 인용한 군국지(郡國志)에서는

성도군(成都郡)은 진 혜왕 27년에 장의가 축성한 것으로 함양을 본떴다. 비옥한 토지가 1,000리이기에 육해(陸海)라고 불렸다. 지금의 만세지(萬歲池)는 성을 쌓을 때 흙을 가져왔던 곳이다.[5]

라고 했다. 군국지에서 장의가 성도에 성을 쌓을 때 "함양을 본떴다."고 한 것은 『화양국지』에서 서술한 "함양과 제도가 같다."는 것을 뜻

---

4_ 『太平寰宇記』(宋 樂史 撰, 王文楚 等 點校, 北京, 2007) 卷72 益州 成都縣, p.1463. 「秦惠王遣張儀‧司馬錯定蜀, 因築成都而縣之, 都在赤里街, 張若徙少城內, 始造府縣寺舍, 今與長安同制.」

5_ 『太平御覽:第2卷』((宋 李昉 撰, 夏劍欽‧王巽齋 校點, 石家莊, 河北敎育出版社, 2000) 卷193 居處部 城下, p.806. 「(郡國志)又曰: … 成都郡, 秦惠王二十七年張儀築, 以象咸陽. 沃野千里, 號曰陸海. 今萬歲池, 卽築城取土之處也.」

한다. 『수경주』강수(江水) 조에서도 "장의가 성도에 성을 쌓으면서 함양을 본떴다."[6]고 하였다. 장의 등이 성도성을 계획하고 조영할 때 확실히 함양의 배치 구조를 본떴기 때문에 성도를 '소함양(小咸陽)'이라고 부르기도 하였다. 동설(董說)의 『칠국고(七國考)』권14에 있는 소함양(小咸陽) 조에서는[7]

> 양웅(揚雄)은 "진나라는 장의에게 소함양을 촉에 짓도록 했다."고 하였다. 군국지에 따르면 진 혜왕 27년 장의에게 성을 쌓도록 해서 함양을 본떴으며 비옥한 토지가 1,000리이기에 육해(陸海)라고 불렸다. 이른바 소함양인 것이다.[8]

라고 하였다. 성도를 '소함양'이라고 부르는 것에서 성도의 배치 구조가 함양을 모범으로 삼았다는 것을 알 수 있다.

『화양국지』에서 서술한 성도가 "함양과 제도가 같았다."는 것은 현의 치소를 "소성의 내성으로 옮겨 설치하고 관사를 조영하고 확대하여 염철시관과 장승을 두었으며 시장의 문을 정비하고 시장에는 가게들을 개설하여 배치했다."는 것을 포함한다. 이른바 '소성(少城)'이란 곧 '소성(小城)'이다. 성도의 배치 구조는 작은 '성'과 큰 '곽'이 연결된 구조였던 것이다. 좌사(左思)의 「촉도부(蜀都賦)」에서는

> 그리하여 강철 같은 내성(內城)과 바위 같은 외성(外城)이 중앙의 도읍지를 두루 둘러쌌습니다. 화려하고 드높으니 성도(成都)라고 합니다. 열여

---

6_ 『水經注疏』卷33 江水一, p.2849.「儀築成都以象咸陽.」
7_ 『칠국고』에서 인용된, 양웅이 말한 "진은 장의로 하여금 소함양을 짓게 하였다."는 구절은 이전 사람들이 인용한 「촉왕본기」에는 보이지 않으며 동설이 어느 자료에서 인용한 것인지를 알 수 없다.
8_ 『七國考』(董說 撰, 北京, 中華書局, 1956) 卷14 秦瑣徵 小咸陽, p.395.「揚雄云秦使張儀作小咸陽于蜀. 按郡國志, 秦惠王二十七年張儀築, 以象咸陽. 沃野千里, 號曰陸海, 所謂小咸陽也.」

덟 개 성문을 내고 수레 두 대 다니는 길을 곧게 내었습니다. … 다음으로 소성(少城)이 서쪽으로 이어집니다. 시장의 상점들이 모여 있는 곳이고 수많은 상인들도 빼곡하게 모여 있는 곳입니다. 나란한 통로들이 백 겹으로 지나가고 재화가 가득가득 산처럼 쌓여 있고 섬세하고 고운 물품이 별처럼 무성합니다.[9]

고 하였다. 성도에 '금성석곽[金城石郭: 강철같은 내성과 바위 같은 외성]'이 있다는 것은 이 옛 성이 작은 '성'과 큰 '곽'이 서로 연결된 구조를 채택했음을 의미한다. 이른바 "대성에 버금가게 소성을 쌓았고 그 서쪽에 접했다."는 것은 비교적 작은 '소성(少城)'이 대곽의 서쪽에 연이어 붙어 있음을 말한다. 이것은 앞서 언급한 춘추전국시대 중원에 있는 강대국의 도성 배치 구조와 똑같은 것이 아닌가! "18개의 도로를 열었다."는 것은 소성과 대곽에는 모두 9개의 성문과 9개의 큰길이 있음을 전해준다. 이것도 전국시대부터 한대를 거쳐 서진(西晉)대에 이르는 성도의 배치 구조였다.

『독사방여기요(讀史方輿紀要)』권67 성도성(成都城) 조에서는 성도고성에 대해 좀 더 구체적으로 묘사하고 있다.

성도부성(成都府城)은 옛날에는 대성도 있었고 소성도 있었다. … 대성은 부(府)의 남성(南城)이다. 진나라의 장의와 사마착이 축성한 것이다. … 소성은 부의 서성(西城)이다. 서·남·북 세 성벽만 있고 동벽은 곧 대성의 서벽이다. 옛날 장의가 대성을 쌓은 뒤 1년 만에 또 소성을 쌓았다. 「촉도

---

9_ 『文選』(梁 蕭統 撰, 李善 注, 上海, 上海古籍出版社, 1986) 卷4 賦乙 京都中 左太沖蜀都賦, pp.183~184. 「于是金城石郭, 兼市中區, 既麗且崇, 實號成都. 闢二九之通門, 畫方軌之廣塗涂. … 並以少城, 接乎其西, 市廛所會, 萬商之淵淵, 列隧百重, 羅肆巨千, 賄貨山積, 纖麗星繁.」 역자 주 저자는 '號曰成都'라고 인용했으나 이 판본에서는 '實號成都'라고 하였다. 이 책에 기술된 『文選』의 인용문에 대한 번역은 『문선역주 1』(김영식·김영문·염정삼·양중석·강민호 옮김, 소명출판, 2010)의 번역을 인용하거나 참고하였다.

부」에서 "다음으로 소성(少城)이 서쪽으로 이어집니다."는 것이 이것을 말한다. 진(晉)나라 때에도 두 성은 여전히 존재했는데 익주자사(益州刺史)의 치소는 대성이었고 성도내사(成都內史)의 치소는 소성이었다.[10]

고 하였다. "서·남·북 세 성벽만 있고 동벽은 곧 대성의 서벽이다."는 것은 이웅(李膺)의 『익주기(益州記)』[이 책은 지금은 산일되고 집본(輯本)만 있다.]에도 보인다. 여기서 작은 '성'의 동벽이 곧 큰 '곽'의 서벽인 건축 방식은 제나라 도성 임치와 정나라와 한나라 도성 신정에서 일찍부터 채택한 것이다. 상앙이 함양 건설을 주관할 때 동방 대국의 도성 배치 구조를 본뜬 것에서 알 수 있듯이 성도도 함양을 모범으로 삼아 그 구조를 채택하였던 것이다.[11]

진나라 도성 함양의 배치 구조는 중원 강대국의 것을 모방하였다. '궁정 밖에 문궐을 쌓았다.'는 것도 중원 강대국의 방식을 모방한 것이다. 함양의 배치 구조는 당시 중원 강대국과 똑같이 서'성'과 동'곽'이 서로 연결된 방식을 채택하여 '성'과 '곽'이 모두 서쪽에 자리 잡고 동쪽을 바라보고 있기 때문에 궁정 밖의 문궐도 당연히 동문에 조성되었을 것이다.

---

10_ 『讀史方輿紀要』(錢大昕 撰, 賀次君·施和金 點校, 北京, 中華書局, 2005) 卷67 四川 2 成都府 成都城, p.3136. 「成都府城, 舊有大城, 有少城. … 大城, 府南城也. 秦張儀·司馬錯所築. … 少城, 府西城也. 惟西·南·北三壁, 東卽大城之西墉. 昔張儀旣築大城, 後一年又築少城. 蜀都賦亞以少城, 接于其西, 卽謂此也. 晉時兩城猶存, 益州刺史治大城, 成都內史治少城.」

11_ 상앙이 진에서 실시한 변법은 많은 부분에서 삼진(三晉)의 제도를 본받았다. 법률 면에서는 기본적으로 위(魏)나라의 이회(李悝)의 법경(法經)을 채용하였고 전무제도(田畝制度, 240보를 1무로 했다) 면에서는 춘추 말기의 조씨(趙氏)의 제도를 채용하였다. 함양도성의 건설에서 '궁정 밖의 문궐을 쌓은' 것도 동방의 예를 따른 것으로 보아 배치 구조 전체 또한 동방 대국의 도성 배치 구조를 모방했을 것이다.

## 2) 진시황 능원의 구조에서 추측한 함양의 배치 구조

고대 예제에서는 죽은 사람을 산 사람처럼 똑같이 대우하도록 하였다. 이른바 "죽은 이를 섬기는 것을 산 사람을 섬기는 것처럼 하는 것이 예(禮)인 것이다."[12][『춘추좌씨전』 애공(哀公)15년조]고 하였다. 제왕의 능원 배치 구조는 틀림없이 도성제도를 모방했다. 『여씨춘추(呂氏春秋)』 맹동기(孟冬紀)의 안사편(安死篇)의 첫머리에서

세상 사람들이 분묘를 만드는데 그 높이와 크기가 산과 같고 그 둘레에 나무를 심어 놓은 것이 숲과 같으며 거기에 높은 대문과 뜰을 설치하고 궁실을 지으며 빈조(賓阼)[13]를 만드는 것이 도읍과 같다.[14]

고 하였다. 고유(高誘)는 "빈조(賓阼)는 당(堂)에 오르는 섬돌이다. 도읍을 만드는 제도와 같다."[15]고 주석을 달았다. 『여씨춘추』는 진나라 재상 여불위(呂不韋, ?~기원전 235)가 진나라 도성 함양에서 빈객을 모아 작성하여 편찬토록 한 것으로 진시황 8년(기원전 239)에 책을 완성하여 함양의 시문(市門)에서 공포하였다. 진시황 능원은 진시황이 즉위했을 때 조성되기 시작했다. 『사기』 진시황본기에는 "진시황은 즉위 초에 여산(驪山)을 개착하였다."[16]고 하였다. 여불위가 진시황 8년에 『여씨춘추』를 공포했을 때 이미 어느 정도 규모를 갖추었을 것이다. 진시황릉은 확실히 '산처럼 높고 크게' 조성되어 주변 여산의 아름다운 이름을 빌려

---

**12_** 『春秋左氏傳』 哀公 15年 條, p.1692. 「事死如事生, 禮也.」
**13_** 역자 주 빈조(賓阼)에서 빈(賓)은 손님이 오르는 서쪽에 설치된 계단이며 조(阼)는 주인이 오르는 동쪽에 설치된 계단을 말한다.
**14_** 『呂氏春秋校釋』 卷10 孟冬紀 安死, pp.535~536. 「世之爲丘壟也, 其高大若山, 其樹之若林, 其設闕庭, 爲宮室, 造賓阼也, 若都邑.」
**15_** 『呂氏春秋校釋』 卷10 孟冬紀 安死, p.538. 「高注: 賓阼, 阼階也. 若爲都邑之制.」
**16_** 『史記』 卷6 秦始皇本紀, p.265. 「始皇初即位, 穿治酈山.」

능묘를 '산(山)'이라고 불렀다. '여산원(麗山園)'이라는 명문이 있는 동호(銅壺)와 '여산사관(麗山飼官, 음식을 봉공하는 관리)'라는 도문(陶文)이 있는 도호개(陶壺蓋)가 출토된 것에서 이를 확인할 수 있다. 능묘 위에는 확실히 '숲처럼 나무가 심어져' 있었다. 『사기』진시황본기에는 진시황이 능묘에 매장된 뒤 "풀과 나무를 심어 마치 산과 같았다."[17]는 것이 실려 있다. 『여씨춘추』안사편의 일화가 진시황 능원에 대한 묘사임에 틀림없다. 이 때문에 진시황 능원의 건축 설계는 '도읍과 같아' 도성 함양의 제도를 채택했음은 의심할 여지가 없다.

현재 진시황 능원의 전체 배치 구조에 대해서는 이미 조사가 철저히 이루어졌다. 서부에는 장방형의 소성이 있으며 성은 안팎 이중으로 되어 있어 길게 네모난 '회(回)'자형을 이루고 있다. 외성의 동서 폭은 974m이고, 남북 길이는 2,173m이다. 능묘의 묘실은 장방형 소성의 남반부 중심에 있는데 능원 전체에서는 서남부에 위치하고 있다. 소성 북반부에는 침전 및 그 부속건물이 있다. 아마 능원을 관리하는 관원의 집무실, 숙소 및 능침을 시봉하는 궁녀의 거주지였을 것이다. 장방형 소성 전체는 능원의 중심인 '능침'이 있는 곳으로 진나라 도성 함양 서쪽에 건설되어 궁정을 갖춘 소성 구조와 동일하다. 장방형 소성의 동남쪽에는 남북 방향으로 길게 배열된 배장묘 지역이 있다. 소성에서 동쪽으로 1,000m 떨어진 곳은 능원 동부의 동문으로 난 대로의 북쪽인데 병마용갱(兵馬俑坑) 3곳이 발견되었다. 1호갱이 규모가 가장 크며 불규칙한 장방형이다. 동서 폭은 210m이고, 남북 길이는 62m이다. 2호갱과 3호갱의 규모는 비교적 작으며 1호갱 위쪽에 나란히 위치하고 있다. 2호갱은 불규칙한 곱자형이며 동서로 가장 넓은 폭이 90m이고, 남북으로 가장 긴 길이는 84m이다. 3호갱은 서쪽으로 들어간 '요(凹)'자형이며 남북 길이는 16.85m이다. 3곳의 갱에 있는 병마용은 동쪽을 바라

---

17_『史記』卷6 秦始皇本紀, p.265. 「樹草木以象山.」

보며 웅대한 군진을 이루고 있다. 능원 전체의 배치 구조는 서쪽에 자리 잡고 동쪽을 바라보고 있으며 그 안에 있는 병마용 군진은 모두 동쪽을 마주 보고 있다. 이외에 병마용갱 동쪽의 동문으로 난 대로 앞에

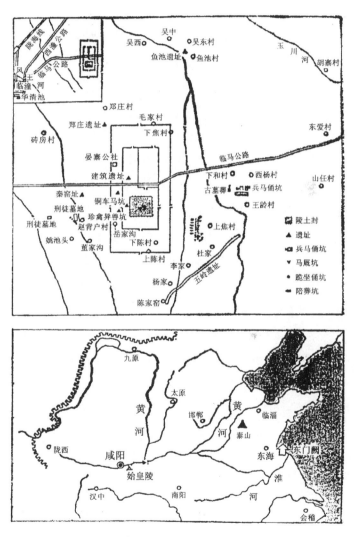

그림 30  진시황 능원 분포와 동궐(東闕) 위치(출전: 松丸道雄·永田英正,『中國文明の成立』, 東京, 講談社, 1985)

능원 전체의 정문으로서 문궐이 아마 세워져 있었을 것이지만 현재까지 유지에서 발견되지 않았다(그림 30 참조).

진시황 능원 서부에 있는 장방형의 소성은 함양에서 궁전이 건립된 서부의 소성에 해당한다. 능원 동부에서 병마용갱에 이르는 부분은 함양 동쪽의 대곽에 해당한다. 3곳의 병마용갱은 함양에서 동쪽 곽문 일대를 방어하는 주둔군을 상징한다. 『사기』 진시황본기에는 진이세(秦二世) 원년(기원전 210)에 "힘센 병사 5만 명을 징발하여 함양에 주둔시켜 방어하도록 했다."[18]는 것이 기록되어 있다. 이때는 특수한 요구 때문에 대량으로 군대를 징발하여 '함양에 주둔시켜 방어하도록 한' 것이다. 그런데 평상시에 함양 도성 안에는 일정 수의 주둔군이 있었다는 것은 틀림없다. 진시황 9년[기원전 238]에 노애(嫪毐)가 난을 일으키자 진시황은 "상국(相國), 창평군(昌平君)과 창문군(昌文君)에게 병사를 출동시켜 노애를 공격토록 하니 함양에서 싸움이 벌어졌다. 참수한 자가 수백 명이었다. 공을 세운 사람에게 모두 작(爵)을 하사하였다."[19](『사기』 진시황본기)고 한다. 위급할 때 진시황이 상국(여불위), 창평군과 창문군에게 징발토록 한 '병사[卒]'는 함양을 방어하는 주둔군이었을 것이다. 1호 병마용갱에는 병마용 6,000개 정도가 있는데 동쪽 끝 선두에 있는 3열 횡대는 모두 궁노수(弓弩手)로 선봉부대이다. 이어서 38열의 종대가 늘어서 있는데 전투의 주력부대로 전차와 긴 병기를 손에 쥔 보병이 간격을 맞춰 배열되어 있다. 동시에 종대 양쪽 및 후방에는 각각 남·북·서 세 방향으로 나눠진 궁노수가 있다. 이것은 양끝과 후위를 맡은 부대로서 적이 측면과 후방에서 습격하는 것을 방어하는 것이었다. 이러한 배열에는 국도에서 주둔하며 방어하는 군대의 특징이 충분히 반영되어 있다. 2호갱은 보병, 궁노수, 전차병, 기병 등의 혼합부대로서 아마 주

---

18_『史記』 卷6 秦始皇本紀, p.269. 「盡徵其材士五萬人, 為屯衛咸陽.」
19_『史記』 卷6 秦始皇本紀, p.227. 「令相國昌平君·昌文君發卒攻毐. 戰咸陽, 斬首數百, 皆拜爵.」

둔군을 지휘하는 군관의 시종부대였을 것이다. 3호갱은 주둔군의 군관과 시위대로 구성된 지휘소이다. 여기에는 당시 도성 함양에 주둔한 방어군의 편제와 방어 포진의 양상이 반영되어 있다.

진나라 도성 함양의 궁전 지역(소성)에는 사마문(司馬門)이 설치되어 사마(司馬)가 거처하였고 병기를 놓는 틀이 설치되어 군대가 주둔하였다. 『사기』 항우본기(項羽本紀)에는 거록(鉅鹿)전투 이후 "장감(章邯)은 두려워 장사(長史) 사마흔(司馬欣)에게 일을 청하도록 하니 사마흔은 함양에 도착하여 3일 동안 사마문에 머물렀으나 조고(趙高)는 그를 보지도 않았다."[20]고 하였다. 『사기집해』에서는 "무릇 사마문이란 궁벽 안에 있고 경호 부대가 있는 곳으로 사면에는 모두 사마가 있어 군대와 전투에 관한 일을 주관한다. 총괄적으로 말해서 궁의 바깥문이 사마문인 것이다."[21]라고 하였다. 『사기색은』에서는 "생각건대 천자문(天子門) 가운데 병기를 놓는 틀이 있는 것을 사마문이라고 한다."[22]고 하였다. 진시황 능원 동쪽 곽문의 안쪽에 병마용갱이 있는 것을 통해 추정하면 진나라 도성 함양의 동쪽 곽문 안에 중위(中尉)가 거처하고 커다란 '병기를 놓는 틀'이 설치되어 대규모의 군대가 주둔했었을 것이다. 『한서』 백관공경표(百官公卿表)에 따르면 진나라 제도에서는 "중위는 경사(京師) 순찰을 담당했지만"[23] 한 무제(武帝) 때 집금오(執金吾)로 고치고 예하에 주둔 방어군를 두었다. 『한관의(漢官儀)』[『북당서초(北堂書鈔)』권54에서 인용]에서는 "집금오는 황제의 어가(御駕)가 출행할 때 기병 600명을 뒤따르게 하고 보병 6,200명을 지휘한다."[24]고 하였다. 이 병사 수는 진시황

---

20_ 『史記』 卷7 項羽本紀, p.308. 「章邯恐, 使長史欣請事. 至咸陽, 留司馬門三日, 趙高不見.」
21_ 『史記』 卷章7 項羽本紀, p.309. 「集解凡言司馬門者, 宮垣之內, 兵衛所在, 四面皆有司馬, 主武事. 總言之, 外門爲司馬門也.」
22_ 『史記』 卷章7 項羽本紀, p.309. 「索隱按:天子門有兵闌, 曰司馬門也.」
23_ 『漢書』 卷19上 百官公卿表上,「中尉, 秦官, 掌徼循京師.」
24_ 『北堂書鈔』(隋 虞世南 撰, 天津, 天津古籍出版社, 1987) 卷54 設官部6 執金吾, p.200-下. 「漢官儀云:執金吾, 車駕出, 從六百騎, 走六千二百人也.」 역자 주 저자는

능원의 1호 병마용갱의 병마용 수와 큰 차이가 없다. 집금오의 시종 부대가 배치된 장소는 매우 넓었고 병력 수도 많았다. 『한관의』(『북당 서초』 권54에서 인용)은 "집금오의 속관으로는 무고영승(武庫令丞)이 있으 며, 수행 기병 200명, 창든 병사 520명이 있는데 수레와 의장대가 앞뒤 에서 수행한다."[25]고 하였다. 이처럼 사서에 기록된 주둔 방어군의 편 제는 또한 2호 병마용의 구성과도 일치한다.

### 3) 진시황이 확대한 도성 함양의 배치 구조

진시황은 육국(六國)을 통일하는 과정에서 도성 함양의 범위를 확대 하기 시작하여 새로운 궁전을 많이 조영하였다. 『사기』 진시황본기에 는 "진나라는 제후를 격파할 때마다 그들의 궁전을 그대로 본떠 함양 북쪽 언덕에 지었다. 남쪽으로 위수를 바라보고 옹문(雍門) 동쪽에서 경 수(涇水)와 위수에 이르기까지 궁실, 복도[複道, 상하 2중으로 된 통로], 주각 [周閣, 궁전을 연결하는 회랑] 등이 이어져 있었다."[26]고 하였다. 진나라가 육국의 궁실을 모방하여 위수 북쪽에 궁실을 조성했는데 함양 동쪽에 서 위수를 따라 경수와 위수의 합류지점까지 이어져 있었던 것이다. 한 (漢) 고조(高祖) 장릉(長陵) 부근[지금의 이위촌(怡魏村)]은 육국의 궁실 가운 데 제나라 궁실이 있었던 곳으로 추측된다. 제나라 임치의 풍격을 가진 양(羊)자가 새겨진 와당이 출토되었기 때문이다. 진시황이 통일왕조를

---

'從六百騎 走六千二百人也'를 '從六百騎・走六千二百人也'로 끊어 읽어 '기병 600명 과 보병 6,200명을 뒤따르게 한다.'고 해석하고 있다. 하지만 문장 구조상 어색하 다. 저자의 해석대로라면 '從六百騎・六千二百走也'라는 것이 적합할 것이다. 문 장 구조상 '走'가 동사로 보는 것이 적합하다. '走'에 '지휘하다'라는 뜻이 있어 그 것을 채택하여 번역하였다.

25_『北堂書鈔』 卷54 卷54 設官部6 執金吾, p.200-下. 「漢官儀: 執金吾屬官有武庫令 丞, 從騎二百人, 持戟五百人, 輿服導從.」

26_『史記』 卷6 秦始皇本紀, p.239. 「秦每破諸侯, 寫放其宮室, 作之咸陽北阪上, 南臨 渭, 自雍門以東至涇・渭, 殿屋複道周閣相屬.」

세워 함양이 통일왕조의 도성이 된 이후 함양 주위로 궁전이 더욱 많이 조영되었다. 진시황 35년(기원전 212)에는 새로운 조궁(朝宮)을 건설하기 시작하여 조정의 중심으로 삼으려고 하였다. "조궁을 위수 남쪽의 상림원(上林苑)에 조성하였는데 먼저 전전(前殿)으로 아방(阿房)을 지었다."[27]고 하는데 이것이 곧 아방궁(阿房宮)이다. 이어서 "함양 부근 200리 안에 있는 궁관 270개를 복도와 용도[甬道, 양편에 담을 친 도로]로 서로 연결시키도록 하였다."[28]고(『사기』진시황본기) 하였다. 아방궁유지가 지금의 섬서성 서안시와 함양 사이의 삼교진(三橋鎭)의 남쪽에 있다는 것은 진시황이 확대한 도성 함양에는 궁관이 많이 조영되었지만 조정의 중심으로 삼은 조궁은 확대한 함양의 서남쪽에 세워졌다는 것을 의미한다. 전반적인 배치 구조는 변하지 않았던 것이다.

아방궁은 남향이다. 진시황은 각도(閣道)를 건설하여 "아방전에서 남산[南山, 종남산(終南山)]까지 이어지도록 하였고 남산의 꼭대기 위에 출입문을 세웠다."[29]고 한다. 종남산 정상에 세운 출입문은 조궁 남문의 출입구이었다. 이와 동시에 "동해(東海) 위의 구현(朐縣) 경계에 돌을 세워 진의 동문으로 삼았다."[30][『사기』진시황본기, '동문(東門)' 뒤에 '궐(闕)'자가 탈루되어 있다.]고 한다. 『한서』지리지의 동해군 구현 대목에서도 "진시황은 바다 위에 돌을 세워 동문궐로 삼았다."[31]고 하였다. 이 석궐은 한대에도 여전히 존재했다. 『예석(隷石)』권2에는 한(漢) '동해묘비(東海廟碑)'의 뒷면에 새겨진 것이 기재되어 있는데 "궐은 시황제가 건립한 것이며 이름은 진동문궐(秦東門闕)이라고 부른다. 그 일화는 『사기』에 기록되어 있다."고 하였다. 구현은 지금의 강소성 연운항시(連雲港市) 서남의

---

27_ 『史記』卷6 秦始皇本紀, p.256. 「乃營作朝宮渭南上林苑中, 先作前殿阿房.」

28_ 『史記』卷6 秦始皇本紀, p.257. 「乃令咸陽之旁二百里内, 宮觀二百七十復道甬道相連.」

29_ 『史記』卷6 秦始皇本紀, p.256. 「自殿下直抵南山. 表南山之顚以爲闕.」

30_ 『史記』卷6 秦始皇本紀, p.256. 「立石東海上朐界中, 以爲秦東門.」

31_ 『漢書』卷28上 地理志, p.1588. 「秦始皇立石海上以爲東門闕.」

금병산(錦屛山)에 있는데 동해가이다. 지구의 위도로 보면 동문궐은 진나라 도성 함양의 동문과 서로 마주하고 있어 진시황이 확대한 진나라 도성 함양은 '좌서조동'이며 동문을 도성 전체의 정문으로 삼았던 것이다(그림 30의 아래 그림 참조).

원래 진나라 도성 함양은 좌서조동이었고 진시황이 확대한 함양도 여전히 좌서조동이었기 때문에 궐이 동문에 지어졌다. 이것은 중원지역의 전통적인 도성 설계 방식을 따른 것이다. 나중에 서한의 도성 장안에서도 궐이 동쪽에 조성된 것도 함양의 제도를 계승한 것이다.

# 10. 서한 장안의 서남'성' 지역과 동북'곽' 지역

## 1) '좌서조동(坐西朝東)'인 장락궁(長樂宮)과 미앙궁(未央宮)

서한의 도성 장안은 조금씩 건설되어 완성된 것이다. 한(漢) 고조(高祖) 때에 우선 진(秦)의 이궁(離宮)인 흥락궁(興樂宮)을 장락궁으로 개축하여 사용하였고 이어 장락궁 서쪽에 미앙궁을 지었으며, 미앙궁 북쪽에는 북궁(北宮)을 건설하였다. 또한 장락궁과 미앙궁 두 궁사이에 무고(武庫)를 세웠다. 혜제(惠帝, 재위: 기원전 194~기원전 188) 때에 이르러 비로소 주위를 두르는 성벽을 쌓았고, 서시(西市)를 세웠다. 한 무제(武帝, 재위: 기원전 140~기원전 87) 때에는 성 밖 서쪽에 건장궁(建章宮)을 건설했고, 장락궁 북쪽에는 명광궁(明光宮)을 세웠다. 미앙궁 북쪽에 계궁(桂宮)을 건설하고 북궁(北宮)을 정비하고 확장하였다.

원래 진의 흥락궁은 위수 남쪽에 있어, 위수 북쪽의 함양궁과 강 하나를 사이에 두고 있었기 때문에 길이 380보[步, 약 540m]의 '횡교(橫橋)'를 설치하여 왕래하기 편하게 하였다. 흥락궁의 둘레가 20여 리이지만[1] 진말한초의 전쟁 피해 속에 훼손당하지 않아 한 고조는 그곳을 조

---

1_ 『삼보황도(三輔黃圖)』에서는 『삼보구사(三輔舊事)』·『궁궐소(宮闕疏)』에서 모두 "흥락궁은 진시황이 세운 것으로 한나라가 그것을 꾸몄고 둘레는 20리이다."라고 한 것을 인용하고 있다. 『장안지(長安志)』 권3 궁실(宮室)1 '장락궁'조에서는 『관중기(關中記)』를 인용하며 "둘레는 20여 리이고 전각 14곳이 있었다."고 하였다. 시추 조사에 따르면 둘레는 약 10,000m이고 궁 전체의 면적은 약 6㎢이다.

정으로 이용하였으며 궁내에는 전전(前殿) 및 그 외의 여러 전각을 지었다. 혜제 이후 태후의 거처로 바뀌었고 조정은 미앙궁으로 옮겨졌다. 장락궁의 네 면에는 모두 문이 있었으나 동문과 서문에만 궐(闕)이 있었다[2](그림 31 참조). 이는 장락궁의 궁전들이 모두 남쪽을 향하지만 장락궁 전체는 서쪽에 자리 잡고 동쪽을 바라보는 구조[좌서동조]였다는 것을 의미한다. 진대(秦代)에 이미 이와 같았고 서한은 단지 원래의 체제를 계승했을 뿐이었다.

그림 31  동한 화상전(畫像磚)의 '봉궐(鳳闕)'(출전: 『四川漢代畫像磚』, 上海人民
美術出版社, 1987, 四川 成都 揚子山 漢墓 출토)

---

2_ 『한서』 선제기(宣帝紀)에는 오봉(五鳳) 3년 "3월 신축일(辛丑日)에 난봉(鸞鳳)이 또한 장락궁 동궐에 있는 나무 위에 모여들었다."고 하였다. 『한서』 유굴리전(劉屈氂傳)에서는 "태자[여태자(戾太子)]가 병사를 인솔하여 네 시장의 백성 수만 명을 몰아내고 장락궁 서궐 아래에 이르러 승상의 군대와 맞닥뜨려 5일간 전투를 벌였다."고 하였다.(역자 주 『한서』 유굴리전에 대한 표점은 현행 중화서국(中華書局) 표점본과는 다르고 '太子引兵' 뒤에 '去'자가 빠져 있다. 현행 중화서국의 표점이 뜻을 순통하게 전달하여 여기에서는 그것을 따랐다.[『漢書』 卷66 劉屈氂傳, p.2881. 「太子引兵去, 驅四市人凡數萬衆, 至長樂西闕下, 逢丞相軍, 合戰五日.」])

장락궁 서쪽에 있는 미앙궁도 큰 궁으로 둘레가 20여 리였다.[3] 이것
도 장락궁과 마찬가지로 서쪽에 자리 잡고 동쪽을 바라보는 구조이어
서 동문과 북문이 정문이 되기에 동궐(東闕)과 북궐(北闕)이 설치되었다.
『사기』 고조본기(高祖本紀)에는 "고조 8년(기원전 199)에 소승상[蕭丞相, 소
하(蕭何)]이 미앙궁을 조영하였고 동궐, 북궐, 전전, 무고, 태창(太倉)을
세웠다. 고조가 한왕(韓王) 신(信)의 잔당 정벌에서 돌아와 궁궐이 화려
한 것을 보고 매우 진노하였다."[4]고 기재되어 있다. 또 『한서』 고제기
(高帝紀)에도 "고제 7년(기원전 200) 2월 장안에 도착하니, 소하가 미앙궁
을 정비하고 동궐, 북궐, 전전, 무고, 태창 등을 세웠다. 황제가 그 화려
함을 보고 매우 진노하였다."[5]고 기록되어 있다. 『한궁궐소(漢宮闕疏)』
[『삼보황도(三輔黃圖)』에서 인용], 『삼보구사(三輔舊事)』[『예문류취(藝文類聚)』
권62에서 인용], 『관중기(關中記)』[『사기』 고조본기의 『사기집해』에서 인용, 『태
평어람』 권19에서 인용] 등에는 동궐은 창룡궐(蒼龍闕) 또는 청룡궐(靑龍闕)
로도 불리고, 북궐은 현무궐(玄武闕)로도 불렸다는 기록이 보인다.

왜 미앙궁에는 동궐과 북궐만 만들어졌을까? 안사고(顔師古)는 주석
을 달아

미앙전은 비록 남쪽을 바라보고 있지만 글을 올리거나 일을 아뢰거나 알
현하는 사람들은 모두 북궐에 이르렀다. 공거사마(公車司馬: 궁중의 야간
경비 및 상서, 알현 관련 일을 담당하는 관리) 또한 북쪽에 있었다. 이것

---

3_『삼보황도』 권2에서는 "미앙궁의 둘레는 28리이다."라고 하였다. 『서경잡기(西京
雜記)』 권1에서도 "미앙궁의 둘레는 22리 95보 5척이다."라고 하였다. 『장안지』
권3 궁실1 '미앙궁' 조에서 『관중기』를 인용하며 "미앙궁의 둘레는 31리이다."라
고 하였다. 시추 조사에 따르면 궁 전체는 평면상 방형이며 동서 벽의 길이는 각각
2,150m이고 남북 벽의 길이는 2,250m이며 둘레는 8,800m이다. 대략 한대의 22리
에 해당하여 『서경잡기』의 기록과 서로 부합한다. 면적은 약 5㎢이다.

4_『史記』 卷7 高祖本紀, p.385. 「蕭丞相營作未央宮, 立東闕·北闕·前殿·武庫·太
倉. 高祖還, 見宮闕壯, 甚怒.」

5_『漢書』 卷1下 高帝紀下, p.64. 「二月, 至長安, 蕭何治未央宮, 立東闕·北闕·前殿·
武庫·大倉. 上見其壯麗, 甚怒.」

은 북궐을 정문으로 했기 때문이고 동문에도 동궐이 있었다. 서쪽과 남쪽 두 쪽에는 문궐은 없었다. 무릇 소하가 처음 미앙궁을 세울 때에 염승(厭勝)의 술수로 했다면, 이치상 마땅했겠는가?[6]

라고 해석하였다. 『삼보황도』에도 똑같은 해석이 있다. 안사고가 한대에 "글을 올리거나 일을 아뢰거나 알현하는 사람들은 모두 북궐에 이르렀다."고 한 것은 분명 사실이다. 그 사례로 매고(枚皐)는 "북궐에서 글을 올리며 자신을 매승(枚乘)의 아들이라 말했다."[7](『한서』 매승전)는 것을 들 수 있다. 원시(始元) 5년(기원전 82)에는 한 남자가 "북궐에 이르러 스스로를 위태자[衛太子, 무고(巫蠱)사건으로[8] 자결한 여태자(戾太子)]라 했다."[9]는 사례도 있다. 그러나 안사고가 이에 근거하여 북궐만이 정문이라고 한 것은 타당하지 않은 듯하다. 실제 동문이 북문보다 더 중요하여 동문이 제후의 알현을 받는 정문이었다. 즉 『한서』 오행지(五行志)에서 "문제(文帝) 7년(기원전 173) 6월 계유일(癸酉日), 미앙궁 동궐 앞의 부시(罘罳, 그물망 모양의 방어용 담장)가 불탔는데 유향(劉向, 기원전 77~기원전 6)은, 동궐은 제후를 조건하는 문이고 부시는 그 밖에 있는 것이므로 이 일은 제후와 관련된 상징적인 사건이라고 여겼다."[10]고 하였다. 동문과 북문은 똑같이 정문이었으나 동문이 더 중요한 정문이었다. 장형(張衡: 78~139)

---

6_ 『漢書』 卷1下 高帝紀下, p.64. 「師古曰: "未央殿雖南嚮, 而上書奏事謁見之徒皆詣北闕, 公車司馬亦在北焉 是則以北闕爲正門, 而又有東門·東闕. 至於西南兩面, 無門闕矣. 蓋蕭何初立未央宮, 以厭勝之術, 理宜然乎?"」

7_ 『漢書』 卷51 枚乘傳, p.2366. 「上書北闕, 自陳枚乘之子.」

8_ 역자 주 한 무제때 강충(江充)은 당시 황태자였던 여태자 유거(劉據)의 미움을 사고 있었기 때문에, 무제가 죽은 뒤 여태자에게 죽을지도 모른다는 두려움에서 여태자가 무제를 저주하고 있다고 모함하였다. 궁지에 몰린 여태자는 강충을 죽이고 죄수를 무장시켜서 난을 일으켰다. 무제는 승상 유굴리(劉屈氂)에게 그를 진압토록 했는데 여태자는 도망다니다가 결국 자살했다고 한다.

9_ 『漢書』 卷71 雋不疑傳, p.3037. 「詣北闕, 自謂衛太子.」

10_ 『漢書』 卷27上 五行志上, p.1331. 「文帝七年六月癸酉, 未央宮東闕罘罳災. 劉向以爲東闕所以朝諸侯之門也, 罘罳在其外, 諸侯之象也.」

은 「서경부(西京賦)」에서 미앙궁에 대해 "조당(朝堂)은 미앙궁 동쪽으로 이어져 있고 온조(溫調)는 북쪽으로 뻗어 있었으며 서쪽에는 옥당(玉堂)이 있는데 곤덕(昆德)으로 이어져 있습니다."[11]라고 묘사하였다. 조당은 미앙궁 전전(前殿)의 조당을 가리키며 온조는 전전 북쪽의 온조전[溫調殿, 『삼보황도』에서 서술한 온실전(溫室殿)]을 의미한다. 옥당과 곤덕은 모두 전전 서쪽에 있는 전각의 명칭이다. 이른바 "조당은 동쪽으로 이어져"라는 것은 미앙궁의 조당이 알현하기 위해 동쪽에서 온 제후들을 접대하기 위해 사용되는 곳이라는 것을 뜻한다. 이른바 "온조는 북쪽으로 뻗어 있었으며"라는 것은 온조전이 알현하기 위해 북쪽에서 오는 신하를 응대하기 위해 사용되는 장소라는 것을 전해 준다.

소하가 고조 7년 2월 전에 미앙궁 건설을 주관하며 동궐와 북궐을 세우고 전전, 무고, 태창 등을 만들었다. 이는 고조가 장안에 도읍지를 세우기 위해 제대로 준비한 것이었다. 이때에 고조는 곧바로 역양(櫟陽)에서 장안으로 천도했다. 미앙궁은 새로 세운 조궁이었고 동궐과 북궐은 미앙궁 정문의 높은 문궐이었다. 전전은 미앙궁에서 조례를 거행하는 대전(大殿)으로 용수산(龍首山)을 기반으로 하여 축조되었다. 그 지세가 높아 아래를 내려보는 위세를 갖추었다. 현존하는 대지터는 남북 길이가 340m이고, 동서 폭이 150m이며 북단의 가장 높은 곳은 10여m에 이른다. 남에서 북으로 세 개의 큰 대지가 있는데 갈수록 높아진다. 전전의 건축물은 『삼보황도』에서 "전전은 동서 길이는 50장(丈, 117.5m), 깊이는 15장(35.25m), 높이 35장(82.25m)이다."[12]라고 하듯이 매우 웅대하였다. 높이는 대(臺)의 기단과 연관되어 있다. 전전, 동궐, 북궐 등은 모두 미앙궁의 중요한 건축물로서 매우 높고 크고 화려하게 지어야만

---

11_ 『文選』卷2 賦甲 京都上 張平子西京賦, p.53. 「朝堂承東, 溫調延北, 西有玉堂, 聯以昆德.」

12_ 『三輔黃圖校釋』(何淸谷 撰, 北京, 中華書局, 2005) 卷2 漢宮, p.109. 「殿前東西五十丈, 深十五丈, 高三十五丈.」

했다. 이것은 새로운 왕조의 권세를 위엄있게 보이기 위해서였다. 소하가 한 고조의 물음에 대해 "천자께서는 사해(四海)로 집을 삼으시므로 화려하고 장대하지 않으면 위엄을 높일 수 없으며 또한 후대에서 더할 것이 없도록 해야 합니다."[13]라고 대답한 것과 꼭 같다.

소하가 미앙궁의 전전, 동궐, 북궐 등을 축조함과 동시에 무고와 태창을 건설한 것도 도성 건설에서 매우 중요한 부분이었다. 무기와 식량은 도성에서는 반드시 충분히 비축되어야 할 물품이었기 때문이다.

『삼보황도』에서는 "태창은 소하가 축조하였는데 장안성 동남쪽에 있었다."[14]고 하였다. 원(元) 이호문(李好文)의 『장안지도(長安志圖)』에 실린 「한고장안성도(漢故長安城圖)」에는 태창을 패성문(霸城門)의 동남쪽에 있는 것으로 그려져 있는데(그림 32 참조) 수로[즉 곤명고거(昆明故渠)]가 도달할 수 있는 지점에 해당하여 식량을 비축하는 데 편리했을 것이다.

무고는 장락궁과 미앙궁 두 궁 사이, 즉 안문대가[安門大街, 남벽 중앙의 성문에서 북쪽으로 뻗어 있어 장안성을 동서로 나누는 도로]의 서쪽에 지어졌다. 그 유지는 이미 발굴되었는데 문헌 기록과 서로 부합한다.[15] 그것은 평면상 동서가 긴 장방형을 띠고 있으며 동서 폭은 800m이고, 남북 길이는 320m이다. 무고 안은 7개의 병기 창고로 이루어져 있고 두 조로 나뉘어 동쪽의 네 병기창고가 한 조였고 서쪽의 세 병기창고가 한 조였다.[16] 무고는 정예 병기가 저장된 곳으로 이른바 "정예 병기가 모인 곳"

13_ 『漢書』 卷1下 高祖紀下, p.64. 「且夫天子以四海為家, 非令壯麗亡以重威, 且亡令後世有以加也.」
14_ 『三輔黃圖校釋』 卷6 倉, p.346. 「太倉, 蕭何造, 在長安城外東南.」
15_ 『사기』 저리자전(樗里子傳)에서 "소왕(昭王) 7년 저리자가 죽어 위남(渭南)의 장대(章臺) 동쪽에 묻었다. 유언으로 100년 뒤에 천자의 궁이 내 묘를 끼고 있을 것이다라고 하였다. 한나라가 흥기함에 이르러 장락궁은 그 동쪽에 있고 미앙궁은 그 서쪽에 있으며 무고는 바로 그 묘를 마주하고 있었다."고 하였다. 『논형(論衡)』 권26 실지편(實知篇)에도 똑같은 기록이 있다.
16_ 中國社會科學院考古硏究所漢城工作隊, 「漢長安武庫遺址發掘的初步收獲」, 『考古』 1978-4.

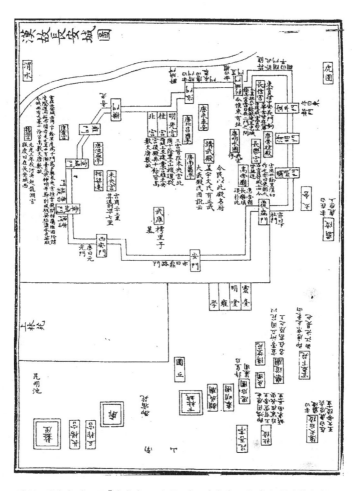

**그림 32**  원나라 이호문 『장안지도』 수록: 한고장안성도(출전: 經訓堂叢書本)

[『한서』 위상전(魏相傳)]이어서[17] 무고령(武庫令)과 승(丞)이 관장하였는데 집금오의 관할을 받았다. 집금오는 도성을 방어하고 순찰하는 장관인데 무고의 병기를 지급할 때에는 반드시 황제의 조령(詔令)이 있어야 했

---

17_ 『漢書』 卷74 魏相傳, p.3133. 「武庫精兵所聚.」

다.[18] 무고가 장락궁과 미앙궁 두 궁 사이에 있어야 했던 것도 황제 스스로가 쉽게 통어하기 위해서였다.

고조 때 소하는 국도 장안 건설을 담당하여 진나라의 옛 궁을 이용해 장락궁을 지었다. 그는 게다가 장락궁 동남쪽에 태창을 만들었고 장락궁 서쪽에 미앙궁을 지었으며 장락궁과 미앙궁 두 궁 사이에 무고를 건설하였다. 이처럼 동쪽에서 서쪽으로 태창, 장락궁, 무고와 미앙궁이 일련의 건축군으로서 횡렬로 배열되었다. 건축물 하나하나 그 자체는 남쪽을 향하고 있을지라도 횡렬로 배열된 조궁과 창고 전체는 오히려 모두 서쪽을 자리 잡고 동쪽을 바라보고 있는 구조였다. 당시 주위를 두르는 성벽이 건설되어 있지 않았지만 혜제 때에 이르러 성벽이 축조되고 무제 때에는 더 나아가 궁실이 확대되었다. 이것은 모두 그 기초 위에서 확충된 것이다. 무제는 성 서쪽 밖에 건설한 건장궁(建章宮)에 미앙궁과 똑같이 북궐과 동궐을 설치하였다.[19]

---

18_『한서』 유굴리전에서 "태자(여태자)는 또한 사자에게 장안의 관부에 있는 죄수를 사면하고 무고의 병기를 징발하라는 제(制)를 거짓으로 꾸미도록 하였고 소부(小傅) 석덕(石德) 및 빈객(賓客) 장광(張光) 등에게 나누어 지휘토록 하였다."고 하였다. 태자가 죄수를 사면하거나 무고의 병기를 징발할 때에는 '제를 거짓으로 만들어야 한 것'에서 무고의 병기를 징발할 때에는 반드시 황제의 조령이 필요했다는 것을 알 수 있다.

19_『한서』 교사지(郊祀志) 하에서 "이에 건장궁을 세우며 많은 출입처를 규획하였고 전전은 미앙궁보다 높게 할 것을 계획하였다. 그 동쪽이 봉궐(鳳闕)로서 높이가 20여 장이었다."고 하였다. 『삼보황도』 권2에서는 『삼보구사』를 인용하며 "건장궁의 둘레는 30리이고 동쪽에 별봉궐(別鳳闕)이 우뚝 솟아 있고 높이가 25장이어서 높이 올라 멀리 바라볼 수 있다. 또한 궁문 북쪽에는 원궐(圓闕)이 우뚝 솟아 있는데 높이는 25장이며 꼭대기에는 동으로 만든 봉황이 있다."고 하였다. 또한 『묘기(廟記)』를 인용하며 "건장궁의 북문의 높이가 25장인데 그것이 건장궁의 북궐문이다. 또한 봉황궐(鳳凰闕)이 있는데 한 무제가 만든 것으로 높이는 7장 5척이다. 봉황궐은 한편으로 별봉궐이라고 부른다."고 하였다.

## 2) 내성(內城)적 특징을 가진 장안성

혜제 때에 시작된 장안 성벽 축조는 지속적으로 이루어져 완성되었다. 성은 평면상 방형에 가까운데 강 흐름에 제한을 받아 서북 귀퉁이 부분은 굽어 동북에서 서남으로 경사져 있다. 남벽과 서벽은 궁전 건축의 영향을 받아 중간 몇 곳이 굴곡되어 있다. 현존하는 유지의 경우 동벽 길이는 5,940m이고, 남벽 길이는 6,250m이다. 서벽 길이는 4,550m이고, 북벽 길이는 5,950m이다. 『한구의(漢舊儀)』[『속한서』군국지의 유소(劉昭) 주석에서 인용]에서는 "장안성은 사방 63리이고 가로 세로 길이는 각 15리이며, 성문은 12개이고 면적은 973경(頃)이다."[20]라고 하였다. 이른바 '사방 63리'란 둘레가 63리라는 것을 의미하는데 현존하는 유지와 대체적으로 차이가 없다.[21] 면적은 약 36㎢이다.

장안성의 전체 구조에서 보면 장안성은 내성적 특징을 띠고 있으며 진나라 도성 함양 서부의 '성'에 해당하고, 전국시대 제나라 도성 임치, 한나라 도성 신정과 조나라 도성 한단에서 대'곽'의 서쪽으로 연결되어 있는 소'성'에도 해당한다. 단 서한은 진의 기풍을 이어 큰 궁전을 많이 축조했기 때문에 차례차례 이것을 포함하게 되어 성벽을 확충해야 했고, 그 결과 장안성 면적은 전국시대 중원의 여러 강대국과 진의 궁성보다 넓었고, 서주의 동도인 성주의 왕성을 능가하는 규모가 되었다.

서한의 장안성내에서 궁실, 종묘, 관서 등이 성 전체 면적 가운데 2/3 이상을 차지했다. 성안 남부에 병립하고 있는 장락궁과 미앙궁 두

---

**20_** 『後漢書』志19 郡國 1, p.3403. 「長安城方六十三里, 經緯各十五里, 十二城門, 九百七十三頃.」

**21_** 손성연(孫星衍)이 일문(佚文)을 모아 편집한 『한구의』에는 "방육십리(方六十里)"라고 쓰여 있다. 『삼보황도』권1에서는 "둘레는 65리이다."라고 하였다. 또한 『한구의』를 인용하여 "가로 세로 각각 32리 18보이다."라고 하였다. 그러나 사람들이 『한구의』의 기록을 인용하며 모두 "면적은 973경(頃)이다."라고 하였다. 실측 조사에 따르면 장안성의 둘레는 25,100m이어서 한대의 63리에 가깝다.

궁의 둘레는 합쳐서 한대(漢代) 단위로 20여 리였고, 성안 중앙에 있는 계궁(桂宮)과 북궁(北宮)의 둘레는 합쳐서 한대 단위로 10여 리였다. 그 밖에 명광궁(明光宮)도 있었다. 한 무제는 "미앙궁의 조성이 날로 확대되어 성안이 좁다고 여겨 이내 궁 서쪽에 성지(城池)를 넘어 공중에 걸려 있는 통행로[비각(飛閣)]를 만들어 건장궁으로 통하게 하고 어가가 다니는 통행로[연도(輦道)]를 만들어 오르내리도록 했다."[22](『삼보황도』)고 한다. 건장궁의 총둘레는 한대 단위로 30여 리로 성안에 만들 수 없어 성 밖 서쪽에 축조하였으며 높게 걸려 있는 통행로를 통해 미앙궁과 연결되어 오갈 수 있었다. 진시황은 많은 궁전을 조영했는데 군중과 접촉을 피하고 행적의 비밀을 유지하기 위해 궁전 사이를 '복도[復道, 혹 복도(複道)라고도 쓴다.]'로 연결하여 통하도록 하였다. 한대에도 여전히 이와 같았다. 장락궁과 미앙궁, 두 궁 사이에 혜제는 태후를 방문하는 데에 편리하도록 두 궁을 연결하는 통행로를 만들었다. 미앙궁에는 서쪽으로 건장궁에 이어지는 통행로만 있는 것이 아니라 북쪽으로도 계궁과 연결되는 통행로가 있었다. 계궁의 "복도가 궁내에서 서쪽으로 성벽을 넘어 건장궁의 신명대(神明臺)나 봉래산(蓬萊山)에 이른다."[23](『삼보황도』에서 인용하고 있는 『관보기(關輔記)』)고 하였다. 동시에 명광궁도 장락궁과 복도를 통해 서로 연결되어 있었다. 반고(班固)는 「서도부(西都賦)」에서 "어가가 다니는 길은 순환하며 왕복하고 누각의 긴 층층대는 공중에 가설된 통행로[비각]로 이어져 있습니다. 미앙궁에서 계궁으로 이어지고 북쪽으로 명광궁에서 끝나는데 장락궁을 거칩니다. 각도(閣道)를 건너고 서쪽 성벽을 넘어서 건장궁과 통해 있고 그 부속 건물과 이어져 있습니다."[24]라고 하였다. 장안성 안의 남부와 중부에는 많은 궁전이 가

---

22_ 『三輔黃圖校釋』 卷2 漢宮, p.123. 「未央宮營造日廣, 以城中爲小, 乃于宮西跨城池, 作飛閣, 通建章宮, 構輦道以上下.」

23_ 『三輔黃圖校釋』 卷2 漢宮, p.134. 「復道從宮中西上城, 至建章神明臺, 蓬萊山.」

24_ 『文選』 卷1 賦甲 京都上 班孟堅西都賦, p.16. 「輦路經營, 脩除飛閣. 自未央而連桂宮, 北彌明光而亘長樂, 凌隥道而超西墉, 混建章而連外屬.」

득 차 있고 게다가 이들 궁전 사이에는 공중에 떠 있는 통로로서 복도가 있어 모두 연결되어 있었다.

　당시 장안성 내의 남부와 중부에는 궁전이 밀집한 것 외에 종묘나 적잖은 중앙관서, 삼보(三輔)관서, 창고 등이 그 사이에 설치되었다. 『삼보고사(三輔故事)』(『태평어람』 권195에서 인용)에서는 "태상황묘[太上皇廟: 유방(劉邦) 아버지의 묘(廟)]는 장안의 향실(가)[香室(街)]의 남쪽에 있고, 고묘[高廟: 유방의 묘]는 장안의 성문가(城門街)의 동쪽, 태상가(太常街)의 남쪽에 있다."[25]고 하였고 『삼보황도』에서도 태상황묘는 "향실가의 남쪽이자 풍익부(馮翊府)의 북쪽에 있다."[26]고 하였다. 또 『삼보황도』의 별본[別本, 『한서』 숙손통전(叔孫通傳)의 안사고(顔師古) 주(注)에서 진작(晋灼)의 주장을 인용]에서도 "고묘는 장안의 성문가 동쪽에 있고, 침전은 계궁의 북쪽에 있다."[27]고 하였다. 『장안지도』의 「한고장안성도」(그림 32)에는 고제묘(高帝廟)가 복앙문(覆盎門, 남벽의 동문)의 서북쪽에 그려져 있다. 당시 태상황묘와 고제묘는 모두 적잖은 면적을 차지하고 있었던 것이다. '삼보(三輔)'의 하나인 풍익부 관서도 태상황묘를 두른 담장 내의 빈터에 세워졌다. 『한서』 조조전(鼂錯傳)에서는 경제(景帝) 때 조조가 내사(內史)가 되었는데 "내사부(內史府, 한 무제 이후의 풍익부)는 태상묘의 안쪽 담장과 바깥 담장 사이에 있고 문은 동쪽으로 나 있어 불편하였다. 조조는 이내 문을 개설하여 남쪽으로 내고, 묘(廟)의 안팎 담장을 뚫었다."[28]고 하였다. 종묘가 궁전의 형식을 모방하여 축조되었고 넓은 면적을 차지하였으며 아울러 담장으로 주위를 두르면서 정문도 동쪽으로 향해 있었던 것이다. 삼보의 치소는 장안성 내에 작지 않은 면적을 차지

---

25_ 『太平御覽:第2卷』 卷195 居處部 街, p.827. 「三輔故事曰:太上皇(廟)在長安香室(街)南, 高廟在長安城門街東, 太常街南.」

26_ 『三輔黃圖校釋』 卷5 宗廟, p.303. 「香室街南, 馮翊府北.」

27_ 『漢書』 卷43 叔孫通傳, p.2130. 「晉灼曰: "黃圖高廟在長安城門街東, 寢在桂宮北."」

28_ 『漢書』 卷49 鼂錯傳, p.2299. 「內史府居太上廟堧中, 門東出, 不便, 錯乃穿門南出, 鑿廟堧垣.」

하였다. 『삼보황도』에서는 "경조부는 고성(故城) 남쪽 상관리(尙冠里)에 있었고 풍익부는 고성 내의 태상황묘의 서남쪽에 있었으며 부풍부(扶風府)는 석음가(夕陰街) 북쪽에 있었다."[29]고 하였다. 또 청명문(淸明門) 안에 는 적전창(籍田倉)이 설치되어 청명문을 적전문(籍田門)이라고도 불렀다.

장안성내 북부에도 중앙관서와 삼보관서에 부속되는 기구가 적잖이 있었다. 북벽의 중문인 주성문(廚城門)은 "장안주(長安廚)가 문 안쪽에 있 어 그 때문에 문의 명칭이 되었다."[30](『삼보황도』)고 하였다. 장안주에는 장안주령(長安廚令)과 승(丞), 장안시령(長安市令)과 승을 두었는데 모두 경조윤(京兆尹)의 속관이었다[『한서』 백관공경표(百官公卿表)]. 장안주는 주 로 "관식(官食)을 만드는 것을 주관하고"[31][『한서』 왕가전(王嘉傳)의 안사고 주] 제사용 음식을 대량으로 제공하였다. 성안의 서북 귀퉁이, 즉 지금 의 상가항(相家巷) 동쪽에는 당시 종관(鐘官) 관서에 소속된 전(錢)을 주조 하는 작방이 있는데 1㎢ 이상의 땅을 차지하고 있었다. 지금의 상가항 서쪽에도 소속 관청은 확실하지 않으나, 도용(陶俑)을 제작하는 작방이 있었다.[32] 이 부근에는 높은 관리의 저택이 있었는데 지금의 상가항 부 근에서 '장군부(將軍府)'라는 명문이 있는 기와 조각이 출토되었다. 이곳 은 소망지(蕭望之)의 저택이었을 것이다[진직(陳直), 『한서신증(漢書新證)』 406쪽].[33] 그 동북부는 선평문(宣平門) 일대에 가까운데 고관과 귀인이 집

---

29_ 『三輔黃圖校釋』 卷1 三輔治所, pp.8~10. 「京兆在故城南尙冠里, 馮翊在故城太上皇 廟西南, 扶風在夕陰街北.」

30_ 『三輔黃圖校釋』 卷1 都城十二門, p.88. 「長安廚在門内, 因爲門名.」

31_ 『漢書』 卷86 王嘉傳, p.3496. 「師古曰: "長安有廚官, 主爲官食."」

32_ 지금의 상가항의 동쪽에 도기 재질이나 돌 재질의 오수전범(五銖錢範)이 출토되 었는데 그 분포 범위는 약 1㎢였다. 아울러 많은 운문와당(雲文瓦當)이 출토되어 동전을 주조하는 철관(鐵官)의 관서가 있었던 곳이었을 것이다. 상가항의 서쪽 에 있는 육촌보(六村堡)는 한나라 장안성의 서북 귀퉁이인데 많은 도용(陶俑)의 잔해[남녀용(男女俑), 우마용(牛馬俑) 등]가 흩어져 있고 아울러 운문와당이 발견 되어 용(俑)을 만드는 관서 소속의 작방이 있었을 것이다. (兪偉超, 「漢長安城西 北部勘査記」, 『考古通訊』 1956-5 참조.)

33_ 역자 주 저자가 이용한 진직(陳直)의 『한서신증(漢書新證)』은 1979년에 천진인민 출판사(天津人民出版社)에서 출판된 판본이나 역자가 구득할 수 없어 대신 구득

중적으로 거주하는 지역이라 '귀리(貴里)'라고 칭해졌다. 유신(庾信)은 「애강남부(哀江南賦)」에서 "장락궁의 성역을 밟고, 선평(宣平)의 귀리를 바라보네."[34][『주서(周書)』 유신전(庾信傳)]라고 하였다.

당시 고관과 귀족의 저택 가운데 미앙궁의 북궐(北闕) 근처에 세워진 것이 가장 호화스러웠다. 장형은 「서경부」에서 "북궐에 있는 제일가는 저택들은 대로를 향해 곧바로 문을 열어 두고 있습니다. 빼어난 장인을 선정하여 공력을 다하니 기울어지거나 무너지지 않을 것을 기약했습니다. 기둥이나 서까래 등의 나무에는 비단을 두른 것 같으며, 집과 담을 쌓은 토석은 붉은 빛과 보랏빛 옷을 덮은 것 같습니다."[35]고 하였다. 당시 일반 주택은 대부분 이려(里閭) 내에 지어졌고, 귀족의 저택만이 길로 문을 내었다. 한위(漢魏)제도에 "출입을 이문(里門)으로 통하지 않고 (문을) 큰길에 접하는 것을 이름하여 제(第)라고 한다. 작위가 비록 열후(列侯)라도 식읍(食邑)이 만호를 충족시키지 않으면 제를 지을 수 없고 그 집이 이(里)에 있더라도 모두 제라고 칭하지 않는다."[36][『초학기(初學記)』 卷24에서 위왕주사(魏王奏事) 인용]고 하였다. 한 애제(哀帝)의 총애를 받는 신하인 동현(董賢)의 대저택은 "문을 열면 북궐을 향하였고 왕거(王渠)를 끌어서 원지(園池)에 물을 대었다."[37][『한서』 왕가전(王嘉傳)]고 하였다. 제후왕은 경사에 모두 관저를 지었는데 여태후(呂太后)가 일찍이 "제저(齊邸)에서 주연(酒宴)을 베푼"[38] 적이 있었는데 제저는 제 도혜왕(悼惠王)의 관저였다(『사기』 여태후본기에 인용된 『사기정의』에서 "한나라 법에서는 제후는 각각 경사에 저택을 세울 수 있다."[39]고 하였다). 한 문제가 대왕(代

---

한 2008년에 중화서국에서 출판된 판본에서는 이 구절은 386쪽에 나와 있다.

34_『周書』卷41 庾信傳, p.734. 「踐長樂之神皐, 望宣平之貴里.」

35_『文選』卷2 賦甲 京都上 張平子西京賦, p.61. 「北闕甲第, 當道直啓, 程巧致功, 期不陁陊, 木衣綈錦, 土被朱紫.」

36_『初學記』(徐堅 等撰, 北京, 中華書局, 2004) 卷24 居處部 宅, pp.578~579, 「出不由里門, 面大道者, 名曰第. 爵雖列侯, 食邑不滿萬戶, 不得作第, 其舍在里中, 皆不稱第.」

37_『漢書』卷86 王嘉傳, p.3495. 「開門鄕北闕, 引王渠灌園池.」

38_『史記』卷9 呂太后本紀, p.398. 「置酒齊邸.」

王)이었지만 옹립을 받아 장안으로 들어와서 황제 자리에 오르려 할 때 먼저 "대저(代邸)로 달려 들어갔다."[40]고 하였다[『사기』효문제기(孝文帝紀)에 보이며『한서』문제기(文帝紀)의 기록도 같지만[41] 안사고는 "군국(郡國)에서 조견하러 왔을 때 머무르는 건물로 경사에 있는 것을 모두 '저(邸)'라고 부른다."[42]고 주석을 달았다]. 각 군(郡)에서 경사에 설치한 군저(郡邸)는 항상 군리(郡吏)가 상계(上計)할 때 먹고 머무르는 곳으로 이용되었다는 것이『한서』주매신전(朱買臣傳)에 보인다. 당시 봉건된 열후는 모두 봉읍에 가지 않고 장안에 거주했다. 서한 초에는 "제후의 저택은 100여 곳이었고 모두 고조와 함께한 공신의 저택이었다."[43][『한서』연왕유택전(燕王劉澤傳)]고 한다. 문제 2년(기원전 178)의 조령(詔令)에서 "지금의 열후들은 대부분 장안에 머물고 있기 때문에 식읍에서 멀리 떨어져 있어 그곳의 이졸(吏卒)이 열후에게 물자를 수송하는 데 비용이 많이 들고 수고로워한다."[44](『사기』효문제기)고 하였다.

요컨대 광대한 규모의 황궁, 종묘, 관서, 부속기구 및 고관, 제후왕, 열후, 군주(郡主) 등의 저택이 장안성 대부분을 차지하고 있어 장안성이 내성의 성격을 지닌 것이 분명하다.

장안의 성문과 도로의 배치에서 보면, 내성 전체는 서쪽에 자리 잡고 동쪽을 바라보는 구조이다. 장안에는 12개의 성문이 있는데 각 성벽마다 3개의 성문이 있다. 고고 발굴 결과에 따르면 동문 양쪽의 성벽에만 문궐이 설치되어 있었다. 이미 발굴된 선평문(宣平門: 동벽 북문)과 패성문(覇城門)의 출입구 양쪽 성벽에 모두 바깥으로 돌출된 부분이 있었다. 제의 도성인 임치의 동문처럼 원래 문궐이 세워져 있었을 것이다.[45] 이

---

39_ 『史記』 卷9 呂太后本紀, p.399. 「正義漢法, 諸侯各起邸第於京師.」
40_ 『史記』 卷10 孝文本紀, p.415. 「馳入代邸.」
41_ 『漢書』 卷4 文帝紀, p.108. 「閏月己酉, 入代邸.」
42_ 『漢書』 卷4 文帝紀, p.108. 「師古曰: "郡國朝宿之舍, 在京師者率名邸."」
43_ 『漢書』 卷35 燕王劉澤傳, p.1901. 「諸侯邸第百餘, 皆高帝一切功臣.」
44_ 『史記』 卷10 孝文本紀, p.422. 「今列侯多居長安, 邑遠, 吏卒給輸費苦.」

것은 장안성이 동문을 정문으로 했다는 것을 전해준다.

성내에는 모두 8개의 대가(大街)가 있었다(이하 그림 33 참조. 동시와 서시
의 위치는 다음 절에 따로 설명할 것이다). 12개 문 가운데 동벽의 남문(패성
문), 남벽의 동문(복앙문), 남벽의 서문[서안문(西安門)]과 서벽의 남문[장성문
(章城門)] 등에서 성안으로 얼마 들어가지 않아도 장락궁 혹은 미앙궁에

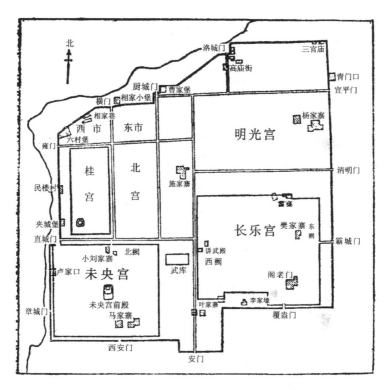

**그림 33**  서한 장안성내 궁실 분포도(출전: 王仲殊, 『漢代考古學槪說』, 中華書局, 1984)

---

**45_** 왕중수(王仲殊)는 「漢長安城考古工作的初步收獲」(『考古通訊』 1957-5)에서 "패성
문 양쪽의 담벽은 각각 밖으로 굽어져 나 있어 훗날의 옹성(甕城)과 대략 비슷하
다."고 하였다. 왕중수는 『漢長安城考古工作收獲續記』(『考古通訊』 1958-4)에서 "선
평문 남북 양쪽에서는 성의 담벽이 밖으로 돌출되어 있다. 이것은 패성문의 상황
과 똑같다."고 하였다.

이르기 때문에 긴 도로가 없다. 그 나머지 8개의 문에는 모두 성안으로 통하는 대가가 있다. 남북 방향과 동서 방향의 대가가 각각 4개가 있었다.

남북 방향의 대가 가운데 안문대가(安門大街)가 가장 긴데 총길이가 5,500m이다. 남벽 중문(즉 안문)에서 북쪽으로 뻗어 있으면서 대부분의 궁전 지역을 통과하여 선평문대가와 이어져 있다. 동서 방향의 대가 가운데 선평문대가가 가장 긴데 총길이가 3,800m이다. 동벽의 북문(즉 선평문)에서 서쪽으로 향하며 곧장 북벽의 중문[즉 주성문(廚城門)]으로 통하며 남북 방향의 낙성문대가(洛城門大街, 낙성문은 북벽의 동문이다), 안문대가, 주성문대가와 서로 교차하여 만난다. 선평문대가는 성내 동북부에서 동쪽으로 뻗은 중요한 도로이다. 이들 도로가 장안에서 가장 중요한 도로이다. 장안성내의 8대가 가운데 낙성문대가가 가장 짧아 총길이는 85m이다. 그 나머지 대가의 길이는 대부분 3,300m 정도이다. 8대가는 길이에 차이가 있더라도 그 폭은 완전히 같아 모두 45m 정도이다. 장안의 각 성문마다 모두 3개의 문도(門道)가 있는데 각 문도의 폭은 8m이고 양쪽에 세운 기둥이 차지하는 2m를 제외하면 실제 폭은 6m이다. 이에 상응하여 각 대가 중간에는 폭이 약 90cm인 2개의 배수구가 있고 대가는 나란한 3개의 도로로 나누어져 있다. 중앙의 도로는 폭이 약 20m로 황제가 전용적으로 사용하는 '치도(馳道)'이며 양쪽의 두 도로는 각각 폭이 12m 정도로 관리와 일반민이 다니는 도로이다. 이것이 바로 장형이 「서경부」에서 말한 "각 면에 세 문이 나 있고 문 앞의 세 길은 평탄하고 곧아 수레를 나란히 하고서 12대가 다닐 수 있으며 성안의 도로는 날실과 씨실이 서로 교차하는 모양입니다."[46]고 한 것이며[이선(李善)은 "한 면마다 세 문이 있고 문에서 세 길이 있어 삼도(參塗)라고 한 것이다. 도로마다 4궤(軌, 수레바퀴 사이의 거리)를 수용할 수 있어 수레를 나란히 하고서 12대가

---

46_『文選』卷2 賦甲 京都上 張平子西京賦, p.61. 「旁開三門, 參塗夷庭, 方軌十二, 街衢相徑.」

다닐 수 있다고 한 것이다."[47]라고 주석을 달았다.]『삼보결록(三輔決錄)』에서도 "도로가 평탄하고 곧아 수레 12대를 나란히 할 수 있다. 문 앞 세 길이 활짝 나 있고 철로 만든 방망이로 견고하게 다졌다."[48][장주(張澍) 및 묘반림(茆泮林) 집본『상보결록』]고 하였다.

성 밖 북부 및 동북부의 '곽' 지역에는 바깥 지역으로 통하는 큰길이 있었다. 동벽의 북문(선평문)에서 동쪽을 향해 난 도로에는 조거(漕渠)와 패수(霸水)를 건너는 패교(霸橋)가 있으며 패수 동쪽의 광대한 지역까지 이르렀다. 이것이 성안에서 동쪽으로 뻗은 교통상 중요한 도로이다. 북벽의 서문[횡문(橫門)]에서 북쪽을 향해 난 도로는 횡교대도(橫橋大道)를 지나고 위수의 횡교(橫橋)를 건너 위수 북쪽의 광대한 지역까지 이르렀다. 이것은 성안에서 북쪽으로 뻗은 교통상 중요 도로이다. 선평문과 횡문이 중요한 출입문이라는 것 외에 낙성문(북벽의 동문), 주성문(북벽의 중문), 옹문(서벽의 북문) 등도 출입문이었다. 그 외의 성문 모두 궁전 지역으로 통하는 출입문이었지 일반인이 항상 다닐 수 있는 문은 아니었다. 안문대가가 남북 방향으로 난 가장 긴 도로일지라도 대부분 궁전 지역을 통과하기 때문에 일반인이 성을 나가거나 들어갈 때 사용하는 주요한 도로는 아니었다. 사람들이 밖에서 미앙궁으로 들어가려면 대부분 선평문 혹은 횡문에서 성으로 들어가고 횡문대가를 거쳐 남하하여 미앙궁 북궐로 들어가거나 혹은 안문대가를 거쳐 남쪽으로 내려와서 미앙궁의 동궐로 들어갔다.

---

**47_**『文選』卷2 賦甲 京都上 張平子西京賦, p.61.「一面三門, 門三塗, 故云參塗. 塗容四軌, 故方十二軌.」)

**48_**『三輔黃圖校釋』卷1 都城十二門, p.89「三輔決錄曰: … 衢路平正, 可幷列軌十二, 門三塗洞開, 隱以金椎.」 역자 주 이 구절의 '隱以金椎'를 '철로 만든 방망이로 견고하게 다지다.'라고 해석한 주장산(周長山)의 주장을 따랐다(周長山,「漢代的城郭」,『考古與文物』2003-2, p.47).

### 3) 장안성 밖의 북쪽과 동북쪽에 있는 '곽(郭)' 지역

장안성은 내성의 성격을 띠고 있어 원래 궁실, 관서, 창고, 귀족관리의 저택 등을 보호하기 위해 쌓은 것이므로 성안에는 소규모 시장 지역만 설치하였다. 당시 장안의 대규모 시장 지역과 대규모 일반 거주민의 주택 지역은 모두 성 밖 북쪽과 동북쪽에 있는 '곽' 지역에 분포하였다.

『삼보황도』에는 "장안의 여리(閭里)는 160개이고, 집들이 즐비하게 늘어서 있고 이문(里門)과 이도(里道)가 곧게 뻗어 있다."[49]고 하였다. 이 (里)의 면적은 작지는 않았다. 『한서』 평제기(平帝紀)에 "(원시(元始) 2년 [기원후 2년]) 또한 장안성에 5리를 만들고 주택 200구(區)로써 빈민을 거주토록 하였다."[50]고 되어 있다. 이에 근거하면 이(里)마다 주택 40구 (區)가 있지만 각 구마다 몇 호가 포함되어 있었는지는 상세하지 않다. 『한서』 지리지에 실린 원시 2년의 통계에는 "장안의 호수(戶數)는 8만 8 백이고, 구수(口數)는 24만 6천 2백이었다."[51]고 한다. 그 가운데 성 지역 또는 곽 밖의 농촌에 거주하는 소수를 제외한 대다수는 모두 성 밖 북쪽과 동북쪽의 곽 지역에 거주했을 것이다.

문헌과 한대의 간독 등을 통해 장안의 이(里) 명칭을 알 수 있는 것은 20개도 되지 않는다. 대부분은 그 소재지를 추정할 수 있는 방법이 없다. 단지 효리(孝里)가 옹문 안에 있었다는 것과 함리(函里)가 옹문 밖에 있었다는 것만이 확실하다. 송민구(宋敏求)의 『장안지(長安志)』 권5에서는 "효리시(孝里市)는 옹문의 동쪽에 있다."[52]고 하였다. 옹문의 동쪽은 곧 옹문의 안쪽이다. 이 시장의 규모는 비교적 작아 효리 안에 설치되

---

49_ 『三輔黃圖校釋』卷2 長安城中閭里, p.106. 「長安閭里一百六十, 室居櫛比, 門巷修直.」

50_ 『漢書』卷12 平帝紀, p.353. 「又起五里于長安城中, 宅二百區, 以居貧民.」

51_ 『漢書』卷 地理志上, p. 「長安戶八萬八百, 口二十四萬六千二百.」

52_ 『長安志』(『宋元方志叢刊:1』, 北京, 中華書局, 1990) 卷5 宮室3 漢下, p.100-上. 「孝里市, 在雍門之東.」

었고 그에 따라 이름이 붙여진 것이다. 『수경주』 위수(渭水)조와 『삼보황도』에서 모두 "그 물이 북쪽으로 들어가 함리로 가니 민간에서는 함리문(函里門)이라 부른다."[53]고 하였다. 여기서 말한 북쪽으로 함리로 들어간 물이란 옹문 밖을 거쳐 북상하는 혈수(沈水)이므로 함리가 곧 옹문 밖의 서북지역에 있었다는 것을 알 수 있다.

『삼보황도』에서는 장안의 시구(市區) 상황을 기술하며

> 『묘기(廟記)』에서 말하길 "장안에 시(市)가 9개 있는데 각각 방 266보이다. 6개의 시는 도로[54]의 서쪽에 있고, 3개의 시는 도로의 동쪽에 있다. 무릇 4리가 시 하나가 된다. 구주(九州)의 사람을 오게 하여 돌문(突門)에 있게 한다. 횡교대도를 사이에 두었고, 시루(市樓)는 모두 여러 층으로 된 높은 건물이었다."고 한다. 또한 "기정루(旗亭樓)는 두문대도(杜門大道) 남쪽에 있다."고 한다.[55]

라고 하였다. 『태평어람』 권191에 인용된 『궁궐기(宮闕記)』의 기록도 대부분 이와 동일하지만 다른 점은 "횡교대도를 사이에 두었고 남쪽에는 당시관(當市觀)이 있고" "기정루는 두문대도의 남쪽에 있고, 또 당시관이 있다."는 것이다.[56] 『문선』 「서경부」에 기록되어 있는 "아홉 개의 시장이 문을 열었다."[57]는 대목에 대해 이선(李善)도 「한궁궐소(漢宮闕疏)」에서 "장안에 아홉 개의 시장이 세워졌는데 그 가운데 여섯 개의 시장

---

**53_** 『水經注疏』 卷19 渭水下, p.1588. 「其水北入有函里, 民名曰函里門.」; 『三輔黃圖校釋』 卷1 都城十二門, p.86. 「其水北入有函里, 民名曰函里門.」

**54_** 역자 주 이 도로가 안문대가인지 횡문대가인지에 대해 논란은 있지만 횡문대가 설이 일반적으로 받아들여지고 있다.

**55_** 『三輔黃圖校釋』 卷2 長安九市, p.93. 「廟記云: 長安市有九, 各方二百六十六步. 六市在道西, 三市在道東. 凡四里爲一市. 致九州之人在突門. 夾橫橋大道, 市樓皆重屋. 又曰: 旗亭樓在杜門大道南.」

**56_** 『太平御覽:第2卷』 卷191 居處部 市, p.794. 「宮闕記曰:夾橫橋大道南又有當市觀, 旗亭樓在杜門大道南, 又有當市觀.」

**57_** 『文選』 卷1 賦甲 京都上 班孟堅西都賦, p.7. 「九市開場.」

은 대로 서쪽에 있고 세 개의 시장은 도로 동쪽에 있었다."[58]고 한 것을 인용하였다. "무릇 4리가 시 하나가 된다."는 것은 시장마다 4리로 구성되었다는 것이다. 이것이 서안 장안의 시장의 특징이다. 이를 근거로 추산하면 시 하나의 면적이 266평방보이고 시장을 구성하는 이(里)의 면적은 각각 133평방보이다. 서안 장안의 거주 단위인 '이(里)'를 보면 면적 크기가 일정하지 않다. 원래 '이(里)'의 면적은 1평방리[300평방보]이어야 하고 '이(里)'라는 명칭도 여기에서 비롯되었다. 후에 북위 도성 낙양에서도 '사방 300보를 1리로 하였고'[59](『낙양가람기』 권5) 당대 낙양의 이방(里坊)도 통칭하여 '넓이 300보'라고 하였다. 그러나 시장 안의 '이(里)'는 면적이 보통 '이(里)' 규모의 절반도 못 미치는 비교적 작은 '이(里)'였다.

장안에는 모두 9개의 시장이 있었고, 시장 하나가 266평방보이기 때문에 9개 시장은 모두 798평방보이다. 300보를 1리로 하여 환산하면 9개 시장은 모두 2.66평방리가 된다.[60] 이 같은 시장지역은 당연히 궁전, 관서, 관저 등이 있는 장안성에 둘 수 없는 것이다. 앞에서 인용한 『묘기』와 『궁궐기』에서 알 수 있듯이 장안의 시장 가운데 일부분만이 성안, 즉 서벽의 북문(옹문) 일대에 있었다. "구주의 사람을 오게 하여 돌문에 있게 한다."는 것에서 돌문이 곧 옹문이다. 『수경주』 위수조에 옹문은 "또한 돌문이라고도 한다."[61]고 하였다. 이곳은 각지에서 온 상인이 모여 사는 곳이었다. 횡교대도는 횡문(북벽의 서문)에서 횡교로 통하는 큰길이며 장안과 위수 이북에 있는 5개 능읍을 연결하는 중요한 도

58_『文選』, 卷1 賦甲 京都上 班孟堅西都賦, p.7. 「漢宮闕疏曰: 長安立九市, 其六市在道西, 三市在道東.」

59_『洛陽伽藍記校注』(范祥雍 校注, 上海古籍出版社, 上海, 1999) 卷5 城北, p.349. 「方三百步爲一里.」

60_ 역자 주 798평보는 3개 시장의 총면적이다. 9개 시장의 총면적은 2,394평방보이고 300보를 1리로 환산하면 7.98리가 된다.

61_『水經注疏』卷19 渭水下, p.1588. 「亦曰突門.」

로였고 그 때문에 상업 발달 지역을 이루어 '서시(西市)'가 설치되었다. 이 횡교대도를 끼고 "시루가 모두 여러 층으로 된 높은 건물이었고" 혹은 "횡교대도를 사이에 두고 남쪽에는 또한 당시관이 있었다."고 하였다. 당시관이란 곧 '서시'를 담당하는 장관의 관서가 있는 곳이다. 두문은 곧 북벽의 동문으로 낙성문(洛城門) 혹은 이성문(利城門)이라고도 부른다. '리(利)'와 '락(洛)'은 서로 바꾸어 가며 쓴 것이다. 『수경주』 위수조에 북쪽으로 나가는 세 번째 문(즉 동문)에 대해 "본래 명칭은 두문인데 또한 이성문이라고도 한다. … 그 밖에는 객사가 있어 민간에서는 객사문(客舍門)이라고 하고 낙문(洛門)이라고도 한다."[62]고 하였다. 낙성문은 본래 명칭은 두문이었고 하두문(下杜門)이라고도 하는 남벽의 복앙문과 구별되었다.[63] 이른바 두문대도란 낙성문(즉 두문)의 성 밖 큰길이며 낙성문 밖 가까이에 객사가 많이 있어 두문에 객사문이란 호칭이 있게 되었다. 그것은 '동시(東市)'에 가까웠다. 두문대도는 낙성문을 지나서는 성안의 두성문대가와 연결되고 남북 방향의 두성문대가는 또한 동서 방향의 선평문대가와 교차하는데 선평문대가는 동곽으로 향하는 교통상 중요한 도로이다. 이 일대는 일반민이 밀집하여 거주하는 지역이어서 거주민의 수요를 충족시키기 위해 두문대도 옆에 '동시'를 설치하였다. "기정루가 두문대도 남쪽에 있고 또한 당시관이 있다."고 한 것에서 기정루와 당시관은 '동시'를 담당하는 장관이 있는 곳이다. 이른바 시루, 당시관 그리고 기정루는 모두 시장 지역을 관리하는 장관의

---

62_ 『水經注疏』 卷19 渭水下, p.1590. 「本名杜門, 亦曰利城門. … 其外有客舍, 故民曰 客舍門, 又曰洛門也.」

63_ 남벽의 동문인 복앙문은 두문 혹은 하두문이라고 칭했다. 『삼보황도』에서는 "복앙문은 한편으로 두문이라고 부른다. … 그 남쪽에 하두성(下杜城)이 있는데 『한서집주(漢書集注)』에서는 '[하두성은] 두릉(杜陵) 아래에 있는 취락이다.'라고 하였다. 그래서 하두문이라고 부른다."고 하였다. 『수경주』 위수조에서는 복앙문은 그 남쪽에 하두성이 있기 때문에 하두문이라고 불렸다고만 했지 "한편으로 두문이라고 부른다."라고는 하지 않았다. 응당 『수경주』의 기록이 옳다. 『수경주』에서 복앙문의 별명이 하두문이라는 것을 기록하여 낙성문의 '본래 명칭은 두문'이라는 것과 서로 구별하였다.

관서이었다. 여러 층으로 된 건물이기도 하였고 지붕 꼭대기에 깃을 꽂기도 하여 이처럼 여러 종류의 다른 명칭이 있게 되던 것이다.[64]

두문대도에 대해 최근 다른 해석이 제기되었다. 혹자는 복앙문(남벽의 동문)을 또한 하두문이라고 부르기 때문에(『삼보황도』) 두문대도가 복앙문의 성 밖에 있었다고 한다.[65] 일본의 고가 노보루(古賀登)의 『한 장안성과 천맥(阡陌)·현향정리(縣鄕亭里)제도』(雄山閣, 1980, 91쪽)에 보인다. 혹자는 낙성문의 본래 명칭이 두문이라고 한 것 때문에(『수경주』 위수) 두문대도를 낙성문(북벽의 동문)에서 복앙문까지 관통하는 남북 방향의 큰길이라고 파악했다.[66] 생각건대 이 두 해석에는 모두 문제가 있다. 복앙문은 장락궁에서 남쪽으로 뻗은 성문이며 아울러 일반 거주민이 항상 출입하는 교통로도 아니기 때문에 이 일대가 상업 지역이 될수 없다. 낙성문과 복앙문의 위치를 보면 두 문이 남북으로 대치하고 있지 않고 낙성문은 서쪽에 치우쳐 있고 복앙문은 동쪽에 치우쳐 있다. 낙성문에서 복앙문까지 관통하는 남북 방향의 큰길이라면 명광궁과 장락궁을 가로질러야 하는데 아마 그것은 불가능했을 것이다. 게다가 장안성의 도로는 이른바 '장안성의 팔가구맥(八街九陌)'이라고 하듯이[67](『삼보황도』에서 인용한 『삼보구사』) 당시 모두 '가(街)'라고 불렀다. '대도(大道)'라고 칭한 것은 당시 성 밖의 큰길이었다. 예를 들어 횡문 밖에 횡문대도가 있었고 장성문(서벽의 남문) 밖에 편문교대도(便門橋大道)가 있었는데 한 무제 건원(建元) 3년(기원전 138) "이 길에 다리를 만들어 위수를 건넘으로써 무릉(茂陵)까지 가게 된다."[68][『한서』 무제기의 건원 3년 '처음으로

---

64_ 『사기』 삼대세표(三代世表)에서 "저선생(褚先生)이 ' … 기정(旗亭) 아래에 모여서…'라고 했다."고 하였다. 『사기집해』에서는 "서경부에서는 기정은 5층이다고 했고 설종(薛綜)은 '기정은 시루이며 그 위에 깃발을 세웠기에 그러한 이름을 얻게 된 것이다.'라고 했다."고 하였다.

65_ 古賀登, 『漢 長安成と阡陌·縣鄕亭里制度』, 雄山閣, 1980, p.91.

66_ 馬光醒, 「漢代長安城的營建及其形制」 『漢簡與漢代城市』 卷中.

67_ 『三輔黃圖校釋』 卷2 長安八街九陌, p.103. 「三輔舊事云: 長安城中八街九陌.」

68_ 『漢書』 卷6 武帝紀, p.158. 「於此道作橋跨渡渭水以趣茂陵.」

편문교(便門橋)를 만들었다.'는 대목에 대한 안사고의 주석]고 하였다. 낙성문의
본래 명칭은 두문이므로 두문대도란 낙성문의 성 밖 큰길이라고 생각
한다. 이곳은 상업이 발달한 지역이므로 '동시'의 소재지였을 것이다.
횡문의 성 밖의 횡교대도 양쪽에 있는 '서시'와 동서로 멀리 마주하고
있었다. 동서의 두 시장은 이처럼 곽 지역에서 대칭적으로 나란히 있었
고 후세의 도성에 '시'를 건설할 때 깊은 영향을 끼쳤다.

　장안의 시장에 대해 장형은「서경부」에서

　　이에 곽(廓)에 9개의 시장을 열고, 시장에 담장을 빙 둘러 연결하고 시장
　　의 문을 서로 통하게 하였습니다. 깃발을 꽂아 둔 시장 안의 누각은 5층
　　인데 시장의 모든 도로를 굽어 살필 수 있습니다. 주위에 담장을 연결하
　　고 문을 설치하며 기정(旗亭)은 5층이어서 온갖 도로를 굽어 살펴볼 수
　　있습니다. 주나라 제도에서는 대서(大胥)이지만, 오늘날에는 위(尉)일 뿐
　　입니다.[69]

라고 하였다. '환(闤)'은 시장 지역의 주위 담장이고 '궤(闠)'는 시장의 문
이다. "곽에 9개의 시장을 열고"라는 것은 9개의 시장을 넓고 크게 열
었다는 것을 의미하고 "시장에 담장을 빙 둘러 연결하고 시장의 문을
서로 통하게 하였습니다."라는 것은 시장 지역의 담장을 서로 연결하고
동시에 담장에 시문을 설치했다는 것을 말한다. "기정은 5층이어서"는
시장 지역의 장관이 거주하는 기정이 5층 건물이라는 것이고 "온갖 도
로를 굽어 살펴볼 수 있습니다."라는 것은 기정에서는 위에서 아래로
시 지역의 작은 도로까지 살펴볼 수 있다는 것을 말한다(그림 34 참조).
"주나라 제도에서는 대서이지만 오늘날에는 위일 뿐입니다."는 것은
주대에는 대서를 설치하여 시장 지역을 관리했지만[70] 현재 시장 지역의

---

　**69_**『文選』卷2 賦甲 京都上 張平子西京賦, p.61.「爾乃廓開九市, 通闤帶闠, 旗亭五重,
　　俯察百隧, 周制大胥, 今也惟尉.」

담당 관리는 삼보도위(三輔都尉)의 휘하에 있었다는 것이다. 『삼보황도』
에서는 "당시루(當市樓)에 영서(令署)가 있는데 상점, 재화, 매매, 무역 등
에 관한 일을 살펴보았고 삼보도위가 그것을 관장하였다."[71]고 하였다.
「서경부」에서 말한 '위'는 곧 삼보도위인 것이다. 삼보도위는 관할하는
장안의 9개 시장에 대해서 일을 나누어 처리하였다. 이 때문에 기정이
단지 하나만 있는 것이 아니라 두문대도에도 기정이 있었고 횡교대도
에도 기정이 있었으며 당시루라고 칭하였던 것이다.

　　『묘기』와 『궁궐기』에서 말한 "6개의 시는 도로의 서쪽에 있고 3개의

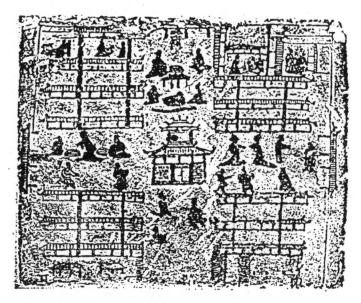

그림 34　동한 화상전의 시장 구조도(출전: 『四川漢代畫像磚』, 上海人民美術出版
　　社, 1987, 四川 成都 교외 출토)

70_『주례(周禮)』 지관(地官) 서사(胥師)에서는 "각각 그 시장의 소송에 관한 정령
　　(政令)을 담당하고 재화를 안정시키고 형벌과 금령을 내걸었다."고 하였다.
71_『三輔黃圖校釋』 卷2 長安九市, p.95. 「當市樓有令署, 以察商賈貨財賣買貿易之事,
　　三輔都尉掌之.」

시는 도로의 동쪽에 있다."는 것에서 도로가 명확하게 어떤 큰길을 가리키는지를 알 수 없지만 아마도 두문대도일 것이다. 북벽 밖이자 두문대도의 서쪽의 면적이 비교적 넓어 6개의 시장을 수용할 수 있고 두문대도의 서쪽의 면적은 비교적 좁아 3개의 시장만 수용할 수 있기 때문이다. 횡교대도에 있는 기정은 규모도 비교적 커서 대도의 양쪽에 걸쳐 있었고 '서시'를 관장하는 장관의 관사였다. 두문대도의 남쪽에 있는 기정은 '동시'를 관장하는 장관의 관사였다. 규모가 큰 서시는 혜제 5년(기원전 189) 9월에 장안의 성벽을 축조한 이후 혜제 6년(기원전 188)에 이르러 오창(放倉)와 함께 건설한 것이었다. 『한서』 혜제기에서 혜제 6년 6월에 "장안의 서시를 만들고 오창을 축조하였다."[72]고 하였다. 『사기』 한흥이래장상명신연표(漢興以來將相名臣年表)에서도 혜제 6년 7월에 "태창(太倉), 서시 등을 세웠다."[73]고 하였다. 이는 서시 건설과 오창 축조는 똑같이 대공정이었다는 것을 말한다. 서시에는 6개의 시장이 있어 시장 지역을 연결하는 주위 담장 및 시장의 문을 만들어야 했다. 즉 「서경부」에서 묘사한 "시장에 담장을 빙둘러 연결하고 시장의 문을 서로 통하게 하였습니다."는 것은 작은 성 하나를 건설하는 것과 같은 것이었다.

당시 시장 지역의 '시장'에는 주위를 두르는 담장과 시장의 문이 있었고 그것을 관장하는 관리를 설치했을 뿐만 아니라 거주 지역인 '이(里)'에서도 주위를 두르는 담장과 이(里)의 문이 있었고 관리도 두어졌다. 반고(班固)는 「서도부(西都賦)」에서

성안에는 대로들이 사방팔방으로 통하고 여염(閭閻)이 또한 천 개입니다. 9개의 시장이 문을 열었는데 재화가 종류별로 다 있고 시장 안의 가게가 늘어선 작은 도로가 나눠져 있습니다. 사람들은 뒤를 돌아볼 수 없을 정도로 붐볐고 수레는 돌릴 수 없을 정도로 많으며 성안에 가득하고

---

72_ 『漢書』 卷2 惠帝紀, p.91 「起長安西市, 修放倉.」
73_ 『史記』 卷22 漢興以來將相名臣年表, p.1123. 「立太倉・西市.」

곽(郭)까지 넘쳐나 수많은 상점에 두루 퍼져 있었습니다. 저잣거리에 날아오르는 흙먼지가 사방에 가득하였고 [시장 안에서 나오는] 연기와 하늘의 구름이 서로 이어질 정도였습니다.[74]

라고 하였다. '여(閭)'은 이문(里門)이고, '염(閻)'은 이(里) 속의 문(門)이다.[75] "여염이 또한 천 개입니다."는 것은 크고 작은 이문(里門)이 많다는 것과 거주 지역인 '이(里)'가 널리 분포했다는 의미한다. 이때 장안의 거주 지역과 시장 지역은 성안 북북에서 성 밖의 북'곽'과 동북'곽'으로 넓게 펼쳐져 있어 「서도부」에서 "성안에 가득하고 곽까지 넘쳐나"라고 한 것이다.

현재 위수는 한 장안성유지로부터 북쪽으로 5.5km 떨어져 있는데 이것은 위수가 북쪽으로 이동했기 때문이다. 근래에 고릉현(高陵縣) 경진(耿鎭) 남쪽 즉 위수에서 남쪽으로 2.5km 떨어진 곳에서 당대 개원(開元) 9년(721)에 새겨진 「중수동위교비기(重修東渭橋碑記)」의 경당(經幢) 일부가 출토되었다. 이는 당대에 위수가 지금 위수의 남쪽 약 2.5km에 있었다는 것을 의미하며[76] 서한 초에 위수는 지금 위수에서 남쪽으로 약 4km 떨어진 곳에 있어 원래 위수는 남쪽으로 장안성과 단지 1.5km밖에 떨

---

74_ 『文選』 卷1 賦甲 京都上 班孟堅西都賦, p.7. 「内則街衢洞達, 閭閻且千, 九市開場, 貨別隧分, 人不得顧, 車不得旋, 闐城溢郭, 旁流百廛, 紅塵四合, 煙雲相連.」

75_ 『설문해자』의 '려(閭)'·'염(閻)' 등 글자에 대한 해설과 『후한서(後漢書)』 반고전(班固傳)에 기재된 「서경부」에 관한 이현(李賢)의 주석을 참고.

76_ 왕풍림(王楓林)은 『함양고적략(咸陽古迹略)』18 함양교(咸陽橋) 조목의 주(注)2에서 "동위교(東渭橋)에서 당개원중수동위교비(唐開元重修東渭橋碑)가 출토된 것에 의거하여 추산하면, 당시 교량 유지는 현재 위수 남쪽 기슭에서 약 2.5km 떨어져 있는 셈이 된다. 이로부터 위수는 평균적으로 250년마다 북쪽으로 1리씩 이동하였다는 것을 추측할 수 있다. 중위교(中渭橋)는 진시황 때 세운 것이나 구체적인 연대는 사료에 기재되어 있지 않다. 기원전 230년은 지금으로 약 2,000년쯤 떨어져 있어 위수가 북쪽으로 이동한 이수(里數)는 8리 남짓이다."라고 하였다 [함양문관회(咸陽文管會) 편, 1980]. 이러한 계산은 정확한 것이다. 『삼보황도』와 소림(蘇林)이 "위교는 장안에서 북쪽으로 3리 떨어진 곳에 있었다."고 한 것과 서로 합치된다.

어지지 않았다는 것을 추측할 수 있다. 『한서』문제기에서 "송창(宋昌)이 위교에 이르렀다."[77]고 했는데 안사고의 주석에서는 소림(蘇林)이 "장안에서 북쪽으로 3리 떨어진 곳에 있다."[78]고 한 것을 인용하였다. 『삼보황도』에서도 "위교는 장안에서 북쪽으로 3리 떨어진 곳에 있다."[79]고 하였다. 위수는 실제 북'곽' 밖을 두르는 큰 해자로서의 기능을 갖추고 있었던 것이다. 당시 북'곽'에 있는 시장 지역과 거주 지역은 북쪽 성벽 밖과 위수 남쪽 1.5km이내에 분포하고 있어 위수가 방어 시설의 기능을 하였다. 북'곽' 전체 밖으로 난 교통상 중요한 도로는 횡문과 횡교 사이에 있는 남북 방향의 큰길이다.

당시 횡문 북쪽과 위수 이남에는 '도문(都門)'이 설치되어 있었고 위수 이북에는 '극문(棘門)'이 설치되었다.[80] 『수경주』위수조에서

북쪽으로 나가는 서편 끝단의 첫 번째 문은 본래 횡문이라 하였다. … 여순(如淳)이 말하기를 "횡(橫)자의 음은 광(光)이므로 광문(光門)이라고도 하며 그 외곽에는 도문이 있고, 극문도 있었다."고 하였다. 서광(徐廣)이 말하기를 "극문은 위북(渭北)에 있었다."고 하였다. 맹강(孟康)은 "장안의 북쪽에 있었고, 진나라 때 궁문(宮門)이었다."고 하였다. 여순은 "『삼보황도』에서 극문은 횡문 밖에 있었다고 한다."고 하였다. 『한서』에 따르면 서려(徐厲)가 이곳에 주둔하며 흉노를 대비하였다.[81]

---

77_ 『漢書』卷4 文帝紀, p.107. 「昌至渭橋.」
78_ 『漢書』卷4 文帝紀, p.107. 「蘇林曰: "在長安北三里."」
79_ 『三輔黃圖校釋』卷6 渭橋, p.355. 「渭橋在長安北三里.」
80_ 극문(棘門)은 또한 극문(戟門)이라고도 칭하는데 옛날에는 궁문 앞에 창[戟]을 세워 두었기에 극문(戟門)이라고 칭하게 되었다. 이 문은 진대(秦代) 함양궁의 궁문을 새로 지으면서 세운 것이다. 그에 따라 '극문(棘門)'이라는 명칭이 생겨났다.
81_ 『水經注疏』卷19 渭水下, pp.1588~1589. 「北出西頭第一門, 本名橫門 … 如淳曰: 音光, 故曰光門, 其外郭有都門, 有棘門. 徐廣曰: 棘門在渭北. 孟康; 在長安北, 秦時宮門也. 如淳曰: 三輔黃圖曰 棘門在橫門外. 按漢書, 徐厲軍于此備匈奴.」

고 하였다. 여기서 말하는 "외곽에는 도문이 있다."는 것은 북곽의 대문(大門)을 가리킨다. 도성 장안 전체는 내성과 외곽을 포괄하고 있는데 내성의 문은 '성문'이라고 칭한다. 흔히 성문은 한 글자로 이름을 삼고 그 위에 성(城)자를 붙여 '~성문'이라고 칭한다. 예로서 패성문, 장성문, 낙성문, 주성문 등을 들 수 있다. 외곽의 문은 '도문'이라고 부르는데 동도문(東都門) 등을 예로 들 수 있다. 극문은 북쪽 곽문의 북쪽에 있는 또 하나의 큰 문으로 군사적 필요 때문에 진대(秦代)의 궁성문을 개축하여 만든 것이다. 「군국지(郡國志)」(『태평어람』 권183 인용)에서 "서북에는 극문이 있는데 한 문제가 군사를 주둔시킨 곳이다."[82]라고 하였다.[83]

장안성 밖에는 북곽과 동곽이 있었다. 북곽에는 도문(都門)이 있었고 동곽에는 동도문(東都門)이 있었다(그림 35와 그림 36 참조). 『수경주』 위수 조에서는

> 동쪽에서 북쪽 머리로 난 첫 번째 문은 본래 선평문(宣平門)이라 하였다. 혹은 동도문이라고도 한다. 그 곽문 또한 동도문이라 하는데 봉맹[逢萌: 동한 초의 은둔자]이 관직을 버리고 거처한 곳이다.[84]

---

82_『太平御覽:第2卷』卷183 居處部 門下, p.729. 「(郡國志)又曰:西北有棘門, 漢文帝屯軍之所.」

83_『사기』 효문본기(孝文本紀)에서는 "후(後)6년 겨울 흉노 3만 명이 상군(上郡)으로 들어왔고 3만 명은 운중(雲中)으로 들어왔다. 하내수(河內守) 주아보(周亞父)를 장군으로 삼아 세류(細柳)에 머물게 하였고 종정(宗正) 유례(劉禮)를 장군으로 삼아 패상(霸上)에 있도록 하였으며 축자후(祝玆侯)는 극문(棘門)에서 군대를 주둔하며 흉노를 방비토록 하였다."고 하였다. 『사기집해』에서는 "서광은 위북(渭北)에 있었다고 하였고 배인(裴駰)은 맹강이 '장안 북쪽에 있었으며 진나라 때 궁문이었다.'고 한 것을 제시하였고 여순은 『삼보황도』에서는 극문은 횡문 밖에 있다고 하였다."고 하였다. 『한서』 문제기의 기술도 동일하며 안사고의 주에서 맹강과 여순의 주장을 인용하고 있는 점도 똑같다.

84_『水經注疏』卷19 渭水上, p.1584. 「東出北頭第一門, 本名宣平門 … 一曰東都門. 其郭門亦曰東都門, 卽逢萌挂冠處也.」

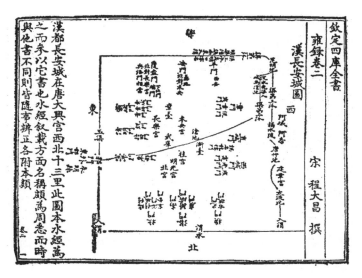

**그림 35** 송(宋)나라 정대창(程大昌) 『옹록(雍錄)』 수록: 한장안성도(漢長安城圖)
(출전: 四庫全書本)

고 하였다. 『삼보황도』의 기록도 기본적으로는 이와 같아서, 선평문은 "민간에서는 이른바 동도문이라고 하였고", "그 곽문 또한 동도문이라 하였다."[85]고 하였다.[86] 횡문 밖의 북곽문을 '도문'이라고 칭한 것처럼 본래는 선평문 밖의 동곽문만 '동도문'으로 칭해졌다. 고문헌에도 모두

---

85_ 『三輔黃圖校釋』卷1 都城十二門, p.76. 「民間所謂東都門, … 其郭門亦曰東都門.」

86_ 『한서』원제기(元帝紀) 건소(建昭) 원년조에서 "가을 8월에 하얀 나방 무리가 날아올라 해를 덮고 동도문에서 지도(枳道)까지 이르렀다."고 하였다. 안사고의 주에서는 "여순이 『삼보황도』에서는 '장안성 동벽의 북쪽문은 선평성문(宣平城門)이라고 하고 그 외곽은 동도문이라고 한다.'고 하였다."는 것을 인용하였다. '선평문은 민간에서는 이른바 동도문이라고 한다.'는 이야기가 없는 것은 금본(今本) 『삼보황도』와는 다르게 고본 『삼보황도』에는 이 구절이 없었기 때문일 것이다. 금본 『삼보황도』에서 "그 곽문 또한 동도문이라고 한다."고 한 것에 대해 진직(陳直)의 『삼보황도교증(三輔黃圖校証)』(陝西人民出版社, 1980, 23쪽)에서는 『옥해(玉海)』에 의거하여 "그 곽문은 또한 동곽문(東郭門)이라고 한다."고 고쳤는데 이것은 착오이다. 『수경주』위수조에서도 선평문은 "한편으로 동도문이라고 하고 그 곽문 또한 동도문이라고 한다."고 하였다.

동곽문만을 동도문으로 칭하였다.[87] 이 점은 창읍왕(昌邑王) 유하(劉賀)
가 추앙받으며 장안으로 들어오는 과정을 통해 명확히 알 수 있다. 한
소제(昭帝, 재위: 기원전 86~기원전 74)가 죽자, 후계자가 없었다. 대장군 곽
광(霍光)이 유하를 장안으로 불러 상례를 주관하고 아울러 제위 계승을
준비하도록 했다. 유하는 낭중령(郎中令) 공수(龔遂)의 시중을 받으며 길
을 나서 장안으로 들어왔는데, 『한서』 창읍왕전(昌邑王傳)에는 유하가
장안으로 들어오는 도중에 공수가 그에게 '슬픔을 다해서' 곡하는 방법
을 가르쳐 주는 과정이 기록되어 있다.

유하가 패상(霸上)에 이르니 대홍로(大鴻臚)가 교외에서 맞이하였는데 …
다음날 아침에 광명[廣明: 광명원(廣明苑)]에 있는 동도문에 도착했을 때
공수가 "예(禮)에서는 타국에 있다가 친족의 상(喪)을 듣고 달려왔을 때[88]
도성을 바라보면서 곡을 해야 한다고 합니다. 이곳이 장안의 동곽문입니
다."라고 하였다. 유하가 "내가 목이 아파 곡할 수 없구나."고 하였다. 성
문에 이르러 공수가 다시 말하자 유하는 "성문에서도 곽문과 같을 따름
이구나."라고 하였다. 또한 미앙궁의 동궐에 도착하니 공수가 "창읍왕의
장막이 궐 밖 치도(馳道) 북쪽에 있습니다만 장막에 아직 이르지 않으셨

---

87_ 『한서』 소광전(疏廣傳)에서는 "소광은 마침내 병이 위중하다는 것을 칭하며 늙
    었다는 것을 아뢰고 고향으로 돌아갈 것을 상소하였다. … 공경, 대부 및 같은 현
    의 사람 등이 전별 연회를 동도문 밖에서 열었다."고 하였다. 안사고의 주에서는
    "소림(蘇林)이 '장안의 동곽문이다.'라고 한" 것을 인용하였다. 『한서』를 살펴보
    면 세 곳에서 동도문을 제시하고 있는데 소광전 이외에 원제기(元帝紀), 창읍왕
    전(昌邑王傳)에서 모두 동곽문을 가리키고 있다. 『후한서』 유분자전(劉盆子傳)에
    서 "마침내 동도문을 공격하여 장안성에 들어가니 경시제(更始帝)가 항복하였
    다."고 하였는데 이현(李賢)의 주에 "『삼보황도』에서 '선평문은 장안성 동벽의
    북쪽 끝에 있는 첫 문이며 그 외곽은 동도문이라고 한다.'고 하였다."고 기록되어
    있다.
88_ 역자 주 『예기(禮記)』 권53에는 분상(奔喪)에 대한 예(禮)가 기술되어 있는데 정
    현(鄭玄)은 분상을 다른 나라에 있다가 상(喪)을 듣고서 달려 돌아오는 예라고 주
    석하였다(『禮記集解』 卷53 奔喪, p.1334. 「鄭氏曰: "奔喪者, 居於他邦, 聞喪奔歸之
    禮.」).

어도 … 대왕께서는 마땅히 수레에서 내려 궐을 향해서 서쪽을 바라보며 곡을 하여 슬픔을 이루 다 나타내십시오."라고 하였다. 왕이 "알았다."고 하였다. 도착하여 곡을 의례대로 하였다.[89]

여기에서 선평문 밖의 동도문이 광명에 있고 동도문이 곧 동곽문이라는 것을 알 수 있다. 또한 "성문에 이르러"라는 것은 선평문에 도착하였다는 것이다. 당시 사람들이 동쪽에서 장안의 조궁[朝宮, 미앙궁]으로 들어올 때 반드시 먼저 패상에 이르고 광명의 동도문을 지나 다시 선평문으로 들어가 선평문 대가의 서쪽으로 나아가서 안문대가에 이르러 남쪽으로 꺾어서 내려간 뒤에 미앙궁의 동궐에 도착했던 것이다. 이른바 광명의 동도문이 곧 동곽문이었다. 동곽에는 조거(漕渠)를 이용한 방어용 해자가 설치되었다. 조거는 『수경주』에서 기록한 곤명고거(昆明故渠)로서 곤명지(昆明池)를 수원으로 하고, 장안성의 동남 지역을 거쳐 동북방향으로 흘러 위수로 들어간다. 도중에 패성문, 청명문, 선평문 밖을 지나친다(그림 36 참조). 이른바 패상(霸上)은 패교 일대이다. 패수는 장안 동쪽 10㎞ 떨어진 곳에 있으며 동곽문 밖에 있는 요충지이다. 그 기능은 북곽문 밖으로 위수 북쪽에 있는 극문과 같다. 한 문제 6년(기원전 158)에 흉노가 침공했을 때, 문제가 장군 세 명을 파견하여 패상, 극문과 세류(細柳, 장안 서남 15㎞)에 주둔하여 방비토록 한 것에서 그 군사적 중요성을 알 수 있다.

선평문과 동도문은 장안에서 동쪽으로 나가거나 장안을 향해 서쪽으로 들어오는 주요한 출입구이어서 사람들은 종종 여기서 친족과 친구를 배웅하거나 맞이했다. 한 선제(宣帝, 재위: 기원전 73~기원전 47) 때에 난

---

89_ 『漢書』 卷63 昌邑哀王髆傳, p.2765. 「賀到霸上, 大鴻臚郊迎, … 旦至廣明東都門, 遂曰: "禮, 奔喪望見國都哭. 此長安東郭門也." 賀曰: "我嗌痛, 不能哭." 至城門, 遂復言, 賀曰: "城門與郭門等耳." 旦至未央宮東闕, 遂曰: "昌邑帳在是闕外馳道北, 未至帳所, … 大王宜下車, 鄉闕西面伏, 哭盡哀止." 王曰: "諾." 到, 哭如儀.

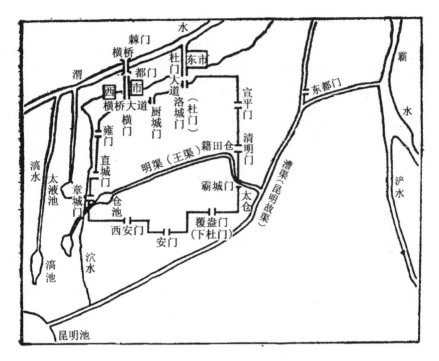

그림 36 서한 장안성 곽지역 배치도(출전: 楊寬, 「西漢長安布局結構的探討」, 『文博』 1984-創刊號)

릉[蘭陵: 산동성 역현(嶧縣)의 동쪽]의 소광(疏廣) 및 형의 아들 수(受)가 병을 핑계로 각각 태자태보(太子太輔), 소부(少輔)의 관직을 그만두고 고향으로 돌아가려하자 "공경(公卿), 대부(大夫), 같은 현의 사람 등이 전별 연회를 동도문 밖에서 여니 전송하려는 자의 수레가 수백여 대였다."[90](『한서』 소광전)고 한다. 동쪽에서 장안을 공격하거나 혹은 장안에서 동쪽으로 물러날 때에도 종종 동도문을 거쳐야 했다. 적미군(赤眉軍)이 경시(更始) 정권을 공격했을 때 '동도문을 공격해 장안성에 들어갔던' 것이다. 훗날 적미군이 의양(宜陽) 주변까지 후퇴하고 포위를 당해 유수(劉秀)에게

---

90_『漢書』 卷71 疏廣傳, p.3040. 「公卿大夫故人邑子設祖道, 供張東都門外, 送者車數 百兩.」

투항할 때에 적미군의 승상인 서선(徐宣) 등이 머리를 조아리며 "신 등은 장안의 동도문을 나왔는데 군신들이 의론을 나누어 성덕(聖德)을 지니신 황제께 귀순하기로 하였습니다."[91]고 하였다. 여기서 언급한 동도문에 대해서 주석가들은 모두 동도문이라고 생각하였는데 이것은 정확한 것이다. 선평문은 동도성문(東都城門)이라고도 칭했다. 왕망(王莽) 때 봉맹(逢萌)은 그 아들이 살해되었기 때문에 "곧 관을 벗고 동도성문에 걸어두고 돌아왔다."[92][『후한서』일민전(逸民傳)]고 하였다. 두독(杜篤, 동한 초 문인)이 저술한 「논도(論都)」에는 "이듬해[건무(建武) 19년(기원후 43)]에 조를 내려 함곡관(函谷關)을 복구하고 장안에는 대가궁(大駕宮), 육왕저(六王邸), 고차구(高車廄) 등을 짓고 동도성문을 수리하며 경수와 위수를 잇는 다리를 놓도록 하였다."[93][『후한서』문원전(文苑傳)]고 하였다. 이른바 '동도성문'은 선평문을 가리키는 것으로 '동도문'이라는 동곽문과 구별하였다.[94]

장안성의 방위력을 증강하기 위해서 12성문 밖으로 10리 정도 떨어진 곳에 정(亭, 외곽정)이 설치되었다. 『수경주』위수조와 『삼보황도』에

---

91_ 『後漢書』卷41 劉盆子傳, p.485. 「徐宣等叩頭曰: "臣等出長安東都門, 君臣計議, 歸命聖德."」

92_ 『後漢書』卷83 逸民列傳 逢萌傳, p.2759. 「即解冠挂東都城門歸.」

93_ 『後漢書』卷80上 文苑列傳 杜篤傳, p.2597. 「明年, 有詔復函谷關, 作大駕宮・六王邸・高車廄於長安, 脩理東都城門, 橋涇・渭.」

94_ 『후한서』일민전에서 봉맹(逢萌)이 "곧 관을 벗고 동도성문을 걸고서 돌아왔다."고 하였다. 이현의 주에서는 "『한궁전명(漢宮殿名)』에서는 '동도문(東都門)은 오늘날 명칭은 청문(青門)이다.'고 하였고 『음의(音義)』에서는 '장안 동곽성(東郭城)의 북쪽 끝 첫 번째 문이다.'라고 하였다."고 하였다. 『태평어람』권183에서 『한궁전명』을 인용하여 "곽문은 동곽문으로 오늘날 명칭은 청문(青門)이다."라고 하였다. 현재 선평문유지는 부근에 청문구(青門口), 청문구동촌(青門口東村)과 청문구서촌(青門口西村) 등이라고 명명된 촌이 있다. 선평문이 오호십육국시대에 일찍이 청문으로 개명된 것은 왕중수(王仲殊)의 「漢長安城考古工作續記」(『考古通訊』1958-4)에 상세히 나와 있다. 『한궁전명』에서는 잘못하여 동도문(즉 동곽문)이 청문(青門)으로 불린다고 보았다. 봉맹이 관을 걸어 둔 동도성문(東都城門)은 바로 선평문이며 동도성문이라고 칭함으로써 동도문이라고 칭하는 동곽문과 구별하였던 것이다.

는 왕망이 12성문 및 외곽정의 명칭을 바꾼 것이 기재되어 있다. 그는 선평문 및 그 외곽정을 춘옥문(春玉門)과 정월정(正月亭)으로 개칭하였다. 이러한 개명에서도 당시 선평문이 12성문 가운데 가장 중요한 위상을 차지하고 있었다는 것을 알 수 있다. 그는 또한 횡문 및 그 외곽을 삭도문(朔都門)과 좌유정(左幽亭)으로 고쳤는데[95] 삭도문은 도성의 북문이라는 의미이다. 이 개명에서 횡문도 선명문과 마찬가지로 중요하며 이 두 성문 밖의 곽문은 모두 '도문'이라는 성격을 띠고 있다는 것을 알 수 있다.

장형은 「서경부」에서 "이에 남북 길이와 원형 면적을 측정하고 동서 길이와 방형 면적을 고찰하여 해자를 파고 성 밖의 대곽을 조영하였습니다."[96]라고 하였는데 서한 장안의 '해자' 밖에는 확실히 '곽'이 있었던

---

95_ 진직은 『삼보황도교증』 25쪽의 '횡문(橫門)' 조목에서 필원(畢元)본[『옥해』]에 의거하여 '王莽更名朔都門左幽亭'의 10자를 증보하였다. 『수경주』 위수조를 살펴보면 "橫門, 王莽更名覇都門左幽亭."이라고 했는데 '패(覇)'는 '삭(朔)'의 잘못이다. 진직은 "왕망이 12성문의 이름과 정(亭)의 이름을 고칠 때 혹 네 자가 연속하여 의미를 갖는 것을 취하였는데 예로 선평문을 춘왕문정월정(春王門正月亭)으로 고친 것을 들 수 있다. 혹은 네 자가 대응하여 의미를 갖는 것을 취하기도 하였는데 예로 안문을 광례문현락정(光禮門顯樂亭)으로 고친 것을 들 수 있다. 본문에서 '삭(朔)'·'빈(豳)' 두 글자는 지명으로 의미가 서로 연결되어 있다. 또한 내가 예전에 '삭'자가 있는 기와를 소유한 적이 있는데 정면에는 새끼줄 무늬가 있고 뒷면에는 도범(陶範)으로 '삭'자가 10개나 찍혀 있어[陳直, 『摹廬叢著七種』(齊魯書社, 1981), p.372에 나와 있다.] 왕망의 삭도문(朔都門)에 사용된 기와가 아닐까라고 생각하였다."고 하였다. 생각건대 진직이 『수경주』를 교정하여 '패'자는 '삭'자의 잘못이다라고 한 것은 매우 옳은 것이다. 다만 '정'의 명칭에서 『수경주』를 쫓아 '유(幽)'라고 써야 하는 것이 옳다. 『옥해』 권169에서는 『삼보황도』를 인용하여 '王莽更名朔都門左幽亭'이라고 바르게 쓰고 있다. 『상서』 요전(堯典)에서 "다시 화숙(和叔)에서 명하시어 북쪽 땅[삭방(朔方)]에 있게 하니 유도(幽都)라 하고 겨울 밭일을 고르게 살피도록 했다."고 하였다. 『사기』 오제본기(五帝本紀)에서 이 부분을 인용하면서 삭방을 북방(北方)으로 썼다. 『이아』 석훈(釋訓)에서는 "삭(朔)은 북방이다."라고 하였다. 오제본기의 『사기색은』에서 "『산해경(山海經)』에서 '북해(北海) 안에는 유도라는 이름의 산이 있다.'고 하니 무릇 이것이다."라고 하였다. 왕망이 이름을 朔都門左幽亭으로 고친 것은 요전에 의거한 것이다.
96_『文選』 卷2 賦甲 京都上 張平子西京賦, p.51. 「于是量徑輪, 考廣袤, 經城洫, 營郭郛.」

것이다. '곽'은 북부와 동북부에만 있었기 때문에 북곽문과 동곽문만 있었다. 이런 '곽'은 하천을 이용하면서 '이(里)'과 '시(市)'의 담장을 연결해 만든 것으로 높고 크며 정돈된 성벽은 아니었다. 당시 북부와 동북부의 곽지역은 주요한 거주 지역이자 시장 지역으로 중요한 경제 중심지를 이루었다. 이것은 장안성 안이 전국의 정치중심이라는 점과 서로 잘 대응한다. 이처럼 서한의 '성'과 '곽'이 연결된 배치 구조는 선진시대와 진대 도성의 제도를 계승하면서도 발전한 것이다. 장안의 '성'은 도성 전체 가운데 서남부에 위치하였고 '곽'은 도성 전체 가운데 동북부에 있는 것은 춘추전국시대 중원에 있었던 여러 강대국의 도성 배치 구조를 여전히 답습한 것이다. 심지어 서주 초에 건설된 동도 성주의 배치 구조를 답습한 것이라고도 말할 수 있다. 따라서 장형이 「서경부」에서 서한대에 장안이 건설될 때 "이내 진나라 제도를 참고하고 주나라의 규모를 뛰어넘었습니다."[97]고 하였다. 이선(李善)은 "과(跨)는 뛰어넘는다는 것이다. 진나라 제도에 근거하였기 때문에 '참고한다(覽)'라고 한 것이다. 주나라와 비교하여 뛰어났기 때문에 그것을 뛰어넘었다고 한 것이다."라고 주석을 달았다.[98]

주공(周公)이 동도 성주에 큰 '곽'을 건설하려고 한 중요한 목적 가운데 하나가 줄기를 강하게 하고 가지를 약하게 하고자 하는 것이었다. 은 귀족의 반란을 방지하려고 은 귀족을 성주의 동곽에 옮겨 살도록 하였던 것이다. 진시황이 6국을 통일한 뒤에도 줄기를 강하게 하고 가지를 약하게 하기 위해 "천하의 부호를 함양으로 옮긴 것이 12만 호였다."고 한다.[99] 이 12만 호는 원래 함양의 동곽에서 수용할 수 없어 그 수용 지역이 아마 함양 주변 지역까지 확대되었을 것이다. 한 고조가 장안을

---

97_『文選』卷2 賦甲 京都上 張平子西京賦, p.52. 「乃覽秦制, 跨周法.」

98_『文選』卷2 賦甲 京都上 張平子西京賦, p.52. 「跨, 超也, 因秦制, 故曰覽. 比周勝, 故曰跨之也.」

99_『史記』卷6 秦始皇本紀, p.239. 「徙天下豪富於咸陽十二萬戶.」

건설한 이후 똑같이 줄기를 강하게 하고 가지를 약하게 하는 정책을 실행하여 관동(關東)의 6국 귀족 및 부호를 관중으로 옮겨 능원을 받들도록 하거나 능읍을 건설하도록 하였다. 한대 황제 7명이 모두 동방의 귀족과 부호를 옮겨 능읍을 설치하였다. 장안 동남에는 패릉[覇陵, 문제릉]과 두릉[杜陵, 선제릉]이 있고 장안 동북에서 서북에 이르는 지역에는 장릉[長陵, 고조릉], 안릉[安陵, 혜제릉], 양릉[陽陵, 경제릉], 무릉[茂陵, 무제릉]과 평릉[平陵, 소제릉]이 있었다. 이들 능읍은 명목적으로는 가까이에 있는 '현(縣)'이지만 실질적으로는 멀리 떨어져 있는 '곽'의 성격을 가지고 있었다. 반고는 「서도부」에서

> 만약 장안의 사방 교외를 관망하고 가까운 현을 돌아다녀 본다면 남으로 두릉과 패릉이 보일 것이고 북으로는 다섯 능[장릉, 안릉, 양릉, 무릉, 평릉]이 보일 것입니다. 이름난 도성이 교외의 곽과 마주 대하고 있고 현읍(縣邑)의 주택들은 서로 이어져 있을 것입니다. 그곳은 뛰어난 인재가 사는 지역이고 고관대작들이 일어나는 곳입니다. 달관귀인(達官貴人)들이 구름 같이 무리지어 왕래하고 일곱 승상과 다섯 공경들이 있습니다. 이들은 주군(州郡)의 호걸, 오도(五都)의 부유한 상인들과 함께 세 등급에 뽑힌 사람들로서 칠릉(七陵) 지역으로 옮겨져 능읍을 받들도록 충원되었습니다. 황릉의 호 등을 세 번에 선발하고 일곱 번 옮겨 능읍을 받는 것에 충당하였습니다. 무릇 줄기를 강하게 하고 가지를 약하게 함으로써 도성을 융성하게 하여 온 나라에 위엄을 보이려 했던 것입니다.[100]

라고 하였다. 멀리 떨어진 곽이라는 성격을 지닌 능현에는 많은 인구가 있었다. 『한서』 지리지의 기록에 따르면, 원시(元始) 2년(기원후 2), 무릉

---

100_ 『文選』 卷1 賦甲 京都上 班孟堅西都賦, p.8. 「若乃觀其四郊, 浮游近縣, 則南望杜・覇, 北眺五陵, 名都對郭, 居邑相承. 英俊之域, 馺娑所興, 冠盖如云, 七相五公. 與乎州郡之豪杰, 五都之貨殖, 三選七遷, 充奉陵邑. 盖以強幹弱枝, 隆上都而觀萬國也.」

에는 6만 1천여 호, 27만 7천여 명이 있어 인구수가 장안을 능가하였다. 장릉에도 5만여 호, 17만 9천여 명이 있었다. 인재를 배출하여 이른바 '뛰어난 인재가 사는 지역'이자 '일곱 승상과 다섯 공경'이 나온 지역인 것이다. 예를 들어 거천추(車千秋, 무제때 승상, 장릉읍 출신), 전연년[田延年, 소제(昭帝)때 대사농(大司農), 양릉읍 출신], 전하[田何, 무제때 태중대부(太中大夫), 두릉읍 출신] 등은 모두 제(齊)에서 천사된 전(田)씨의 후예들이다. 동시에 상업도 발달하고 경제적으로도 번성하여 『사기』화식열전(貨殖列傳)에서는 "진(秦)의 효공(孝公)과 소왕(昭王)이 함양에서 나라를 통치하여 그 때문에 한나라도 이곳을 도읍으로 삼았다. 장안의 여러 능(陵)에는 사방에서 물자와 사람들이 모여들어 땅은 좁지만 사람은 많아 그 백성은 더욱 교활해지고 말업[末業, 상업]에 종사하였고"[101] "관중의 부상(富商)과 대고(大賈)는 대체로 모두 전(田)씨였다."[102]고 하였다. 게다가 이들 능현은 행정계통상 특수한 지위를 지니고 있어 삼보(三輔)의 관할에는 속하지 않고 종묘, 능침 등과 관련된 의례를 담당하는 태상(太常)의 관할하에 있었다. 이를 통해 이들 능현이 경사, 특히 황실을 지원하는 기능을 갖추고 있었다는 것은 명백하다. 따라서 "무릇 줄기를 강하게 하고 가지를 약하게 함으로써 도성을 융성하게 하여 온 나라에 위엄을 보이려 했던" 것이다.

---

101_ 『史記』 卷129 貨殖列傳, p.3261. 「[孝]·昭治咸陽, 因以漢都, 長安諸陵, 四方輻湊並至而會, 地小人衆, 故其民益玩巧而事末也.」
102_ 『史記』 卷129 貨殖列傳, p.3281. 「關中富商大賈, 大抵盡諸田.」

# 11. 동한·북위(北魏) 낙양의 '성'과 '곽'의 배치 구조

### 1) 동한 낙양성의 내성 성격 및 그 '좌북조남(坐北朝南)' 구조

동한의 도성인 낙양의 유지는 이른바 한위고성(漢魏故城)으로 현재 하남성 낙양시 동쪽 15km에 있다. 전통적으로 한위고성은 원래 서주의 동도인 성주의 엣터라고 이야기되어 왔지만 정확한 것은 아니다. 이곳은 원래 전국시대의 동주의 도시이다. 소진(蘇秦)이 바로 동주 낙양의 승헌리(乘軒里) 사람이었다. 낙양은 원래 신흥 상업도시로서 인구도 많았으나, 전국 말에 진(秦)나라에게 공격받아 점령당했다. 하남(지금의 낙양시)과 낙양은 일찍이 여불위(呂不韋, ?~기원전 225)의 봉읍이 되었고, 인구는 많게는 10만 호에 이르렀다.

낙양고성은 불규칙한 장방형을 띠고 있는데 남북 길이가 당시에는 약 9리 정도이고 동서 폭이 당시에는 약 6리 정도이기 때문에 '구륙성(九六城)'이라고 불렀다.[1] 유지의 남벽은 낙수(洛水) 때문에 파괴되었고, 서벽은 4,290m가 남아 있고 북벽의 길이는 약 3,700m이며 동벽은 3,895m가

---

1_ 『속한서』 군국지에서는 『제왕세기(帝王世紀)』를 인용하며 "성의 동서 길이는 6리 10보이고 남북 길이는 9리 100보이다."라고 하였다. 또한 『진원강지도기(晉元康地道記)』를 인용하여 "성의 남북 길이는 9리 70보이고 동서 길이는 6리 10보이다."라고 하였다. 『원하남지(元河南志)』 권2에서 "민간에서는 동서 6리이고 남북 9리라고 전하며 또한 구륙성(九六城)이라고 한다."고 한 것은 『제왕세기』·『진원강지도기』와 다르지 않다.

남아 있다. 여기에 남벽을 더하면 성벽의 둘레는 약 13,000m가 되어 한 대의 약 31리에 해당하여, 기본적으로는 문헌기록과 일치한다. 성안의 총면적은 9.5㎢이다.

진 및 서한시대의 낙양에는 이미 남궁(南宮)과 북궁(北宮)이 있었다. 한 고조가 사수(汜水)의 북쪽에서 즉위한 후, "낙양의 남궁에서 주연을 베풀 었다."[2]고 한 것이 『사기』 고조본기에 보인다. 『사기정의』에서 『여지지 (與地志)』를 인용하여 "진나라 때 이미 남북궁이 있었다."[3]고 하였다.[4] 또 동한 광무제(光武帝, 재위: 25~57)가 남궁의 각비전(却非殿)에 도착한 후에 낙 양을 도읍으로 정하였다. 광무제는 건무(建武) 14년(38) 정월에 "남궁의 전 전(前殿)을 세웠다."[5][『후한서』 광무본기(光武本紀)]고 한다. 이 남궁의 전전이 바로 숭덕전(崇德殿)이다. 후에 위(魏) 명제(明帝, 재위: 227~239)는 숭덕전 옛 터에 태극전(太極殿)을 세웠다.[6] 『원하남지(元河南志)』에 실린 「후한경성도 (後漢京城圖)」에 의하면, 각비전은 남궁의 단문(端門) 남쪽에 있고, 숭덕전 은 각비전의 뒤에 있으며, 앞에는 장대문(章臺門)이 있다(그림 37 참조).

---

2_ 『史記』 卷8 高祖本紀, p.380. 「置酒雒陽南宮.」

3_ 『史記』 卷8 高祖本紀, p.380. 「興地志云秦時已有南北宮.」

4_ 왕응린의 『옥해』 권1 궁(宮)조에서는 "무릇 진나라가 관중에 도읍을 두었을지라 도 주나라의 동도제도(東都制度)를 모방하여 낙양에 궁궐을 세웠다."고 하였다. 『후한서』 유현전(劉玄傳)에서는 "경시(更始) 2년(24) 2월 경시제(更始帝)가 낙양 에서 서쪽으로 가려고 했다. 처음 출발할 때 이송(李松)이 경시제의 거마(車馬)를 받들어 인도했으나 말들이 놀라 달아나다가 북궁의 철주문(鐵柱門)에 부딪혀 말 세 마리가 모두 죽었다."고 하였다. 『속한서』 오행지(五行志) 5에 "말의 재앙이 다."라고 하여 동일한 기록을 담고 있다. 이 기사들은 서한 때 낙양에 일찍부터 북궁이 있었다는 것을 충분히 설명해 준다. (역자 주) 저자는 『후한서』 유현전 기사 에서 '李松奉引人馬驚奔'라고 하였으나 현행 중화서국 표점본에서는 '李松奉引, 馬 驚奔'이라고 하여 '인(人)'자가 없다. '인(人)'자가 있을 경우 뜻이 순통하기 어려워 중화서국 표점본의 기록을 따라 번역하였다.)

5_ (역자 주) 『후한서』 권1 광무본기(光武本紀)의 건무(建武) 24년 정월조에는 이 기사 는 보이지 않는다. 단 이 전전이 숭덕전이라는 것과 관련하여 안제기(安帝紀)의 협주(夾註)에서 「洛陽南宮有崇德殿」[『후한서』 권5 효안제기(孝安帝紀)]이라고 기 록된 구절을 찾을 수 있다.

6_ 『수경주』 곡수(穀水)조에서는 "위 명제가 태극(太極)을 본받으려 하여 낙양 남궁 에서 한의 숭덕전이 있던 옛터에 태극전을 세웠다."고 하였다.

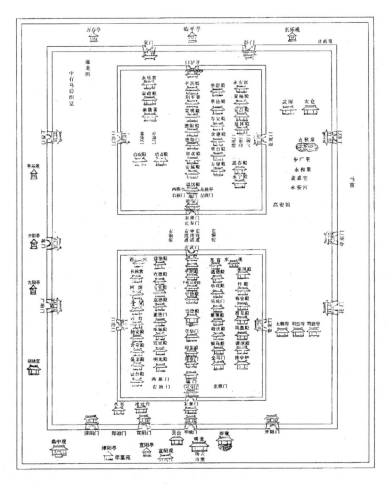

그림 37　후한 궁성도(宮城圖)(출전:『考古學報』1959-2)

　　북궁이 중건된 것은 동한 명제(明帝, 재위: 58-75) 때이다. 영평(永平) 3
년(60년)에 "북궁 및 여러 관부를 세우고"[7] 영평 8년(65) 10월에 "북궁이
완성되었다."[8](『후한서』 명제기)고 한다. 북궁의 대전(大殿)은 덕양전(德陽

7_『後漢書』卷2 孝明帝紀, p.107.「起北宮及諸官府.」
8_『後漢書』卷2 孝明帝紀, p.111.「北宮成.」

殿)이다. 덕양전의 동서 폭은 37장 4척이고, 남북 길이는 7장으로,[9] 진의 아방궁과 서한의 미앙궁 전전과 비교하면 면적이 그렇게 크다고 할수는 없지만 덕양전의 '뜰[정(庭)]'은 상당히 넓어 아방궁처럼 1만 명을수용할 수 있었다. 또 계단의 높이는 2장이고, 전각 앞에는 주작오궐(朱雀五闕)이 있는데 우뚝 솟아 구름 속으로 들어갈 듯하며 40리 밖에서도볼 수 있을 만큼[10] 규모가 매우 웅대했다.

동한 낙양의 배치 구조는 서한 장안의 배치 구조와는 확연히 다르다.서한 장안의 주요 궁실은 장락궁과 미앙궁으로 동서 횡렬로 배치되어있고 동문을 정문으로 삼았다. 동한 낙양의 주요 궁실은 남궁과 북궁으로 남북 종렬로 배치되어 있고 남문을 정문으로 하였다. 장안성의 동남부에 위치한 장락궁은 주로 태후가 거주하는 장소로서 이용되고 서남부에 위치한 미앙궁은 조정의 중심이어서 대조회는 모두 미앙궁의 전전에서 거행되었다. 낙양의 북궁 가운데 영락궁(永樂宮)과 영안궁(永安宮)이 태후가 거주하는 곳이었으나 북궁과 남궁 모두 조정으로 사용되었고 원단(元旦)의 대조회는 북궁의 덕양전(德陽殿)에서 거행되도록 규정되었다(그림 38 참조).

---

9_ 『낙양궁각부(洛陽宮閣簿)』(『속한서』 예의지(禮儀志) 중(中)의 유소주(劉昭注)에 인용]에서 "덕양전은 남북 방향으로 7장이고 동서 방향으로 37장 4척이다."라고 하였다. 면적은 진 아방궁과 서한 미앙궁 전전에는 미치지 못한다. 아방궁은 동서로 500보(즉 30장)이고 남북으로 50장이라는 것이 『사기』 진시황본기에 보인다. 미앙궁 전전은 동서로 50장이고 깊이는 15장이라는 것은 『삼보황도』 권2에 보인다.

10_ 채질(蔡質)의 『한의(漢儀)』(『속한서』 예의지 중의 유소주에 인용)에서 "정월 원단에 천자가 덕양전으로 행차하여 전각에 올랐다. … 덕양전은 주위에 만 명을 수용할 수 있었다. 계단은 높이가 2장이고 모두 문양을 새긴 돌로 단(壇)을 만들었다. 연못물을 덕양전 아래로 끌어서 솟구치게 하였다. … 천자는 정월 원단의 절기에 따른 연회에서 관리들을 여기서 맞이하였다. 언사에 도착했는데 궁과 43리나 떨어져 있어도 주작오궐과 덕양전을 바라볼 수 있고 그 윗부분은 우뚝 솟아 있어 하늘과 이어져 있었다."고 하였다.

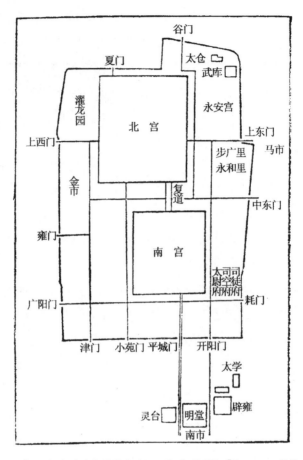

그림 38 동한 낙양성내 궁실 분포도(출전: 尾形勇, 『東アジアの世界
帝國』, 東京, 講談社, 1985)

　장안의 성문은 사면에 각각 세 문이 있으며, 동벽의 성문을 정문으로
삼아 문궐을 설치했다. 아울러 동벽의 북문[선평문(宣平門)]이 주요한 성
문이 되었으며 '동도성문(東都城門)'이라고도 불렸다. 선평문 밖의 동곽
문도 '동도문(東都門)'이라고 칭해졌다. 낙양의 성문은 동서 양쪽 성벽에
각 세 문이 있었고 북벽에는 두 문만 있었다. 남벽에는 네 문이 있었고
남벽에서 동쪽으로 치우쳐 있는 평성문(平城門)이 정문이 되었다. 채옹

(蔡邕)은 "평성문은 남쪽 문으로 궁과 연결되어 있어, 교(郊)제사 때 법가 (法駕)가 드나드는 곳으로 문 가운데 가장 존숭되는 문이다."[11][『속한서(續 漢書)』오행지(五行志) 1]라고 하였다. 평성문은 남쪽에서 북쪽을 향하여 바로 남궁의 남문[주작문(朱雀門)]과 마주 보아 주로 황제가 남문 밖으로 교제사를 지내러 나갈 때 사용되었다. 그에 따라 '문 가운데 가장 존숭 된 것'이었다. 12개의 성문 가운데 평성문만이 궁문으로 취급되었고, 위위(衛尉) 관할에 속하며 사마(司馬)를 두어 주관토록 했는데 사마의 질 록은 천석(千石)이었다. 다른 11개의 성문은 모두 성문교위(城門校尉) 관 할에 속했고 후(候)를 두어 관장토록 했는데 후의 질록은 육백석(六百石) 이었다.[12] 주의해야 할 점은, 평성문은 원래 없었던 것이지만 건무(建武) 14년에 남궁의 전전이 건축된 이후에 건설되기 시작하였다는 것이다. 남궁의 전전은 이해 정월에 건축되기 시작하였고 평성문은 이해 9월에 세워지기 시작했다. 『고금주(古今注)』[『속한서』백관지(百官志) 4, 유소(劉昭) 의 주에서 인용]에서 "건무 14년 9월에 평성문을 내었다."[13]고 하였다.[14]

---

11_ 『後漢書』志  五行 1, p.3288. 「平城門, 正陽之門, 與宮連, 郊祀法駕所由從出, 門 之最尊者也.」

12_ 『속한서』백관지 2 위위(衛尉) 조에서 "궁액문(宮掖門)의 경우 문마다 사마(司 馬) 한 사람이 있고 비천석(比千石)이다."라고 했다. 주에서는 "남궁의 남둔사마 (南屯司馬)는 평성문(平城門)을 주관하고 궁문의 창룡사마(蒼龍司馬)는 동문(東 門)을 주관한다. 현무사마(玄武司馬)는 현무문(玄武門)을 주관하고 북둔사마(北 屯司馬)는 북문(北門)을 주관한다."고 하였다. 『속한서』백관지 4 성문교위(城門 校尉) 조에서 "성문에는 문마다 후(候) 한 사람이 있고 육백석(六百石)이다."라고 했다. 주에서는 "낙양성에는 12문이 있는데 그 정남의 한 문은 평성문이라고 하 고 북궁문(북궁은 남궁이 잘못된 것이다.)은 위위(衛尉)에 속한다."라고 하였다. 평성문을 제외하고 그 나머지 11개문은 성문교위의 관할에 속하였고 문마다 질 록 600석의 후 한 명을 두었던 것이다. 유소의 주에서는 『한관질(漢官秩)』을 인 용하여 "평성문은 궁문이어서 후를 두지 않고 남둔사마를 두는데 질록은 천석(千 石)이다."라고 하였다.

13_ 『後漢書』志 百官 4, p.3610. 「建武十四年九月開平城門.」

14_ 『속한서』백관지 2 궁액문(宮掖門) 조의 주에서 "남궁의 남둔사마가 평성문을 주관한다."고 하였다. 주에서는 『고금주』를 인용하여 "건무 13년 9월 처음으로 이 문을 내었다."고 했는데 '13년'은 '14년'이 잘못된 것이다.

평성문은 단지 황제가 남문을 나와 교제사를 할 때 사용된 것일 뿐만 아니라 신하들이 남궁의 전전으로 나아가 조회에 참가할 때에도 이용되었다는 것을 알 수 있다. 이는 당시 조회의 예법에 있어서 매우 중대한 개혁이었다.

서한의 예제 규정으로는 미앙궁에 가서 조회에 참가할 때는 동궐(東闕)로 들어가야 하고, 상서할 때나 알현을 하고자 할 때에는 북궐(北闕)로 들어가야 했다. 상서와 알현을 접수하고 관장하는 공거사마(公車司馬)도 북궐에 있었다. 그러나 동한의 예제에서는 조회에 참가할 때는 남문으로 들어가도록 하였고, 상서하거나 알현을 구하고자 할 때도 남궐에 이르도록 하였다. 『속한서』 백관지에서 '위위소속의 공거사마 한 사람'이 "궁의 남궐문을 관장하였는데 실제 관장하는 업무는 관리의 상주문, 사방에서 바친 것 및 징수한 것을 공거에게 알리는 것 등이었다."[15]고 하였다. 이러한 예제의 변경으로 전체 도성의 배치에 중대한 변화가 발생했다. 이로부터 궁실의 남문이 주요한 출입구가 되어 남벽의 평성문이 중요한 성문이 되었다. 반면 북벽의 두 성문은 중요성을 잃어 하문(夏門, 북벽의 서문)은 종종 상여를 보내는 통로로 이용되었고[16] 곡문(穀門, 북벽의 동문)은 범죄자를 성 밖의 처형장으로 호송하는 곳으로 이용되었다.[17]

---

**15_** 『後漢書』志 百官 2, p.3579. 「掌宮南闕門, 凡吏門上章・四方貢獻及徵詣公車者.」

**16_** 『후한서』 이고전(李固傳)에서는 "이고의 제자 여남(汝南)의 곽량(郭亮)은 … 궐에 이르러 글을 올려 이고의 시신을 거둘 수 있기를 구하였으나 허가되지 않았다. 하문(夏門)으로 가서 울며 그 앞에서 하소연을 하였다. 마침내 상여를 보내야 하나 그가 그곳을 떠나지 않으니 하문의 정장(亭長)이 그를 꾸짖었다. …"고 하였다. 『후한서』 두교전(杜喬傳)에서는 "두교의 옛 연(掾)인 진류(陳留)의 양광(楊匡)은 그것을 듣고 울고불며 밤낮으로 빨리 가서 낙양에 도착하여 이내 고적책(故赤幘)을 차고 부탁하여 하문의 정리(亭吏)가 되었다. 시신과 상여를 지켜 파리와 구더기로부터 보호하고 몰아낸 지 12일이 되었다."고 하였다. 하문이 상여를 내보내는 곳이라는 것을 알 수 있다. 『동관한기(東觀漢記)』[『후한서』 포영전(鮑永傳)의 이현의 주에서 인용]에서 "때마침 조왕(趙王) 량(良)은 중장랑(中將郎) 내흡(來歙)의 상여를 보내는 것을 쫓아가다가 돌아왔는데 하성문(夏城門)으로 들어오다가 오관장(五官將)의 거마(車馬)와 서로 부딪쳤다."고 하였다.

낙양성이 북쪽에 자리 잡고 남쪽으로 향하는 배치 구조였기 때문에 식량과 무기를 저장하는 태창(太倉)과 무고(武庫)는 모두 성안의 동북 귀퉁이, 즉 북궁의 동북쪽에 조성되어 있었다. 『낙양기(洛陽記)』[『후한서』 건심전(堅鐔傳)의 주에서 인용]에서 "건시전(建始殿) 동쪽에 태창이 있고, 창고 동쪽에 무고가 있다."[18]고 하였다. 무고는 동쪽 성벽을 방벽으로 하였다. 영제(靈帝) 때 무고 및 동원(東垣, 동쪽 성벽) 지붕의 앞뒤가 허물어졌는데 채옹은 "동원은 창고의 바깥 방벽이 된다."[19](『속한서』 오행지 1)고 하였다. 『원하남지』의 「후한경성도」에서 무고를 태창의 서쪽에 그린 것은 잘못된 것이다. 태창은 적천(狄泉) 북쪽에 건설되었는데, 적천과 양거(陽渠)가 서로 통하여[20] 조운에 편리하였다. 또 조정대신인 '삼공(三公)'의 관부도 남쪽 성벽 동문[개양문(開陽門)] 안쪽에 설치하였는데, 『고금주』에서 "영평(永平) 15년(72)에 다시 태위(太尉)·사도(司徒)·사공(司空)의 관부를 개양성문 안에 설치하였다."[21]고 하였다. 남궁의 동문에 가깝다. 사도부와 남궁의 동궐은 서로 마주하고 있다. 채질(蔡質)은 『한의(漢儀)』에서 "사도부와 창용궐(蒼龍闕)은 마주한다."[22]고 하였다[이상은 모

---

**17**_ 『후한서』 장준전(張俊傳)에서 "정위(廷尉)가 곡문으로 나가 형벌을 집행하려고 하였는데 등태후(鄧太后)가 조(詔)를 내려 말을 타고 가서 사형 판결을 감면토록 하였다."고 하였다.

**18**_ 『後漢書』 卷22 堅鐔傳, p.783. 「洛陽記曰: "乾始殿東有太倉, 倉東有武庫."」

**19**_ 『後漢書』 志 五行 1, p.3288. 「東垣, 庫之外障.」

**20**_ 『제왕세기』(『태평환우기』 권3 낙양현조에서 인용)에서 "경왕(景王)은 적천(翟泉)에 묻혔다. 지금 동양문(東陽門) 안에는 큰길이 있고 북쪽에는 태창이 있으며 중간에는 경왕릉(景王陵)이 있는데 서남쪽으로 척광리(步廣里)를 바라보고 북쪽으로 적천을 조망한다. 두 곳이 서로 떨어진 거리가 대략 같았다."고 하였다. 『수경주』 곡수조에서는 "지금 생각건대, 주(周) 위렬왕(威烈王)은 낙양성 안 동북 귀퉁이에 묻혔고 경왕의 무덤은 낙양의 태창 안에 있는데 적천은 두 무덤 사이에 있다. 광막문(廣莫門)은 길 동쪽에 있고 건춘문(建春門)은 길 북쪽에 있어 그 길은 바로 동궁가(東宮街)이다. 낙양에 있어서는 동북지역이다."고 하였다. "거(渠)의 물길은 사공부(司空府) 앞을 지나 태창 남쪽을 거쳐 동양문의 석교(石橋) 밑으로 나가 양거(陽渠)로 들어간다."고 하였다.

**21**_ 『後漢書』 志 百官 2, p.3557. 「古今注曰: "永平十五年, 更作太尉·司徒·司空府開陽城門內."」

두 『후한서』 백관지의 유소(劉昭) 주에서 인용한 것이다].

동한 낙양과 서한 장안의 배치 구조는 비록 다르지만 성의 성격에는 달라진 것은 없어 낙양성의 성격은 여전히 내성이라고 할 수 있다. 남궁과 북궁의 면적은 광대할 뿐만 아니라, 성안의 주요한 부분을 점유하고 있다. 북궁의 북벽은 북쪽 성벽에 가까울 뿐만 아니라 남궁의 남벽도 남쪽 성벽에 가깝고 남문은 평성문과 서로 잇닿아 있다. 사도와 사공의 두 관부는 "너무나도 볼만한 정도로 웅대하고 화려한"[23][『태평어람』 권207에서 인용한 『한관의』] 규모였다. 낙양성은 궁전, 창고, 관서 등을 갖추었고 그것들은 서한의 장안과 똑같이 전체 도성 내에 가득 퍼져 있다. 화연준(華延儁)은 『낙양기(洛陽記)』에서 "낙양성 안에는 궁전, 높고 웅대한 건물, 문서와 재물 창고, 관부가 있었고 무릇 11,219개의 문이 있었다."[24][『옥해』 권173 한낙양성(漢洛陽城) 조에서 인용]고 하였다. 『태평환우기』 권3 낙양현(洛陽縣) 조에서는 『낙양기』를 인용하며 "낙양성은 동서로 7리이고, 남북으로 9리이다. 안에는 궁전, 높고 웅대한 건물, 문서와 재물 창고, 관부가 있으며 위진시대에는 무릇 11,219개의 문이 있었다. 영가(永嘉)의 난[307~313] 때, 유요(劉曜)가 낙양으로 진입하니 동진의 원제(元帝)가 강을 넘었으므로 낙양성의 관청과 마을은 무성하게 풀만 자랐다."[25]고 기록하고 있다. 반고는 「동도부」에서 "이에 황성 안은 궁실들이 빛나고 밝았으며 궁궐의 뜰은 신묘하고 화려했는데 사치한 곳은 법도를 넘지 않았고 검소한 곳도 과분하지 않았습니다."[26]라고 하였

---

22_ 『後漢書』 志 百官 1, p.3560. 「蔡質漢儀曰: "司徒府與蒼龍闕對."」

23_ 『太平御覽: 第3卷』 卷207 職官部 太尉, p.30. 「(漢官儀曰:) … 光觀壯麗.」

24_ 『玉海: 第5冊』(宋 王應麟 撰, 上海, 上海古籍出版社, 1987) 卷173 宮室 城上 漢洛陽城, p.476 上. 「洛陽城內, 宮殿·臺觀·府藏·寺舍, 凡有一萬一千二百十九門.」

25_ 『太平寰宇記』 卷3 河南府 洛陽縣, p.138. 「洛陽城東西七里, 南北九里, 內宮殿·臺觀·府藏·寺舍, 晉魏之代, 凡有一萬一千二百十九門. 自永嘉之亂, 劉曜入雒陽, 元帝渡江, 官署里閭, 鞠爲茂草.」

26_ 『文選』 卷1 賦甲 京都上 班孟堅東都賦, p.32. 「於是皇城之內, 宮室光明, 闕庭神麗, 奢不可踰, 儉不能侈.」 역자 주 저자는 '是以皇城之內'라고 인용하고 있으나 '於是皇城之內'를 잘못 쓴 것이다.

다. 분명히 낙양 전체의 성격은 '황성(내성)'이라고 할 수 있다.

## 2) 북위 낙양성의 내성 성격과 '남향'의 배치 구조

동한 이후 낙양성은 몇 차례의 전란 속에 파괴되었고, 여러 차례 중건되었다. 동한 말 낙양은 파괴된 뒤, 위(魏) 조비(曹丕, 재위: 220~226)가 도읍을 세울 때 원래 있던 기초 위에 수리하여 복원하였고 아울러 확충하였다. 위 명제(明帝, 재위: 226~239)는 동한 남궁의 숭덕전(崇德殿)의 기초 위에 태극전(太極殿)을 건축했다. 이로부터 이후 황궁 정전을 태극전이라고 부르게 되었다. 또 북궁 북쪽으로 방림원(芳林園)을 확대하였고 성의 서북 귀퉁이에 금용성(金墉城)을 건축하였다. 금용성은 방어용 보루라는 성격을 지녔다. 서진(西晉)에서도 낙양을 도읍으로 정하고서 건축 공사를 일으키기도 하였지만 대체적으로 예전의 배치 구조를 답습하였기 때문에 커다란 변화는 없었다.

서진 말에 낙양성이 파괴된 후, 북위(北魏) 효문제(孝文帝, 재위: 471~499)가 평성(平城)에서 낙양으로 천도한 뒤에야 폐허 위에 새롭게 다시 도성을 건축하여 원래 있던 도성의 배치 구조를 조정했다. 남궁을 없애고 원래 있던 북궁의 기초 위에 궁을 완성하였는데 성의 중북부에 위치하며, 약간 서쪽으로 치우쳐 있었다. 궁벽은 장방형을 띠고 있었으며 남북 길이는 약 1,398m이고 동서 폭은 약 600m이며, 면적은 약 1㎢로 성 전체 면적 가운데 1/10을 차지하였다. 동쪽 성벽의 북문[건춘문(建春門)]에서 서벽의 북문[창합문(閶闔門)]까지 전체 성을 가로지르는 동서 방향의 큰길이 하나 있는데, 궁벽의 동문과 서문을 통과하여 황궁을 남북 두 부분으로 나누었다. 남쪽 부분은 조회 장소이고, 북쪽 부분은 침궁 소재지였다. 남쪽 중북부에서 서쪽으로 치우친 곳에는 정전인 태극전이 세워졌는데, 이곳이 일상적인 조회가 거행되는 대전이었다. 실측에 의하면 전각 터는 장방형으로 동서 폭이 약 100m이고, 남북 길이가 약

60m이며, 유지는 지면보다 4m 높았다. 황궁 남벽의 서쪽에는 북쪽을 향하여 태극전과 마주 보는 곳에 정문인 창합문(閶闔門)이 세워져 있었다. 실측에 의하면 문 통로에 난 공간 넓이가 46m에 이르러 전체 낙양성의 구조물 가운데 가장 큰 성문 건축이다. 창합문에서 남쪽으로 남쪽 성벽의 선양문(宣陽門)에 이르는, 남북을 관통하는 큰길이 하나 있는데 폭이 41~42m으로 동타가(銅駝街)로 불리며 성안에서 남북 방향의 중축선이 되었다. 원래 동한 북궁의 남문 밖에 난 큰길 양쪽에 동으로 만든 한 쌍의 낙타가 안치되어 있어서 동타가로 불리게 되었다. 화연준은 『낙양기』(『태평어람』 권195에서 인용)에서 "동으로 만든 두 낙타가 궁의 남쪽 길에 있는데 동서로 마주하고 있다. 높이는 9척으로 한대에 동타가라고 한 곳이다."[27]라고 하였다. 북위의 동타가는 동한의 북궁 남문 밖으로 정남향으로 난 큰길을 연장한 것으로 원래 있던 남궁 터를 통과하여 선양문까지 이르렀다.

『낙양가람기(洛陽伽藍記)』 권1에 의하면 어도(즉 동타가)의 동서 양쪽을 따라서 원래 남궁 터에 일련의 중앙 관서가 건설되었다. 길의 동쪽에는 좌위부(左衛府, 좌위장군부), 사도부(司徒府), 국자학(國子學), 종정시(宗正寺), 태묘(太廟), 호군부(護軍府) 및 의관리(衣冠里) 등이 있었다. 길의 서쪽에는 우위부(右衛府, 우위장군부), 태위부(太尉府), 장작조(將作曹), 구급부(九級府), 태사(太社), 능음리(凌陰里) 등이 있었다. 능음리란 '네 왕조(동한, 조위, 서진, 북위) 시대에 얼음을 저장하는 장소'이고 원래는 동한 남궁의 이대(謻臺)의 옛터이다. 『수경주』 곡수(穀水)조에서 "『낙양제궁명(洛陽諸宮名)』에서 '남궁에는 이대, 임조대(臨朝臺)가 있다.'고 하였고 「동경부(東京賦)」에서 '그 남쪽에는 이문(謻門)의 굽고 높은 건물이 대지 위에 있어 해자를 비스듬히 가로막았습니다.'고 하였다. 주에서 '이문은 빙실(冰室)의 문이다'라고 하였다."[28]고 하였다. 이는 북위가 남궁을 없애고

---

27_『太平御覽:第2卷』 卷195 居處部 街, p.827. 「華氏洛陽記曰:兩銅駝在宮之南街, 東西相對, 高九尺, 漢時所謂銅駝街.」

남궁의 옛터에 일련의 중앙관서를 건축하였으나, 남궁 가운데 몇몇의
특수한 용도가 있는 건축물, 예를 들어 얼음 보관소 같은 곳은 여전히
옛 그대로 이용하였다는 것을 의미한다.

　북위가 이처럼 중앙관서를 궁의 남쪽 대가 양쪽에 집중적으로 건설
한 배치 구조가, 동한이 중앙관서를 남궁의 동남쪽에 조성한 것보다 훨
씬 합리적이다. 동한말 조조(曹操)가 위왕(魏王)이 되어 업(鄴, 지금의 하북
성 임장현(臨漳縣) 서남쪽, 업진(鄴鎭)의 동쪽)에 도읍를 정하고, 중앙관서를
궁의 남쪽 대가의 동서 양쪽에 집중적으로 조성한 적이 있었다. 업성
(鄴城)은 동서 폭이 7리이고, 남북 길이가 5리이며, 성 가운데 동서 방향
의 큰길이 하나 있는데 성 전체를 남북 두 부분으로 나눈다. 북쪽 부분
의 한 가운데가 궁실이며 동쪽은 귀족들이 거주하는 척리(戚里)이고 서
쪽은 왕실의 동작원(銅雀苑)이었다. 그 밖에 백장고(白藏庫), 무고(武庫),
승황구(乘黃廐, 말을 기르는 곳)가 동작원 서쪽의 성벽 가까운 곳에 있었다.
궁실은 동서 두 부분으로 나뉘었다. 서쪽 부분에는 문창전(文昌殿)이 있
는데 조회를 거행하는 장소였고, 동쪽 부분에는 청정전(聽政殿)이 있는
데 일상적인 정무를 보는 내조(內朝)가 있는 곳이었다. 문창전 밖의 정문
을 단문(端門)이라 불렀고, 청정전의 정문을 사마문(司馬門)이라 불렀다.
사마문 안으로는 일련의 내조의 관서가 있는데 예를 들어 상서대(尙書
臺), 어사대합(御史臺閣), 낭중령부(郎中令府), 내의서(內醫署) 등이 있었다.
사마문 밖으로 정남향으로 난 대로 양옆에는 또한 외조의 관서가 있는
데 예를 들어 상국부(相國府), 어사대부부(御史大夫府), 봉상시(奉常寺), 대
농시(大農寺) 등이 있었다. 동시에 동액문(東掖門) 정동쪽으로 난 대로의
남쪽에는 또한 대복경시(大僕卿寺), 중위시(中尉寺) 등이 있었다[『문선』 권6
권 위도부(魏都賦)에 대한 이선(李善)의 주에 상세하게 보인다.](그림 39 참조). 업
도에서 이처럼 주요 중앙관서를 사마문 밖에 집중적으로 건설한 조치

---

28_ 『水經注疏』 卷16 穀水, p.1422. 「洛陽諸官名曰: "南宮有謻臺・臨朝臺." 東京賦曰:
　　"其南則有謻門曲榭, 邪阻城洫. 注云: 謻門, 冰室門也.」

는 북위가 본받은 방법이었다.

북위 낙양성의 배치 구조가 잘 정비되었고 더욱 합리적일 수 있었던 것은 중원의 몇 도성의 뛰어난 점을 종합해서 채용한 결과였기 때문이다. 북위 귀족은 본래 선비족(鮮卑族) 탁발씨(拓跋氏)로 원래 경제와 문화가 모두 비교적 낙후하였다. 도무제[道武帝, 탁발규(拓跋珪), 재위: 386~409]가 천흥(天興) 원년(398)에 평성[平城: 지금의 산서성 대동(大同)시 동북]으로 천도할 때 아직 성곽은 없었는데 천흥 8년(405) 이후에야 비로소 점차 건설하기 시작하면서 업, 낙양, 장안 등을 모방하였다. 『위서(魏書)』 막함전(莫含傳)에서 "태조(太祖: 도무제)가 궁실을 넓히고자 하여 평성사방 수십 리를 측량하고 업, 낙양, 장안의 제도를 모방하려고 하였다."[29]고

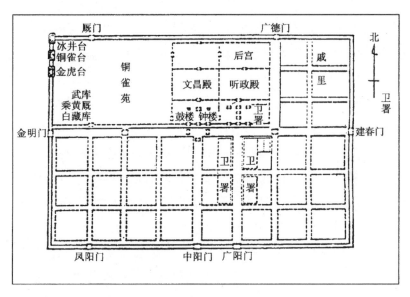

그림 39 조위업성(曹魏鄴城)의 배치 구조(출전: 劉敦楨 主編, 『中國古代建築史』; 尾形勇, 『東アジアの世界帝國』)

---

**29**_『魏書』卷23 莫含傳, p.604. 「後太祖欲廣宮室, 規度平城四方數十里, 將模鄴·洛·長安之制.」

하였다. 그러나 평성 건설은 아직은 단순하고 초라한 것이었다. 북위 왕조는 탁발씨의 풍속을 유지하여 정월에 남교(南郊)에서 오방제(五方帝)에게 제사를 올리는 것 외에 4월에는 서교(西郊)의 방단(方壇)에서 하늘에 제사를 올리면서 방단 위에 7개의 나무 인형을 곧게 세우고 무녀가 단에 올라가 북을 치면서 제사하도록 하였다. 동시에 백등산(白登山)에도 조묘(祖廟)를 설치하였다. 효문제가 개혁을 단행함에 따라 한편으로는 중원의 예제를 채용해서 원래 있던 풍속을 없애고, 한편으로는 중원의 도성을 모방해서 평성을 개조하였다. 태화(太和) 10년(486) 정월 삭일(朔日)에 "황제가 처음으로 곤룡포와 면류관을 입고 만국의 조공을 받았다."[30]고 한다. 태화 12년(488) 남교에 원구(圓丘)를 건축하였고, 태화 13년(489)에는 "처음으로 대가를 갖추고"[31] 원구에 가서 하늘에 제사하고, 아울러 경사에 공자묘(孔子廟)를 세웠다. 태화 15년(491)에는 명당(明堂)을 건설하였고 아울러 태묘를 개축하였다. 태화 16년(492)에는 대화전(大華殿)을 헐어 없애고 태극전을 세웠고, 태화 17년(493) 정월 삭일에 "태극전에서 문무백관에게 연회를 베풀었다."[32][『위서(魏書)』고조기(高祖紀)]고 한다. 태화 18년(494)에는 "조를 내려 서교에서 거행하는 제천행사를 그만두게 하였다."[33][『위서』예지(禮志)]고 하니 해마다 남교에서 제천 의식을 거행하고 태묘에서 선조의 제사를 지낼 뿐만 아니라 원단에서는 황제에게 조하하는 의식을 거행함으로써 북위 도성의 배치 구조와 궁전, 종묘 등의 건축물도 그에 상응하도록 개조하지 않을 수 없었던 것이다.

효문제는 평성을 개조하는 과정에서 과거 중원 도성의 배치 구조 및 건축의 뛰어난 점을 충분히 주의하며 흡수하였다. 태묘와 태극전을 조

---

30_ 『魏書』 卷7下 高祖紀, p.161. 「帝始服袞冕, 朝饗萬國.」
31_ 『魏書』 卷7下 高祖紀, p.164. 「初備大駕.」
32_ 『魏書』 卷7下 高祖紀, p.189. 「饗百僚於太極殿.」
33_ 『魏書』 卷108-1 禮志, p.2751. 「詔罷西郊祭天.」

영하려고 할 때 장소유(蔣少游)를 낙양으로 파견해서 "위진(魏晉)의 터를 측량토록 하였고"[34](『위서』장소유전) 장소유를 이표(李彪)의 부사(副使)로서 강남에 사절로 파견하여 "몰래 경사[남제(南齊)의 도성 건강(建康)] 궁전의 규범을 살펴보도록 하였다."[35][『남제서(南齊書)』위로전(魏虜傳)]고 한다. 뒤에[태화 17년(493)] 효문제가 낙양으로 천도하여 새로운 도읍을 건설한 것은 평성을 개조한 계획의 기초 위에서 한층 더 발전시킨 것이었다. 이렇게 옛 풍속의 속박에서 벗어나고 한 걸음 더 나아가 중원의 몇 도성의 장점을 종합하여 채용함으로써 더욱 정제되고 조리있는 배치 구조를 창출할 수 있었다.

북위 낙양성에는 13개의 성문이 있었다. 그 가운데 12개의 성문은 동한 이래로 원래 있었던 것이고, 다만 서쪽 성벽의 북단, 금용성 가까운 곳에 별도로 문 하나를 만들어 승명문(承明門)이라 칭하였다. 원래 서벽 중문[동한에서는 옹문(雍門)이라고 하였고 북위에서는 서양문(西陽門)이라 칭하였다]은 옛 터에서 북쪽으로 약 500m 옮겨 동벽 중문[동한에서는 중동문(中東門)이라 하였고 북위에서는 동양문(東陽門)이라고 개칭하였다]과 서로 마주 보게 하였다. 성 전체에는 동타가 이외에도, 남북 방향의 도로가 3개, 동서 방향의 도로가 4개 있었는데 사면의 성문을 연결하는 데 사용되었다. 그 가운데 동서 방향 도로 가운데 중간의 대로 2개가 비교적 중요한 것으로 성내 궁전과 관청의 동서 양쪽 지역을 연결하는 데 사용되었고 또한 성 밖의 동서 양쪽 '곽' 지역과 통하게 하는 데도 이용되었다. 동벽의 북문(건춘문)에서 황궁의 동문과 서문을 통과하여 곧장 서벽 북문(창합문)에 이르는 대로의 폭은 약 35~51m이다. 『낙양가람기』권1 경림사(景林寺)조에 따르면, 건춘문 안의 대로 남쪽에는 구순서(勾盾署), 전농서(典農署), 적전서(籍田署) 등이 있었다.[36] 동쪽 성벽의 중문(동양문)

---

34_ 『魏書』卷91 蔣少游傳, p.1971. 「量準魏晉基趾.」
35_ 『南齊書』卷57 魏虜傳, p.990. 「密令觀京師宮殿楷式.」
36_ 『낙양가람기』권1 경림사(景林寺)조에서는 "건춘문 안의 어도(御道) 남쪽에는

에서 서쪽 성벽의 중문[서양문(西陽門)]으로 직통하는 대로의 폭은 약 41m 이다. 『낙양가람기』 권1 소의니사(昭儀尼寺)조에 따르면, 동양문 안의 대로 북쪽에는 태창서(太倉署), 도관서(導官署) 등이 있었다.[37] 낙양성내 동부에 있는 이 관서들은 모두 농업과 식량을 담당하는 것이었다. 서양문 안의 대로 북쪽에는 태복시(太僕寺), 승황서(乘黃署), 무고서(武庫署) 등이 있었다.[38] 성내 서부에 있는 이 관서들은 수레와 말, 말 사육과 병기 등을 주관하는 것이었다(그림 40 참조).

북위는 도성 가운데 관서의 배치를 체계적으로 하고 조정하여 주요한 중앙의 상급 관서를 궁의 정문 앞인 동타가 양쪽에 배치하였으며 아울러 식량과 군수품을 담당하는 관서는 성안의 동부와 서부에 배치하였다. 이 모두 중앙집권적인 통치를 강화하고 도성의 정치적 역량과 군사적인 역량을 충실하기 위한 것이다. 원래 동벽의 북문(건춘문) 안의 대로 북쪽에 있는 보광리(步廣里)에 이때 하남윤(河南尹)의 관서를 새로

---

구순(勾盾), 전농(典農), 적전(籍田) 등 세 관서가 있고 적전서 남쪽에는 사농시(司農寺)가 있다."고 하였다. 구순령(勾盾令)은 부근의 정원을 관장하고 전농적중장랑(典農耤中將郎)은 둔전(屯田)을 담당하였으며 적전령은 적전을 담당하였다. 삼국(三國)시대 위(魏)의 전농 치소는 성 밖에 설치되어 있었다. 「위략(魏略)」 환범전(桓範傳)[『삼국지(三國志)』 위서(魏書) 조상전(曹爽傳) 배송지(裵松之)의 주에서 인용]에서 "환범 또한 조희(曹羲)에 일러 말하기를 '그대의 별영(別營)이 궐 남쪽에 가까이 있고 낙양의 전농 치소는 성 밖에 있어 마음대로 부른다.'고 하였다."고 하였다.

37_ 『낙양가람기』 권1 소의니사(昭儀尼寺)조에서는 "동양문 안의 길 북쪽에는 태창(太倉), 도관(導官) 두 관서가 있다. 동남쪽의 치속리(治粟里)에는 창사(倉司)의 관리가 그 안에 살고 있다."고 하였다. 태창령(太倉令)은 태창의 관리를 담당하고 도관령(導官令)은 곡식을 골라서 황제의 음식으로 공급하는 것을 주관하였다. '도(導)'는 마땅히 '도(糳)'라고 써야 한다. 당시 성 동쪽에서 건춘문·동양문에 가까운 관서는 모두 농업과 양식을 관장하는 것이었고 태창과 조거(漕渠)에 가까워 대사농의 관할에 귀속되었다.

38_ 『낙양가람기』 권1 건중사(建中寺) 조에서는 "서양문 안의 어도 북쪽에는 이른바 연년리(延年里)의 유등(劉騰)의 집이 있고 동쪽에는 태복시(太僕寺)가 있으며 태복시 동쪽에 승황서(乘黃署)가 있고 승황서 동쪽에 무고서(武庫署)가 있다."고 하였다. 태복시는 거마를 담당하고 승황서는 말을 기르는 것(승황은 신령스러운 말의 명칭이다)을 관장하고 무고서는 병기를 주관한다.

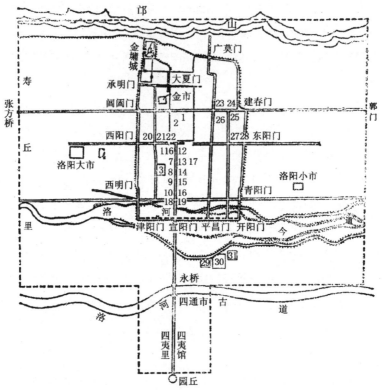

1.宮城  2.殿址  3.永宁寺  4.白马寺  5.金塘城  6.右卫府  7.太厨府
8.将作曹  9.九级府  10.太社  11.御史台  12.左卫府  13.司徒府  14.国子学堂
15.宗正寺  16.太庙  17.景乐寺  18.司州  19.护军府  20.太仆寺  21.乘黄署
22.武库署  23.籍田署  24.典农署  25.勾盾署  26.司农署  27.导官署  28.太仓署
29.灵台  30.明堂  31.太学

**그림 40** 북위 낙양성 평면도(출전: 賀業鉅,『考工記營國制度硏究』, 中國建築出版社, 1985-
宿伯, 「北魏洛陽城和北邙陵墓」,『文物』1978-7 의거)

지어 성안 주민에 대한 관리를 강화하고자 하였다. 북위가 낙양성 안의
배치를 크게 개선하였다는 것은 분명하다.

북위 낙양성 내에는, 건물과 주택이 많이 세워진 '이(里)'가 설치되었
다. 『낙양가람기』에서 사원과 관련하여 기술하면서 언급한 '이(里)'를

살펴보면, 관리들의 주택이 눈에 띈다. 예를 들어 서양문 안의 대로 북쪽에 있는 연년리(延年里)에는 환관인 유등(劉騰)의 주택이 있고 동타가 서쪽 영녕사(永寧寺) 서쪽에 있는 영강리(永康里)에는 원래 동한 태위(太尉) 순욱(筍彧)의 저택이 있었는데, 이때는 장군 원의(元義)의 저택이었다. 동타가 동쪽에 있는 사도부의 동쪽에는 대장군 고조(高肇)의 저택이 있었다. 동양문 안쪽에 있는 소의사(昭儀寺) 남쪽의 의수리(宜壽里)에는 원래 진(晋)의 시중(侍中) 순욱(筍勖)의 옛집이 있었다. 이때는 포신현령(苞信縣令) 단휘(段暉)의 저택이었다. 청양문(淸陽門) 안의 수범사(修梵寺) 북쪽에 있는 영화리(永和里)에는 원래 동탁(董卓)의 저택이 있었는데, 이때는 상서우복야(尙書右僕射)인 곽조(郭祚) 등 6인의 저택이 되었다. "모두 문이 높고 건물들이 화려했고" "당시에 귀리(貴里)라고 불리었다."고 한다.[39] 태창(太倉)·도관(導官) 두 관서의 동남쪽에 있는 치속리(治粟里)에는 두 관서 소속 관원의 저택이 있었다.

낙양성 서쪽에는 원래 '시(市)' 하나가 있었는데, 진대(晋代)에 있었던 세 곳의 시 가운데 하나였다. 『진서(晋書)』 지리지에 낙양에는 '오부(五部)와 삼시(三市)'[40]가 있었다는 기록이 있다. 서쪽이기 때문에 서쪽은 오행에서 '금(金)'에 속하여 '금시(金市)'라고 칭해졌다. 진대에는 서쪽 성벽 중문 안쪽으로 1리 떨어진 대로 북쪽에 있었지만 북위에서는 황궁 성벽의 서문[천추문(千秋門)] 밖의 대로 북쪽 부근으로 옮겨졌다.[41]

---

39_ 『洛陽伽藍記校注』 卷1 城內 修梵寺, p.60. 「皆高门华屋 … 當時名为贵里.」
40_ 『晋書』 卷14 地理志, p.415. 「五部·三市.」
41_ 『낙양가람기』 권1 장추사(長秋寺)조에서는 "서양문 안의 어도 북쪽이자 또한 연년리에 즉 서진(西晋)때의 금시(金市)가 있었다."고 하였다. 『수경주』 곡수조에는 "거(渠)의 물길이 또한 동쪽으로 옛 금시의 남쪽을 거쳐 곧장 천추문 오른쪽으로 나갔는데 그곳이 궁문이었다."고 하였고 "능운대 서쪽에는 금시가 있고 금시 북쪽은 낙양루를 마주하고 있다."고 하였다. 천추문은 궁벽의 서문으로 『원하남지』에서 "천추문은 궁의 서문이며 서쪽으로 창합문과 마주하고 있다."고 하였다. 능운대는 궁 안 서유원(西游園) 안에 있는 대(臺)인데 『낙양가람기』에서 "천추문 안, 길 북쪽에 서유원이 있고 안에는 능운대가 있는데 위 문제가 세운 것이다."라고 하였다. 이에 따르면 금시는 궁벽 서문 밖 큰길의 북쪽에 있었다는

북위 낙양은 배치 구조상 조정을 가했지만 여전히 성격상 내성이고 정치와 군사의 중심지라는 점은 너무도 분명하다.

### 3) 한위(漢魏) 낙양성 밖의 서쪽 '곽' 지역

한위 낙양성이 지닌 내성으로서 성격은 서한의 장안성과 같다. 그러나 그 배치 구조는 장안성과는 달리 서쪽에 자리 잡고 동쪽을 바라보는 배치 구조에서 북쪽에 자리 잡고 남쪽을 바라보는 배치 구조로 바꾸었다. 이 때문에 그 '곽' 지역도 동쪽과 북쪽 두 방면에서 분포하던 것에서 동쪽, 서쪽과 남쪽 세 방면으로 분포하는 것으로 바뀌었다. 동한과 위진 시대에는 이와 관련된 사료가 부족하기 때문에 먼저 북위의 상황을 통해 이야기할 수밖에 없다.

북위는 평성에 도읍을 세울 때 업과 낙양을 모방해서 외곽성을 건설한 적이 있었다. 도무제(道武帝)는 천사(天賜) 3년(406)에 "외성을 세우기로 계획한 뒤 사방 20리에 시장과 이(里) 나누어 설치하고 남북 방향의 도로가 막힘없이 뻗도록 하였는데 30일 만에 끝냈다."[42]([『위서』] 태조기(太祖紀))고 한다. 이것은 단지 계획뿐으로 외곽을 세워 상업 지역인 '시장'과 거주 지역인 '이(里)'를 나누어 설치할 것을 준비한 것이었다. 실제 외곽이 완성된 것은 16년이 지난 뒤였다. 명원제(明元帝, 재위: 409~423)의

---

것을 알 수 있다. 『태평어람』 권191에 인용된 『낙양기』에서는 "삼시(三市)는 큰 시장의 이름이다. 금시는 큰 성의 서쪽에 있다."고 하였고 또한 "생각건대 금시가 임상관(臨商觀)의 서쪽에 있고 서쪽이 금(金)이기 때문에 금시라고 하였다."고 하였다. '태(兌)'가 서쪽을 의미한다는 것은 『예기』 예운(禮運)의 소(疏)와 『춘추좌씨전』 애공(哀公) 14년조의 소에서 인용된 허신(許愼)의 『오경이의(五經異義)』에 보인다. 임상관은 낙양궁 안의 서쪽에 있는 관(觀)이다. 『태평어람』 권179에 인용된 『여지지(輿地志)』에는 "낙양에는 광망관(廣望觀), 낭풍관(閬風觀), 만세관(萬歲觀), 수령관(修靈觀), 임상관이 있다."고 하였다. 금시가 임상관 서쪽에 있다는 것도 금시가 궁의 서쪽에 있다는 것을 전해 준다.

42_『魏書』卷2 太祖紀, pp.42~43. 「規立外城, 方二十里, 分置市里, 經塗洞達, 三十日罷.」

태상(太常) 7년(422)에 "평성의 외곽을 쌓았는데, 둘레가 32리였다."[43][『위서』태종기(太宗紀)]고 한다. 곽성 구조는 중원의 도성을 모방하여 "그 곽성은 궁성의 남쪽을 에워싸면서 모두 축조하여 방(坊)을 만들었고 방에는 골목을 내었으며 방 가운데 큰 것은 400~500가를 수용하고 작은 것은 60~70가를 수용한다. 매번 방을 폐쇄하여 수색하고 조사하여 간교한 행위에 대비했다."[44][『남제서(南齊書)』위로전(魏虜傳)]고 한다. 이처럼 곽성이 궁성 남쪽을 둘러싸고 있고 곽성을 완전히 방리로 규획하여 나누는 방법은 분명히 낙양과 업의 제도를 연용한 것이다. 방리를 크고 작게 설치하는 것도 중원 도성의 방법을 연용한 것이다. 뒷날 북위가 낙양성의 외곽을 건설할 때 여전히 이러한 배치 구조를 연용함으로써 방리 규획을 더욱 정연하고 획일적으로 할 수 있었다.

북위 낙양의 전체 배치 구조의 상황에 대해서는 『낙양가람기』 권5 끝에서

> 경사는 동서 20리, 남북 15리, 호수는 10만 9천여 호이다. 종묘, 사직, 궁실, 관서 외에 사방 3백 보를 1리로 한다. '이(里)'에는 네 문을 두었다. 문마다 이정(里正) 2명, 리(吏) 4명, 문사(門士) 8명을 배치하니, 모두 220개의 '이(里)'가 있고, 사찰은 1,367곳이 있었다.[45]

고 하였다. '모두 220개의 이(里)가 있다.'는 것은 '모두 320개의 이(里)가 있다.'는 것을 잘못 표기한 것이다. 320개의 '이(里)'는 경명(景明) 2년(501)에 설치된 것이다. 『위서』 세종기(世宗紀)에 경명 2년 "9월 정유일

---

**43_** 『魏書』卷3 太宗紀, p.62. 「築平城外郭, 周回三十二里.」

**44_** 『南齊書』卷57 魏虜傳, p.985 「其郭城繞宮城南, 悉築為坊, 坊開巷. 坊大者容四五百家, 小者六七十家. 每南坊搜檢, 以備奸巧.」

**45_** 『洛陽伽藍記校注』卷5 城北 京師郭外諸寺, pp.349~350. 「京師東西二十里, 南北十五里, 戶十萬九千餘. 庙・社・宫室・府署以外, 方三百步為一里, 里开四門, 門置里正二人, 吏四人, 門士八人, 合有二百二十里. 寺有一千三百六十七所.」

(丁酉日), 기내(畿內)의 남자 5만 명을 징발하여 경사에 320방을 건설했는데 40일이 지나서 끝났다.”는 기록이[46] 실려 있다. ‘방’이 곧 ‘이(里)’로서 당시에는 통칭되었다. 방을 쌓는 계획은 광양왕(廣陽王) 가(嘉)가 주목(州牧)을 맡았을 때 건의했던 것이다. 『위서』 광양왕가전에 “사주목(司州牧)으로 옮긴 뒤 가는 표를 올려 경사 사면에 방 320개를 축조하고 각 둘레는 1천2백 보로 하고 삼정(三正) 가운데 복정[復丁, 기내에서 과역이 면제된 정남(丁男)]을 징발하여 이 역을 충당토록 하면, 비록 잠시의 노고가 있을지라도 간사한 행위와 절도는 영원히 없게 될 것이라고 주청하였다. 조를 내려서 그것을 따르도록 하였다.”[47]고 하였다. 여기서 말하는 ‘각 둘레는 1천2백 보’라는 것은 『낙양가람기』에서 기술한 ‘사방 3백 보를 1리로 한다.’는 것에 정확히 부합한다.

‘사방 3백 보를 1리’라고 한 이상 320개의 ‘이(里)’의 면적은 마땅히 320평방리가 되어야 한다. 한위 낙양성은 동서 폭이 6리 남짓이고 남북 길이가 9리 남짓으로 총면적은 54평방리이다. 게다가 성안에는 종묘, 사직, 궁실, 관서 등의 건축물이 있으면서 매우 넓은 면적을 차지하고 있었다. 이 때문에 북위가 낙양에 설치된 320개의 ‘이(里)’는 대부분이 당연히 ‘곽’ 지역에 있었다. 낙양성은 북쪽으로 망산(邙山)에 가까워 ‘곽’ 지역은 주로 낙양성의 동쪽, 서쪽, 남쪽 등 세 쪽에 분포하였다. 숙백(宿白)은 「북위 낙양곽성 설계복원도」를 제작하여 낙양성(내성) 면적을 동서 6개의 ‘이(里)’와 남북 9개의 ‘이(里)’로 규획하고 낙양 전체(‘성’ 지역과 그를 둘러싼 ‘곽’ 지역을 포괄한다)를 동서 20개의 ‘이(里)’와 남북 15개의 ‘이(里)’로 구분하였다. 게다가 남쪽 중앙에 장방형으로 돌출된 부분을 작성하고 그 부분을 동서 4개의 ‘이(里)’와 남북 5개의 ‘이(里)’로 계산하

---

**46_** 『魏書』 卷8 世宗紀, p.194. 「九月丁酉, 發畿內夫五萬人築京師三百二十坊, 四旬而罷.」

**47_** 『魏書』 卷18 廣陽王嘉傳 , pp.428~429. 「遷司州牧, 嘉表請於京四面, 築坊三百二十, 各周一千二百步, 乞發三正復丁, 以充茲役, 雖有暫勞, 姦盜永止. 詔從之.」

여 정확히 320개의 '이(里)'로 규획하였다(그림 41 참조). 이렇게 설계를 복원할 때에는 반드시 근거로 삼은 자료가 있을 것이다. 『낙양가람기』에서는 성의 동쪽 지역(권2), 성의 남쪽 지역(권3), 성의 서쪽 지역(권4), 성의 북쪽지역(권5)에 있는 사원에 대해 기술하면서 기본적으로 '곽' 지역을 범위로 삼고 있기 때문이다. 이 점은 성 서쪽의 '곽' 지역을 기술한 것에서 더욱 뚜렷하게 드러난다.

『낙양가람기』 권4에서는 성 서쪽의 '곽' 지역의 경계인 장방구(張方溝)와 장방교(張方橋)를 기술하며

> 퇴고리(退酤里)의 서쪽과 장방구 동쪽은 남쪽으로 낙수에 접하고, 북쪽으로는 망산에 이르는데 그 사이의 동서 2리, 남북 15리를 합쳐서 수구리(壽丘里)라고 이름하였다. 황족들이 거주하는 곳이어서 민간에서는 왕지방(王子坊)이라고 불렀다.[48]
>
> 창합문에서 성 밖으로 7리 정도 나오면 장분교(長分橋)가 있다. 서진 때 곡수(穀水)가 깊고 빨리 흘러 성 아래로 흘러 들어가 민가를 많이 파괴했는데, 석교를 세워 그것을 막았다. 물이 불어나면 물길이 갈라져 낙수로 들어갔기 때문에 장분교라고 이름 불렀다. 혹자는 진나라 하간왕(河間王)이 장안에 있으면서 장방(張方)을 보내 장사왕(長沙王)을 정벌할 때 여기에 군영을 두어서 그 때문에 장방교라고 한다고 하였다. 어느 것이 옳은 것인지는 아직 알 수가 없다. 지금 민간에서는 와전되어 장부인교(張夫人橋)라고 부른다. 조정의 신하들이 이곳에서 많이 배웅하고 마중하였다.[49]
>
> 최연백(崔延伯)은 낙양성 서쪽 장방교에서 출정하였는데 바로 한의 석양

---

**48_** 『洛陽伽藍記校注』卷4 城西 法雲寺, p.206. 「自退酤(里)以西, 張方溝以東, 南臨洛水, 北達芒山, 其間東西二里, 南北十五里, 并名爲壽丘里. 皇宗所居也, 民間號爲王子坊.」

**49_** 『洛陽伽藍記校注』卷4 城西 永明寺, p.237~238. 「出閶闔門城外七里, 有長分橋. 中朝時以穀水浚急, 注于城下, 多壞民家, 立石橋以限之, 長則分流入洛, 故名曰長分橋。或云: 晉河間王在長安, 遣張方征長沙王, 營軍于此, 因爲張方橋也. 未知孰是. 今民間訛語, 號爲張夫人橋。朝士送迎, 多在此處.」

정(夕陽亭)이다. 그때 공경들이 전별하니 수레가 대열을 이루었다.[50]

고 하였다. 이 조목에서 '남쪽으로는 낙수에 접하고 북쪽으로는 망산에 이르는' 장방구 및 그 제방은 실제로는 성 서쪽의 '곽' 지역의 경계선이고 서쪽 '곽'의 방어 시설로서 성벽에 상당하는 기능을 하였다. 장분교 혹은 장방교는 장방구에 있는 유일한 교량으로 낙양성 서벽의 북문(창

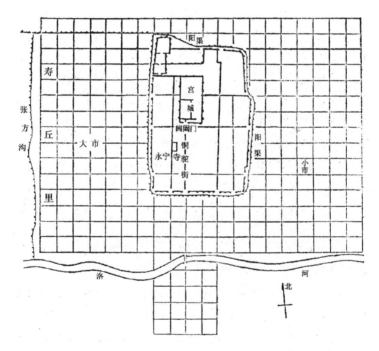

**그림 41** 北魏 洛陽郭區 복원도(출전: 宿伯, 「北魏洛陽城和北邙陵墓」, 『文物』 1978-7)

---

50_『洛陽伽藍記校注』卷4 城西 法雲寺, p.206. 「延伯出師于洛陽城西張方橋, 卽漢夕陽亭也. 時公卿祖道, 車騎成列.」 역자 주 저자는 원문의 첫 머리에 '北魏(征西將軍)'을 인용하고 있으나 본래 판본에는 이 글자가 없다. 『낙양가람기』의 저자인 양현지(楊衒之)가 북위시대 사람이기에 '북위'라는 단어를 사용하지 않았을 것으로 판단되어 이 글자를 번역하지 않았다.

합문)의 큰길과 마주하고 있다. 이것은 낙양 서쪽 '곽'의 주요 출입통로이며, '서곽문'이라는 성격을 갖고 있어 사람들이 이곳에서 많이 배웅이나 마중을 하거나 전별 연회를 베풀었다. 서한 장안의 동곽문[즉 동도문(東都門)]과 같이 이곳의 형세가 험준하기 때문에 낙양에서 출정하거나 혹은 낙양으로 진군할 때는 반드시 군대는 여기에 주둔하였다. 장방구 동쪽에 있는 수구리는 동서 2리, 남북 15리로서 장방구를 이용하여 방어벽으로 삼기도 했다. 이처럼 남북 방향으로 뻗은 장방구는 남쪽으로 낙수와 통하고, 북쪽으로는 망산과 접하는 데 딱 15리이다. 이는 당시 낙양성 서쪽의 '곽' 지역에는 분명히 남북으로 15개의 '이(里)'가 있다는 것을 의미한다. 이로부터 남북 15개의 '이(里)'를 기준으로 설계를 복원하는 것이 가능하다는 것을 알 수 있다.

『낙양가람기』에서 장방교가 한의 석양정이라고 하였으니 낙양 서쪽 곽의 관문은 한대에 이미 세워진 것이다. 『후한서』 양진전(楊震傳)에, 동한 안제(安帝, 재위: 106~125) 때 태위(太尉) 양진(楊震)은 간언을 올렸기 때문에 환관의 박해를 받아서 본래의 군(郡)으로 돌려보내졌는데 "양진은 성의 서쪽 석양정에 이르자[51] 이내 슬퍼하고 탄식하며 그의 제자 문인에게 일러 '죽음은 사인(士人)에게 정해진 운명이다.'라고 하였다. … 술을 탐닉하다가 죽었다."[52]는 것이 실려 있다. 『동관한기(東觀漢紀)』[권 20]에도 같은 내용이 기재되어 있는데 다만 "양진은 낙양도정(洛陽都亭)에 이르렀다."[53]고 하였다. 도정은 원래 '곽의 아래에 있는 정(亭)'을 가

---

51_ 석양정(夕陽亭)은 송(宋) 소흥본(紹興本)에는 '궤양정(几陽亭)'으로 잘못 쓰여 있다. 여기서는 급고각본(汲古閣本)과 무영전본(武英殿本)을 따랐다. 청대 호극가(胡克家)가 번각한 『자치통감(資治通鑑)』 원래 판본[권50 한기(漢紀) 안제(安帝) 연광(延光) 3년조]에는 '夕陽亭'으로 쓰여 있다. 장옥(章鈺)은 송대 판본을 교정하여 또한 '几陽亭'으로 잘못 썼다. 『원하남지』의 「동한경성도(東漢京城圖)」에 따르면 궤양정은 광양문(廣陽門) 밖에 있다.

52_ 『後漢書』 卷54 楊震傳, pp.1766~1767. 「震行至城西夕陽亭, 乃慷慨謂其諸子門人曰: "死者士之常分. …" 因飮酖而卒.」

53_ 『東觀漢紀(叢書集成初編)』[班固 等撰, 北京, 中華書局, 1985]卷20 列傳15 楊震, p.185. 「震到洛陽都亭.」

리킨다.[54] 동한시대에 언급된 '낙양도정'은 바로 곽문 성격을 가진 석양정을 의미한다. 전하는 바에 따르면 한 명제(明帝) 때 선인(仙人) 왕교(王喬)는 엽현(葉縣)의 현령을 맡고 있었는데 조정에 나아갈 때마다 문의 북이 치지 않아도 스스로 울었다. 왕교가 죽은 뒤 백성이 그를 위해서 사당을 세웠는데 "명제는 그 북을 맞이하여 도정 아래에 두었는데 대체로 소리가 나지 않았지만 단지 '엽(葉)'이라고 할 뿐이었다. 태사(太史)가 상서문(上西門)의 위에서 바라보다가 마침내 별의 모습을 보고 점을 쳐서 기운의 상서로움을 살폈다."[55](『풍속통의(風俗通義)』권2 엽령사(葉令祠) 조]고 하였다. 이 고사에서 동한 낙양도정은 일반적인 '곽 아래에 있는 정'이 아니라 오로지 상서문 밖의 석양정을 가리키는 것이며 이곳이 낙양 서쪽 '곽'의 중요한 출입구로서 출입할 때에는 반드시 거쳐야 하는 중요한 길이라는 것을 알 수 있다. 한안(漢安)원년(142)에 순제(順帝, 재위: 125~144)는 8명의 사자를 선발한 뒤 성 밖으로 나가 순시하며 살펴보도록 했는데 장강(張綱)은 그 가운데 한 사람이었다. 그는 "혼자 수레바퀴를 낙양도정에 파묻고서는 '사납고 탐욕스러운 자가 길을 막고 있으니 어찌 간교한 무리들에게 길을 묻겠는가!'라고 하였다."[56](『후한서』장강전)고 한다. 동한 낙양도정도 북위의 장방교처럼 종종 출병할 때 주둔지로 사용되었다. 한 영제(靈帝, 재위: 168~189) 때 대장군 두무(竇武)는 환관 세력을 제거할 것을 도모했다가 계획이 누설되었기 때문에 환관들은 바로 태후를 협박해서 사람을 보내어 그를 체포하고자 하였다. 그는 곧장 "북군(北軍) 소속의 오교사[五校士, 둔기교위(屯騎校尉) 등 오교위(五校尉)

---

54_ 『사기』 사마상여전(司馬相如傳)에서는 "본래 임공령(臨邛令) 왕길(王吉)과 서로 잘 지냈다. … 이에 사마상여가 가서 도정(都亭)에 머물렀다."고 하였다. 『사기색은』에서는 "생각건대 도정은 임공(臨邛)의 곽 아래에 있는 정(亭)이다."라고 하였다.

55_ 『風俗通義校注』卷2 正失 葉令祠, p.82. 「明帝迎取其鼓, 置都亭下, 略無音聲, 但云葉, 太史候望在上西門上, 遂以占星辰, 省察氣祥」 역자 주 저자는 略無音聲 다음에 '但云葉'을 누락하였다.

56_ 『後漢書』卷56 張綱傳, p.1817. 「獨埋其車輪於洛陽都亭, 曰: "豺狼當路, 安問狐狸!"」

예하 병사 수천 명을 소집해서 도정 아래에 주둔시켰다."[57]고 한다. 후에 군대가 환관에게 돌아서니 두무는 포위당해 자살하였고, "낙양도정에 효수(梟首)하였다."[58](『후한서』 두무전)고 한다. 또 중평(中平) 원년(184) 황건적(黃巾賊)이 일어나니 영제는 "하진(何進)을 대장군으로 삼았고 그는 좌우우림(左右羽林) 등 오영사[五營士, 대장군 아래의 다섯 부대 소속 병사]를 이끌고 도정에 주둔하며 무기를 수리하면서 경사를 지켰다."[59](『후한서』 하진전)고 한다. 여기서 말하는 '도정'은 모두 곽문의 성격을 가진 석양정을 가리킨다.

동한의 낙양은 서한의 장안처럼 성문 밖에 모두 외곽정 하나가 있었다. 채질(蔡質)은 『한의(漢儀)』(『속한서』 백관지 4 유소의 주에서 인용)에서 "낙양에는 24가(街)가 있으며 가마다 정 하나가 있다. 낙양에는 12개의 성문이 있는데 문마다 정 하나가 있다."[60]고 하였다.[61] 그러나 석양정의

---

57_ 『後漢書』 卷69 寶武傳, p.2243. 「召會北軍五校士數千人屯都亭下.」

58_ 『後漢書』 卷69 寶武傳, p.2244. 「梟首洛陽都亭.」

59_ 『後漢書』 卷69 何進傳, p.2246. 「以進為大將軍, 率左右羽林五營士屯都亭, 修理器械, 以鎮京師.」

60_ 『後漢書』 志 百官4, p.3611. 「蔡質漢儀曰: "雒陽二十四街, 街一亭; 十二城門, 門一亭."」

61_ 『원하남지』 권2 후한성궐궁전고적(後漢城闕宮殿古迹)조에서는 화연준의 『낙양기』를 인용하여 "성안의 도정(都亭)은 24정(亭)이다. 방림정(芳林亭), 광세정(廣世亭), 창익정(昌益亭), 광막정(廣莫亭), 정양정(定陽亭), 차요정(遮要亭), 폭실정(暴實亭), 광양정(廣陽亭), 서명정(西明亭), 만세정(萬歲亭), 석양정(夕陽亭), 동명정(東明亭), 시중정(視中亭), 동인정(東因亭), 건춘정(建春亭), 지간정(止奸亭), 덕궁정(德宮亭), 동양정(東陽亭), 천추정(千秋亭), 안중정(安衆亭), 효경정(孝敬亭), 청명정(淸明亭)이다."라고 하였다. 열거한 것이 모두 23정이다. 이 23정이 모두 성안에 있는 것만은 아니다. 그 가운데 적잖은 정이 분명히 성 밖에 있어 성문 밖의 정에 속한다. 만세정은 아마 만수정(萬壽亭)이 잘못된 것이며 하문(夏門, 북쪽 벽의 서쪽 문) 밖에 있었다. 『후한서』 영제기(靈帝紀)에서는 "건녕(建寧) 원년 정월 임오일(壬午日)에 성문교위 두무가 대장군이 되었다. 을해일(乙亥日)에 황제가 하문정(夏門亭)에 이르니 두무에게 부절을 지니고 청개거(靑蓋車)로 전(殿) 안으로 맞이하도록 했다. 경자일(庚子日)에 황제 자리에 올랐다."고 하였다. 하문정은 곧 하문 밖의 만수정이다. 『동관한기』에서는 "건녕원년 황제께서 하문 밖 만수정에 도착하였다. 군신들이 알현하였다."고 하였다. 석양정은 상서문 밖의 정이다. 그 나머지 가운데 광막, 서명, 건춘, 동양 등은 북위의 성문 이름이다. 광양

지위는 중요하여 일반 외곽정과는 달리 곽문으로서 기능하였다.

서쪽 '곽'은 북위 낙양의 중요한 시장 지역이다. 서양문(서쪽 성벽의 중문)의 바깥 4리, 즉 백마사 서쪽 1리의 지점에는 대로 남쪽으로 낙양대시(洛陽大市)가 있었다. 『낙양가람기』 권4에서

> 서양문 밖으로 나가서 4리에 어도 남쪽으로 낙양대시가 있었는데 둘레가 8리였다. … 시장의 동쪽에 통상리(通商里), 달화리(達貨里) 두 리가 있는데 이(里) 안의 사람은 모두 수완이 좋았고 도살과 장사를 생업으로 하여 재산이 수만 전이었다. … 시장의 남쪽에는 조음리(調音里), 악율리(樂律里) 두 리가 있는데 이(里) 안의 사람은 관현악기로 노래를 불렀으니, 천하의 유명한 예인(藝人)이 여기에서 나왔다. … 시장의 서쪽에는 퇴고리(退酤里), 치상리(治觴里) 두 리가 있는데 이(里) 안의 사람은 대부분 술 빚는 것을 생업으로 삼았다. … 시장의 북쪽에 자효리(慈孝里), 봉종리(奉終里) 두 리가 있는데 이(里) 안의 사람은, 관과 곽을 파는 것을 생업으로 하였고, 상여를 빌려주는 일을 하였다. … 별도로 준재리(準財里), 금사리(金肆里) 두 리가 있는데 부자는 여기에 있었다. 무릇 이곳 열 리에는, 공업과 상업으로 돈을 버는 사람이 많았는데 거금을 들여 만든 집이 지붕을 나란히 하였고 여러 층의 누각이 마주 보고 솟아 있으며 겹문이 부채처럼 활짝 열려 있는 채 각도(閣道)가 엇갈려 연결되면서 서로 번갈아 바라보고 있었다.[62]

---

은 후한의 성문 이름이다. 모두 성문 밖의 정 이름이 되었다. 화연준은 잘못하여 성안의 정 이름이라고 하였다.

62_『洛陽伽藍記校注』卷4 城西 法雲寺, pp.202~205.「出西陽門外四里御道南, 有洛陽大市, 周回八里. … 市東南有通商·達貨二里. 里內之人, 盡皆工巧, 屠販爲生, 資財巨万. … 市南有調音·樂律二里. 里內之人, 絲竹謳歌, 天下妙伎出焉. … 市西有退酤·治觴二里. 里內之人多醞酒爲業. … 市北有慈孝·奉終二里. 里內之人以賣棺椁爲業, 賃輀車爲事. … 別有準財·金肆二里, 富人在焉. 凡此十里, 多諸工商貨殖之民. 千金比屋, 層樓對出, 重門啓扇, 閣道交通, 迭相臨望.」

라고 하였다. 이 기록에서 북위의 시장 지역은 정연하고 조리있게 건설되었다는 것을 알 수 있다. 낙양대시의 '둘레가 8리'라는 것은 면적이 바로 4평방리이고[63] 둘러싸인 사면의 각 면이 2리라는 것이다. 각각 나눠져 도살과 장사, 음악, 술 빚기, 장의를 생업으로 하였다. 이 가운데 음악이 이미 시장 지역 상업의 중요한 구성 부분을 이루고 그곳에 거주하는 유명한 예인이 많아 2개의 이(里)를 차지하였다는 것이 주목할 만하다.

### 4) 한위 낙양성 밖의 동·남 양쪽의 '곽' 지역

한위 낙양성 밖의 동쪽 '곽' 지역도 중요하다. 그곳에 수로교통의 중추지가 있기 때문이다. 한 광무제 때 하남윤(河南尹) 왕량(王梁)은 도랑을 설계하고 개착하여 곡수(穀水)를 낙양성 아래까지 끌어들여 "도랑이 완성되었으나 물은 흐르지 않았다."[64](『후한서』 왕량전)고 한다. 후에 대사공 장순(張純)이 양거(陽渠)를 설계하고 개착하여 낙수를 낙양성 아래까지 끌어들여 조운을 통하게 하는 데 성공을 거두었다. 『후한서』 장순전(張純傳)에는 건무(建武) 24년(48)에 "주상(광무제를 가리킨다)께서 양거를 뚫고 낙수를 끌어다가 배로 실어 나르니 백성들이 그 이로움을 얻었다."[65]는 것이 실려 있다. 『수경주』 곡수조에서도 "장순은 낙수에 제방을 쌓아서 조운을 통하게 하니 낙양에서 공사(公私) 모두가 풍족하였다."[66]고 하였다. 양거의 개착은 조운을 개통했을 뿐만 아니라 낙양에서 밖으로 이어지는 수상교통을 편리하게 하였다. 양거는 낙양성 밖 동

---

63_ 역자 주 원문은 '二平方里'라고 하여 '낙양대시'의 면적을 제시하고 있다. 하지만 이에 따르면 계산이 맞지 않는다. 즉 '四平方里'가 되어야 한다. 저자는 다른 장에서는 낙양대시의 면적을 '四平方里'라고 하였다(248쪽 참고).

64_ 『後漢書』 卷22 王梁傳, p.775. 「及渠成而水不流.」

65_ 『後漢書』 卷35 張純傳, p.1195. 「上穿陽渠, 引洛水為漕, 百姓得其利.」

66_ 『水經注疏』 卷16 穀水, p.1403. 「張純堰洛以通漕, 洛中公私穰贍.」

남 귀퉁이에서 낙수를 이용해 북쪽으로 올라가다가 상동문(上東門, 동쪽 성벽 북문)의 동쪽 7리 떨어진 지점까지 이른 뒤 그곳에서 서쪽으로 굽어져 곧장 상동문 바깥까지 와서 도성을 두르는 물길로 이어졌다. 이처럼 양거는 상동문 밖에 설치된 수상교통의 중요한 통로가 되었다. 아울러 이 일대에 번화한 시장 지역과 거주지가 형성되어 낙양 동쪽 '곽'에서 중요한 지역이 되었다.

상동문[북위 때는 건춘문(建春門)이라 불렸다] 밖에는 동한 때 세운, 도성의 하천을 건너는 석교가 있는데 다리 어귀에 2개의 석주가 세워졌다. 오른쪽 석주에는 "양가(陽嘉) 4년(135) 을유년(乙酉年) 임신일(壬申日)에 조서를 내려, 성 아래의 조거(漕渠)가 동쪽으로는 황하와 제수(濟水)와 통하고, 남쪽으로는 장강과 회수(淮水)를 끌어들여 여러 지역의 공물이 출발하는 곳에서부터 운반될 수 있도록 하고, 중알자(中謁者, 조칙 등의 초안을 작성하는 관리)인 위군(魏郡) 청연(淸淵) 출신의 마연(馬憲)에게 돌다리의 교량을 만드는 것을 감독토록 하였다."[67](『수경주』곡수조)고 새겨져 있다. 이는 조거가 확실히 당시 사방의 공물과 조세를 경사까지 운반하는 중요한 교통수단이 되었다는 것을 의미한다. 석교 동남쪽에는 곡물을 쌓아 두는 창고가 있었는데 '상만창(常滿倉)'이라고 불렀다. 『낙양가람기』권2에서 건춘문 밖의 석교 남쪽에 명현니사(明懸尼寺)[68]가 있는데 "절의 동쪽에는 서진 때의 상만창이 있고, 고조(高祖, 북위 효문제)가 조장(租場, 조세를 모아 보관하는 곳)을 만들도록 하니 천하의 공물과 조세가 모여 쌓이는 곳이 되었다."[69]고 한다. 다시 동쪽으로 가면, 양거 북쪽에 건양리(建陽里)가 있는데 "이(里)에 흙으로 쌓은 대(臺)가 있는데 높이는 3장이고, 위에 정사(精舍) 둘을 만들었다. 조일(趙逸)이 '이 대는 서진 때

---

**67_** 『水經注疏』卷16 穀水, p.1401.「陽嘉四年乙酉壬申詔書, 以城下漕渠, 東通河濟, 南引江淮, 方貢委輸, 所由而至, 使中謁者魏郡淸淵馬憲監作石橋梁.」

**68_** 역자 주 본문에는 '明懸寺'라고 되어 있으나 원문에는 '明懸尼寺'라고 되어 있다.

**69_** 『洛陽伽藍記校注』卷2 城東 明懸尼寺, p.73.「寺東有中朝時常滿倉, 高祖令爲租場, 天下貢賦所聚蓄.」

기정(旗亭)이었다.'고 하였다. 위에는 이층 누각이 있고 북을 매달아 그 것을 쳐서 시장의 문을 닫도록 하였다. 종이 하나 있는데 그것을 치면 50리까지 들렸다."[70][『낙양가람기』권2 용화사(龍華寺)조]고 한다. 기정은 시 장 지역을 담당한 장관의 관사이며 시장 지역의 상업을 관리하는 데 사 용되었다. 이 일대가 원래 번화한 시장 지역이었다는 것을 의미한다. [『낙양가람기』2권 영락사(瓔珞寺)조에] 따르면 건양리는 "바로 서진 때 백사(白祀)라는 곳이었고 동위런(董威輦)이 살던 곳이었으며," "이(里) 안에 사서(士庶) 2천여 호가 있었다."[71]고 한다. 동위런이 바로 동경(董 京)인데, "항상 백사에서 머물면서 때로는 시장에서 구걸을 하였는데 자질구레하고 떨어진 명주와 솜을 얻으면 엮어서 자신을 덮었으며 온 전한 비단이나 좋은 면은 기꺼이 받으려 하지 않았다."[72][『진서(晉書)』은 일전(隱逸傳)]고 한다. 이 '이(里)'에 거주하는 사람은 빈궁하여 시장에 가 서 구걸을 하였다는 것을 전해 준다. '성' 지역 안에 있는 '이(里)'에 거주 하는 사람 가운데 대부분이 관리인 상황과는 너무도 다르다.

『낙양가람기』권2 숭진사(崇眞寺)조에서 "건춘문 밖으로 1리 정도 나 가면 동석교(東石橋)에 이르는데 동석교를 건너 남북으로 다녔으며 진 (晉) 태강(太康) 원년(280)에 만들었다. 다리 남쪽에 위(魏)나라 때의 마시 [馬市, 어떤 판본에는 서진때 우마시(牛馬市)였다고 쓰여 있다]가 있는데, 혜강(嵇 康)을 처형한 곳이다."[73]라고 하였다. 같은 권 위창니사(魏昌尼寺)조에서 는 "위창니사는 이(里)의 동남 귀퉁이에 있었는데 서진 중엽 때 우마시

---

70_ 『洛陽伽藍記校注』卷2 城東 龍華寺, p.75. 「里有土臺, 高三丈, 上作二精舍. 趙逸云: "此台是中朝旗亭也." 上有二層樓, 懸鼓擊之以罷市. 有鍾一口, 撞之聞五十里.」

71_ 『洛陽伽藍記校注』卷2 城東 瓔珞寺, p.78. 「卽中朝白祀地, 董威輦所居處, … 里內 士庶二千餘戶.」

72_ 『晉書』卷94 隱逸列傳 董京傳, p.2427. 「常宿白祀中, 時乞於市, 得殘碎繒絮, 結以 自覆, 全帛佳綿則不肯受.」

73_ 『洛陽伽藍記校注』卷2 城東 崇眞寺, pp.81~82. 「出建春門外一里餘, 至東石橋, 南 北而行, 晉太康元年造, 橋南有魏朝牛馬市, 刑嵇康之所也.」 역자 주 이 사료의 '至東石 橋南北而行'에 대해 본문에서는 '至東石橋南, 北而行'으로 표점되어 있으나 이에 따를 경우 의미가 분명하지 않아 '至東石橋, 南北而行'으로 끊어 해석하였다.

가 있던 장소이며, 혜강을 처형했던 곳이다. 동쪽으로 석교를 접하고 있었고 이 다리로 남북으로 다녔으며 진 태강 원년인 서진 때 시장 남쪽에 있던 다리였다. 징지(澄之) 등[유징지(劉澄之), 대연지(戴延之) 등을 가리킨다]이 아마 이 다리의 명문을 보고서 다리가 태강 초에 만들어진 것으로 여겼다[실제 이보다 앞선 동한 양가(陽嘉) 4년(135)에 만든 것이다]."[74]고 하였다. 이 동석교는 바로 양거(陽渠)[75]를 걸치고 있었고 다리 남쪽에는 마시(馬市)가 있었던 것이다. 『수경주』 곡수조에서는 '마시석교(馬市石橋)'[76]라고 칭하였다. 『수경주』에서 "양거의 수로 남쪽에 마시가 있고, 옛 낙양에는 시장 셋이 있었는데 이것이 그 하나이다."[77]라고 하였다. 이 마시는 동한 때 이미 존재하였다. 순제(順帝) 영건(永建) 연간(126~131)에 정원후(定遠侯) 반시[班始, 반고(班固)의 동생인 반초(班超)의 손자]는 음성공주[陰城公主, 장제(章帝)의 손녀]를 살해했기 때문에 마시에서 요참형을 당했다[『속한서』 천문지(天文志) 중(中) 영건 2년조 및 유소의 주에서 인용한 『고금주(古今注)』].[78] 『낙양기』(『태평어람』 권191)에서는 '세 시장[三市]'을 설명하며 "마시는 대성의 동쪽에 있고" 또 "마시는 동쪽에 있는데, 옛날에는 승(丞)을 두었다."[79]고 하였다. 마시는 단지 시장의 명칭일 뿐 결코 말을 교역하는 장소가 아니었으며 원래부터 일정하게 규모를 갖추고 있었기 때문에 승을 두어 관리토록 했던 것이다. 이 마시는 동한 때 이미 존재하였고, 『원하남지』에 실린 「동한경성도(東漢京城圖)」에는 상동문(上東

---

74_ 『洛陽伽藍記校注』 卷2 城東 魏昌尼寺, p.87. 「在里東南角, 即中朝牛馬市處也, 刑嵇康之所, 東臨石橋, 此橋南北行, 晋太康元年中朝時市市南橋也. 澄之等盖見北橋銘, 因而以橋爲太康初造也.」

75_ 역자 주 본문에서는 '明渠'라고 되어 있으나 의미상 '陽渠'를 잘못 쓴 것으로 판단되어 이에 따라 번역하였다.

76_ 『水經注疏』 卷16 穀水, p.1403. 「(又東逕)馬市石橋.」

77_ 『水經注疏』 卷16 穀水, p.1402. 「水南有馬市, 舊洛陽有三市, 斯其一也.」

78_ [역자 주] 『後漢書』 志11 天文中, p.3243. 「又定遠侯班始尚陰城公主堅得, 鬪爭殺堅得, 坐要斬馬市, 同産皆棄市. 古今注曰: "… 諸侯有斬者, 是冬班始斬馬市."」

79_ 『太平御覽:第2卷』 卷191 居處部 市, p.794. 「洛陽記曰: … 馬市在大城東 … 馬市在東, 舊置丞焉.」

門)의 동남쪽에 그려져 있다(그림 37 참조).

『낙양가람기』권2 경홍니사(景興尼寺)조에 "건양리 동쪽에 수민리(綏民里)가 있었다. … 수민리 동쪽에는 숭의리(崇義里)가 있었고, … 숭의리 동쪽에는 칠리교(七里橋)가 있는데 돌로 만들어졌고, 서진 때 두예(杜預)가 형주로 갈 때 잠시 멈추었던 곳이다. 칠리교 동쪽 1리 떨어진 곳에 곽문이 세 길을 향해 열려 있어 당시의 사람들은 삼문(三門)이라고 불렀다. 이별하는 사람 대부분은 '삼문 밖에서 서로 배웅한다.'고 하였다. 도성의 사인(士人)들이 가는 사람을 보내고 돌아오는 사람을 맞이하는 일이 늘 이곳에서 있었다."[80]고 하였다. 이것은 칠리교 동쪽 1리에 곽문이 있으며 게다가 곽문이 매우 규모가 있고, 문에는 세 길이 나 있다는 것을 확실히 가리킨다. 문에 세 길이 나 있는 것은 서한 이래 도성 성문의 통일된 규격이었다는 점을 참조하면 이 문이 낙양성의 정식 동곽문이라는 것을 알 수 있다. 칠리교는 성으로부터 7리 떨어져 있기 때문에 붙여진 이름이다. 그렇다면 이 동곽문은 건춘문 밖 8리의 지점에 있는 셈이다. 이는 서곽문의 장분교가 창합문 밖의 7리 지점에 있는 것과 서로 대응하여 그 위치 역시 크게 다르지 않다. 오늘날 제작한 '북위 낙양 성곽 복원도'에서는 동서를 20개의 '이(里)'로 나누었고 남북을 15개의 '이(里)'로 나누었다. 그 가운데 '성' 지역의 동서에는 6개의 '이(里)'가 있고 동쪽과 서쪽의 '곽' 지역에는 모두 각각 동서로 7개의 '이(里)'가 있다. 이에 따르면 동곽문과 장분교의 위치 역시 기본적으로 서로 부합한다. 즉 낙양의 '성' 지역은 동서 폭이 6리이고, 동서 양쪽의 '곽' 지역은 모두 동서 폭이 7리이어서 낙양 전체는 '성' 지역과 '곽' 지역을 포괄하여, 동서 폭이 20리이고, 남북 길이가 15리이다.

---

80_ 『洛陽伽藍記校注』卷2 城東 景興尼寺, pp.88~90. 「建陽里東有綏民里, … 綏民里東有崇義里, … 崇義里東有七里橋, 以石爲之, 中朝杜預之荊州出頓之所也. 七里橋東一里, 郭門開三道, 時人號爲三門. 離別者多云: "相送三門外外" 京師士子, 送去迎歸, 常在此處.」

'문에 세 길이 난' 동곽문은 언제 만들어졌는지 알 수 없다. 다만 양거가 동한 초에 개착된 것이고 양거는 성 밖의 동남 귀퉁이에서 낙수를 북쪽으로 끌어올려 남북 방향의 큰 도랑을 이루었다. 상동문 동쪽 7리 떨어진 곳에서 서쪽으로 굽어져 동쪽 '곽' 지역의 남쪽 지역 2/3를 큰 도랑으로 둘러싸게 되니, 동'곽'의 방어 시설이 되었다. 이는 서'곽'의 장방구와 거의 비슷하며, 칠리교도 서'곽'의 장방교와 차이가 없어 동 '곽'을 드나드는 중요한 출입구가 되었다. 칠리교 동쪽 1리에 동곽문 하나를 더 만들었는데, 이것은 북쪽 1/3 되는 지점에는 방벽으로 삼을 만한 도랑이 없어 방어용으로 성곽을 부분적으로 건설할 필요가 있었기 때문이다.

동한 순제(順帝, 재위: 125~144) 때 낙양 사람 충고(种暠)는 현의 문하사(門下史)가 되었다. 당시 하남윤(河南尹)이었던 전흠(田歆)은 생질 왕심(王諶)에게 그를 도울 '명사(名士)' 한 명을 찾으라고 하였다. 어느 날 왕심이 손님을 배웅하며 대양곽(大陽郭)에 이르렀는데 멀리 충고가 보였다. 바로 인재라고 여기고서 돌아와 전흠에게 말하길 "하남윤께서는 효렴을 얻게 되었으니 가까이에 있는 낙양의 문하사입니다."[81][『후한서』 충고(种暠)전]고 하였다. 이른 바 '가까이 있는 낙양의 문하사'란 낙양에 사는 현령 문하의 하급 관리라는 것이다.[82] 당시 낙양현령의 관서는 근교에 설치되어 있었고, '곽' 지역의 일부를 관할하였는데 마치 북위 낙양현이

---

81_ 『後漢書』卷56 种暠傳, p.1826. 「始爲縣門下史. 時河南尹田歆外甥王諶, 名知人. 有知人之名也. 歆謂之曰: "今當擧六孝廉, 多得貴戚書命, 不宜相違, 欲自用一名士以報國家, 爾助我求之." 明日, 諶送客於大陽郭, 遙見暠, 異之. 還白歆曰: "爲尹得孝廉矣, 近洛陽門下史也."

82_ 구태지(瞿兌之)・소진인(蘇晉仁)은 "조연(曹掾)의 속리(屬吏)는 항상 문 아래[문하(門下)]에 있어 연(掾)은 항상 문하(門下)라고 불렀다. 금석문(金石文)에서 때때로 문하공조(門下工曹), 문하적조(門下賊曹) 등의 명칭이 보인다. 문하연[門下掾, 『후한서』 권43 공손술전(公孫述傳) 주(注), 권59 질운전(郅惲傳)], 문하사[門下史, 『후한서』 권86 충고전(种暠傳)]은 즉 각 조(曹)의 연사(掾史)이고 달리 고유한 직책이 있었던 것은 아니다."라고 했다. 이것은 그들의 저서 『양한현정고(兩漢縣政考)』[중국연합출판공사(中國聯合出版公司), 1944, 77쪽]에 나와 있다.

동'곽'의 수민리에 설치되어 동'곽'을 관할한 것(『낙양가람기』 권2)과 같다. 수민리라는 명칭은 아마도 '백성을 편하게 하는[수민(綏民)]' 낙양현의 관서가 설치된 것에서 유래한 듯하다. 북위의 많은 이(里) 이름에는 모두 그 의미가 있다. 이 동'곽'이 낙양현 관할인 것은 마치 수당 장안의 곽성 안에 동서 양쪽으로 대흥현[大興縣, 당대에는 만년현(萬年縣)]해(廨)와 장안현해(長安縣廨)가 설치되어 두 현을 나누어 관할하고 있는 것과 같다. 이때 왕심이 손님을 배웅하려고 대양곽에 이르러서 충고를 보고는 '가까이 있는 낙양의 문하사'라고 한 것은 '낙양에 가깝다'는 것을 특별히 밝히며 낙양 근교에 있다는 것을 말한 것이다. 이른바 '대양곽'은 동한 때 동곽에 대한 명칭이었다.

낙양 동곽의 건춘문 밖에는 양거의 양쪽 기슭을 따라서 중요한 시장 지역, 사원 지역과 거주 지역이 있었다. 이 외에 남부의 양거가 둘러싸는 범위에 들어가는 성지역 가까운 곳에도 거주 지역, 사원 및 시장 지역이 있었는데 시장 지역은 비교적 작아 '소시(小市)'라고 불렀다. 『낙양가람기』 권2 경녕사(景寧寺)조에서는 청양문(靑陽門, 동쪽 성벽의 남문) 밖 3리 떨어진 곳의 대로 남쪽에 경녕리(景寧里)가 있고 대로 북쪽에 효의리(孝義里)가 있으며, 효의리 동쪽에는 '낙양소시(洛陽小市)'가 있고, 동북에는 식화리(殖貨里)가 있었다고[83] 한다. 이 소시 북쪽에 있는 식화리는 서곽의 낙양대시 동쪽에 위치한 통상리(通商里)와 달화리(達貨里)처럼 도살과 장사를 생업으로 하였다. 이것은 아마 북위 때의 시설이었을 것이다.

낙양의 남곽은 비교적 비좁은데, 낙양 남쪽 성벽에서 남쪽으로 낙수까지 거리가 단지 4리이기 때문이다. 동한 시대에 개양문[開陽門, 남벽의 동문] 밖, 즉 남곽의 동남 귀퉁이에 태학(太學)과 벽옹(辟雍)이 설치되어 있었고 평성문[平城門, 즉 북위의 평창문(平昌門)] 밖에는 영대(靈臺)와 명당(明堂)이 설치되어 있었다. 동한·위진시대에는 남곽에 남시(南市)가 있

---

83_ 역자 주 『洛陽伽藍記校注』卷2 城東 景寧寺, pp.116~117. 「在靑陽門外三里御道南, 所謂景寧里也. … 出靑陽門外三里御道北, 有孝義里. … 孝義里東卽是洛陽小是.」

었다. 『원하남지』에 실린 「동한경성도」에는 남시는 명당의 남쪽에 그려져 있다(그림 37 참조). 『낙양기』(『태평어람』권191에서 인용)에서 낙양의 세 시장을 서술하며 "남시는 대성의 남쪽에 있다."[84]고 하였다.[85] 북위 때 선양문[宣陽門, 남벽의 서쪽에서 두 번째 문] 밖, 낙수 가에 부교가 있었고, 낙수 남쪽에는 시장이 있는데 사통시(四通市)라고 불렀다. 『낙양가람기』권3 용화사(龍華寺)조에서 "선양문 밖으로 4리를 가면 이르는 낙수 가에 부교가 만들어졌는데, 이른바 영교(永橋)라고 하고," "낙수 남쪽에 시장을 따로 세웠는데, 사통시라고 불렀으며 민간에서는 영교시(永橋市)라고 하였고 이수(伊水)와 낙수에서 잡힌 고기가 여기서 많이 팔렸다."[86]고 하였다. 영교 남쪽의 대로 양쪽에는 사이관(四夷館)과 사이리(四夷里)가 세워져 있는데, 사방에서 오는 소수민족을 접대하는 곳이었다. 사이관과 사이리부터 남북 방향으로 난 대로는 부교를 지나서 바로 선양문에 통하고 성안의 남북 방향으로 난 동타가와 서로 이어져 성과 곽에서 남북 방향의 중추선을 이루었다.

낙수가의 부교에서부터 부교를 지나 바로 성안과 통하는 남북 방향의 대로는 동한 때에 이미 있었고, 다만 그 위치가 대체로 동쪽으로 치우쳐 있어 평성문(平城門, 남벽의 서쪽에서 세 번째 문) 밖에 있었다. 『후한서』 환관열전 장양전(張讓傳)에 따르면 영제(靈帝) 때 일찍이 액정령(掖庭令) 필람(畢嵐)에게 "천록(天祿), 두꺼비를 주조하여 평문(平門) 밖 다리의 동쪽에서 물을 쏟아내도록 하고 물길을 바꾸어서 궁으로 들어오게 하였다. 또한 번차(翻車), 갈오(渴烏)를 만들어 교량의 서쪽에 설치하여, 남

---

84_ 『太平御覽』卷191 居處部 市, p.794. 「洛陽記曰: … 南市在大城南.」
85_ 『태평환우기』권3 낙양현(洛陽縣)조에서 『낙양기』를 인용하며 또한 '羊市在大城南'이라고 썼으며 『태평어람』권82에서는 『낙양기』를 인용하며 또한 '陽市在城南'이라고 썼다. '羊'자와 '南'자는 글자 형태가 비슷하고 '陽'자와 '羊'자는 음이 비슷하지만 '南'자가 옳은 것이다.
86_ 『洛陽伽藍記校注』卷3 城南 龍華寺, pp.159~161. 「宣陽門外四里至洛水上作浮橋, 所謂永橋也. … 別立市於洛水南, 號曰四通市. 民間謂永橋市. 伊・洛之魚, 多於此賣.」

북 방향의 교로(郊路)에 물을 뿌려 청소하는 데 사용하여 백성들이 길에 물을 뿌려 청소하는 비용을 줄였다."[87]고 한다. 평문은 바로 평성문으로 '평문 밖 다리'는 바로 평성문 밖 낙수 가의 부교를 가리키는 것이다. 천록과 두꺼비를 주조한다는 것은 두 가지의 동물장식이 있는 구리로 수로를 주조한다는 것이다. 번차는 기계로 동력을 전달하여 물을 끌어올리는 기구이고 갈오는 아래에서 위로 물을 끌어들이는 기구이다. 이현(李賢)은 "번차는 수레를 움직이는 기구를 설치하여 물을 끌어들이는 것이다. 갈오는 통을 구부려서 공기를 집어넣어 물을 끌어올리는 것이다."[88]라고 주석을 달았다. 이때 필람은 물을 끌어대는 기계와 물을 끌어올리는 기계를 이용하면서 한편으로는 낙수가의 부교 서쪽에서 '남북 방향의 교로'에 물을 뿌려 청소하였는데 '남북 방향의 교로'란 바로 부교를 지나서 곧장 성안을 통하는 남북 방향의 대로이다. 다른 한편으로는 부교 동쪽에서 물을 끌어서 북쪽으로 흘려보내고 남궁에 들어오게 하였다. 이처럼 물을 끌어대는 기계와 물을 끌어올리는 기계를 이용해 '남북 방향의 교로'에 물을 뿌려 청소하니 백성들이 길에 물을 뿌려 청소하는 비용을 줄일 수 있었다. 이는 '남북 방향의 교로' 양쪽에 거주하는 백성들이 매우 많았다는 것을 의미한다. 동한 낙양의 남곽은 이미 인구가 매우 많고 비교적 번화한 곽지역이었던 것이다.

또 하나 언급할 만한 것은 동한 낙양 남곽의 낙수 부교는 1개만이 아니고, 남쪽 양끝의 진문[津門, 즉 진성문(津城門)] 밖에도 낙수 부교가 또 하나 있었다. 『후한서』 장분전(張奮傳)에는 "아들 장보(張甫)가 뒤를 이었는데 관직은 진성문후(津城門候)까지 올랐다."[89]고 하였다. 이현은 "진성문은 낙양 남쪽의 서문으로서 낙수 부교와 맞닿아 있다."[90]고 주석을

---

87_『後漢書』卷78 宦官列傳 張讓傳, p.2537. 「鑄天祿蝦蟇, 吐水於平門外橋東, 轉水入宮. 又作翻車渴烏, 施於橋西, 用灑南北郊路, 以省百姓灑道之費.」

88_『後漢書』卷78 宦官列傳 張讓傳, p.2537. 「翻車, 設機車以引水. 渴烏, 為曲筒, 以氣引水上也.」

89_『後漢書』卷35 張奮傳, p.1200. 「子甫嗣, 官至津城門候.」

달았다. 『원하남지』 권2에서도 "진성문은 낙양 남쪽의 서문으로 낙수 부교와 맞닿아 있고 또 진양문(津陽門)이라고도 하였다."[91]고 하였다. 진 문은 바로 이곳에 부교가 설치되어 수상교통의 중요한 통로가 되었기 때문에 붙여진 이름이다. 또한 당시 낙수 부교는 이미 매우 큰 규모로 건설되어 황제의 수레도 부교 위를 평온하고 안전하게 통과할 수 있었 다. 반고는 「마중도애사(馬仲都哀辭)」(『태평어람』 권596권 인용·)에서 "거기 장군(車騎將軍) 순무후(順文侯) 마중도(馬仲都)는 명제(明帝)의 외숙부이다. 낙수 부교에서 어가를 따르다가 말이 놀라 날뛰어 물에 빠져 익사하였 다. 황제가 시어사(侍御史) 반고에게 일러 마상삼십보(馬上三十步)라는 애 사(哀辭)를 짓도록 하였다."[92]고 하였다. 이는 당시 황제의 수레가 낙수 부교를 건넜으며, 수행 인원도 모두 말을 타고 건넜다는 것을 전해주지 만 다만 마중도의 '말이 놀라 날뛰었기' 때문에 '물에 빠져서 익사한' 사 고가 발생했던 것이다.

---

90_ 『後漢書』 卷35 張奮傳, p.1200. 「津城門, 洛陽南面西門也, 當洛水浮橋.」

91_ 『元河南志』(『宋元方志叢刊: 1』, 北京, 中華書局, 1990) 卷2 後漢城闕宮殿古蹟 次西 津門, p.8353-上. 「次西津門: 當洛水浮橋, 又作津陽門.」 역자 주 역자가 확인한 판본 에서는 저자가 '津城門, 洛陽南面西門也'라고 인용한 부분은 없고 津城門이 아니라 津門으로 되어 있다.

92_ 『太平御覽: 第5卷』 卷596 文部 哀辭, p.697. 「班固馬仲都哀辭曰: 車騎將軍順文侯 馬仲都, 明帝舅也, 從車駕于洛水浮橋, 馬驚入水溺死. 帝謂侍御史班固爲馬上三十步哀 辭.」

# 12. 오(吳) 도성인 건업(建業)과
# 동진(東晉) · 남조(南朝)의 도성인 건강(建康)

### 1) 오 도성인 건업의 배치 구조

진 · 한은 지금의 남경(南京) 부근에 말릉현[秣陵縣. 지금의 강소성(江蘇省) 강녕(康寧) 남쪽의 말릉관(秣陵關)]에 치소를 설치하여 장강 하류의 정치 중심지로 삼았다. 삼국(三國)시대 때 손권(孫權, 182~252)은 황룡(皇龍) 원년(229)에 무창[武昌, 지금의 호북성(湖北城) 악성(鄂城)]에서 황제를 칭하고 국호를 오(吳)라고 하였다. 건안(建安) 16년(211)에 그는 정치의 중심을 말릉으로 옮겼으며 이듬해 건업(建業)으로 이름을 고쳤다. 동시에 건업 서쪽의 석두산[石頭山, 지금의 청량산(淸凉山)]에 원래 있던 금릉성(金陵城)을 석두성[石頭城, 지금의 남경성 서쪽 한중문(漢中門) 바깥의 청량산 기슭]으로 개축하였다. 둘레는 7리 100보였고 서쪽으로는 장강과 가까웠고 동쪽과 남쪽 두 방면에는 각각 문 하나가 나 있으며 북쪽으로는 문 둘이 있었다. 이곳은 군사상 중요한 요지였다. 또한 건업 동남쪽으로 경구[京口, 지금의 진강(鎭江)]가 있는데 장강 하류의 군사 방어 요지였다. 황무(黃武) 8년(229)에 손권은 무창에서 건업으로 천도하고 아울러 새로운 성을 회수(淮水) 이북(즉 지금의 남경 시내 소재지)에 축조하였다. 동북으로는 종산(鍾山) 서쪽 기슭에 가까웠고 동쪽으로는 전호[前湖, 즉 연작호(燕雀湖)]에 붙어 있었고, 북쪽으로는 계농산(鷄籠山), 복주산(覆舟山) 및 후호[後湖, 즉 현무호(玄武湖)]에 기대었는데 둘레가 20리 19보였다. 궁전은 성내의 중심에서 서북쪽으로 치우친 곳에 지었다. 적오(赤烏) 10년(247)에 무창궁(武昌宮)을 헐고, 이곳에 태초궁(太初宮)을 지었는데, 둘레는 300장(혹은 500장이라고도 한다)이었고 정전(正殿)은 신귀전(神龜殿)으로 불렸으며 남쪽으로 문 5개가 설치되었다. 정중앙의 공차문(公車門), 동쪽의 승현문(升賢門)·좌액문(左掖門), 서쪽의 명양문(明揚門)·우액문(右掖門)이었다. 동·서·북 세쪽에는 각각 문 하나를 만들어 사신(四神)의 방위에 따라 이름을 붙여 창룡문(蒼龍門), 백호문(白虎門)과 현무문(玄武門)이라고 칭하였다(『건강실록(建康實錄)』 권2). 보정(寶鼎) 2년(267)에 후주(後主) 손호(孫皓, 242~283)는 또 태초궁 동쪽에 소명궁(昭明宮)을 세웠는데, 둘레는 500장이었다. 정전은 적오전(赤烏殿)이라 불렸으며 만기문(彎崎門), 임형문(臨硎門) 등 문이 설치되었다.[1] 아울러 동산을 확장하여 건축 구조가 매우 정교하고 아름다우며 화려하였다(『건강실록』 4권). 이외 건업성 안에 또 원성(苑城), 남궁(南宮, 태자궁)과 서지(西池) 등을 지었다. 원성은 소명궁의 서북쪽에 있었다. 오궁(五宮)의 남문에서 건업성의 남문[선양문(宣陽門)]을 지나서 곧장 진회하(秦淮河) 북쪽 기슭에 이르는 곳에 남북 방향의 어도가 만들어졌는데 성 전체의 중추선이 되었다. 어도 남쪽 끝이

---

1_ 좌사(左思)의 「오도부(吳都賦)」에서는 "침묘(寢廟)를 무창(武昌)에 기초하고 이궁(離宮)을 건업에 세웠습니다. … 화려한 신룡전(神龍殿)을 높이 세우고 지붕과 난간을 만들어 가지런히 하였습니다. 임해전(臨海殿)을 높고 우뚝하게 세웠으며 적오전(赤烏殿)을 찬란하게 장식하였습니다. 그 모양이 좌우로 길쭉하며 위아래로는 깊숙하고 꽃이 새겨진 창문이 마주 보며 휘장을 드리웠으며 각(閣)이 이어져 통하게 되어 있습니다. 궁실의 문들은 기이하여 모두 특이한 이름이 있으니 왼쪽은 만기(彎崎)라고 부르고 오른쪽은 임형(臨硎)이라 부릅니다."라고 하였다. 이선(李善)의 주에서 "신룡(神龍)은 건업의 정전(正殿) 명칭이다. 임해(臨海), 적오(赤烏)는 모두 건업에 오(吳) 대제(大帝)가 세운 태초궁의 전각 명칭이다."라고 하였고 "오(吳) 후주(後主)가 태초궁 동쪽에 소명궁을 세웠고 만기, 임형 두 문을 내었다."고 하였다. 이선의 주에서 적오를 태초궁의 전각 명칭이라고 한 것은 잘못이다.

대항문(大航門)이고, 대항문 아래 진회하에는 교량이 설치되었는데 주작항(朱雀航)이라고 불렀다. 성 남쪽에 있는 중요한 출입구였다.

건업성은 실제 내성(內城)의 성격을 지니고 있다. 건업성의 동서 양쪽 및 남쪽에서 주작항 일대에 이르는 지역은 외곽의 성격을 띠고 있고 어도는 오궁의 남문에서 대항문에 이르며 길이가 7리이다. 대항문에는 한 쌍의 붉은칠을 한 문[주궐(朱闕)]이 세워져 있었다. 어도 양쪽에는 푸른 홰나무가 심어져 있고 도랑이 있었다. 동시에 어도 양쪽을 따라서 일련의 중앙관서가 세워져 있었다. 좌사(左思)는 「오도부(吳都賦)」에서 이를 생동감 있게 묘사하였다.

대궐에는 높고 큰 문이 있어 그 문으로 큰 수레가 드나들었습니다. 궁궐 앞 붉은 누대는 쌍으로 서 있으며 천자의 도로는 숫돌처럼 평평하였습니다. 그곳에는 푸른 홰나무를 심고 푸른 물을 끌어들여 나무 그늘은 짙고 빽빽하며 맑은 물이 천천히 흘러가고 있습니다. 검은 그림자가 그윽하고, 맑게 흐르는 물은 쉬지 않고 흐릅니다. 그 길가에는 관서는 7리에 늘어서 있고 남쪽으로 향한 길가에 건물이 바짝바짝 끼어 앉아 있습니다. 병영이 촘촘하게 배열되어 있고 관서들이 사방에 퍼져 있습니다[이선(李善)주: 오나라에서는 궁문에서 남쪽으로 원(苑)으로 나가는 길에 관서가 서로 이어져 있는데 7리나 길을 끼고 있었다. 해(解)는 서[署, 관서]와 같은 것이다. 오나라에는 사도(司徒), 대감(大監) 등 여러 관서가 있었으나 동일한 것은 아니었다.][2]

너무나 명확하게도, 이 배치 구조는 북위 낙양과 같아 동한 낙양과 동한말 업성(鄴城)의 규획을 계승하며 한층 발전시킨 것이다. 후에 당대

---

2_『文選』卷5 賦丙 京都下 左太沖吳都賦, p.217. 「高闔有閌, 洞門方軌, 朱闕雙立. 馳道如砥, 樹以青槐, 亘以綠水, 玄陰耽耽, 清流亹亹. 列寺七里, 俠棟陰路, 屯營櫛比, 解署棋布(李善注: 吳自宮門出苑路, 府寺相屬, 俠道七里也. 解, 猶署也. 吳有司徒·大監諸署, 非一也.).」

(唐代) 장안성(長安城)에서 규모가 거대해지고 중앙북부의 궁성이 중심이 되어 대칭적 중추선의 구조를 갖춘 것은 바로 이러한 기초 위에서 점차 형성된 것이다. 위에서 인용한 「오도부」에서 "대궐에는 높고 큰 문이 있어" 이하 세 구절은 어도 남단에 있는 대항문의 웅장한 모습을 형용한 것이고, "천자의 도로는 숫돌처럼 평평하였습니다." 이하 다섯 구절은 어도의 구조를 형용한 것이다. 또한 "관서는 7리에 늘어서 있고" 이하 네 구절은 궁문 이남의 길이 7리인 어도 양쪽에 중앙관서가 연속해서 배열되어 있는 모습을 묘사한 것이다.

오나라 건업 궁전의 건축이 매우 정연한 것은 아니다. 태초궁은 성내의 중부에서 서북쪽으로 치우쳐진 곳에 지어졌고, 소명궁 또한 태초궁의 동쪽에 지어졌으며 게다가 원성은 소명궁의 북쪽에 지어졌다. 이는 조조가 세운 업성과 달랐는데, 업성에서 대조(大朝)인 문창전(文昌殿)과 내조(內朝)인 청정전(聽政殿)은 동서 두 부분에 나란히 배치되어 있었다. 업성에서는 내조인 청정전을 동쪽에 세움으로써 중앙관서가 청정전 앞 사마문 안팎 큰길 양쪽으로 나누어져 축조되었다. 따라서 중추선 역할을 하는 대로 및 그 양쪽의 관서가 성의 동부에 치우치게 되었다. 오나라의 건업에서는 궁전 지역 전체를 하나의 완전한 구성체로 삼았고 중추선이 되는 어도는 성의 남쪽 한가운데 설치되어 길이는 모두 7리였다. 즉 대체로 궁문에서 건업성 남쪽 중앙의 선양문까지는 2리이고, 선양문에서 진회하 북쪽 기슭의 대항문까지는 또 5리이다(그림42 참조). 중앙관서는 바로 이 7리 길이의 중추선 양쪽에 쭉 이어서 분포하였다. 북위 낙양에서는 궁성이 성안 중부에서 서북쪽에 치우쳐 있어 궁성 정중앙의 창합문에서 낙양성 남쪽 성벽의 서쪽에 있는 선양문까지 중추선이 되는 동타가 및 그 양쪽 관서는 성의 서쪽에 치우치게 되었다. 이로부터 당대 장안에 보이는 정연하고 대칭적인 중추선의 배치 구조는 우연히 출현한 것은 아니며 위진남북조 전체 도성의 배치 구조가 발전하는 추세에 따라서 이루어졌다는 것을 알 수 있다. 그것은 북방의 위나

라와 북위의 영향뿐만 아니라 남방의 오나라, 동진, 남조 등의 영향도
똑같이 받았던 것이다.

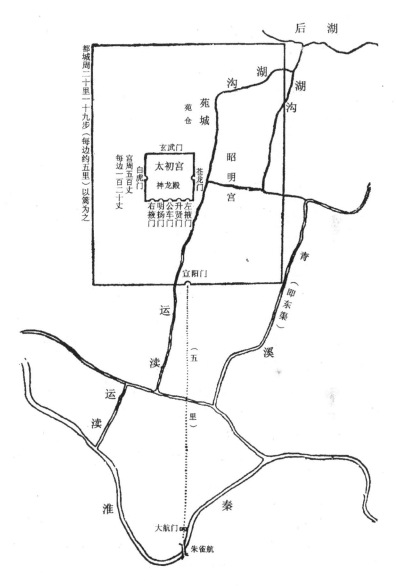

**그림 42** 오나라 도성 건업 평면도(출전: 朱偰, 『金陵古迹圖考』, 商務印書館, 1936)

오나라 건업에서 거주 지역인 '이(里)'와 상업 지역인 '시장'도 정연하게 배치되지는 않았지만 그 특징이 있다. 귀족의 '이(里)'와 중요한 '시장'은 모두 어도 남쪽의 진회하 유역에 세워졌는데 이것은 당시 건업에서 발달한 수상교통을 적절히 활용하기 위해서였다. 좌사는 「오도부」에서 이를 역시 상세하게 묘사하였다.

횡당(橫塘)과 사하(查下) 지역의 집들은 대단히 화려하고 장간(長干)에는 거리와 마을이 이어 붙어 있으며 화려한 집들이 솟아 날아갈 듯이 서로 모여 있습니다[이선(李善) 주: 횡당은 회수(淮水) 남쪽에 있고 가저(家渚) 가까이 있으며 장강을 따라 긴 제방을 만들었기에 그것을 횡당이라고 한다. 북으로는 책당(柵塘)에 접한다. 사하는 사포(查浦)이다. 횡당 서쪽에 있으며 내강(內江)을 사이에 두고 있다. 산꼭대기에서 남쪽으로 10리를 가면 사포에 이른다. 건업에서 남쪽으로 5리 떨어진 곳에 산등성이가 있는데 그 사이는 평지이고 관리와 백성이 섞여 살고 있다. 동쪽 장간 가운데 대장간(大長干)과 소장간(小長干)이 있는데 모두 서로 이어져 있다. 대장간은 월성(越城) 동쪽에 있고 소장간은 월성 서쪽에 있다. 지역이 각각 길고 짧아 대장간과 소장간이라고 불렀던 것이다]. 그곳에 살고 있는 사람들은 번성한 가문과 부귀한 사람들이고 뛰어난 호걸입니다. 우(虞)씨와 위(魏)씨의 후손이며, 순(順)씨와 육(陸)씨의 후예입니다. 그들은 어려서부터 영리하고 지식을 갖추어 선조의 덕업을 계승하였고 나이가 들수록 재주와 덕을 겸비하며 세대를 거듭하였습니다. 높이 뛰어올라 부귀하게 되어 그 발자취를 이었으며 고관들의 수레바퀴 자국이 겹쳤습니다. 군대와 병기를 진열하여 권위를 높이며 출입하였고 난의[蘭錡, 활 등 병기를 진열하는 곳]를 안에 설치하였습니다. 관과 수레 덮개가 구름처럼 덮으며 마을은 사람들로 북적거리고 있습니다[이선 주: 괴안(魁岸)은 뛰어나다는 것이다. 우(虞)는 우문수(虞文秀)이고 위(魏)는 위주(魏周)이며 고(顧)는 고영(顧榮)이고, 육(陸)은 육손(陸遜)으로 번성 시기의 오나라의 귀인들이다. 곤(昆)과 예(裔)는 모두 후손이라는 것이다. 기억(歧嶷)은 영리하고 지식을 가지고 있다는 것을 말한다. 약마(躍馬)는 높이 뛰어오른다는 말로서 부귀함을 말한다.[3]

횡당은 진회하의 하구 부근에 있으며, 사포는 석두산(지금의 청량산) 남쪽에 있고 대소의 장간리(長干里)는 석자강[石子崗, 지금의 우화대(雨花臺)] 서북에 있는 월성의 동서 양쪽에 있는데, 모두 수륙교통이 편리한 곳이다. 이 일대는 주민이 모여 사는 곳이고 귀족들이 모이는 곳이며 우(虞), 위(魏), 고(顧), 육(陸) 네 성씨의 명문의 후손들이 모두 이 일대에 거주하였으므로 그곳에 사는 사람들은 이른바 '번성한 가문과 부귀한 사람들이고 뛰어난 호걸'이었던 것이다.

중요한 '시장'은 회수(지금의 진회하) 북쪽 기슭에 설치되었다. 「단양기(丹陽記)」(『태평어람』 권827 인용)에서 "경사에는 4개의 시장이 있는데, 건강의 대시(大市)는 손권이 세웠고, 건강의 동시는 같은 시기에 세워졌으며, 건강의 북시(北市)는 영안(永安)연간에 세워졌다[영안은 오나라 경제(景帝)의 연호이며, 258년~264년이다.]"[4]고 하였다. 대시는 장간리와 횡당 사이의 건초사(建初寺) 앞에 만들어졌고, 북시(北市)[5]는 귀선전(歸善殿) 앞에 설치되었으니 묘시(廟市)의 발전을 통해 형성된 것이다. 좌사의 「오도

---

3_ 『文選』卷5 賦丙 京都下 左太沖吳都賦 吳都賦, p.217~218. 「橫塘査下, 邑屋隆夸, 長干延屬, 飛甍舛互(李善注: 橫塘在淮水南, 近家潯緣江築長堤, 謂之橫塘, 北接柵塘. 査下, 査浦. 在橫塘西, 隔內江, 自山頭南上十里, 至査浦. 建業南五里有山崗, 其間平地, 吏民雜居. 東長干中, 有大長干・小長干, 皆相連. 大長干在越城東, 小長干在越城西. 地有長短, 故路大小相干.) 其居則高門鼎貴, 魁岸豪杰, 虞魏之昆, 顧陸之裔. 歧嶷繼体, 老成奕世, 躍馬疊迹, 朱輪累轍. 陳兵而歸, 蘭錡內設. 冠蓋云蔭, 閭閻闐噎.(李善注: 魁岸, 大度也. … 虞, 虞文秀; 魏, 魏周; 顧, 顧榮; 陸, 陸遜, 隆吳之貴也. 昆裔, 皆後世也. 歧嶷, 謂有識知也. … 躍馬, 騰躍之謂, 言富貴也.) 역자 주 저자는 '北接柵塘. 査下, 査浦. 在橫塘西, 隔內江.'이라고 표점하였으나 上海古籍出版社 판본에서는 '北接柵塘・査下, 査浦在橫塘, 西隔內江.'로 표점하여 차이가 있다.

4_ 『太平御覽:第7卷』卷827 資産部 市, p.699. 「山謙之「丹陽記」曰:京師四市, 建康大市, 孫權所立; 建康東市, 同時立; 建康北市, 永安中立.」

5_ 역자 주 원문에는 北寺로 되어 있으나 문맥상 '北市'의 잘못이라고 판단된다.

부」에는 '시장'을 묘사한 단락이 있다.

시장을 열면 각종 물건들이 들어오고 저잣거리와 시장의 문을 가로질러
물건들이 흘러넘칩니다. 물품들이 서로 섞여 가게들이 하나가 되고 도성
과 교외 사람들이 물건을 교환하느라 한 무더기가 됩니다. 남녀가 우두
커니 서서 바라보며 장사꾼들은 나란히 붙어 있고 모시옷 입은 사람, 고
운 갈포옷을 입은 사람이 어지럽게 섞여 빼곡하게 모여 있습니다. 가벼
운 수레가 말고삐를 당겨 말 걸음을 멈추기도 하며 시장 골목을 지나가
고 망루가 있는 배가 돛을 올려 상점 사이를 지나갑니다. 과일과 베가 시
장으로 한꺼번에 몰려오는 것은 늘 있는 일이며 멀리서 유리와 가술(珂
玳) 등 진귀한 옥돌이 들어옵니다. 재화가 어지럽게 가득 쌓이는데 그것
들은 수많은 갖가지 물건이며 많은 황금이 가득하고 구슬꾸러미가 여기
저기 흔하게 널려 있습니다. … 부유한 백성들은 이익을 늘려야 하는 기
회이니 시기를 이용하여 이득을 얻으면 재산이 풍부해져서 거부가 되고,
다른 지역과도 경쟁하여 토지와 마을을 겸병하게도 되어 그 부유함을 자
랑스럽게 여기며 진주로 장식된 옷을 입고 옥처럼 진기한 음식을 즐기게
됩니다.[6]

건업의 '시장'은 모두 외곽지역에 수륙교통이 매우 편리한 곳에 설치
되었다. 이른바 '수(隧)'는 '시장' 안의 큰길을 가리키는 것이며 이른바
'사(肆)'는 '시장' 안에 나란히 열을 지어 있는 상점을 가리키는 것이다.
이러한 '시장'에서는 길이 사방으로 통하여 간편한 마차는 '시장' 안의
길을 통과할 수 있으며, 높은 망루를 세운 큰 배도 '시장' 안에 죽 늘어

---

6_『文選』卷5 賦丙 京都下 左太沖吳都賦, pp.219~210.「開市朝而幷納, 橫闐闠而流溢.
混品物而同廛, 幷都鄙而爲一. 士女佇眙, 商賈駢坒, 紵衣絺服, 雜沓傱萃. 輕輿按轡以
經隧, 樓船擧颿而過肆; 果布輻湊而常然, 致遠琉璃與珂玳. 集肆紛紜, 器用萬端, 金鎰
磊砢, 珠琲闌干, 桃笙象簟. … 富中之甿, 貨殖之選, 乘時射利, 則豐巨萬, 競其区宇, 則
幷疆兼巷; 矜其宴居, 則珠服玉饌.」

선 상점을 지날 수 있어 "가벼운 수레가 말고삐를 당겨 말 걸음을 멈추기도 하며 시장골목을 지나가고 망루가 있는 배가 돛을 올려 상점 사이를 지나갑니다."라고 한 것이다. 이는 '시장' 안에는 마차가 통행하는 대로가 있을 뿐만 아니라 '시장' 지역을 가로지르는 큰 강이 있다는 것을 전해 준다. 수륙 교통이 매우 편리하기 때문에 도성 안팎의 주민들이 모여 교역을 하는 시장이 이루어졌기에 "도성과 교외 사람들이 물건을 교환하느라 한 무더기가 됩니다."라고 한 것이다. 여기에는 해당 지역의 토산품과 강남지역의 산물이 있을 뿐만 아니라, 교주(交州), 광주(廣州)와 남양(南洋)의 여러 나라에서 온 상품이 있었는데 과일, 베, 유리, 주옥 및 상아제품이 포함되어 있었다. 교역이 번창함에 따라 이곳에는 "재산이 풍부해져서 거부가 되고" "토지와 마을을 겸병하게도 되어" "진주로 장식된 옷을 입고 옥처럼 진기한 음식을 즐기는" 부유한 상인이 거주하였다.

### 2) 동진·남조의 도성인 건강의 배치 구조

오나라는 겨우 50년만 존속하고 서진에게 멸망당했다. 서진이 오나라를 멸망시킨 후 건업의 옛 이름인 말릉을 회복시켰다. 태강(太康) 원년(280)에 말릉에서 임강현(臨江縣)을 분립하였고 이듬해 강녕현(江寧縣)으로 개칭하였다. 태강 3년(282)에 말릉은 2개의 읍으로 나뉘어져 회수 이북은 건업이라 하였고 회수 이남은 여전히 말릉으로 불렸다. 태안(太安) 2년(303)에 석빙(石氷)이 장창(張昌)에서 봉기를 일으켜 양주(揚州)의 여러 군을 공격하니 태초궁이 전쟁 중에 와해되었다. 후에 진(晉)의 광릉탁지(廣陵度支) 진민(陳敏)이 양주로 들어가 태초궁의 기초 위에 관청을 지었다. 서진 말에 민제(愍帝)의 이름을 피하여 건업을 또 건강(建康)으로 개칭하였다. 서진이 멸망할 때 낭야왕(琅玡王) 사마예(司馬睿)가 강동에 동진 왕조를 중건하고 또한 건강을 국도로 삼았다. 이후 남조의 송(宋), 제(齊), 양(梁), 진(陳)은 잇따라 이곳에 도읍을 두었다.

동진 초에는 오나라의 옛 성과 진민이 세운 관청을 계속 사용하였고, 함화(咸和) 5년(330)에 이르러 진 성제(成帝, 재위: 325~342)가 "새로운 궁을 지었고 원성을 수리하였다."[7][『진서(晉書)』 성제기(成帝紀)]고 한다. 건강성은 둘레가 20리 19보이고, 남쪽에 문 세 개가 있었으며 정중앙은 여전히 선양문(宣陽門)이라 하였고 동쪽은 개양문(開陽門)이었으며 서쪽은 능양문(陵陽門)이었다. 동쪽 성벽에는 청명문(淸明門), 건춘문(建春文) 두 문이 있었다. 서쪽 성벽에는 서명문(西明門)이 있었는데 서명문에서 건춘문 사이에는 동서를 가로지르는 길이 만들어졌다. 길 북쪽이 궁성이며 대성(臺城) 혹은 원성(苑城)이라고 칭했다. 길 남쪽이 중앙의 중요 관서 지역이었다. 궁성은 본래 토담인데, 함강(咸康) 5년(339)에 벽돌로 다시 쌓았다. 둘레가 8리로, 한 변이 각각 2리였다. 궁성은 안팎으로 이중이었다. 내벽 북쪽에는 문이 없었고 남쪽에는 단문(端門)이 있었다. 동쪽에는 운용문(雲龍門)이 있었고, 서쪽에는 신호문(神虎門)이 있었다. 외벽 남쪽에는 대사마문(大司馬門)과 창합문(閶闔門)이 있었고, 동서쪽에는 동·서의 액문(掖門)이 있었으며 북쪽에는 평창문[不昌門: 속칭 관작문(冠爵門)]이 있었다. 태원(太元) 3년(378)에 상서복야(尚書僕射) 사안(謝安)이 원래의 궁전이 웅장하고 화려하지 않기 때문에 새로운 궁을 다시 짓기를 건의하여 안팎으로 규모 3,500칸의 전각을 지을 것을 계획하였다(『진서』 사안전,『건강실록』 권9).

건강의 궁전 배치 구조는 위진 낙양의 옛 제도를 연용하였다. 정전은 태극전(太極殿)이라 하였는데 모두 12칸으로, 12개월을 상징하며 대조(大朝)로 쓰였다. 양쪽에는 동당(東堂)과 서당(西堂) 두 개가 있었는데 황제가 일상적인 정무를 보며 대신들을 불러서 만나는 곳으로 쓰였다. 태극전 북쪽에는 현양전(顯陽殿)이 있었는데 황후의 정전이었다. 그 동서

---

7_ 역자 주 『진서』 권7 성제기에는「作新宮, 修苑城.」이 아니라「造新宮, 始繕苑城.」으로 기록되어 있다(『晉書』卷7 成帝紀, p.175).

양쪽에는 함장전(含章殿)과 휘음전(徽音殿)이 있었다. 궁성 정문은 대사마문이고, 앞에는 동서로 가로지르는 길을 접하고 있었다(『태평어람』 권 175에서 인용한 「단양기」). 대사마문에서 건강성의 선양문을 지나 진회하 북쪽의 주작문[朱雀門, 즉 대항문(大航門)]에 이르는 남북 방향의 어도가 있다. 이는 오나라 건업성의 옛 제도를 연용한 것으로, 성 전체의 중축선이었다. 주작문의 남쪽인 진회하에는 원래 주작항(朱雀航)이 세워져 있는데, 도성 남쪽의 중요한 통로이었다. 진 명제(明帝, 재위: 322~325) 때 왕돈(王敦)의 난을 평정하는 전쟁 중에 불타 없어졌다. 진 성제 함강(咸康) 2년(336)에 주작부항(朱雀浮航)이 중건되었는데, 이른바 부항이란 선박을 연결하여 만든 부교를 뜻한다(그림 43 참조).

남조에서도 건강을 도성으로 계속 사용하였고 아울러 동진의 궁전도 이어서 사용하였다(다만 궁성문의 명칭은 변경되었다). 송, 제 두 왕조 때에는 거실(居室)과 원유(苑囿)만 중축하였다.[8] 양 무제는 천감(天監) 7년 (508)에 궁성 남문 내벽의 단문(端門)과 외벽의 대사마문 앞에 신룡(神龍), 인호(仁虎) 등 두 궐(闕)을 세웠고, 천감 10년(511)에 또한 궁성의 사방에 울타리 벽을 하나를 더 지어서 두 겹이었던 것을 세 겹으로 하였다. 천감 12년(513)에 태극전과 동서 두 당(堂)을 중건하였다. 태극전을 13칸으로 개축하였는데 윤달을 포함한 한 해를 나타낸 것이다(그림 44 참조).

---

8_ 송 문제(文帝)는 동궁을 지었고 송 무제 등은 정광(正光), 옥촉(玉燭) 등의 전각을 세웠으며 송 명제(明帝)는 자극전(紫極殿)을 건설하였다. 남제 동혼후(東昏侯)는 궁중에 큰불이 나서 3,000여 칸을 태워 이에 여러 전각을 크게 세웠고 또한 따로 반비(潘妃)를 위해 신선(神仙), 영수(永壽), 옥수(玉壽) 등의 전각을 지었다.

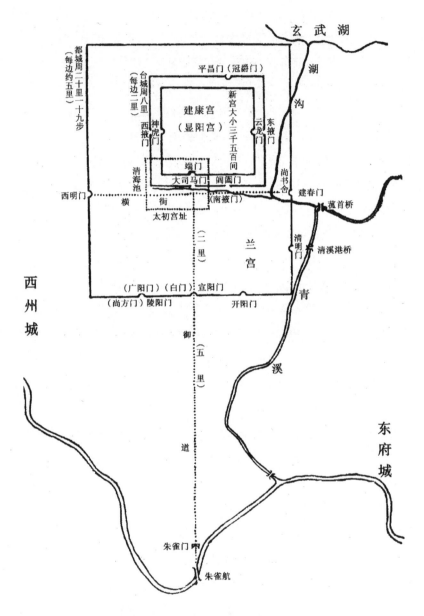

**그림 43** 동진 도성 건강 평면도(朱偰,『金陵古迹圖考』, 商務印書館, 1936)

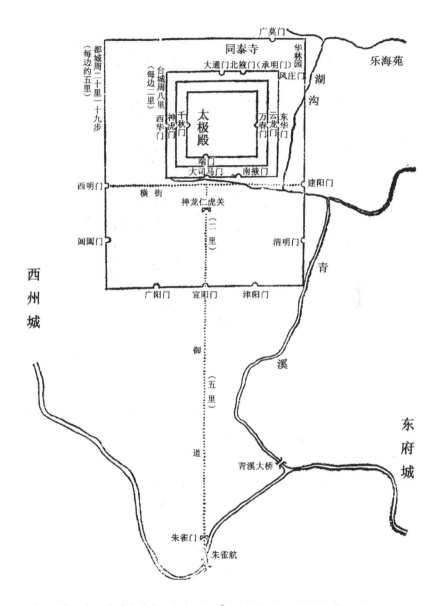

広莫门

同泰寺

华林园

乐海苑

大通门北掖门（承明门）

凤庄门

湖沟

都城周二十里一十九步
（每边约五里）

台城周八里
（每边二里）

神虎门

千秋门

西华门

太极殿

云龙门

万春门

东华门

湖沟

端门

大司马门

南掖门

建阳门

西明门

横街

神龙仁虎关

清明门

闾阖门

（二里）

青

御

（五里）

道

溪

西州城

东府城

青溪大桥

朱雀门

朱雀航

그림 44  남조 양 도성 건강 평면도(출전: 朱偰, 『金陵古迹圖考』, 商務印書館, 1936)

동진·남조 시대에는 이렇게 정전의 칸수의 확대를 강구한 점은 후대 궁전의 제도에 대해 깊은 영향을 주어 수(隋)·당(唐)에서도 그 제도를 계속하여 사용하였다. 수대(隋代) 동도(東都)의 정전인 건양전(乾陽殿)도 13칸이었고[『대업잡기(大業雜記)』], 서경(西京)의 정전인 대흥전(大興殿)도 분명 동일했을 것이다. 당대(唐代) 서경의 태극전이 바로 수대의 대흥전이다. 후에 북송에서는 정전을 11칸으로 한 것이 최고 등급이었고 그 다음 등급은 9칸으로 한 것이었다. 금(金)·원(元) 두 왕조에서도 모두 그 제도를 이어 사용하였다. 명대(明代)에는 정전을 9칸으로 한 것이 최고 등급이었고, 청대(淸代)에는 또한 옛 제도를 회복하여 11칸으로 한 것을 최고등급으로 하였다.

동진·남조시대 건강의 배치 구조는 북위가 낙양을 중건하는 데 큰 영향을 주었다. 북위 효문제는 평성을 재건하는 과정 중에 장소유를 낙양으로 파견하여 위진 궁실의 터를 측량하도록 한 것 외에 장소유를 이표의 부사로서 남제의 사신으로 가서 건강 궁전의 규모를 살펴보도록 하였다. 후에 효문제가 대신을 임명하여 낙양의 궁전과 관서의 중건을 설계토록 한 것은 남북 도성 몇몇의 배치 구조의 뛰어난 점을 종합하여 한층 더 개선을 한 것이었다.

동진·남조의 건강성은 오나라의 건업성처럼 여전히 내성의 성격을 갖고 있었다. 건강성의 남쪽, 동쪽, 서쪽 세 방면의 교외가 외곽의 성격을 지녔다. 바깥 주위에 있는 장강, 석두산, 현무호, 종산 등이 천연의 방어벽이 되었다. 이어서 바깥 주위에는 산봉우리, 구릉 등 험하고 요긴한 형세를 이용하여 만든 많은 작은 성보(城堡)가 있었는데 이것이 군사 방어권을 형성하였다. 성 남쪽 석자강 서북쪽에는 원래 월성이 있었고, 성 서쪽 석두산 남쪽에는 석두성이 있었다. 석두성은 원래 흙으로 쌓았으나 진 안제(安帝) 의희(義熙) 6년(410)에 벽돌로 성을 다시 쌓았고 봉화대와 곡물창고 등을 지어 요새의 성격을 갖추었다. 성 동남쪽 진회하 북쪽 기슭에는 동부성(東府城)이 있는데 진 안제 의희 10년(414)에 축조한 것이다. 양나라 말기 후경(侯景)이 이곳에 들어가 성을 점거하고서 벽돌로 성을 개축하였다. 성 서남쪽으로 장강 야성(冶城) 부근에 서주성(西州城)이 있는데 원래 양돈(王敦)이 세운 양주(揚州) 치소였다. 후에 단양윤(丹陽尹) 치소가 되었고 동부성과는 멀리 떨어져서 마주 보았다. 남쪽으로는 진회하를 따라서 오나라가 축조한 책당(柵塘)이 있는데 홍수 방지에 쓰였고 아울러 방어용으로 사용되었다. 성 북쪽으로는 강에 인접하여 백석루[白石壘, 백하루(白下壘)라고도 한다]가 있는데, 도간(陶侃)이 소준(蘇峻)의 난 때에 도성을 방어하기 위하여 쌓은 것이다.

중원의 백성들이 대량으로 남쪽으로 옮겨감에 따라 건강의 인구는 건업으로 불릴 때의 인구와 비교하여 크게 증가하였다. 양나라 때 성안의 거주민은 28만 여 호가 있었는데, 서쪽으로 석두성에, 동쪽으로 예당(倪塘)에, 남쪽으로 석자강에 이르렀으며 북으로는 장산(蔣山)너머까지 이르렀다. 동서남북 성 교외의 범위는 모두 40리를 차지하였다. 성 동쪽의 청계(靑溪), 성 남쪽의 주작교(朱雀橋) · 오의항(烏衣巷) 일대는 모두 귀족들이 모여 사는 지역이었다. 청계에는 남조의 높은 문벌 가문이 많았고 오의항에서는 왕(王) · 사(謝) 두 세족이 가장 두드러지게 많았다. '시장'은 오나라 때부터 원래 있었던 기초 위에서 크게 발전하였고 이미 있던 대시(大市), 동시(東市), 북시(北市) 이외에 또한 작은 시장이 10여 곳 있었다. 동시에 한 물품만을 주로 교역하는 시장이 출현하였는데, 예를 들면, 우마시(牛馬市), 사시(紗市), 현시(蜆市) 등이다. 이는 당시 백성들의 일상생활과 관계가 있는 필수상품의 교역이 한층 발전하였으며 이미 원래의 '시장' 지역의 범위를 점차 넘어섰다는 것을 의미한다. 『수서(隋書)』 식화지(食貨志)에 "회수(淮水) 북쪽에는 대시가 100여 곳[생각건대 백여(百餘)라는 두 자는 응당 잘못일 것이다]이 있고, 소시가 10여 곳이 있다. 대시에는 관서가 설치되어 무겁게 세금을 거두어서 당시 사람들은 그것을 매우 괴로워하였다."[9]는 것이 실려 있다. 가혹하고 과중한 세금 수취는 원래 있던 대시의 발전을 제한하였으나 분산되어 있던 소시에게는 성장할 수 있는 계기가 되었다.

남조에서는 황실의 원림을 끊임없이 확장하였다. 송 문제(文帝) 때는 일찍이 성 밖 북쪽에 있는 현무호 가운데에 방장(方丈), 봉래(蓬萊), 영주(瀛州) 등 삼신산(三神山)을 건설하였고 또한 성안으로는 궁성 동북의 화림원(華林園)에 경양산(景陽山)을 만들었으며, 더불어 현무호의 물을 화림원 안의 천연지(天淵池)로 끌어들여 궁중으로 통하게 하니 태극궁을 거쳐 동서 액문을 나와 궁성의 남쪽으로 흘렀다. 게다가 성 밖 동북쪽 교외에서 북교단(北郊坛)을 복주산(覆舟山) 밖으로 옮기고 북원(北苑)을 축성하였는데 낙유원(樂游苑)이라고 칭하였다. 이후 제, 양의 여러 황제들도 화림원에 끊임없이 전(殿), 대(臺), 루(樓), 당(堂) 등을 증축하였다.

오나라 건업과 동진·남조의 건강은 남방 불교의 중심지이다. 적오(赤烏) 10년(247)에 손권은 서역의 승려 강승회(康僧會)를 위해 건초사(建初寺)를 창건하였는데, 건업에서 제일가는 사찰이라고 전해진다. 후에 건강성 안팎에 사원이 즐비하게 세워졌는데 이른바 '남조 480개 사찰(南朝四百八十寺)'[10]이라고 하였다. 유명한 장간사(長干寺)는 성 남쪽 장간리에 있었다. 오나라 때에 이미 아육왕탑(阿育王塔)이 세워졌는데 양 무제 때 아육왕사(阿育王寺)라고 개칭되었고 더불어 크게 수리되었다. 성 남쪽의 회수 북쪽에는 유명한 와관사(瓦官寺)가 있는데 원래 동진에서 도관(陶官)을 설치하여 도기를 만들도록 한 작방이 있었기 때문에 그러한 이름이 붙여졌다. 성 북쪽의 계농산(雞籠山) 기슭에 화려한 동태사(同泰寺)가 있었는데 양 무제의 대통(大通) 원년(527)에 지은 것으로, 절 안에 있는 부도(浮圖)가 9층이었고 대전(大殿) 6곳, 소전(小殿) 및 당(堂)이 10여 곳이 있었다. 양 무제는 불교를 신봉하여 특별히 동태사를 궁성

---

9_ 『隋書』卷24 食貨志, p.689. 「淮水北有大市百餘, 小市十餘所. 大市備置官司, 稅斂旣重, 時甚苦之.」

10_ 역자 주 이 구절의 출전은 당(唐) 두목(杜牧)의 「강남춘절구(江南春絶句)」(千里鶯啼綠映江, 水村山郭酒旗風. 南朝四百八十寺, 多少樓台烟雨中.)이다.

의 정북쪽에 세웠고 아울러 대통문(大通門)을 내어 길을 두고 서로 통하게 하였다. 이는 궁성의 정북쪽에 사찰과 도교의 사원을 처음으로 설치한 것으로 후대에 깊은 영향을 주었다. 당대 장안에서는 궁성 현무문 안의 신룡전(神龍殿) 서쪽에 불광사(佛光寺)가 건립되었다. 후주(後周) 변경(汴京)에서는 성안의 정북쪽에 태청관(太淸觀)이 세워졌다. 북송(北宋) 동경(東京)에서는 그 제도를 이어 사용하며 건륭관(建隆觀)이라고 개칭하였고 송 진종(眞宗)은 또한 옥청조응궁(玉淸照應宮)으로 확장하였다. 금대(金代) 중도(中都)에서는 원래 있던 천왕사(天王寺)를 대만안사[大萬安寺: 명대에 천녕사(天寧寺)로 개칭하였다]라 개칭하고 황성의 정북쪽에 세웠다. 원대 대도(大都)에서는 궁중의 정북쪽에 대천수만녕사(大天壽萬寧寺)를 세웠다. 이런 사례들은 모두 양 무제가 궁성의 정북쪽에 동태사를 세운 것에서 영향을 받은 것이다.

# 13. 당대(唐代) 장안(長安)·낙양(洛陽)의
## '성'과 '곽'의 배치 구조

### 1) 당대 장안의 내성 및 대명궁(大明宮)

당대 장안성(長安城)의 전신은 바로 수대 대흥성(大興城)이다. 수 문제
(文帝, 재위: 581~604) 개황(開皇) 2년(582)에 고경(高熲), 우문개(宇文愷) 등
에게 한대(漢代) 장안고성 동남쪽에 있는 용수원(龍首原)에 새로운 수도
를 건설할 것을 명하였고 대흥성이라 불렀다. 대흥성은 곽성과 내성으
로 나누어져 있고 내성은 또한 궁성(宮城)과 황성(皇城)으로 나누어졌다.
이것은 먼저 정연한 계획을 설계한 후에 차례차례 건설한 것이다. 먼저
궁성을 건설하고 황성을 이어서 짓고 마지막으로 성곽을 건설하였다.

내성은 곽성의 북쪽 한가운데에 위치하고 있는데 정방형에 가깝다.
동서 폭이 2,820m이고 남북 길이가 3,335m이다. 뒷부분은 궁성으로 남
북 길이가 1,492m이고, 면적은 4.2㎢이다. 앞부분은 황성으로 남북 길
이가 1,843m이며 면적은 5.2㎢이다. 내성 전체가 궁성과 황성을 포괄하
고 있으며 총면적은 한위(漢魏) 낙양 고성에 상당한다. 궁성과 황성 사이
에는 전혀 가림벽이 없으며, 단지 횡가(橫街)로 떨어져 있을 뿐이다.[1]

---

1_ 中國科學院 考古硏究所 西安唐城發掘隊, 「唐代長安城考古紀略」, 『考古』 1963-11; 中
　　國科學院 考古硏究所 西安工作隊, 「唐代長安城明德門遺址發掘簡報」, 『考古』 1974-1;

궁성의 중부는 태극궁(太極宮)으로, 동서 폭이 1,967m이고 남북 길이가 1,492m이다. 동쪽은 태자가 사는 동궁(東宮)이고 서쪽은 궁녀가 거주하는 액정궁(掖庭宮)이었다. 액정궁 남단에는 내시성(內侍省)이 있는데 궁내의 일을 관장하였다. 액정궁 북단에는 태창(太倉)이 있는데 식량을 저장하였다. 태극궁의 정전은 태극전(太極殿)이라고 하였고 전 앞에는 동서로 두 개의 복도가 나 있었다. 동쪽 복도에는 문하성(門下省)이 있고, 서쪽 복도에는 중서성(中書省)이 있어서 황제가 일상의 정무를 처리하는 것을 도왔다. 태극전의 뒤편에는 양의전(兩儀殿)이라는 대전이 있었다. 궁성의 앞쪽에는 5개의 성문이 있는데 중앙 정문의 이름은 승천문(承天門)으로 북쪽으로 태극전과 마주 보았고 남쪽으로 황성의 주작문(朱雀門)과 곽성의 명덕문(明德門)과 통하였다. 승천문에는 3개의 문도(門道)가 있었는데 현존하는 문의 터에서는 동서로 남은 길이가 41.7m이고, 진입 깊이가 19m이다. 문의 토대에는 석판이나 돌이 길게 깔려있었다. 문 앞의 횡가(橫街)는 폭이 300보로 411m나 되니 이는 장안성 내에서 가장 폭이 넓은 대로이고, 광장(집회 장소)의 성격을 갖고 있었다. 매년 원단(元旦, 정월 초하루), 동지와 천추절[千秋節, 현종(玄宗)의 생일]에는 규모가 매우 큰 조하 의례가 모두 승천문에서 거행되며 그때에는 신하들은 횡가에 모여 관품의 순서에 따라 정렬하였다. 또 대사면을 반포하거나 조공을 영접하는 의식도 또한 승천문에서 거행하였다. 승천문 이남이 곧 이른바 '외조(外朝)'이다. 태극전은 또 매월 음력 1일과 15일에 조의를 거행하는 장소로 이른바 '중조(中朝)'이다. 양의전은 황제가 일상의 정무를 처리하는 장소로 이른바 '내조(內朝)'[2]이며 승리를 경

陝西省文物管理委員會, 「唐長安城地基初步探測」, 『考古學報』 1958-3 등 참조.

2_ 『당육전(唐六典)』 권7 상서공부(尙書工部) 낭중원외랑(郎中員外郞)조에서는 "궁성은 황성의 북쪽에 있다. 궁성 남쪽에는 세 문이 있는데 중앙문을 승천문이라고 한다. … 만약 원정[元正, 즉 원단(元旦)]·동지에 성대하게 공물을 베풀거나[대조회(大朝會)], 연회를 여는 것[사연(賜宴)], 대사면을 반포하거나[대사(大赦)], 낡은 것을 없애고 새로운 것을 포고하는 것, 만국의 조공과 외국의 빈객을 접견하는

축하는 연회, 귀빈을 초대하는 연회 및 5품 이상의 관리를 소집하여 여는 연회 등은 항상 양의전에서 거행하였다.[3]

궁성 뒷편(즉 북쪽)에는 3개의 성문이 있다. 현무(玄武), 홍안(興安) 두 문은 태극궁의 북문이고 지덕문(至德門)은 동궁의 북문이다. 현무문에는 황제의 금위군이 주둔하였다. 금군이 궁성의 북문에 주둔하는 것은 당대의 일반적 관례였다. 궁성의 뒤쪽에는 또 서내원(西內苑)이 있었다.

궁성 남쪽의 횡가 남쪽에 바짝 붙어 있는 것이 황성이다. 황성은 내성의 남반부를 차지하였다. 황성 안에는 동서 방향의 도로가 일곱이 있고 남북 방향의 도로가 다섯 있는데 '각 넓이가 100보'[송(宋) 조언위(趙彦衛)]『운록만초(雲麓漫鈔)』권8]였다.[4] 또, 남북 방향의 승천문가(承天門街)를 중심으로 하여 좌우대칭으로 중앙관서를 배치하였고 중앙의 주요 행정기구인 상서성(尙書省)은 바로 황성의 중심부에 설치하였다. 태묘(太廟)와 태사(太社)는 맨 앞쪽의 좌우 양측에 세웠다. 황성 남쪽에는 문 3개가 있었다. 중앙의 주작문은 북으로는 궁성의 정문인 승천문과 통하고, 남쪽으로는 곽성의 정문인 명덕문과 통한다(그림 45 참조).

---

것은 승천문에 나가서 거행되었다(옛날의 외조이다). 그 북쪽은 태극문(太極門)이라 하고, 안쪽은 태극전이라 하는데 초하루와 보름이면 황제가 앉아서 조회를 하는 곳이다(옛날의 중조이다). … 더 북쪽의 문은 양의문(兩儀門)이라 하고 안쪽은 양의전이라고 하는데, 매일 조회를 하고 정무를 처리하는 곳이다(옛날의 내조이다)."라고 하였다. 여기서 괄호 안의 자구는 원주(原注)이다.

3_『옥해』권159 당양의전(唐兩儀殿)조에서는 "「구기(舊紀)」[『구당서(舊唐書)』고조기(高祖紀)]에서는 '정관(貞觀) 8년 3월 갑술일(甲戌日)에 고조가 양의전에서 서돌궐(西突厥) 사신에게 연회를 베풀었다. … 정관 11년 임신일(壬辰日)에 양의전에서 5품 이상 관리들에게 연회를 베풀었다.'고 하였다. 『양경기(兩京記)』[위술(韋述)의 『양경신기(兩京新記)』]에서는 '정관 5년 태종이 돌궐을 격파하고서 양의전에서 돌리가한(突利可汗)에게 연회를 베풀었다.'고 하였다. 위징전(魏徵傳)에서는 '고창(高昌)이 평정되어 황제께서 양의전에서 연회를 베풀었다.'고 하였다."고 하였다.

4_『雲麓漫鈔(叢書集成初編)』(趙彦衛 撰, 北京, 中華書局) 卷8, p.233.「各廣百步.」

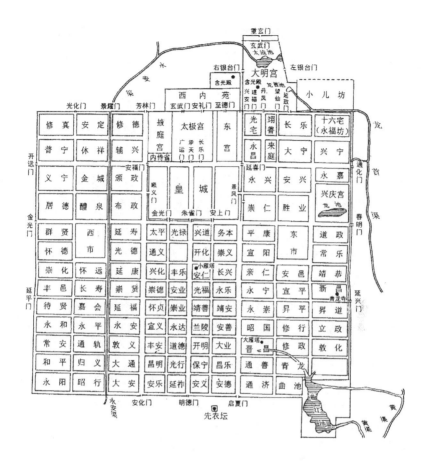

**그림 45** 唐代 長安城郭 배치도(출전: 徐松의 『唐兩京城坊考』 수록-「西京外郭城圖」, 고고 성과 및 元 駱天驤의 『類編長安志』로 보완)

　이러한 내성의 구조에서 중시할 만한 것으로 아래와 같이 네 가지가 있다.

　첫째, '삼조(三朝)'(외조, 중조, 내조)의 조정제도를 확립한 것이다. 서주와 춘추 시대의 예제에는 원래 '삼조'의 조정제도가 있었는데 예서의 기록에 따르면 천자와 제후의 궁실에는 모두 5중, 혹은 3중의 궁문이 있어 이른바 외조, 중조, 내조가 있었다. 외조는 첫 번째 궁문 밖에 만들어지며 궁문 밖에는 광장이 있어 '국인(國人)'을 소집하여 국가 대사에 대한 의견을 묻고 모았다. 『주례』 추관(秋官) 소사구(小司寇)에서 "외조의 정치를 담당하여 온 백성을 데려와서 의견을 묻는데, 첫째는 나라의 위태로움을 묻고 둘째는 천도를 물으며 셋째는 군주를 세우는 것을 묻는다."⁵고 하였다. 확실히 춘추시대에 많은 제후국에서는 '국인'을 불러 모아 '나라의 위태로움을 묻거나' '천도를 묻고' '군주를 세우는 것을 물었던' 것이다. 이것은 초기 통치계급 내부에서 실행한 일종의 민주제도 중 일부를 전하는 것이다. 당대의 '삼조'제도는 성격상 근본적으로 고대와는 다르다. 이른바 '내조'는 단지 일상적으로 정무를 처리하는 장소이고 '중조'는 정기적으로 조의를 거행하는 장소일 뿐이다. 외조는 단지 대규모의 조하 의식을 거행하는 곳이었다. 이러한 군왕에 대한 대규모 조하 의식은 전국시대에 이미 시작되었고 진시황이 정식으로 거행하였다. 처음에는 원단에만 거행하였지만, 위진시대에 이르러서는 원단과 동지 두 차례로 확대되었고 당대에 이르러 천추절(현종 생일) 한 차례가 더해져 이후 삼대절(三大節)로 불려졌고 일정한 제도로 확립되어 청대(淸代)까지 줄곧 지속되었다. 수당의 궁성 건축구조는 '삼조'의 수요에 부응하기 위한 것이었다. 승천문과 그 문 앞의 횡가는 바로 삼대절의 대조회를 거행하기 위해 건설되었다.

둘째, 중앙관서를 모은 황성 제도를 창설한 것이다. 진한 이래 중앙의 고위 관서는 종종 궁실의 부근에 분포하면서 정무를 집행하는 기관으로 역할을 하였다. 북위 낙양에서는 남북 양궁의 제도를 없애고 원래의 북궁 터 위에 황궁을 건설하고 원래 남궁 터에는 중앙관서를 건설하여 중앙관서를 황궁의 남쪽 대로(동타가)의 양쪽으로 모았다. 아울러 태묘와 태사를 양쪽 앞부분으로 나눠 배치함으로써 「고공기(考工記)」에서 말한 "왼쪽에는 종묘를 두고, 오른쪽에는 사직을 둔다[左祖右社]"라는 제

---

5_ 『周禮正義』 卷66 秋官 小司寇, p.2762. 「掌外朝之政, 以致萬民而詢焉, 一曰詢國危, 二曰詢國遷, 三曰詢立君.」

도에 부합토록 했다. 수당 장안성은 더욱 진일보하여 중앙관청을 모은 황성 제도를 창설하고 황성을 내성의 남쪽 부분이 되도록 하였다. 황성은 궁성 남쪽의 횡가 남쪽에 위치하여 황제가 대신들을 모아서 관리하고 명령을 반포하고 시행하는 데 편리하였다.

셋째, 궁성을 태극궁, 동궁, 액정궁 등 세 부분으로 크게 나눈 것이다. 진(秦)과 서한에서는 많은 궁실을 건설하여 이미 황제의 궁이 있었고 또 태후와 태자의 궁이 있었으며 게다가 후비의 궁도 있었다. 동한 낙양에도 남북 두 궁이 있었는데 북궁 안에도 태후의 궁이 있었다. 이것은 당시 일부 태후와 환관이 권력을 담당한 것과 밀접히 관련된 것이었다. 『원하남지』에서 기재하고 있는 「진도성도(晉都城圖)」와 「후위도성도(後魏都城圖)」에서 알 수 있듯이 서진과 북위는 모두 태자궁 건설을 중시하여 모두 궁성의 동북부에 태자궁, 즉 동궁을 건설했다. 당대 장안은 한층 더 나아가 궁성의 동쪽에 동궁을 건설했을 뿐만 아니라 동궁 앞에 뻗어 있는 두 횡가 사이를 동궁 소속 관서의 소재지로 삼았다. 이 같은 조치는 틀림없이 황위의 계승제도를 공고히 하기 위한 것이었다.

넷째, 궁성과 황성을 거주 지역, 시장 지역 등으로부터 떼어 놓은 것이다. 서주의 동도 성주(成周)에서 '성'과 '곽'이 양분되어 건축되기 시작한 이래로 '성'과 '곽'은 다른 용도가 있었다. "성을 건축함으로써 군주를 보위하고 곽을 축조함으로써 백성들을 거주도록 했다."[6](『태평어람』 권193에서 인용한 『오월춘추(吳越春秋)』]고 한다. 그러나 진한 이후 황제는 중앙정권의 수뇌가 되었으니 나라의 정무 처리를 돕는 일련의 중앙관서가 반드시 있었으며 또 황제를 수행하는 신임자로서 파견되는 일련의 관료가 반드시 있었다. 이 때문에 황제가 거주하는 '성' 안에는 궁실 외에 중앙관서가 지어졌고 또한 귀족과 관리의 저택이 있게 되었다. 귀족과 관리의 생활상 필요에서 '성' 안에 시장 지역을 설치하지 않을 수 없

---

6_『太平御覽: 第2卷』 卷193 居處部 城下, p.808. 「吳越春秋曰築城以衛君, 造郭以居民.」

었다. 사회경제의 발전에 따라 귀족이나 관리의 수요가 증대하게 되어 시장 지역은 발전하게 되었고 시장 지역에 거주하는 사람도 많아지고 복잡하게 되어 원래 '성'과 '곽'의 구별이 있었지만 조금씩 뒤섞여서 성 지역을 보위하려는 것이 어려워졌다. 『장안지』 권7 당황성(唐皇城)조의 원주(原注)에서 "양한(兩漢) 이후부터 진(晉), 제(齊), 양(梁), 진(陳)에 이르 기까지 모두 인가(人家)는 궁궐의 사이에 있었는데 수 문제는 백성들에 게 불편할 것이라 여겨 이에 황성의 안에는 관서만 줄지어 세우고 잡인 들이 거주하지 않토록 하니 공사(公私)가 편리하게 되었고 풍속이 가지 런하고 엄정하게 되니 진실로 수 문제의 새로운 뜻이다."[7]라고 하였다. 이른바 수 문제의 새로운 뜻이란 일반 주민을 궁전과 관청으로부터 격 리하고 또한 궁성과 귀족 관리의 주택을 엄격하게 나눈 것이며 더구나 궁성, 황성과 시장 지역을 격절시킴으로써 궁성의 호위를 강화하고 아 울러 궁정내부의 기밀을 보호하고 유지한다는 것이다.

당 태종(太宗, 재위: 626~649)은 정관(貞觀) 8년(634) 태극궁 동북에 위치 한 금원 안에 있는 용수원(龍首原)의 높은 대지에 영안궁(永安宮)을 창건 하고 이듬해에 대명궁(大明宮)이라고 개칭하였다. 대명궁의 규모는 태 극궁과 비교하여 훨씬 크고 똑같이 '삼조'의 조정제도를 갖추었으며 그 형세는 훨씬 볼만하였다(그림 46 참조).

대명궁의 남쪽 부분은 장방형을 띠고 있으며 북쪽 부분은 사다리꼴 을 띠고 있다. 서벽 길이는 2,256m이고 북벽 길이는 1,135m이다. 동벽 의 위쪽이 사다리꼴로 기울어져 있으며 남벽은 바로 곽성의 북벽(대명궁 범위에 들어 있는 부분의 길이는 1,674m이다)을 이용하였다. 면적은 약 3.2㎢ 이다. 남벽에는 문 5개가 설치되어 있는데, 중앙에 있는 단봉문(丹鳳門) 이 정문이다. 정전은 함원전(含元殿)인데 당 고종(高宗, 재위: 650~683)

---

7_『長安志』卷7 唐京城1 唐皇城, p.107-上. 「自兩漢以後, 知于晉齊梁陳, 並有人家在宮 闕之間, 隋文帝以爲不便于民, 于是皇城之內, 唯列府寺, 不使雜人居止, 公私有便, 風 俗齊肅, 實隋文新意也.」

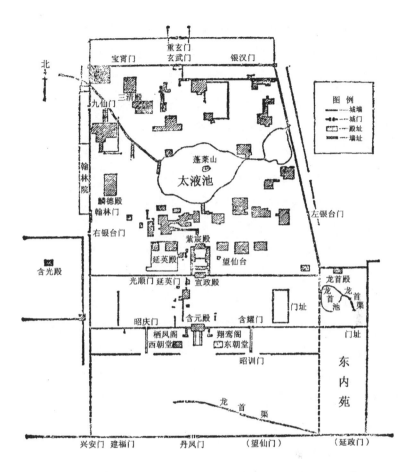

図 例
- - - - 城墙
- - - 城门
- - - 殿址
- - - 墙址

**그림 46** 당대 대명궁 유지 평면도(출전: 馬得志, 「唐代長安與洛陽」, 『考古』 1982-6)

용삭(龍朔) 3년(663)에 건설되었으며 단봉문에서 정북쪽으로 610m 떨어
진 지점인 용수원 남단에 위치하고 있다. 함원전의 기초는 동서 폭이
75.9m이고, 남북 길이가 42.3m이다. 그곳은 지면에서 15.6m 정도 높
이 올라와 있다. 『당육전(唐六典)』 권7 상서공부(尙書工部) 낭중원외랑(郎
中員外郎)조의 원주에서 "함원전은 즉 용두산(龍首山)의 동쪽 기슭에 있
다. 평지보다 40여 척 높아 계단으로 올라가며, 남쪽으로 단봉문과 4백

여 보 떨어져 있고 동서 폭은 5백 보이며, 지금은 원단과 동지에 이곳에서 조회를 한다."[8]고 하였다. 여기가 바로 외조가 있는 곳이다. 원단, 동지, 천추절 등의 대조회가 이곳에서 거행되었을 뿐만 아니라 황제의 군대 검열, 존호(尊號)를 올리는 의식, 대사면 선포 등도 모두 이곳에서 거행되었다. 함원전의 동남쪽과 서남쪽에는 낭도(廊道)를 통해 이어져 있는 상란각(翔鸞閣)과 서봉각(棲鳳閣)이 각각 세워져 있는데 모두 지면보다 15m가 높았다. 두 누각은 두 궐의 성격을 갖고 있는데, 이화(李華)는 「함원전부(含元殿賦)」에서 "왼쪽에는 상란(翔鸞)이 있고 오른쪽에 서봉(棲鳳)이 있어, 두 궐을 깃털로 삼아 날개를 이루네."[9](『옥해』 권159 인용)라고 하였다. 함원전 앞에는 남쪽을 향하여 나란히 펼쳐진 세 계단이 있다. 이것은 벽돌을 쌓아서 만든 계단과 경사길이다. 길이가 78m이며 가운데 길의 폭은 25.5m이고 그 양쪽의 폭은 각각 4.5m이다. '용미도(龍尾道)'라고 불리었다. 함원전 앞에서 단봉문에 이르는 곳에는 공간이 있는데 남북 길이가 610m로, 『당육전』에서 "남쪽으로 단봉문과 400여 보 떨어져 있다."고 한 것과 서로 부합하며 외조의 광장이라는 성격을 지녔다. 우뚝 솟아 있는 대전은 높은 곳에서 아래를 대할 수 있어 황제는 이곳에서 대조회를 거행하였고 신하들을 조견하며 숭고한 위엄을 나타낼 수 있었다. 혹자는 대조회에 참가한 정경을 형용하며 "원회(元會, 원단 조회)에 내조하는 사람들이 옥좌를 우러러보니 그 모습이 마치 저 먼 천공에 있는 것과 같았다."[10](강변(康駢)의 『극담록(劇談錄)』. 『학진토원(學津討原)』 등의 총서에 수록되어 있다고 하였다(그림 47 참조).

---

8_ 『唐六典』(唐 李林甫 等撰, 陳仲夫 點校, 北京, 中華書局, 1992) 卷7 尙書工部 郎中員外郎, p.218. 「殿卽龍首山之東趾也. 階上高於平地四十餘尺, 南去丹鳳門四百餘步, 東西廣五百步, 今元正·冬至於此聽朝也.」

9_ 『玉海: 第5冊』 卷159 宮室 殿上 唐含元殿, p.172-下. 「左翔鸞而右棲鳳, 翹兩闕而爲翼.」

10_ 『劇談錄(叢書集成初編)』(康駢 撰, 北京, 中華書局, 1985) 卷下 含元殿, p.110. 「元會來朝者, 仰瞻王座, 如在霄漢.」 역자 주 저자는 이 구절에서 '元會來朝者'를 인용하고 있으나 원문에는 '蕃夷酋長'으로 되어 있다.

함원전 북쪽에 선정전(宣政殿)이 있는데 조정 의례를 일상적으로 거행하는 장소로, 즉 '중조'가 있는 곳이다. 선정전 앞의 동쪽 복도에는 문하성이 있고 서쪽 복도에는 중서성이 있다. 선정전 북쪽에는 자신전(紫宸殿)이 있는데 '내조'가 있는 곳이며 군신이 이 자신전에 들어가 황제를 배알하는 것을 '입각(入閣)'이라고 하였다. 당 고종이 용삭 3년에 대명궁으로 옮겨서 정무를 본 이후로 대명궁이 궁성에 있는 태극궁의 지위를 대신하였고 대명궁의 '삼조'도 태극궁의 '삼조'를 대체하였다. 이화는 「함원전부」에서 "옛날에는 육침(六寢)이 있었는데, 다스리는 사람은 한 사람뿐이었다. 지금도 삼조는 옛것을 따른다. 선정전에서 천자의 명을 반포하고 자신전에서 본래의 마음을 평온하게 한다."[11](『옥해』 권159에서 인용)고 하였다. 여기서 말한 삼조는 바로 대명궁의 '삼조'이다. 함원전, 선정전, 자신전 등의 세 대전이 일직선으로 배열된 방식은 이후 궁전의 배치 구조에 깊은 영향을 주었다.

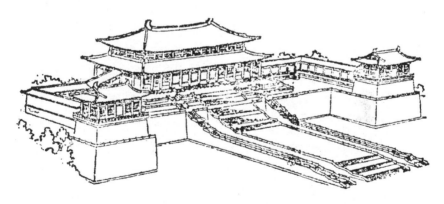

그림 47 함원전 복원도(출전: 郭義孚, 「含元殿外觀復原」, 『考古』 1963-10)

---

11_『玉海』 卷159 宮室 殿上 唐含元殿, p.173-下. 「古有六寢, 御玆一人, 今也三朝, 繇古是因. 布大命于宣政, 澹元心于紫宸.」

## 2) 당대 장안의 곽성

당대 장안의 곽성은 장방형을 띠고 있다. 동서 폭[춘명문(春明門)에서 금광문(金光門)까지 직선거리]이 9,721m이고 남북 길이[명덕문(明德門)에서 궁성현무문(玄武門) 동쪽으로 치우친 지점까지 거리]가 8,651m이다. 둘레는 모두 36.7km이며, 면적은 약 84km²이다. 내성(궁성과 황성)이 곽성의 북쪽 정중앙에 위치하고 있기 때문에 곽성이 동쪽, 남쪽, 서쪽 세 방면에서 내성을 둘러싸고 있고 거주 지역인 '방(坊)'과 상업 지역인 '시(市)'는 모두 곽성의 세 방면에 분포하고 있다. 이러한 배치 구조는 실제로는 한위 낙양의 체제를 연용하면서 단지 사면에 반듯한 곽성을 쌓았고 '방'과 '시'의 배치가 더욱 가지런하고 질서가 있었을 뿐이었다.

곽성 전체에는 성문 13개가 있었다. 동쪽, 남쪽, 서쪽 세 면에는 각각 3개의 문이 있고 위치도 균일하게 분포하고 있었다. 남쪽 정문인 명덕문이 가장 커서 문도(門道) 다섯 길이 있었으며 양 끝의 문도가 수레 길이고 중앙의 문도는 황제만이 통행하였다. 다른 성문은 모두 문도가 셋이었다. 성문 좌우의 두 문도는 수레 길이다. 이는 당시 "무릇 궁전문 및 성문은, 모두 왼쪽으로 들어가고, 오른쪽으로 나온다."[12][『당육전』 권 25 좌우감문위중랑장(左右監門衛中郎將)조]는 제도와 관련이 있다. 북면에는 성문 넷이 있는데 셋은 궁성 서쪽에 있고 나머지 하나는 궁성의 동쪽에 있다. 다만 금원으로 통행하는 북문은 후에 대명궁의 남면에 있는 다섯 문 가운데 하나가 되었다. 도로는 남북 방향 11개의 길, 동서 방향 14개의 길이 있다. 그 가운데 동쪽, 남쪽, 서쪽 세 방면에 있는 성문을 관통하는 6개의 중요한 대가가 있다. 정중앙에서 남북 방향으로 뻗은 주작대가(朱雀大街)가 가장 넓었다. 그 폭이 150~155m에 이르렀고, 양쪽의 수도(水道) 폭이 3m나 되었으며 성곽 전체의 중축선이 되었다. 주작대

---

12_『唐六典』 卷25 諸衛府 左右監門衛中郎將, p.640. 「凡宮殿門及城門, 皆左入右出.」

가는 곽 지역을 동서 두 부분으로 나눈다. 동쪽 부분에는 54개의 '방'과 '동시(東市)'가 있는데 만년현(萬年縣)의 관할에 속하며 서쪽 부분에는 55개의 '방'과 '서시(西市)'가 있는데, 장안현(長安縣)의 관할에 속하였다. 이러한 배치 구조도 한위 낙양의 체제를 연용하면서도 다만 더욱 가지런히 배치했을 뿐이었다. 북위 낙양의 동'곽'은 낙양현(洛陽縣) 관할에 속했다는 점은 이미 앞에서 언급하였다.

'방'의 제도 역시 한위 이래의 체제를 답습한 것이다. '방'은 한대에는 '이(里)'라고 불렸다. 진대(晋代) 이후에 '이(里)'는 때로는 '방'으로도 불렸다. 『원하남지』 권2 진성궐궁전고적(晋城闕宮殿古蹟)에서 인용한 「진궁각명(晋宮閣名)」에는 '제리(諸里)' 및 '제방(諸坊)'이라는 명칭이 있다. 북위 낙양에는 320리가 있었는데, 또한 320방이라고 칭하기도 하여 '방'과 '이(里)'는 통칭할 수 있었다. '방(坊)'은 '방(防)'자의 별체자(別體字)이다. 성안의 거주 지역인 '이(里)'를 '방'이라고 칭한 까닭은 '이(里)'에 모두 주위를 두르는 담장을 쌓았기 때문이다. 한대 '이(里)'의 형태와 구조는 상세하게 알 수 없으나 북위 낙양의 '이(里)'는 방형이고 "사방 3백보를 1리로 삼았으며, 이(里)에는 4개의 문을 열었다."[13](『낙양가람기』 권5)고 한다. 당대는 기본적으로 이러한 '이(里)'제를 연용하였다. 당대 장안의 '방'은 정방형과 장방형 두 종류로 나눌 수 있다. 방의 면적은 궁성과 황성의 양쪽에 있는 것이 비교적 커서, 남북 길이가 600~838m이며, 동서 폭은 1,020~1,125m이다. 황성 남쪽으로 주작대가 양쪽에 위치한 4열의 방은 가장 작아서 남북 길이가 500~590m이며, 동서 폭이 550~700m이다. 이 4열의 작은 방의 양쪽에 규모가 중간급에 속하는 방이 있는데 남북 길이는 작은 방의 길이와 같고, 동서 폭은 1,020~1,125m이다. 대부분의 방들에는 네 면에 모두 각각 문 하나가 나 있었고 내었고 방 안은 닦아 놓은 '십자가(十字街)' 때문에 4개의 구역으로 나누어졌다. 또한

---

13_ 『洛陽伽藍記校注』 卷5 城北, p.349. 「坊三百步爲一里, 里開四門.」

구역마다 십(十)자 모양의 작은 길이 있었다. 전체 방이 16개의 작은 구역으로 나누어졌던 것이다. 다만, 주작대가 양쪽에 있는 4열의 작은 방은 수 문제가 "궁성의 바로 남쪽에 있어 북쪽으로 길을 내려고 하지 않았는데 북쪽으로 길을 낼 경우 기운을 빼내어 궁궐을 비게 할 것이다."고 여겨 "방마다 동서에 문 2개만 내었다."[14]『장안지』권7 당경성(唐京城)조의 원주]고 한다. 3품 이상의 대관 혹은 특수한 자격을 지닌 사람들이 아니면 방의 담을 뚫어 대가를 향해 문을 낼 수 없었다. 길에 '가고(街鼓)'를 설치하였는데 날이 밝을 때와 해가 질 때 방문(坊門)은 가고의 소리에 따라 열고 닫았다.

'시장' 제도 역시 한위 이래의 체제를 답습하였으나 조금 조정되었다. '시장'은 '방'과 똑같이 방형이고 사방이 담으로 둘러싸였으며 아울러 시문(市門)도 있었다. 서한 장안의 '구시(九市)'는 '각각 사방 2백 66보'이고 '무릇 4리가 시 하나'였다[15]『삼보황도』권2). 북위 낙양의 서곽에 있었던 낙양대시는 둘레가 8리, 즉 4평방리로 역시 이(里) 4개의 면적에 상당한다. 당대 장안의 '동시'와 '서시'는 황성의 동남쪽과 서남쪽에 각각 설치되어 각각 '방' 두 개의 면적을 차지하고 있으며 평면상 정방형에 가깝다. 즉, 서시는 남북 길이가 1,031m이고 동서 폭이 927m이며, 동시는 남북 길이가 1,000m 정도이며 동서 폭이 924m로 면적은 모두 대략 1㎢이다. 방형의 담장 안쪽에는 담장을 따라 평행하게 도로가 나 있는데 서시의 도로 폭은 14m이다. 사면으로 둘러싼 담장에는 각각 2개의 문을 내었으며 그 안에 동서 방향과 남북 방향의 대로를 각각 2개씩 만들었다. 서시의 도로 폭은 16m이고, 동시의 도로 폭은 30m에 가깝다. 도로는 교차하여 '정(井)'자의 형태를 이루어(그림 48 참조) 시장 전체를 9개 구역으로 나누었고 구역마다 사면으로 도로에 접하여 다양한 업종의 상점이 설치되어 있었다. 중심 구역에는 '시서(市署)'와 '평준국(平準

---

14_ 『長安志』 卷7 唐京城1 唐京城, p.109-下. 「在宮城直南, 不欲開北街, 泄氣以沖城闕.」
15_ 『三輔黃圖校釋』 卷2 長安九市, p.93. 「各方二百六十六步, … 凡四里爲一市.」

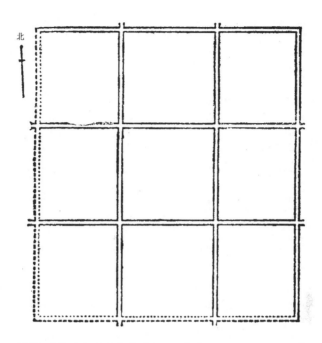

그림 48 당대 장안 서시 유지 평면도(출전: 「唐代長安城考古紀略」, 『考古』 1963-11)

局)'이 있었다. 동시에 동시와 서시를 둘러싼 '이(里)'에는 또한 각종 수공업자와 상인들이 거주하면서 상업 활동에 종사하였다. 동시 남쪽의 선평방(宣平坊)에서는 기름을 파는 사람이 있었고 승평방(昇平坊)의 이문(里門) 곁에는 '호인(胡人)이 만들어 먹는 떡을 파는 집'이 있었다. 동시 서쪽의 평강방(平康坊)에는 강과(姜果, 생강으로 추측)를 파는 사람이 있었고 선양방(宣陽坊)에는 채힐포(綵纈鋪)가 있었으며 장흥방(長興坊)에는 필라(畢羅, 만두의 일종)점이 있었다.[16] 동시 서북쪽으로 황성의 경풍문(景風

---

16_ 『태평광기』 권147 '선평방관인(宣平坊官人)'조에서는 『유양잡조(酉陽雜俎)』를 인용하며 "동쪽 선평방에 어떤 관인이 밤에 집으로 돌아가면서 곡[曲, 방(坊)안의 좁은 길]에 들어섰는데 기름을 파는 사람이 있었다."고 하였다. 『태평광기』 권

門)에 가까운 숭인방(崇仁坊)에는 악기를 수리하고 제조하는 상점이 적잖이 있었고 "그 가운데 남북의 두 조가(趙家)가 가장 기묘하다."[17]고 하였다. 이곳은 또한 상서성의 선원(選院)과 가까워 선발에 응모하는 사람들 대부분이 여기에서 머물고 쉬었는데, "이 때문에 한 거리[춘명문대가(春明門大街)를 가리킨다]에 몰려들어 밤낮으로 떠들썩하여 마침내 두 시(市)를 기울일 정도였고 등불이 꺼지지 않으니 경사의 여러 방 가운데 그와 더불어 견줄 만한 것이 없었다."[18]("장안지』권8 숭인방조의 원주)고 하였다. 서시 동쪽의 연수방(延壽坊)은 황성 서남 귀퉁이에 있는데 "금은주옥(金銀珠玉)을 파는 사람이 있었고"[19] 역시 "가장 번화한 곳으로 받들어졌다."[20][소악(蘇鶚)의 『두양잡편(杜陽雜編)』권 하(下)]고 한다. 이처럼 '시장'

---

452에서 심기취(沈旣醉)의 「임씨전(任氏傳)」을 인용하며 "천보(天寶) 9년(750) … 정자(鄭子)가 나귀를 타고 남쪽을 가다 승평리(昇平里)의 북문으로 들어갔다. … 동이 트려고 하니 … 길을 나서 이문(里門)에 이르렀으나 문의 자물쇠가 아직 열려 있지 않았다. 문 옆에는 호인이 만들어 먹는 떡을 파는 집이 있었는데 등불을 밝히고 화로에 불을 붙이고 있었다."고 하였다. 손계(孫棨)의 『북리지(北里志)』의 장주주(張住住)조에서 "장주주의 경우 남곡(南曲)의 거처가 비루한데 두 명의 언니가 있어도 도와주지 못하여 문이 매우 적막하였다. 작은 자리를 만들어 초좌(草剉), 강과(姜果) 등의 부류를 팔았다."고 하였다. 같은 책의 왕단인(王團儿)조에서는 '선양방의 채힐포'를 언급하였다. 『태평광기』권278 국자감명경(國子監明經)조에서는 『유양잡조』를 인용하며 '장흥리의 필라점'을 언급하였다. [역자 주] 저자는 宣平坊官人條에서 '東宣平坊有官人'라고 했는데 현행 中華書局本에서는 '京宣平坊有官人'으로 되어 있다(『太平廣記』(北京, 中華書局, 1961) 卷417 宣平坊官人, p.3400). 의미상 '東'보다 '京'이 더 적합하다고 생각된다.

17_ 단안절(段安節)의 『악부잡록(樂府雜錄)』비파(琵琶)조에서 "문종(文宗)대에 환관 정중승(鄭中丞)이 있었는데 호금(胡琴)을 잘 뜯었다. 내고(內庫)에 비파 2개가 있었는데 대홀뢰(大忽雷)·소홀뢰(小忽雷)라고 불렀다. 정중승이 일찍이 소홀뢰를 타다가 때때로 수저로 줄을 풀고 숭인방 남쪽의 조가(趙家)에게 보내어 수리토록 하였다. 대개 악기를 만드는 것은 모두 이 방에서였고 그 가운데 남북의 두 조가가 가장 기묘했다."고 하였다.

18_ 『長安志』卷8 唐京城2 崇仁坊, p.114-上. 「因是一街輻湊, 晝夜喧呼, 遂傾兩市 燈火不絶, 京中諸坊, 莫之與此.」

19_ 『태평광기』권84 왕거사(王居士)조에는 『궐사(闕史)』를 인용하며 '연수방에 금은주옥(金銀珠玉)을 파는 사람'에 대해 언급하였다.

20_ 『杜陽雜編(叢書集成初編)』(蘇鶚 撰, 北京, 中華書局, 1985) 卷下. p.27. 「鬻金銀珠玉者, … 推爲繁華之最.」

을 둘러싼 이(里)에 상공업자가 살며 상점을 세운 것은 적어도 북위의
'시장' 제도를 답습한 것이다. 북위의 낙양 대시 주위에 8개의 '이(里)'가
설치되어 고기 판매, 음악, 술 주조, 장의 등을 생업으로 하는 것으로 나
누어져 있는 것은 이미 언급하였다. 이를 통해 당대 장안의 동시와 서시
두 시장에 가까운 '이(里)'에 수공업과 상업을 경영하는 자가 출현한 것
은 어떠한 새로운 풍조도 아니고 더욱이 '시장' 제도가 와해한 현상으로
이해할 수도 없으며 전통적 '시장 지역'이 갖추고 있던 한 모습이라고
할 수 있다.

당대 장안 서시의 서남에 있는 풍읍방(豐邑坊)에 대해서는 "이 방은
대부분 역귀를 쫓는 신이나 영구(靈柩)를 장지(葬地)로 떠나보내는 도구
를 빌려준다."[21][위술(韋述), 『양경신기(兩京新記)』 권3]고 하였는데 이것은
북위의 낙양 대시 북쪽에 있는 자효리(慈孝里), 봉종리(奉終里) 두 리에서
"관을 파는 것을 생업으로 하고, 상여를 빌려주는 것을 일로 삼는다."[22]
는 것과 그리 다르지 않다.


### 3) 당대 낙양의 '성'과 '곽' 배치 구조

당대 낙양성은 원래 수대에 처음으로 건설된 것이다. 수 통일 이후
수 양제(煬帝, 재위: 604~616)는 관동(關東) 지방과 강남 지방에 대한 지배
를 강화하고 사방에 대한 공물과 조세 징수를 편하게 하며 부유한 상인
및 공예가들을 이주시키기 위해 낙양에 동도를 건설하였다. 선정 지점
은 한위 낙양 고성의 서쪽이자 주대(周代) 왕성(王城)의 동남쪽이었다.
또한 그곳은 전수(瀍水) 양 기슭을 동서로 걸치고 있었다. 또 낙수 양 기
슭을 남북으로 걸치고 있다. 면적은 약 47㎢로 장안에 비하여 꽤 작다.

---

21_ 『校正兩京新記』(韋述 撰, 陳子怡 校正, 西安, 西安和記印刷館, 1936)卷3, p.22. 「(次
南曰豊邑坊) … 此坊多假貰方相送喪之具.」
22_ 『洛陽伽藍記校注』卷4 城西 法雲寺, p.204. 「以賣棺椁爲業, 貰輀車爲事.」

내성(궁성과 황성)은 곽성의 서북 귀퉁이에 위치하였다. 원래 수대에 축성된 곽성은 낮고 작은 담장이었는데 당[주무(武周)시대 장수(長壽) 2년(693)]에 이르러서야 비로소 외곽성이 중건되었다(그림 49 참조).

낙양 궁성의 남쪽 정문은 응천문(應天門)이고 정전은 건원전(乾元殿)이다. 무측천 때에 명당으로 바뀌었으나 당 현종(玄宗, 재위: 712~756) 때 명당을 뜯어 없애고 함원전(含元殿)을 세웠다. 이곳은 조회가 거행되는 장소였다. 황제가 일상 정무를 처리하는 장소는 장안의 대명궁과 똑같이 선정전이라 불렸으며 함원전의 서쪽에 치우쳐 있었는데, 규모는 장안의 태극궁과 대명궁에는 미치지 못했다. 낙양의 황성은 궁성의 남쪽에 붙어 있었으며 동서로 긴 장방형을 띠고 있었다. 별도로 동성(東城)이

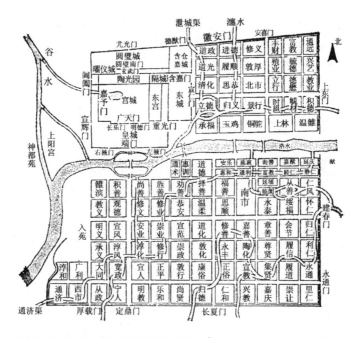

**그림 49**  당대 낙양 성곽 배치도(출전: 徐松의 『唐兩京城坊考』의 東都外郭城圖와
「隋唐東都城址的勘查和發掘續記」(『考古』1978-6)의 복원도를 바탕으로
수정 작성)

황성 동쪽에 붙어 있었는데 형태는 남북으로 긴 장방형이었다. 황성과 동성에는 각종 관청이 분포하고 있었다. 궁성 북쪽에는 원벽성(圓壁城)이 있었다. 동성 북쪽에는 함가창성(含嘉倉城)이 있는데 남북 길이가 약 700여m이고 동서 폭이 600여m이다. 함가창성 내에 식량 저장고 200여개가 정연하게 배열되어 있는 것이 발견되었다. 수 양제가 동도를 건설한 목적 중 하나는 곡식과 비단을 대량으로 징수하고 저장하는 데 이용한다는 것이었다. 동도의 내성 가운데 함가창성을 조성한 것 외에 낙양 동쪽의 공현[鞏縣, 지금의 하남성 공의(鞏義)] 지역 내에 둘레가 20리인 낙구창(洛口倉)을 만들었는데 땅을 파서 3천 개의 저장고를 만들었다.

황성 서남에 있는 금원(禁苑) 동부에는 당 고종이 상원(上元) 2년(675)에 상양궁(上陽宮)을 큰 규모로 짓기 시작하였다. 그곳은 남쪽으로는 낙수에 접하였고 서쪽으로는 곡수(穀水)와 가까웠으며 상양궁 안에는 관풍전(觀風殿, 정전), 감노전(甘露殿), 인지전(麟趾殿) 등의 전각이 있었다. 이는 동북 금원에 대명궁을 조영한 장안의 상황과 유사하다. 고종은 만년에 늘 이 궁에 기거하면서 정사를 돌보았다.

낙양의 곽성은 낙수가 성안을 관통하기 때문에 남북 두 부분으로 나뉘었다. 북쪽의 서부가 내성(궁성, 황성, 동성)이었고 동부는 북곽으로 방 28개와 '북시(北市)' 하나가 분포하였다. 남쪽은 또한 동서 두 부분으로 나누어졌다. 동부는 북곽과 마주하는 남곽으로 방 39개와 '남시(南市)' 하나가 분포하였고 서부는 서곽으로 방 42개와 '서시(西市)' 하나가 분포하였다. 모두 합쳐 곽지역에는 109방(일설에는 103방이라고 한다)이 있었다. 서곽의 남벽에는 정정문(定鼎門)이 있는데, 북쪽으로 궁성의 응천문과 바로 통한다. 정정문대가가 당대 낙양의 중축선이었다. 방은 대부분 방형을 띠었고 길이와 폭이 460~580m 정도이며 면적은 장안에 비해서 작았다. 각 방의 형태와 구조는 장안과 같았으나 방 안팎의 도로 역시 장안보다 좁았다.

낙양의 세 시장 가운데, 북시와 남시는 북곽과 남곽의 중심에 각각 위치하며 북시는 방 하나의 면적을 차지하였고 남시는 방 두 개의 면적을 점유하였다. 서시는 서곽의 서남귀퉁이에 있으면서 방 하나의 면적을 차지하였다. 세 시장은 각각 조거(漕渠), 운거(運渠), 통제거(通濟渠)에 가까이 붙어 있어 교통이 편리하였고 상업이 비교적 발달하였다. 북시 동남쪽에 있는 시옹방(時邕坊), 동북쪽에 있는 식업방(殖業坊), 서쪽에 있는 청화방(清化坊)에는 모두 여관이나 객사가 있었으며, 식업방의 서문에는 게다가 술집이 있었다.[23] 이처럼 '시장' 주위에 있는 '이(里)'에 장사를 하는 상점을 나누어 설치한 것은 북위 낙양의 체제를 답습한 것이었다. 북위의 '낙양대시'의 동쪽에는 통상리(通商里), 달화리(達貨里) 두 '이(里)'가 있는데, 도살과 그 판매를 생업으로 하였고 이 외에도 준재리(準財里), 금사리(金肆里) 두 '이(里)'에는 부자가 살고 있었다. 북위의 '낙양소시' 동북쪽에는 또한 식화리(殖貨里)가 있었다. '이(里)'의 이름에서 뜻을 새겨 보면 모두 상업 활동과 관련이 있다. 당대 낙양은 여전히 이러한 풍속을 답습하였다는 것을 알 수 있는데 북시 동북쪽에는 식업방(殖業坊), 풍재방(豐財坊) 두 방이 있었고 동남쪽에는 육재방(毓財坊)이 있었다. 남시 북쪽에는 통리방(通利坊)이 있었고 서시 북쪽에는 광리방(廣利坊)이 있었다. 이런 방 이름이 모두 상인의 이윤 도모과 관련되어 있는 것은 결코 우연이 아니다.

당대 장안과 낙양 두 도성의 시장 모습을 종합하여 살펴보면, 당시의 업종이 이미 상당히 많았다는 것을 알 수 있다. 장안의 동시에는 '시장 안에서 재화를 취급하는 220업종'(『장안지』 권8 동시조)이 있었고,[24] 낙양

---

23_ 시옹방에 여관이 있었다는 것은 『문원영화(文苑英華)』 권930 장열(張說)의 「영주하간현승최군(최의)신도비(瀛州河間縣丞崔君(崔漪)神道碑)」에 보인다. 식업방에 객사가 있었다는 것은 『진백옥문집(陳伯玉文集)』 권6 「솔부록사손군(손건)묘지명[率府錄事孫君(孫虔)墓誌銘]」에 보이고 식업방 서문에 술집이 있었다는 것은 장작(張鷟)의 『조야첨재(朝野僉載)』 권5에 보인다. 청화방에 여관이 있었다는 것은 『태평광기』 권179 염제미(閻濟美)조에서 인용한 『건월손자(乾月巽子)』에 보인다.

24_ 『長安志』 卷8 唐京城2 東市, p.118-下 「市內財貨二百二十行」

의 남시는 "그 안에 120업종, 3천여 상점이 있었다. 사면의 벽을 따라 4 백여 창고가 있었고 재물이 산처럼 쌓여 있었다."[25][『원하남지』 권1 경성문 방가우고적(京城門坊街隅古蹟) 당남시(唐南市)조]고 하였다. 혹자는 동도의 풍 도시(豊都市, 즉 남시)에는 "도매업과 여관을 겸한 곳이 무릇 312곳이었 고 재화를 취급하는 100개 업종이 있었다."[26][『태평어람』 권191권에서 인용 한 서경기(西京記)]고 하였다. 이른바 220개 업종, 120개 업종 혹은 100개 업종이라는 것은 모두 대략적인 숫자이지만 업종이 많았다는 것을 전 해 준다. 당시 도성의 시장에서 거래된 많은 종류의 상품 교역이 분명 전국적인 경제 교류에 매우 큰 기능을 하였을 것이다.

종래 도성의 '시장'은 경제적인 교류 기능을 했을 뿐만 아니라 문화 의 전파 기능을 하기도 했다. 서점이라는 것이 언제쯤 생겨났는지는 알 수 없지만, 적어도 동한 낙양에는 이미 적지 않은 서점이 있어 이미 문 화를 전파하는 기능을 하였다. 예를 들어 왕충(王充)은 "집이 가난하여 책이 없어서 항상 낙양의 가게를 돌아다니며 파는 책을 읽으니, 한번 보면 바로 외워서 기억하여 마침내 많은 유파와 제자백가의 말에 널리 능통하게 되었다."[27](『후한서』 왕충전)고 하였다. 이는 동한 낙양의 서점 에는 이미 '많은 유파와 제자백가'의 저작이 있으며 사람들이 책을 펼쳐 보고 골라 살 수 있도록 하였다는 것을 전해 준다. 당대에 이르러 낙양 의 서점은 당연히 더욱 발전하여 남시에는 책을 파는 가게가 있었다.[28] 조판 인쇄술의 발명에 따라 당 후기에 장안의 동시에는 이미 몇몇 집이 목판 인쇄업을 하고 있었으니, 이미 알려진 것으로 대조가(大刁家)와 이

---

**25_** 『元河南志』 卷1 京城門坊街隅古蹟 次北唐之南市, p.8343-上 「其內一百二十行, 三 千餘肆, 四壁有四百餘店, 貨賄山積.」

**26_** 『太平御覽: 第2卷』 卷191 居處部 市, p.795. 「西京記曰: … 邸凡三百一十二區, 資 貨一百行.」

**27_** 『後漢書』 卷49 王充傳, p.1629. 「家貧無書, 常游洛陽市肆, 閱所賣書, 一見輒能誦 憶, 遂博通眾流百家之言.」

**28_** 낙양 남시에 책을 파는 가게가 있었다는 것은 『문원영화』 권343 여온(呂溫)의 「상관소용서루가(上官昭容書樓歌)」에 보인다.

가(李家)가 있다.[29] 이는 문화의 전파에 당연히 더욱 큰 역할을 하였을 것이다.

---

29_ 돈황(敦煌) 막고굴(莫高窟) 장경동(藏經洞)에서 '상도동시대조가대인(上都東市大刁家大印)'이라는 글자가 찍힌, 약 9세기경 목판으로 인쇄된 역(曆)의 잔편이 발견되어 현재 영국 런던박물관 도서관에 소장되어 있다. 장경동에서는 또한 '경중이가우동시인(京中李家于東市印)'이 있는 『신집비급자경(新集備急灸經)』의 함통(咸通) 2년(861) 전초본(傳抄本)이 발견되어 현재 파리국가도서관에 소장되어 있으며 정리번호는 P.2675이다. 『돈황유서총목색인(敦煌遺書總目索引)』[상무인서관(商務印書館), 1962]에 수록된 「백희화겁경록(伯希和劫經錄)」 권 하에서 책 제목 아래에 "경중이가우경시인(京中李家于京市印)"이라는 한 줄이 있다고 하였는데 '경시(京市)'는 '동시(東市)'를 잘못 쓴 것이다.

# 14. 도성의 배치 구조 변화와 예제와의 관계

## 1) 도성의 배치 구조에 있어서 세 차례 중대한 변화와 발전

중국 고대도성 계획의 역사를 종합해 보면 도성 배치 구조에는 세 차례의 중대한 발전과 변화가 있었다.

(1) 서주에서 춘추전국에 이르는 시기에 도성은 한 개의 '성'에서 '성'과 '곽'이 연결되는 구조로 발전하였다.

상대 도성에는 어떤 것은 방형의 성벽을 갖춘 것도 있고 어떤 것은 해자로만 방어 시설을 이룬 것도 있지만 정치의 중심으로서 궁전 지역은 모두 성내의 동북부에 배치되어 있었으며, 그 주위에 주택 지역, 수공업의 작방 및 묘지 등이 분포되어 있었다.

서주시대에 주 문왕이 풍(豐)에 도읍을 정하고 곧 성벽과 해자를 건축하기 시작하였다. 주공이 동도 성주(成周)를 조영하면서 작은 '성'과 큰 '곽'을 연결하는 구조를 처음으로 만들었다. 작은 '성'은 주로 왕궁을 건축하는 데 사용되어 정치 중심지가 되었고, '왕성'이라고 불렸다. 큰 '곽'은 주로 '국인(國人)'을 안치하고 은의 백성들을 이주시키고 군대를 주둔시키는 데 사용되었다. 전체 배치 구조는 서쪽에 자리 잡고 동쪽을 바라보는 구조로 작은 '성'을 큰 '곽'에 연결하였다. 초기의 '곽'은 단지 산천을 이용하여 공사를 해서 연결한 것이었다. 서주 초에 세워진 노나

라 도성 곡부(曲阜)에는 성 하나만 있었는데 이는 아마도 노나라가 제후
국이기 때문에 성주의 왕도 규격을 채용할 수 없었기 때문이다. 곡부
고성의 성문과 대로의 배치에서 알 수 있듯이 주요한 거주 지역은 본래
서부와 중북부에 있었고 전체 배치 구조도 서쪽에 자리 잡고 동쪽을 바
라보는 구조였으며 궁전 지역은 중앙의 동북쪽에 치우쳐 있었다. 춘추
초기에 이르러, 비가 내리기를 기원하는 '대우(大雩)'의례를 거행하기 위
해 비로소 궁전에서 남쪽 성벽의 동문으로 통하는 대로를 내었고 아울
러 그 성문도 확장하였다.

춘추시대에는 천자의 권력이 쇠락함에 따라 제후 가운데 강대국의
세력이 점차 강성해져서 중원에 있던 강대국의 도성에 '성'과 '곽'을 연
결한 배치 구조가 채용되었다. 전국시대에 이르러 강대국의 제후는 차
례로 왕이라 칭하면서 더더욱 이러한 배치 구조를 추진하였다. 정(鄭)
나라의 도성 신정(新鄭)은 궁성의 동남쪽에 대곽이 있는데 최초로 하류
를 방어벽으로 삼았다. 전국시대 한(韓)나라가 비로소 곽성을 건설하였
다. 제(齊)나라의 도성 임치(臨淄)도 원래는 대성 하나만 있었고 거주 지
역이 성내 동북부에 설치되었으나 전국시대에 이르러 대성 서남부에
궁성을 건축하면서, 대성을 곽성으로 삼았다. 전국시대 조(趙)나라의
도성 한단(邯鄲)도 원래는 대성 하나만 있었고 궁전을 성내 동북부에 조
성하였으나 후에 대성의 서남쪽에 소성 셋으로 이루어진 궁성[지금은 조
왕성(趙王城)이라 부른다]을 건축하였다. 춘추시대 후기 진(晉)나라의 도성
신전(新田)은 궁성도 소성 몇 개로 이루어졌고 곽지역은 궁성의 동남쪽
에 있었다. 곽지역에는 곽성 유지가 발견되지 않았으나 아마도 하류를
이용하여 방어벽으로 삼았을 것이다. 춘추전국시대 중원에 있던 강대
국의 도성에는 차례로 궁성을 연결한 대곽의 배치 구조가 출현하였으
나 그 형성 과정은 똑같지 않았다.

진(秦)나라는 상앙(商鞅) 변법 이후 함양(咸陽)에 도성을 세웠는데 멸
망할 때까지 도성으로 줄곧 사용하였다. 위수가 북쪽으로 이동했기 때

문에 함양성 유지는 이미 물에 휩쓸려 버려 찾을 수는 없지만 진 혜왕(惠王)이 촉(蜀)을 멸망시킨 뒤, 장의(張儀) 등을 파견해서 축성을 주재하도록 한 성도성(成都城)은 '함양과 같은 제도로' 건설되어 '소함양(小咸陽)'이라는 호칭이 있었다. 성도 고성에는 '소성(少城)'[즉 소성(小城)]이 대곽의 서쪽에 연결되어 있어 진의 도성 함양과 중원 강대국의 도성은 모두 똑같이 서쪽의 소'성'을 동쪽의 대'곽'에 연결한 배치 구조를 채용했다는 것을 알 수 있다. 진시황은 전국을 통일하고 통일왕조를 건립한 이후, 대규모로 도성 함양을 확장하였고 함양 주변에 많은 궁전들을 조성하였다. 그러나 그것들은 원래의 배치 구조를 유지하여 위수 남쪽의 상림원(上林苑)에 조궁의 전전(즉 아방궁)을 세워 조정의 중심으로 삼을 준비를 하였고, 그 중심은 여전히 함양 전체에서 서남부에 있었다. 함양 전체의 배치 구조는 서쪽을 자리 잡고 동쪽을 바라보는 구조이어서 동문이 정문이었으며 동쪽의 문궐(門闕)은 곧장 동해 해변에 접한 구현[朐縣, 지금의 강소성 연운항시(連雲港市)의 서남쪽]과 함양 도성의 동문이 마주하도록 만들었다.

춘추전국시대 동안 제후의 강대국 가운데 초(楚)나라의 도성 영(郢)만이 줄곧 성 하나의 구조를 유지하여 궁전 지역은 성내의 동남부에 설치하였으며, 중원의 강대국이 실행한 소성을 대곽에 연결한 배치 구조로부터 영향을 받지 않았다.

(2) 서한에서 동한에 이르면서 도성의 배치 구조가 '서쪽에 자리 잡고 동쪽을 바라보는 구조'에서 '북쪽에 자리 잡고 남쪽을 바라보는 구조'로 바뀌었다.

서한의 장안성(長安城)은 비록 규모가 매우 컸지만, 실질적으로는 여전히 내성의 성격을 갖고 있었다. 이 점에 관해서는 과거에 많은 학자들이 잘 인식하지 못하였다. 사실 단지 성내의 전체적인 배치 구조에 대해서 이해하기만 한다면 그 성격이 내성이라는 것은 너무나도 분명하다. 성 남부에는 미앙궁(未央宮)과 장락궁(長樂宮)이라는 두 궁이 있었고, 중앙에는 계궁(桂宮), 북궁(北宮)과 명광궁(明光宮)이 있었으며, 또한 종묘나 관청이 이들 궁실의 사이에 끼여 있었다. 성 북부에도 중앙 관서와 삼보 관서의 부속 기관들이 분포하고 있었다. 동시에 고관과 귀인, 제후왕, 열후와 군(郡)의 저택 등이 장안 성내의 각 지역에 꽉 자리잡고 있었다. 장안의 거주 지역에는 '이(里)' 190개가 있었고 시장 지역에는 '시장' 9개가 있었는데 주로 성 밖의 북부와 동북부의 곽 지역에 분포하였다. 당시 위수는 장안성의 북쪽으로 3리 떨어진 곳에 있어 실제 북쪽 곽지역을 방어하는 벽이 되었다. 조거(漕渠)는 서남쪽의 곤명지(昆明池)에서부터 동북쪽으로 향하여 위수로 유입되어 동북쪽의 곽지역을 방어하는 벽이 되었다. 북쪽 성벽의 서문[횡문(橫門)]에서 위수에 놓인 횡교(橫橋)에 이르기까지 횡교대도(橫橋大道)가 나 있는데, 그 양편이 상업이 발달한 지역이었다. 이 일대에는 외곽이 건설되었고 외곽문이 만들어져 '도문(都門)'이라고 불렸는데 장안을 남북으로 드나드는 중요한 출입문이었다. 동쪽 성벽의 북문[선평문(宣平門)]의 안팎은 귀족과 일반민의 거주 지역이었고 선평문 밖에는 조거를 따라서 외곽이 있었다. 그 곽문은 '동도문(東都門)'이라 불렸는데 장안을 동서로 드나드는 중요한 출입문이었다. 이른바 외곽은 하류의 제방과 '이(里)'와 '시장'의 담장을 이용하여 연결한 것이다. 수대에 이르러 건설된 낙양성의 곽은 단지 낮은 담장이었지만 당대에 이르러 비로소 곽성으로 개축되었다.

　서한 장안의 전체적인 배치 구조를 보면, 장안은 여전히 선진(先秦) 시대의 중원지역에 있던 강대국의 도성 구조를 답습하였다. 외곽은 북쪽과 동북쪽에 있었고 내성은 외곽의 서남쪽에 위치하여 성 전체는 서쪽에 자리 잡고 동쪽을 바라보는 구조이며 성내의 서남부에 있는 미앙궁을 조정의 중심으로 삼았다. 미앙궁은 북문과 동문을 정문으로 하였고 문궐이 설치되어 있는데, 특히 동문이 중요하였다. 성문과 외곽문에서도 서북쪽의 횡문과 도문, 동북쪽의 선평문과 동도문이 정문이었고 특히 선평문과 동도문이 중요하였다. 서쪽 성벽 바깥으로 남쪽에는 건장궁(建章宮)이 세워졌는데 '천문만호(千門萬戶)'라고 불렸으며, 그 정문으로 높고 큰 북궐과 동궐이 있었다. 장안성의 동쪽 교외에는 주로 조운에 사용되는 수로와 태창이 있었고, 서쪽 교외에는 대규모의 상림원(上林苑)이 있었다. 즉, 반고의 「서도부」에서 "동쪽 교외에는 장안으로 통하는 수로와 큰 뱃길이 있고", "서쪽 교외에는 상유금원(上囿禁苑)이 있습니다."[1]라고 하였다.

동한 낙양성은 서한 장안성과 똑같이 내성의 성격을 띠고 있다. 이 점에 대해서도, 종래의 많은 연구자들이 잘 인식하지 못해 종종 낙양성에 광대한 외곽이 존재하고 있다는 점에 주목하지 않았다. 동한 낙양성에서 궁전이 차지하는 면적은 비록 서한 장안성에 비하여 작지만 남북 두 궁은 성안 중앙의 주요 부분을 차지하고 있고 북궁의 북벽은 북쪽 성벽에 가까울 뿐만 아니라 남궁의 남벽도 똑같이 남쪽 성벽에 가깝다. 남쪽 성벽의 동쪽에 치우쳐 있는 평성문(平城門)은 남궁의 남문과 너무 가깝기 때문에 궁문으로 취급하기도 하였다. 남궁과 북궁 사이에는 복도(復道)가 있어 서로 통할 수 있었다. 남북 두 궁의 주위에는 종묘와 중앙관서 및 무고, 태창 등이 분포하였다. 위진시대에도 이 배치 구조를 연용하였고, 궁전과 관서는 많게는 '11,219칸'에 이르렀다. 낙양성의 성격이 내성이라는 것은 너무도 분명하다.

그러나 동한 낙양성의 배치 구조가 서한 장안성과 뚜렷이 다른 점은 서쪽에 자리 잡고 동쪽을 바라보는 구조가 아니라 북쪽에 자리 잡고 남쪽을 바라보는 구조라는 것이다. 낙양성에서 남북 두 궁은 남북으로 배치되어 남문을 정문으로 하였다. 이는 서한 장안성에서 장락궁과 미앙궁, 두 궁이 동서로 배치되어 동문을 정문으로 한 것과는 다른 것이다. 장안에서는 동쪽 성벽의 북문인 선평문이 정문이었는데 낙양에서는 남쪽 성벽에서 동쪽으로 치우쳐 있는 평성문이 정문이었다. 평성문은 건

---

1_ 『文選』 卷1 賦甲 京都上 班孟堅西都賦, p.10. 「東郊則有通溝大漕, … 西郊則有上囿禁苑.」

무(建武) 14년(35)에 남궁의 전전과 동시에 건설되었다. 이는 북쪽에 자리 잡고 남쪽을 바라보는 낙양성의 배치 구조가 동한 초기에 창시되었다는 것을 의미한다. 장안의 무고는 성 남쪽에 있는 장락궁과 미앙궁 두 궁 사이에 있었는데 낙양의 무고는 성내 동북 귀퉁이에 배치되어 북궁의 동북쪽에 위치하였다. 장안성은 서쪽에 자리 잡고 동쪽을 바라보는 구조이기 때문에 그 외곽은 북쪽과 동북쪽에 있었고 위수와 조거를 이용하여 방어벽으로 삼았다. 낙양성은 북쪽에 자리 잡고 남쪽을 바라보는 구조이기 때문에 그 외곽은 동쪽, 남쪽, 북쪽 세 방면에 있었고 망산(邙山), 낙수(洛水), 구거(溝渠)를 이용하여 방어벽으로 삼았다. 이후 위, 서진, 북위 등은 낙양에 도읍을 세우면서 여전히 이런 배치 구조의 기초 위에 도성 구조를 발전시키고 조정하였다.

(3) 위진남북조에서 수당에 이르면서 북쪽에 자리 잡고 남쪽을 바라보는 구조에서 동서 대칭과 남북 중축선의 배치 구조로 발전하였다.

수당시대 이후 도성은 모두 동서 대칭과 남북 중축선의 배치 구조를 채용하였다. 이는 동한 도성이 북쪽에 자리 잡고 남쪽을 바라보는 구조인 것을 기초로 하여 발전한 것이다. 북위는 낙양에 도읍을 세울 때 원래의 북궁에 궁전을 중건하면서 남궁을 없앴다. 원래 있던 북궁 남문 밖의 정남대가(동타가)를 연장하여 기존의 남궁 부지를 통과하여 곧바로 남쪽 성벽의 선양문에 이르렀으며, 아울러 원래 남궁 동남쪽에 건축한 중앙의 중요 관서를 동타가의 동서 양쪽으로 나누어 건설하였다. 이에 낙양성의 남부에 동타가를 중축선으로 하는 배치 구조가 형성되었다. 동시에 동서 양쪽에 있는 곽 지역의 '이(里)'와 '시장'은 매우 정연하게 나뉘어졌다. 동서 양쪽의 곽 지역에는 소시와 대시가 나누어 설치되었고 전체 성 지역과 곽 지역은 320개의 '이(里)'로 나뉘었고 '이(里)'마다 면적은 1평방리였다. 낙양 남쪽의 곽 지역은 대체로 낙수를 경계로 하면서 면적이 협소하기 때문에 곽 지역의 중앙에 있는 남북 방향의 대로가 중축선 기능을 하는 것은 분명하게 드러나지 않는다.

동한 낙양성은 북쪽에 자리 잡고 남쪽을 바라보는 구조이기 때문에 외곽은 동쪽, 남쪽, 서쪽의 세 방면에서 내성을 둘러싸고 있으며 거주 지역과 시장 지역은 주로 곽 지역 세 방면에 분포하였다. 위진시대에도 이러한 배치 구조는 연용되어 이른바 낙양삼시(洛陽三市)가 있었다. 금시(金市)는 성안 북궁 서쪽에 설치되었고 마시(馬市)는 동쪽 곽 지역에 세워졌으며 남시(南市)는 남쪽 곽 지역에 설치되었다. 북위는 곽 지역의 배치 구조를 더욱 발전시켰다. '이(里)'와 '시장'이 매우 정연하게 나뉘어 졌고 소시(小市), 대시(大市), 사통시(四通市)가 동쪽, 서쪽, 남쪽 세 방면의 곽 지역에 나뉘어 설치되었다. 건춘문(동쪽 성벽의 북문) 밖으로 7리 떨어진 곳에는 양거(陽渠)를 가로지르는 칠리교(七里橋)가 있었다. 이 다리에서 동쪽으로 1리 떨어진 곳에 있는 동곽문(東郭門)이 '문에 세 길이 나 있어' '삼문(三門)'이라고 불리었다. 창합문(서쪽 성벽의 북문) 밖으로 7리 떨어진 곳에는 장방구(長方溝)를 가로건너는 장방교(長方橋)가 있었는데, 서곽문(西郭門)에 상당한다. 선양문(남쪽 성벽의 중앙문) 밖으로 4리 떨어진 곳에는 낙수를 남북으로 건너는 영교(永橋)가 있었는데, 남곽문(南郭門)에 상당한다. 양거, 장방구와 낙수는 곽 지역을 세 방면에서 방어하는 벽이다. 이러한 곽문의 설치는 동한에서 곽 지구 주변에 수비를 위해 설치한 '정(亭)'에서 발전하여 형성된 것이다. 예를 들면 장방교가 바로 동한의 석양정(夕陽亭)이 있던 곳이다.

수당 장안성의 배치 구조는 바로 북위 도성의 구조를 연용하고 조정해서 더욱 정연하였다. 장안의 내성은 도성 전체에서 북쪽 정중앙에 위치하며 남북 두 부분으로 나뉘었다. 북쪽 부분은 궁성이고, 삼조(외조, 중조, 내조)의 조정제도에 따라서 건설되었다. 남쪽 부분은 황성이고, 중요한 중앙 관서가 모두 황성에 집중적으로 설치되었다. 아울러 내성은 주민지역 및 시장 지역과는 완전히 격리되어 있었다. 곽성은 동쪽, 남쪽, 서쪽 세 방면에서 내성을 둘러싸고 있고, 중앙의 남북 방향 대가를 주작대가라고 칭하였다. 궁성의 승천문과 황성의 주작문은 남쪽으로 곧장 남쪽 성벽의 명덕문으로 통하니, 황성과 곽성을 관통한다. 이것이 남북 방향의 중축선이 되어 장안성 전체를 동서 대칭의 배치 구조로 이루었다. 곽 지역에는 엄격한 방리제와 집약적인 시제가 적용되었다. 주작대가를 중축선으로 하여 동서 양쪽 곽 지역의 대로, '방'과 '시장'은 서로 대칭을 이루었고, 크기와 거리는 완전히 같아 바둑판 모양을 띠었다.

위에서 서술했듯이 도성의 배치 구조에서 세 차례의 중대한 변화와 발전이 있었다는 것은 분명하다. 도성을 모방한 왕릉의 배치 구조에서도 똑같이 중대한 변화가 세 차례 발생하였다. 섬서성 봉상현(鳳翔縣)에서 발견된 춘추전국시대의 진공릉원(秦公陵園) 13기는 능원 모두 서쪽에 자리 잡고 동쪽을 바라보며 약간 서북쪽에 치우쳐 있는 배치 구조를 일정하게 나타내고 있다. 이미 능원 두 기의 해자 시설이 발굴되었다. 주묘(主墓)는 '중(中)'자형의 대묘이고 주묘의 동쪽과 동남쪽에 '갑(甲)'자형의 소묘(小墓)가 있는데 묘도(墓道)는 모두 동쪽을 향하고 있다. 주묘에는 장방형의 해자가 있다. 주묘를 둘러싼 해자가 이어지는 동쪽과 동남쪽의 소묘는 더욱 큰 장방형의 해자로 둘러싸여 있다. 큰 장방형의 해자 안쪽의 면적은 작은 장방형의 해자 안쪽의 면적의 10배이다. 작은 장방형의 해자는 큰 장방형의 해자의 서남부에 위치하여 도성의 궁성에 상당하며 큰 장방형 해자는 도성의 곽성에 상당한다[2](그림 50, 51 참조). 하북성 한단시에 있는 조왕릉(趙王陵)은 능대(陵臺) 5곳만 조사되었다. 3호릉에서 능묘를 둘러싸고 있는 담장이 발견되었는데, 능의 동쪽에는 동서 방향의 경사진 도로가 있어 이 능묘의 배치 구조도 서쪽에 자리 잡고 동쪽을 바라보는 것임을 전해 준다.[3] 진 시황제의 능묘도 똑같이 서쪽에 자리 잡고 동쪽을 바라보는 배치 구조를 띠고 있다. 서쪽에는 장방형의 이중 담장이 있고 능묘는 담장의 남쪽에 위치하여 서쪽 지역은 도성의 궁성에 상당하며, 동쪽에는 병마용갱이 그 안에 있어 동

2_ 韓偉,「鳳翔秦公陵園鑽探與試掘報告」,『文物』1983-7.
3_ 河北省文管處·邯鄲地區文保所·邯鄲市文保所,「河北邯鄲趙王陵」,『考古』1982- 6.

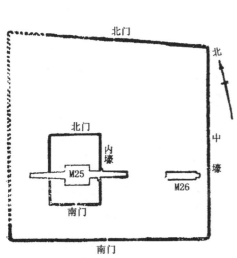

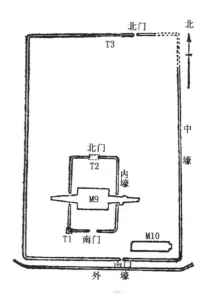

그림 50 봉남 10호 진공릉원 평면도(출전:「鳳翔秦公陵
園鉆探與試掘簡報」,『文物』1983-7)

그림 51 봉남 3호 진공릉원 평면도(출전:「鳳
翔秦公陵園鉆探與試掘簡報」,『文物』
1983-7)

쪽 지역은 도성의 곽성에 상당한다. 이에 대해서는 앞에서 진 도성 함
양의 배치 구조를 살펴볼 때 이미 언급하였다. 지금의 섬서성 함양시 부
근에 있는 서한의 황제 능원의 배치 구조도 똑같이 서쪽에 자리 잡고 동
쪽을 바라보고 있는 구조이다. 방형의 담장으로 둘러싸여 있는 주묘는
능원 서쪽에 있고 배장묘는 모두 주묘의 동북쪽과 동쪽에 있다. 능침은
모두 주묘 북쪽, 남쪽과 동남쪽에 만들어졌고 부유하고 권세 있는 사람
들을 옮겨 살게 하여 능묘를 모시도록 한 능읍도 주묘의 북쪽과 동쪽에
조성되었다.

지금의 하남성 낙양시 동북에 있는 동한의 황제 능원의 배치 구조는
서한의 황제 능원과 명백히 달랐다. 서쪽에 자리 잡고 동쪽을 바라보는
배치 구조에서 북쪽에 자리 잡고 남쪽을 바라보는 배치 구조로 바뀌었

고[4] 대규모로 알현하고 제사를 올리는 의식을 거행하는 전당이 처음으로 세워졌다.

당대의 황제 능원에 처음으로 동서 대칭의 중축선 배치 구조가 생겨났다. 능침의 중요 건축물은 능원의 북부에 높이 자리 잡았는데 능원을 조성할 때 산을 능으로 삼거나, 혹은 높고 큰 능묘를 짓기도 하였다. 능 앞에 있는 헌전(獻殿)은 방형의 담장으로 둘러싸여 있으며, 그 사면에는 문이 있어 도성의 궁성에 해당한다. 주작문(담장의 남문)에서 남쪽으로 긴 남북 방향의 대도가 있는데, 능묘 전체의 중축선이 되었고 앞뒤로 모두 세 쌍의 토궐(土闕)이 있었다. 당 고종(高宗)과 무측천(武則天)의 건릉(乾陵)에는 원래 사방의 둘레에 더욱 큰 담장이 있었는데 그것이 도성의 곽성에 해당한다는 것이 『장안도지(長安圖志)』에 실린 「당고종건릉도(唐高宗乾陵圖)」에서 확인된다. 건릉 중축선의 양쪽에 남에서 북으로, 석주[石柱, 화표(華表)], 비마(飛馬), 주작 등 각 1쌍, 석마 5쌍, 검을 잡고 있는 석인 10쌍 등이 늘어서 있는데 능묘를 모시고 지키는 모습처럼 보인다. 동남쪽에는 대신과 친속의 배장묘가 있다.

능묘의 배치 구조 변화와 도성의 배치 구조 변화를 비교해 보면 앞에서 서술한 도성의 배치 구조에 세 차례 중대한 변화와 발전이 있었다는 것을 더욱 분명히 알 수 있다.

### 2) 도성의 배치 구조 변화의 원인 및 예제와의 관계

서주에서 춘추전국시대에 이르면서 도성이 1개의 '성'에서 발전하여 '성'과 '곽'이 연결된 구조로 된 까닭은 먼저 정치와 군사상의 필요 때문이었다. 서주 초 동도 성주의 왕성(王城) 동쪽에 '곽'이 설치된 것은 주로 '국인(國人)'을 안치시키고 은나라 사람들을 이주시키기 위한 것이었다.

---

4_ 楊寬・劉根良・太田有子・高木智見, 「秦漢陵墓考察」, 『復旦學報』 1982-6.

또한 그것은 군대를 주둔시켜 새로 건립한 주나라의 사방에 대한 통치를 공고히 하여 정치와 군사상의 통치 역량을 강화하기 위한 것이었다. 춘추전국시대에 중원에 있던 많은 제후국 가운데 강대국이 차례로 이러한 배치 구조를 채용한 것은 똑같이 통치역량을 강화하려는 목적을 갖고 있었기 때문이다. 대곽을 건설한 또 다른 원인은 사회경제적 발전에 따른 필요에 부응하기 위한 것으로 특히 수공업과 상업의 발전의 필요 때문이었다. 사회경제제도에 변혁이 발생하고 중앙 집권 정치체제가 확립됨에 따라 소'성'에 대'곽'을 연결하는 배치 구조는 갈수록 발전하였고 '곽' 지역은 주민이 모인 거주 지역이자 수공업과 상업이 발달한 지역이 되었다.

이제 깊이 고찰해야 할 점은 서주에서 서한에 이르는 도성의 배치 구조가 왜 모두 서쪽에 자리 잡고 동쪽을 바라보는 구조를 채용했는가라는 것이다. 『삼보황도』와 『한서』 고제기(高帝紀)의 안사고의 주에서는 모두 서한 장안의 미앙궁이 북문과 동문을 정문으로 삼은 까닭은 소하(蕭何)가 '염승지술(厭勝之術)'을 채용하여 길하고 상서로운 것을 구하고 상서롭지 못하는 것을 피하고자 했기 때문이라고[5] 하였다. 『사기』 고조 본기에 관한 『사기색은』에서도 또한 "동궐은 창룡(蒼龍)이라고 하였고 북궐은 현무(玄武)라고 하였는데 서쪽과 남쪽 두 궐이 없는 것은 아마도 소하가 염승지술을 따랐기에 세우지 않았던 것이다. 『설문(說文)』에서는 '궐은 문관(門觀)으로 높이는 30장(丈)이다.'라고 하였다. 진 왕조의 옛 장소는 모두 위수의 북쪽에 있는데 동궐과 북궐을 세워 그 편리함을 취했다."[6]고 하였다. 『사기정의』에는 또한 "생각건대, 북궐을 정문으로

---

5_ 『漢書』 卷1下 高帝紀, p.64. 「師古曰: "未央殿雖南嚮, 而上書奏事謁見之徒皆詣北闕, 公車司馬亦在北焉. 是則以北闕為正門, 而又有東門・東闕. 至於西南兩面, 無門闕矣. 蓋蕭何初立未央宮, 以厭勝之術, 理宜然乎?"」

6_ 역자 주 「설문」의 인용부분에 대해 저자의 표점과 현행 중화서국의 표점본과는 차이가 있다. 저자는 "闕, 門觀也. 高三十丈"라고 한 반면에 중화서국 표점본은 "闕, 門觀也."이라고 했다. 번역에서는 저자의 표점을 따랐다. 『史記』 卷8 高祖本

삼은 것은 아마 진나라에서 전전[아방궁]을 만든 것을 본떠서 위수를 건너 함양에 속하도록 하여 하늘의 복도가 은하수를 끊고 이십팔숙(二十八宿)의 하나인 영실(營室)에 이르는 것을 나타내고자 한 것이다."7라고 하였다. 후자의 해석은 확실하지 않은 듯하다. 당시 진대(秦代)에 위수의 북쪽에 있었던 함양의 옛 궁궐은 모두 이미 불에 타버렸고, 한나라가 새롭게 황궁을 건설할 때 위수 북쪽의 함양에 있는 진나라 궁전과 편리하게 연결하기 위해 북문과 동문을 정문으로 삼을 수는 없기 때문이다.

옛사람들에게도 확실히 서남쪽이 길하고 상서롭다는 미신이 있다. 서주 이후 귀족들은 서남쪽에 거주하면 이로움이 있고 동북쪽은 상서롭지 못하다고 여겼다. 『주역(周易)』에 이 방면에 관한 점서(占筮) 두 조목이 있다. (1)『주역』곤괘(坤卦)에서 "곤(坤)은 원형(元亨)이다. 암말은 이로운 점이다. 군자가 갈 경우에 처음에는 헤매나 나중에 주인을 얻는다. 서남쪽은 이로워 벗을 얻게 된다. 동북쪽은 친구를 잃는다. 점쳐 물으니 길하다."8라고 하였다. 즉, 군주가 문을 나서 갈 때 먼저 길을 잃지만 나중에 접대하는 주인을 만나게 된다. 서남쪽으로 가는 것이 이로워 친구를 얻을 수 있지만 동북쪽으로 가면 친구를 잃을 것이다. 점쳐서 편안한지 아닌지를 물으면 길조를 얻게 된다고 한다. (2)『주역』건괘(蹇卦)에서 "서남은 이롭고, 동북은 이롭지 못하다. 대인을 보는 것은 이롭다. 점쳐 물으니 길하다."9고 하였다. 즉, 서남쪽으로 가면 이롭고 동북쪽으로 가면 이롭지 못하며 가서 대인을 보면 이로우며 점쳐 물으면

---

紀, p.385. 「索隱: 東闕名蒼龍, 北闕名玄武, 無西南二闕者, 蓋蕭何以厭勝之法故不立也. 說文云"闕, 門觀也". 高三十丈. 秦家舊處皆在渭北, 而立東闕北闕, 蓋取其便也.」

7_ 『史記』卷8 高祖本紀, p.385. 「按: 北闕爲正者, 蓋象秦作前殿, 渡渭水屬之咸陽, 以象天極閣道絶漢抵營室.」

8_ 『周易古經今注』(北京, 中華書局, 1987) 卷1 坤 第二, p.165. 「坤: 元亨. 利, 牝馬之貞. 君子有攸往, 先迷后得主, 利西南得朋, 東北喪朋. 安貞, 吉.」

9_ 『周易古經今注』卷2 蹇 第三十九, p.272. 「利西南, 不利東北. 利見大人. 貞吉.」

길조를 얻는다는 것이다. 여기에서 알 수 있듯이 주나라 사람들은 확실히 이러한 미신을 지니고 있어 거주지가 혹 서남쪽으로 가면 이롭고 반대로 거주지가 동북쪽으로 가면 이롭지 않다는 것을 인식하고 있었다. 『주역』은 대체로 서주시대에 지어졌기 때문에 이러한 미신이 서주 때에 이미 나타났다는 것을 알 수 있다.

이러한 미신은 후에 또한 확대되어 "서쪽으로 집을 늘리면 상서롭지 못하다."는 풍속을 낳았다. 『논형(論衡)』 사휘편(四諱篇)에서 "풍속에는 크게 피해야 할 4가지가 있다. 첫째는 서쪽으로 집을 늘리는 것을 피해야 하는데 서쪽으로 집을 늘리면 그것을 상서롭지 않다고 이르며 상서롭지 못하면 반드시 죽음이 있다. 이를 서로 두려워하여 세상 사람들이 감히 서쪽으로 집을 늘리는 것이 없었고 방지하고 금지한 것이 이전부터 오래되었다."[10]고 하였다. 왜 "서쪽으로 집을 늘리면 상서롭지 못할까?" 서쪽은 신분과 연령이 높은 분이 거주하는 곳으로 서쪽으로 주택을 확장하는 것은 신분과 연령이 높은 분의 지위를 저해하려는 것이기 때문이다. 응소(應劭)의 『풍속통의(風俗通義)』에는 이에 대한 해석과 비평이 있다.

> 집은 서쪽으로 늘리지 않는다. 속설에 서쪽을 위로 삼기에 위로 집을 늘리면 가장을 해친다고 하였다. 원래 그 서쪽을 위로 삼은 것은 『예기』에서 "남향, 북향, 서향이 위이다."고 하였고, 『이아』에서 "서남 귀퉁이를 오(隩)라고 하는데 신분과 연령이 높은 사람들이 거처하는 곳이다."라고 했기 때문이다. 서쪽으로 늘리지 않은 것은, 그것을 움직이기가 어려웠기('두려웠기'라고 쓰여 있는 것도 있다) 때문이다. 서쪽으로 늘리면 피해가 있다고 판단하여 세 방면으로 더 넓히는 것만이 어찌 유독 길할 수 있

---

10_ 『論衡校釋』(黃暉 撰, 北京, 中華書局, 1990) 卷23 四諱 第六十八, p.968. 「俗有大諱四: 一曰諱西益宅, 西益宅謂之不詳, 不詳必有死亡. 相懼以此, 故世莫敢西益宅, 防禁所從來者遠矣.」

겠는가?[『예문유취』권64, 『태평어람』권180, 「천중기(天中記)」권14에서 인용]<sup>11</sup>

여기에서 서남쪽에 이로움이 있고 "서쪽으로 집을 늘리면 상서롭지 못하다."는 관념은 "서쪽을 위로 삼는다."거나 "서남쪽 귀퉁이를 오(隩)라고 한다."는 예속(禮俗)과 밀접한 관계가 있다는 것을 알 수 있다. 왕충(王充)은 이 점에 대해서 논평하고 있다.

> 무릇 서쪽은 장로(長老)의 땅이자 존자(尊者)의 자리이다. 신분과 연령이 높은 사람은 서쪽에 있고, 신분과 연령이 낮은 사람은 동쪽에 있다. 신분과 연령이 높은 사람은 주인이고, 신령과 연령이 낮은 사람은 돕는 사람이다. 주인은 적고 돕는 사람은 많은 것은 높은 사람이 위로는 둘도 없고 낮은 사람은 아래로 많다는 것이다. 서쪽으로 집을 늘리면 주인을 이롭게 하고 주인은 돕는 사람을 늘리지 않는다. 위가 둘이면 아래로 많지 않아 의에 좋지 못하므로 상서롭지 못하다고 이른다. 상서롭지 못한 것은 의에 마땅하지 않은 것으로 의에 마땅하지 않다는 것은 아직 재앙이 있는 것은 아니다.<sup>12</sup>(『논형』사휘편)

왕충이 비록 '서쪽으로 집을 늘려도' '아직 재앙이 없다'고 여겼지만, 서쪽은 신분과 연령이 높은 사람이 거처하는 곳이고 신분과 연령이 높은 사람은 '위로 둘이 없어야 하며' 만약 '서쪽으로 집을 늘린다면' '위로 두 명이 있게 되어' 이것은 곧 '의에 좋지 않고' '의에 마땅하지 않다'고

---

**11**_『風俗通義校注』p.562. 「宅不益西. 俗說西者爲上, 上益宅, 妨家长也. 原其所以西上者, 『禮記』: "南向北向, 西者为上." 尔雅曰: "西南隅谓之隩, 尊长之处也. 不西益者, 難(一作恐)動搖之耳. 審西益有害, 增廣三面, 豈能獨吉乎?」

**12**_『論衡校釋』卷23 四諱 第六十八, p.970. 「夫西方, 長老之地, 尊長之位也. 尊長在西, 卑幼在东. 尊长, 主也. 卑幼, 助也. 主少而助多, 尊無二上, 卑有百下也. 西益主益, 主不增助, 二上不百下也. 于义不善, 故谓不祥. 不祥者, 不宜也, 于義不宜, 未有凶也.」

생각하였다. 왕충의 이러한 평론은 예제를 표준으로 삼은 것으로 예제에 의거하여 당시의 미신 풍조를 반박하였다. 서남쪽에 이로움이 있고 "서쪽으로 집을 늘리면 상서롭지 못하다."는 미신은 고대의 예제를 이해하지 못하여 생겨난 것이고, 고대 예제를 신비한 규정으로 간주하여 생겨난 것이다.

서한 이전의 도성은 서쪽에 자리 잡고 동쪽을 바라보는 배치 구조를 채용하여 궁성 혹은 궁실을 서남쪽에 조성하고 동쪽, 북쪽을 정문으로 한 것은 고대 예제에 의거하여 설계된 것이지 결코 '염승지술'에서 나온 것이 아니라는 것을 알 수 있다.

고대 예제에서는 확실히 정실(正室)에서 서남쪽 귀퉁이를 신분과 연령이 높은 사람이 거주하는 곳으로 삼았다. 『예기』 곡례(曲禮) 상(上)에서 "사람의 아들된 사람은 거주할 때 오(奧)를 주관하지 않는다."고 하였다. 정현(鄭玄)은 "아버지와 궁실을 같이하는 사람은 그 존귀한 거처를 감히 차지하지 않는다. 정실에서 서남쪽 귀퉁이를 오(奧)라고 한다."[13]고 주석을 달았다. 즉, 정실에서 서남쪽 귀퉁이는 신분과 연령이 높은 사람이 거주하는 곳이며 소인배는 거주할 수 없는 곳이었다. 고대 예제에서는 정실에서 서남쪽 귀퉁이를 '신(神)'과 '시(尸)'가 정좌하는 장소로 삼았다. 이른바 '신'이란 선조의 신령을 가리킨다. 이른바 '시'는 제사 때 선조 신령의 대표로서 종종 일족 중 손자 가운데 한 사람을 뽑아 대신토록 한 것을 가리킨다. 『의례(儀禮)』의 소뢰궤사례(少牢饋食禮)는 경대부가 그 조묘(祖廟)에 제사 올리는 예의를 기록한 것으로 주인이 선조에게 제사 올리려고 할 때에 먼저 사궁(司宮: 관직 이름)을 보내어 조묘 안의 묘실 서남 귀퉁이에 '연(筵, 자리)'을 진설하게 하고, 동시에 축(祝, 관직 이름)을 보내어 '연'의 동남쪽에 '궤(几, 안석)'를 진설토록 하여 '신'이 정좌할 곳을 만들었다. 소뢰궤사례에는 "사궁은 오(奧)에 자리를 마련

---

**13_**『禮記集解』卷1 曲禮上 第一之一, p.20.「爲人子者, 居不主奧. 鄭氏曰: 謂與父同宮者也, 不敢當其尊處, 室中西南偶謂之奧.」

하고 축은 자리 위에 안석을 두어 그것을 남쪽으로 하였다."고 하였다. 정현은 "이것은 신의 위패를 배치한 것이다. 묘 실의 서남 귀퉁이를 오라고 한다. 자리는 동쪽으로 향하고 남쪽에 가까워 오른쪽이 된다."[14]고 주석을 달았다. 서남 귀퉁이에 신의 위패를 진설한 후 축이 '시'를 조묘에 들기를 청하여 묘실 안으로 올라서서 "시는 자리에 올라가고, 축과 주인은 묘실문 안에서 서쪽을 향해 서 있고 축은 왼쪽에 있다. 축과 주인은 모두 절한다."[15]고 하였다. 이는 신령의 대표인 '시'가 서남쪽 귀퉁이에 있는 자리에 정좌하여 동북쪽을 바라보고 있기 때문에 축과 주인은 서쪽을 향하여 서서 절한다는 것이다. 『의례』의 특생궤사례(特牲饋食禮)는 사대부가 그 조묘에 제사 올리는 것을 기록한 것으로 먼저 "축은 연과 궤를 묘실 안에 진설하고 동쪽을 향하였다."고 했는데 정현은 "이것은 신을 위해 자리를 깐다는 것이다."[16]라고 주석을 달았다. 즉 축은 연과 궤를 묘실 안에 진설하여 서쪽에 자리 잡고 동쪽을 향하여 신의 자리를 만들었다.[17] 그런 뒤 축은 '시'를 들이기를 청하고 "시가 자리로 가서 앉자 주인이 절한다."고 하였다. 이로부터 알 수 있듯이 종묘의 묘실은 물론이고, 궁전의 궁실까지 모두 서남쪽 귀퉁이인 '오'가 신분과 연령이 높은 사람이 편히 거처하는 곳이었다. 또한 모두 서쪽에 자리 잡고 동쪽을 바라보고 있어 동향을 존귀하다고 여겼다. 고대 도성의 설계자는 도성 전체를 하나의 '실(室)'로 보았기 때문에 신분과 연령이 높은 사람이 거주하는 궁성 혹은 궁실을 서남 귀퉁이에 조성하여서 전체 도성의 배치 구조가 서쪽에 자리 잡고 동쪽을 바라보게 하였던 것

---

**14_**『儀禮注疏』(北京, 北京大學出版社, 1999) 卷47 少牢饋食禮十六, p.909. 「司宮筵于奧, 祝設几于筵上, 右之. [鄭玄注] 布陳神坐也. 室中西南偶謂之奧. 席東南, 近南爲右.」

**15_**『儀禮注疏』卷48 少牢饋食禮十六, p.917. 「尸升筵, 祝‧主人西面立於戶內, 祝在左. 祝‧主人皆拜.」

**16_**『儀禮注疏』卷44 特牲饋食禮十五, p.851. 「祝筵几于室中, 東面. [鄭玄注]爲神敷席也.」

**17_**『儀禮注疏』卷45 特牲饋食禮十五, p.857. 「尸卽席坐, 主人拜.」

이다. 이는 주나라 사람들의 전통적 습속으로 당시 주나라의 선조인 공류(公劉)가 빈(豳)에 도읍을 세울 때 "석양(夕陽)을 헤아리니 빈땅에 거주하는 것이 진실로 광대하도다."[18][『시경』대아(大雅) 공류(公劉)]라고 하였으니, '석양'은 서쪽 지역을 가리키는 것으로 궁실을 서쪽에 만들었던 것이다.

능정감(凌廷堪)은 『의경석례(禮經釋例)』에서 『의례』의 예제를 개괄하였는데 권1 통례(通例) 상(上)에서 서술한 한 대목으로

> 무릇 실(室) 안과 방(房)에서 절할 때에는 서쪽을 향하는 것을 공경을 나타내는 것으로 하고 당(堂) 아래에서 절할 때에는 북쪽을 향하는 것을 공경을 나타내는 것으로 하였다. 능정감은 이를 "무릇 당 위에서는 남쪽을 향하는 것이 존귀한 것이기에 절할 때 북쪽을 향하는 것이 공경을 나타내는 것이었다. 실 안에서 동쪽을 향하는 것이 존귀한 것이기 때문에 절할 때 서쪽을 향하는 것이 공경을 나타내는 것이다. 방 안은 곧 실 안의 계통이니 또한 서쪽을 향하는 것이 공경을 나타내는 것일진저. 만약 당 아래에서 절한다면 신하와 군주가 예를 행하는 것 외에는 모두 예를 간략히 한 것이다."라고 풀이하였다.[19]

는 것이 있다. 당시에 다만 신하가 군주를 알현할 때만 '당 아래에서 절하는' 예절을 행하였고, 평소에는 실 안에서 거행하는 예절에서는 모두 동쪽을 향하는 것으로 존귀하다고 여겼다. 당시 전당은 남향이었지만

---

**18_** 『詩三家義集疏』 卷22 大雅 公劉, p.901. 「度其夕陽, 豳居允荒.」

**19_** 『儀禮釋例』(凌廷堪 撰, 叢書集成初編, 北京, 中華書局, 1985)卷1 通例上, pp. 14~16「凡室中, 房中拜, 以西面爲敬; 堂下拜, 以北面爲敬. … (廷堪案)蓋堂上以南鄕爲尊, 故拜以北面爲敬. 室中以東鄕爲尊, 故拜以西面爲敬. 房中則統于室, 亦以西面爲敬歟? 若堂下之拜, 自臣與君行禮外, 皆禮之殺者.」 역자 주 저자는 '解釋說'이라는 구절을 원문 인용에 넣었지만 원래 문장에는 없고 '廷堪案'이라는 구절이 있을 뿐이다.

실 안에서 자리 순서는 동쪽을 향하는 것을 존귀한 것으로 여겼다. 묘당도 똑같이 남향이지만 실 안의 신주 위치도 동쪽을 향하는 것을 존귀하다고 여겼다. 진한 교체기에 이르러서도 여전히 이러한 예제가 성행하였다. 예를 들면 홍문(鴻門)의 연회에서 항왕(項王)과 항백(項伯)은 동쪽으로 향하여 앉았고, 아부[亞父, 범증(范增)]는 남쪽을 향하여 앉았다. 패공(沛公)은 북쪽을 향하여 앉았고 장량(張良)은 서쪽을 향하여 시중을 들었으며 번쾌(樊噲)는 뒤에 들어와 서쪽을 향하여 섰다[20][『사기』 항우본기(項羽本記)]. 또 한신(韓信)이 조(趙)나라의 진여(陳餘) 군대를 격파하고 광무군[廣武君, 이좌거(李左車)]을 생포했을 때 "이내 그 속박을 풀고 동쪽을 향하여 앉히고 자신은 서쪽을 향하여 마주하며 그를 스승으로 받들었다."[21][『사기』 진음후전(進陰候傳)]고 하였다. 한 문제[文帝, 원래 대왕(代王)이었다]가 장안으로 맞아들여져 신하들이 제위에 오를 것을 청하였을 때 그가 "서쪽을 향해서 사양한 것이 세 번이었고 남쪽을 향해서 사양한 것이 두 번이었다."[22][『사기』 효문본기(孝文本紀), 『한서』 문제기(文帝紀)]고 하였다.[23] 서쪽을 향해서 사양한 것은 감히 신분과 연령이 높은 사람의 지위에 있지 못하겠다는 것을 나타낸 것이고 남쪽을 향해서 사양한 것은 감히 군주의 지위를 차지하지 못하겠다는 것을 표현한 것이다. 먼저 서

---

**20_** 역자 주 『史記』 卷7 項羽本紀, pp.312~313. 「項王・項伯東嚮坐. 亞父南嚮坐. 亞父者, 范增也. 沛公北嚮坐, 張良西嚮侍. … 噲遂入, 披帷西嚮立.」

**21_** 『史記』 卷92 淮陰侯列傳, p.2617. 「信乃解其縛, 東鄕坐, 西鄕對, 師事之.」

**22_** 『史記』 卷10 孝文本紀, p.416. 「代王西鄕讓者三, 南鄕讓者再.」; 『漢書』 卷4 文帝紀, p.108. 「代王西鄕讓者三, 南鄕讓者再.」

**23_** 『사기』 효문본기에 관한 『사기집해』에서 여순(如淳)이 "신하들에게 사양한 것이다. 혹자는 '손님과 주인은 동서로 바라보며 자리하고 군주와 신하는 남북으로 바라보고 자리하므로 서쪽을 바라보고 앉은 것이다. 세 번이나 사양하고 받지 않아 신하들이 합당한 도리라고 모두 똑같이 칭송하였으나 이내 바꾸어 돌아가며 변화를 보이니 군주의 자리로 점점 나아가게 되었다.'고 하였다."고 한 것을 인용하였다. 생각건대, 동서 방향은 존비(尊卑)의 위치이고 남북 방향은 군신(君臣)의 자리이다. 문제(文帝)가 '먼저 서쪽을 향하여 세 번 사양한 것'은 감히 존장(尊長)의 자리에 있을 수 없다는 것을 나타낸 것이고 다시 '남쪽을 향하여 두 번 사양한 것'은 감히 황제의 자리에 있을 수 없다는 것을 나타낸 것이다.

쪽을 향해 사양하며 황족으로서 신분과 연령이 높은 사람의 지위에 있지 못하겠다는 것을 나타낸 까닭은 종법제도에서는 종통(宗統, 종족장의 구성원에 대한 지배권)과 군통(君統, 군주의 신하에 대한 지배권)이 예(禮)에 합일되어 있었기 때문이다.

서한 이전 도성의 배치 구조가 서쪽에 자리 잡고 동쪽을 향하는 구조인 것은 과거 종법제도를 유지하고 보호하는 예제를 계승하여 동향을 존귀한 것으로 여겼기 때문이다. 동한 이후 도성의 배치 구조는 북쪽에 자리 잡고 남쪽을 향하는 구조로 바뀐 것은 황제권을 존숭하는 예제를 실행하여 남향을 존귀한 것으로 여겼기 때문이다. 당시 중앙집권적 정치체제에서는 황제권을 존숭할 필요 때문에 황제의 제천의례를 매년 거행되는 중대한 의례로 정하여 국도의 남쪽 교외에서 거행하는 것으로 규정하였다. 이는 도성의 배치 구조를 북쪽에 자리 잡고 남쪽을 향하는 구조로 만든 한 원인이었다.

서주 시대에는 교외에서 하늘에 제사지내는 예가 있었는데, 이를 '교(郊)'라고 불렀다. 주공(周公)은 동도 성주(成周)를 조영하고 바로 "교제사에서 희생을 사용하였다."[24][『상서』 소고(召誥)]고 하였다. 옛 문헌에서는 모두 교제사는 남쪽 교외에서 거행하였다고 전하고 있다. 『예기』 교특생(郊特牲)에서는 "남교에 조역을 마련할 때에는 양위[陽位, 정남쪽 방향]로 나아가야 한다."[25]고 하였다. 그러나 진(晉)나라의 도성 신전(新田)을 고고 자료를 통해 살펴보면 초기 교제사는 반드시 남교에서 한 것은 아니며 동교와 남교 모두 거행할 수 있었다. 신전고성[즉 우촌고성(牛村古城)]에서 정동쪽으로 약 3km와 남쪽으로 약 500m 떨어진 교외 지역에는 모두 교제사 때 사용된 짐승이 묻힌 구덩이들[수갱군(獸坑羣)]이 있다. 왜냐하면 동교와 남교가 똑같이 '양지(陽地)'이고 게다가 정동쪽은 햇빛이 더

---

24_ 『尙書今古文注疏』 卷18 召誥, p.393. 「用牲于郊.」
25_ 『禮記集解』 卷25 郊特牲, p.689. 「兆于南郊, 就陽位也.」 역자 주 저자는 '陽地'라고 원문을 인용하고 있으나 '陽位'를 잘못 쓴 것이다.

욱 충만하고 태양이 동쪽에서 떠오르기 때문이다. 춘추시대 노나라가 교제사를 거행할 때도 반드시 모두 남쪽 교외에서 한 것은 아니다. 다만 비를 기원하는 '대우(大雩)' 의례만 분명히 남교에서 거행하여 남교에 우단(雩壇)을 세웠다. 노 희공(僖公)은 곡부에 높고 큰 남문을 확장하였는데 바로 '대우'를 위한 것이었기에 '우문(雩門)'이라고도 불렸다. 전국시대 중원의 각 대국에는 이러한 교제사의 의례가 없었다. 진(秦)나라에는 별도로 일련의 특정한 지점에서 황제(黃帝), 염제(炎帝), 백제(白帝), 청제(靑帝)에게 제사 올리는 예제가 있었다. 서한은 초기에는 이러한 예제를 연용하였는데 한 문제는 위양(渭陽)에 오제묘(五帝廟)를 세웠다. 한 무제도 감천(甘泉)에 태일사(泰一祠)를 세우고 분음(汾陰)에 후토사(後土祠)를 건립하였다. 이처럼 천신(天神)에게 제사 올리는 예제가 분산되어 있는 것은 이미 '대일통(大一統)'적인 정치체제에 부합하지 않는 것이었다. 이에 성제(成帝) 때에 이르러 장안의 남교와 북교에서 천(天)과 지(地)에 제사지내야 한다는 규정이 마련되었다. 하지만 오래지 않아 또한 폐지되었다. 평제(平帝) 원시(元始) 연간(1~5)에 이르러, 왕망(王莽)은 남교에서 천지를 합하여 제사할 것을 규정하였다. 이처럼 국도의 남교에서 매년 제천의례를 거행하는 것은 당시 '대일통'적인 정치체제에서 황제권을 높이 존숭하려는 요구에 너무나도 부합하는 것이었기 때문에 동한에 이르러 광무제가 이 제도를 채용하였다. 광무제는 건무(建武)원년(25)에 호[鄗, 지금의 하북성 백향현(柏鄕縣) 북쪽]에서 즉위하였고, 남교에 제단을 설치하여 천지에 아뢰는 제사를 올릴 때 바로 '원시 연간에 천지에 제사를 올린 고사를 채용하였던'[26] 것이다[『속한서』 제사지(祭祀志)상(上)]. 이듬해 정월에 "처음으로 낙양성 남쪽 7리에 남교의 조역을 만들었다."[27]고 하니 거듭 원시연간의 고사를 채용하였다.[28] 후에 낙양성 남

---

**26**_『後漢書』志 祭祀 上, p.3157. 「采用元始中郊祭故事.」 역자 주 저자는 '用元始中郊祭故事'라고 인용하고 있으나 현행 중화서국 표점본과 대조하면 '采'가 누락되어 있다.

쪽에 평성문(平城門)을 낸 것은 신하가 궁내의 조회에 참가하는 데 편리하게 하기 위한 것뿐만 아니라 황제가 남교에 나가 교제사를 거행하는 데 편리하게 하기 위한 것이었다. 이로부터 역대 황제는 이 예제를 연용하여 제도로 확립하였다. 이처럼 개국(開國) 황제가 천지에 아뢰는 제사를 올리는 즉위례는 한 고조가 범수(氾水)의 북쪽에서 거행한 즉위례보다 훨씬 성대해져서 후에 많은 개국 군주들이 연용하였다.

동한 이후 도성 배치 구조가 서쪽에 자리 잡고 동쪽을 바라보는 구조에서 북쪽에 자리 잡고 남쪽을 바라보는 구조로 바뀐 것에는 더욱 중요한 원인이 있었다. 바로 성대하게 거행되는 원단조하의례(元旦朝賀儀禮)에 부합하기 위한 것이었다. 그 목적은 한층 더 황제권을 존숭하고 전국 통일을 공고하게 하는 데 있었다.

춘추시대 이전에 대조하(大朝賀)에 관한 예제는 없었다. 당시 천자, 제후와 경대부가 모이는 조정은 단지 일상적인 정무를 처리하기 위한 곳이었다. 조정에 나아가는 의식은 비교적 간편하여 매일 이른 아침에 신하가 조정에 가서 군주를 알현하고 대사의 처리를 결정하였다.[29] 집권자가 모두 귀족이기 때문에 종법제도를 중시하여 종족 내의 중요한

---

**27_** 『後漢書』志 祭祀 上, p.3159. 「初制郊兆於雒陽城南七里.」

**28_** [역자 주] 『후한서』 지(志) 제사(祭祀) 상에는 앞의 인용문(初制郊兆於雒陽城南七里)에 이어서 원시연간의 고사를 채용하였다는 점을 기술하고 있다(『後漢書』志 第七 祭祀 上, p.3159. 「初制郊兆於雒陽城南七里, 依鄗. 采元始中故事.」).

**29_** 『시경』 제풍(齊風) 계명(鷄鳴)에서 "닭이 이미 울었으니 조정에 이미 신하들이 가득합니다 하였더니"와 "동방이 밝은 지라 조정에 이미 신하들이 많습니다 하였더니"라고 하였다. 이것은 '닭이 울면[鷄鳴]' 반드시 조정에 나가 있어야 한다는 것을 전한다. 『춘추좌씨전』 양공 30년조에서는 "정나라 백유(伯有)는 술을 좋아하여 굴실을 만들고 밤마다 술을 마시며 종을 쳤다. 아침이 이르러도 그치지 않았다. 조정 신하들이 '공(백유)께서 어디에 계신가?'라고 하니 [백유의 가신인] 사람이 '저의 공께서는 굴실에 계십니다.'라고 하였다. 모두 조정에서 흩어져 파하였다[두예주: 포로(布路)는 나눠져 흩어진다는 것이다]. 그러고 나서 조정에 나가면[백유가 뭇 신하와 함께 정나라 군주를 뵈러 가면] 또한 공자 석(晳)을 초나라에 보내려고 하고 돌아와서는 술을 마셨다."고 한다. 이것은 당시 경(卿)은 조정에 군주를 뵙기 위해서 먼저 나가야 하고 군주가 조정에 나오는 시간은 그보다 조금 늦다는 것을 전한다.

의례는 종묘에서 거행하려 했을 뿐만 아니라 정치적으로 중대한 의례도 모두 반드시 종묘에서 거행하였다. 국군(國君)의 '즉위례(卽位禮)', 제후가 천자를 조현하는 '근례(覲禮)', 경대부가 이웃나라의 국군을 만나뵙는 '빙례(聘禮)', 신하에게 관직을 수여하거나 혹은 상을 주는 '책명례(策命禮)'는 모두 종묘 안에서 거행되었다. 모든 국가대사는 국왕이 모두 종묘에 가서 선조에게 지시를 청하거나 보고해야 했다. 예를 들어 출병하기 전에 먼저 종묘에 가서 선조의 명령을 받은 뒤 종묘에서 신하에게 명령을 내려야 했고 또한 종묘에서 '수병례(授兵禮)'를 거행하고 병기를 전사에게 수여해야 했다. 개선한 뒤에도 종묘에 가서 선조에게 '승전을 보고하고[고첩(告捷)]' 선조에게 '헌부례[獻俘禮, 포로를 바치는 예]'를 거행해야 했다.[30] 평상시에는 매월 1일 국군은 종묘에 가서 '고삭[告朔, 국군이 매달 초하루에 선조에게 그 날이 초하루임을 아뢰는 의례]'과 '청삭[聽朔, 국군이 매달 초하루에 그 달의 정사를 듣는 의례]'의 의례를 거행해야 했다. 예에 따르면 주나라 천자는 가을에서 겨울로 바뀌는 시기에 이듬해의 달력을 제후에게 나누어 주었는데 '반삭(班朔)'이라 불렀다. 제후는 매월 1일에 반드시 살아 있는 양 한 쌍으로 종묘에 제사를 올렸는데 '고삭(告朔)'이라 하였다. 동시에 종묘에서는 한 달 동안 처리해야 할 대사를 결정해야 했는데 '시삭(視朔)' 혹은 '청삭(聽朔)'이라 불렀다. 이는 종묘 내에서 거행되는 것이기 때문에 '조묘(朝廟)'라고도 하였다. 또 매년 원단에는 특별히 정중하게 이러한 예의를 거행해야 했는데 '조정(朝正)'이라고 불렀다.[31] 이것은 원래 종묘에서 중요한 의례였지만 춘추 말기에 이르러서

---

30_ 拙稿, 「試論西周春秋間的宗法制度和貴族組織」 第1節 宗廟制度, 『古史新探』, 中華書局, 1965.

31_『예기』 월령(月令) 계추지월(季秋之月)조에 "제후에게 칙명을 총괄토록 하고 모든 현에게 칙명을 내리고 내년을 위해 역서(曆書)를 수여한다."고 하였다. 『여씨춘추』의 기록도 똑같다. 고유(高誘)는 "백현(百縣)은 기내(畿內)의 현이다. 내세(來歲)는 다음 해이다. 진나라는 10월을 정월로 삼았기에 이 달에 다음 달의 역서를 수여한 것이다."라고 주석을 달았다. 고유는 이에 의거하여 월령이 진나라 제도라고 했지만 정확하지 않은 듯하다. 『여씨춘추』의 필원(畢元)의 교감본에서는

는 형식으로만 흘러 국군이 몸소 종묘에 나가지 않고 다만 양을 죽여서 제사드릴 뿐이었다. 따라서 "자공(子貢)이 고삭 때 바치는 희생양을 없애고자"했으나 공자(孔子)가 "너는 그 양을 아까워하느냐? 나는 그 예를 아까워한다."³²[『논어』팔일(八佾)]고 하였던 것이다.

전국시대에 이르러 사회경제의 변혁으로 중앙집권적 정치체제가 확립되고, 조정의 중요성이 종묘를 넘어서기 시작하였다. 많은 정치적인 의례가 점점 조정으로 옮겨져 거행되었고 아울러 국군에 대한 '대조(大朝)'의 예제가 등장하기 시작하였다. 예를 들어 조(趙) 무령왕(武靈王) 19년(기원전 307) '춘정월에 신궁(信宮)에서 대조를 거행하였고'³³ 조(趙) 혜문왕(惠文王) 4년(기원전 295)에 '신하들을 조견하였으니'³⁴ 신하와 종실이

---

노문초(盧文弨)가 "생각건대 만약 10월을 내년으로 하여 9월에야 비로소 역서를 수여한다면 기내의 현이라면 가능하겠지만 먼 지역의 제후라면 이를 수 없다. 주에서 이것에 근거하여 진나라 제도라고 하는데 나는 그것을 믿을 수 없다."라고 한 것을 인용하였다. 생각건대 노문초의 주장이 정확하다. 월령 맹동지월(孟冬之月)조에서 "천자께서는 이내 내년의 풍작을 천종[天宗, 일월성신(日月星辰)]에게 기원한다."고 하였고 계동지월(季冬之月)조에서는 "천자께서는 이내 공경, 대부 등과 국전(國典)을 정비하고 시령(時令)을 논하며 내년의 화목을 대비한다."고 하였다. 월령에서는 맹동(孟冬) 10월을 내년으로 삼지 않는다는 것을 알 수 있다. 『춘추(春秋)』 문공(文公) 16년조에서는 "하(夏) 5월, 공께서 네 달째나 시삭(視朔)하지 않았다."고 하였다. 두예(杜預)는 "제후는 달마다 반드시 고삭(告朔) 하고서 그 달에 시행할 정무를 처리한 뒤 이어 종묘에 제사를 드린다. 지금 공(公)이 병 때문에 빠져 2월, 3월, 4월, 5월에 시삭(視朔)하지 않은 것이다."라고 주석하였다. 『춘추좌씨전』 양공(襄公) 29년조에 "춘왕정월(春王正月)에 공께서 초나라에 머물러 있었다고 함은 공이 종묘에 정월 인사를 하지 못했다는 것을 설명한 것이다."라고 하였다. 두예는 『춘추』의 '公在楚(공께서 초나라에 머물러 있었다.)' 세 자 밑에 "공이 밖에 있어 조정(朝正)의 예(禮)에 빠진 적이 매우 많았던 것이다."라고 주석하였다.

**32_** 『論語集釋』(程樹德 撰, 程俊英·蔣見元 整理, 北京, 中華書局, 1990) 卷6 八佾 下, pp.191~195.「子貢欲去告朔之餼羊, 子曰: 賜也, 爾愛其羊, 我愛其禮.」

**33_** 역자주 저자가 어떤 책에서 인용한 구절인지는 불분명하나 『사기』 권43 조세가(趙世家)에 나오는 구절이다. 하지만 『사기』에는 저자가 기술한 '大朝于信宮'이 아니라 '大朝信宮'으로 되어 있다(『史記』卷43 趙世家, p.1805.「十九年春正月, 大朝信宮.」).

**34_** 역자주 저자가 인용한 근거가 불분명하나 『사기』 권43 조세가에 나오는 구절이다(『史記』卷43 趙世家, p.1805.「四年, 朝羣臣.」).

모두 내조하였던 것이다. 진시황은 6국을 통일하여 통일왕조를 세운 뒤에 이러한 조하의례를 확대하여 추진하였다. 진시황 26년(기원전 221)에 "해의 시작을 바꾸니 조하는 모두 10월 초하루에 하였다."[35]고 한다. 이는 전욱력(顓頊曆)을 사용했기 때문에 10월 초하루를 한 해의 시작으로 삼은 것이다. 진시황 35년(기원전 212)에 조궁의 전전(즉 아방궁)을 조영하였는데, 조정에 1만 명이 앉을 수 있었으니 바로 10월의 대조하 의식을 확대하기 위해 준비한 것이다. 그 이전에는 매년 원단, 매월 초하루가 되면 국군은 종묘에 나가 선조를 조견하고 '고삭'과 '청삭' 의례를 거행하였는데 이때에는 연초가 되면 신하들이 조정으로 나가 국군에게 조현하고 대조 의례를 거행하였다.

진혜전(秦蕙田)은 "삼대[三代, 하, 은, 주]의 성대한 시기에는 조하라고 하는 것은 없었다. 매일 시조(視朝) 의례가 있었고, 매월 초하루에는 청삭 의례가 있었다. … 그런데 옛날에 종묘에서 고삭 의례를 거행한 것은 선조를 존중했기 때문이다. 후대에 조정에서 하세(賀歲)를 거행한 것은 군주를 존중했기 때문이다. 이름은 같으나 실질은 다르다."고 하였다. 또한 "옛날에는 조근(朝覲) 의례가 있었을 뿐 조하(朝賀)에 관한 기록은 없었다. 진나라가 봉건을 고쳐서 군현으로 하였고 처음으로 10월에 조하를 거행하는 예가 있게 되었다."[36][『오례통고(五禮通考)』권136]고 하였다. 이러한 이해는 기본적으로 정확한 것이다.

서한 초에는 진대의 10월 조의(朝儀)가 연용되었다. 한 고조 7년(기원전 200)에 장락궁 건설이 완성되었을 때 숙손통(叔孫通)이 10월 조의를 제정하고 "제후왕에서부터 이(吏) 6백석에 이르기까지 불러서 차례로 하례를 받들도록 하니 제후왕 이하로 두려움에 떨며 공경하지 않는 자

---

35_ 역자 주 이 구절 역시 『사기』에 나온다(『史記』 卷6 秦始皇本紀, p.237. 「改年始, 朝賀皆自十月朔.」).

36_ 『五禮通考』 卷136 嘉禮 九 朝禮, 「三代盛時無所謂朝賀也, 每日則有視朝之儀, 每朔則有聽朔之禮 … 但古者于廟行告朔之禮, 所以尊祖; 後世于朝擧賀歲之禮, 乃以尊君. 名同而實異. … 古者有朝覲之禮, 無朝賀之文, 秦改封建爲郡縣, 始有朝十月之禮.」

가 없었고" "마침내 조정에 술을 차려 놓아도 감히 떠들며 예를 잃는 자가 없었다. 이에 고제(高帝)가 '내가 오늘에야 황제가 존귀하다는 것을 알게 되었다.'고 하였다."[37](『사기』숙손통전)고 한다. 고제 때 이미 소하(蕭何) 이하 18명의 후(侯)가 군주를 알현하는 데 서열을 정했고 고후(高后) 때[여후(呂后) 2년(기원전 180) 봄] 또한 조서를 내려서 열후의 공적에 따라 관위(官位)를 결정하였다. 이러한 대조회는 기능적으로 '황제의 존귀함'을 나타낼 뿐만 아니라 대신들의 등급과 지위를 표시하였다는 것을 보여 주었던 것이다. 한 무제는 하력(夏曆)으로 바꾸어 사용하고 점차 원단에 대조회를 다시 거행하였다. 동한 초에 이르러 원단에 거행하는 '원회의(元會儀)'는 한층 발전하여 조하에 참가하는 관원 계층은 더욱 넓어지고 조하 의례도 점점 겉만 지나치게 꾸미었으며 환락적인 분위기가 더욱 농후해졌다. 게다가 군국의 '상계(上計)'와 결합함으로써 상계리(上計吏)가 군국의 대표로 간주되어 조하에 참가하였다.

동한의 원회의에서는 참가하는 관원은 위로는 공후에서 아래로는 4백석 이하까지이며 또한 소수민족의 사절, 각 군국의 상계리, 종실, 친족을 포함하였다. 먼저 "2천석 이상이 전각에 올라 만세를 부르고 옥좌 앞에서 술잔을 들었고"[38] 이어서 백관이 조하하고 소수민족의 사절이 조공하였다. 그런 뒤에 군국의 상계리가 섬돌 아래에서 알현하였다. 이들과 종실과 친족을 합치면 그 수는 만 명 이상에 이르렀다. 마지막으로 황제를 향해 '장수하시기를 기원하는' 주연이 거행되었고, 또한 각종 잡기 공연과 음악 반주가 있었다. 북궁의 정전인 덕양전(德陽殿)은 "주위로 만 명을 수용하며, 섬돌의 높이는 2장이었므로"[39] 오로지 원회의를 거행하기 위하여 세워진 것이었다[『속한서』예의지(중) 및 유소(劉昭)의

---

37_ 『史記』卷99 叔孫通傳, pp.2723~2724. 「引諸侯王以下至吏六百石以次奉賀. 自諸侯王以下莫不振恐肅敬. … 竟朝置酒, 無敢讙譁失禮者. 於是高帝曰: "吾酒今日知為皇帝之貴也."」

38_ 『後漢書』志第五 禮儀 中, p.3130. 「二千石以上上殿稱萬歲, 舉觴御坐前.」

39_ 『後漢書』志第五 禮儀 中, p.3130. 「蔡質漢儀曰: "… 德陽殿周旋容萬人. 陛高二丈.」

주에서 인용한 채질(蔡質)의『한의(漢儀)』]. 반고의「동도부」와 장형의「동경부」는 모두 원회의를 대략적으로 묘사하였는데 이는 그들의「서도부」와「서경부」와는 분명히 다르다. 이것은 원회의가 동한 낙양에서 처음으로 등장한 의례이기 때문이다.

동한 명제(明帝)는 이러한 원회의를 광무제의 원릉(原陵)으로 옮겨서 거행하여 "백관, 사성(四姓) 친가의 부녀, 공주, 제왕대부, 외국의 알현자·사자, 여러 군국의 계리가 능에 모였고" 공경군신은 침전에 올라가 '신주가 있는 자리'에 알현하였다. "신하들이 하사한 음식을 다 먹으면, 여러 군국의 상계리가 차례로 앞으로 나가 신헌(神軒)을 향하여 그 군국의 곡식 가격을 점치고 백성이 고통스러워하는 것에 대해 신이 그 동정을 알게 하고자 하였다."[40][『속한서』예의지(상)]고 한다. 상계는 지방관에 대한 근무평정의 방식일 뿐만 아니라 전국의 호수(戶數)와 재정 수입을 통계 내어 민정의 상황을 파악할 수 있는 중요한 방법이다. 상계리가 올린 '계부(計簿)'는 전국 각지의 호구, 부세[賦稅, 전세(田稅)와 그 외 세수], 개간 토지 등을 숫자로 통계 낸 지도와 호적이다. 반고의「동도부」는 원회의를 묘사하며 "이날이면 천자는 온 천하의 지도와 호적을 받고, 만국에서 올리는 진귀한 보물을 받았습니다."[41]라고 하였다. 이른바 '온 천하의 지도와 호적을 받은' 것은 바로 상계를 접수한 것을 가리킨다. 이때 원회의는 황제가 상계를 접수하는 중요한 의식이 되었다. 원회의에서 예에 따라, 황제는 군국의 상계에 대해 통계를 낸 지도와 호적을 받았을 뿐만 아니라 상계리의 구두 보고에도 귀를 기울여야 했고 많은 질문을 하여 상계리에게 대답하도록 할 수 있었다. 이로부터 원단대조회는 신하와 종실이 황제에게 조하하고 장수를 기원하는 것일 뿐만 아

---

40_ 『後漢書』志第四 禮儀 上, p.3103. 「百官·四姓親家婦女·公主·諸王大夫·外國朝者侍子·郡國計吏會陵. … 羣臣受賜食畢, 郡國上計吏以次前, 當神軒占其郡[國]穀價, 民所疾苦, 欲神知其動靜.」

41_ 『文選』卷1 賦甲 京都上 班孟堅東都賦, p.35. 「是日也, 天子受四海之圖籍, 鷹萬國之貢珍.」

니라 전국 각지의 일 년의 성적에 대한 종합적 검사와 고과 평가를 하는 의례이므로 정치적으로 매우 중요한 의미를 지니고 있었다.

원회의는 원래 통일 왕조가 중앙집권체제를 강화하고, 통일을 공고히 하는 수단이다. 진시황 때부터 중요한 예제로서 실행된 이후부터 끊임없이 확대되었다. 동한 때 1차로 크게 확대되어 중앙의 중요한 일급 관리와 친족들이 소집되어 참가할 뿐만 아니라, 소수민족의 사절이 초청받아 참가하였고 게다가 군국의 상계리가 군국의 일급 대표로서 참가하였으니, 통치계급 내부의 대표성이 더욱 광범위해졌다. 동한 이후에 자사(刺史)는 매년 연말에 다시는 경사에 올라가 일을 천자에게 아뢰지 않았고, 상계리를 경사에 올려 보내 보고토록 할 뿐이었다. 『속한서』백관지 5에서 "처음에는 해마다 모두 경사로 가서 일을 천자에게 아뢰었는데, 중흥[동한의 성립을 가리킨다] 이후에는 단지 계리를 통하였다."[42] 고 하였다. 원회의는 이미 황제가 '상계'를 접수하는 의식이 되어 그 중요성은 더욱 높아졌다. 이렇게 1만 명 이상 모여 대회의를 거행하는 것은 전국의 지난 한 해의 성적을 총괄하고 다가오는 한 해의 정무를 추진하는 중요한 방식이었다. 1만 명의 대회의를 거행해야 하는 필요에 부응하기 위하여 도성의 배치 구조는 반드시 북쪽에 자리 잡고 남쪽을 바라보는 구조이어야 했다. 북궁에는 원회의를 거행하기에 적합한 덕양전(德陽殿)을 건설하였고 북궁의 남문에는 반드시 집합하는 광장으로서 동타가를 건설하였으며 남궁의 남문 밖에는 반드시 평성문을 내어 남북 방향으로 성에 들어가는 통로로 삼았다.

이처럼 군국의 상계와 원단 조하가 서로 결합한 원회의는 위진남북조에도 계속 실행되었다. 다만 이때에는 상서성과 문하성이 권력을 장악하였기 때문에 원회의는 상서(尙書)와 시중(侍中)이 담당하는 것으로 바뀌었다. 예를 들어 북제(北齊)의 원회의는 "시중은 의례에 따라 군국

---

42_『後漢書』志第二十八 百官 五, p.3617.「初歲盡詣京都奏事, 中興但因計吏.」

의 계리를 위로하고 자사의 안부 및 곡식의 가격, 보리 등 모종의 좋고 나쁨, 백성의 생활상 어려움에 대해 물었다."[43] 『수서(隋書)』 예의지(禮儀志)] 고 하였다.

수당 이후 군국 상계와 원단조하가 나뉘어져 호부[戶部, 수대에는 민부 (民部)라고 불렀다]가 상계를 주관하였고 각 주군(州郡)에서는 해마다 경사에 사자를 파견하여 상부에 보고토록 하였는데 하니 조집사(朝集使)라고 불렀다. 그러나 조집사는 원단의 조하의례에서 여전히 중요한 지위를 차지하였다. 원회의는 당대에 이르러 더욱 확대되어 성대해지고 겉만 지나치게 꾸미었다. 이른바 '외조'라고 불리었다. 당대에는 이른바 삼조(내조, 중조, 외조)의 조정이 있는데, 궁성의 태극전과 승천문 및 그 문 앞의 횡가를 건설한 것, 또 대명궁의 함원전, 상란각, 서봉각 및 용미도를 건설한 것은 모두 '외조'의 필요에 부응하기 위한 것이다. 이 점에 관해서는 이미 앞에서 언급하였다. 횡가와 용미도 앞의 장소는 광장의 성격을 갖고 있는데, 기능적으로 대조회 때 관리가 집합하고 지위에 따라 자리에 서는 장소였다. 태극전과 함원전은 높고 크게 지어 기능적으로 황제가 높은 곳에서 아래를 대하고 남쪽을 바라보며 신하의 알현을 받는 곳으로 그 숭고한 위엄을 나타내었다. 동시에 성 전체에 남북 방향의 중축선 구조가 채용되어 주작대가가 남쪽 성벽의 명덕문에서 북쪽으로 곧장 궁성의 승천문과 통하니 신하를 집합시켜 대조회를 거행하기에 편리하였다. 또한 이 때문에 군주가 북쪽에 자리 잡고 남쪽을 바라보는 위세가 더욱 높아졌다.

도성의 중앙 북부를 차지하고 있는 궁성을 중심으로 하는 중축선의 대칭적 배치 구조는 규모가 갈수록 커지는 원단대조회의 필요에 부응하기 위하여 설계된 것이다. 원단대조회의 규모가 점점 커진 것은 원래 중앙집권을 강화하고 통일을 공고히 하기 위해서였다. 이 때문에 당대

---

**43_** 『隋書』 卷9 禮儀志, p.183. 「侍中依儀勞郡國計吏, 問刺史太守安不, 及穀價麥苗善惡, 人間疾苦.」

장안에 바둑판 격식을 한 중축선의 배치 구조가 등장한 것은 통일왕조의 권력 집중이 최고에 도달하였다는 것을 나타낸다.

이상에서 당대 이전 도성의 배치 구조에 일어난 세 차례의 중대한 변화와 변화 원인 및 그것과 예제와의 관계를 서술하였다. 마지막으로 언급하고 싶은 점은 도성의 배치 구조에 네 번째의 중대한 변화가 있다는 것이다. 이전의 폐쇄식(주위를 담으로 둘러싼) 시제(市制)와 방제(坊制)가 와해되자 그것을 대신하여 수상교통의 중요 지점에 새로운 '항(行)', '시(市)'와 변화한 '가시(街市)' 및 대로, 골목의 구조가 형성되었다.

이 중대한 변화는 당대 말기부터 시작하여 오대(五代)를 거쳐 북송(北宋) 중기에 이르러서야 비로소 완성되었다. 그에 따라 북송 말기에 이르러 동경(東京)에는 맹원로(孟元老)의 『동경몽화록(東京夢華錄)』에서 기술한 것과 장택단(張擇端)의 「청명상원도(淸明上河圖)」에서 묘사한 정경이 출현하였다. 술집, 찻집 및 각종 상점이 모두 길을 따라서 개설되었고 게다가 골목에도 생겨났으며 심지어 다리 위에도 모두 시장이 열렸다. 기예를 파는 곳 역시 모두 거리를 따라서 생겨났다. 주민들이 많이 다니는 골목길도 멀리 떨어지지 않고 바로 대로와 통하였고, 거주 지역과 상업 지역이 때때로 붙어서 하나가 되기도 했으나 완전히 폐쇄식으로 만들어진 '시장'은 다시는 없었다. '방'도 행정상 지역 명칭이 되었으나 더 이상 폐쇄식의 주민 주택 구역은 아니었다. 이 중대한 변화는 주로 경제적인 원인에서 비롯되었다. 도성의 인구가 급격히 증가하여 생활필수품의 수요도 날이 갈수록 증가하였으나 원래 있던 폐쇄식 '시장'은 이제는 그에 맞춰 물품을 공급할 수 없었다. 이와 동시에 사회경제가 발전함에 따라 전국적인 시장이 형성되었고, 각종 업종의 상인들의 연합조직인 '항'이나 '시장'이 성장하여 도성 안팎과 수상교통의 중요 지점에 새로운 일용상품을 취급하는 '항'과 '시장'이 흥기하였다. 이러한 기초 위에서 또한 새로운 '가시'가 점차 형성되었다. 이에 '가시'가 지난날의 폐쇄식 '시'를 대체하였다. '가시'가 발전하고 골목에서 상업

교역이 전개됨에 따라 대로와 골목의 교통망이 점점 형성되었다. 이에 대로와 골목의 구조가 지난날의 '가방(街坊)'의 구조를 대체하였다.

당송 교체기에 도성제도에 중대한 변화가 발생하는 과정에서 오대의 후주(後周) 세종(世宗)은 일찍이 중대한 공헌을 하였다. 오대 때, 후당(後唐)을 제외한 네 왕조[후량(後梁), 후진(後晉), 후한(後漢), 후주(後周)]는 모두 대량(大梁, 지금의 하남성 개봉)에 도읍을 세웠다. 대량의 궁성은 원래 당대 절도사의 치소였고 궁성 외곽의 옛 성[뒤에는 이성(裏城)이라고 불렀다]은 원래 당대 변주(汴州)의 주성(州城)이었고 규모는 비교적 작았다. 후주 세종은 당시 정치와 경제 발전의 수요에 부응하기 위하여 원래 있던 주성의 외곽에 외성을 하나 더 둘러쌓았다. '신성(新城)' 혹은 '나성(羅城)'이라고 불렸으며 면적은 원래 주성보다 4배나 컸고 아울러 새로운 계획과 새로운 설계를 하여 대량을 새로운 도성으로 바꾸었다. 새로운 계획이란 관부에서 관서, 군영, 창고, 거리가 차지하는 지역을 나눈 뒤 그 이외의 지역은 '바로 백성에게 맡겨 조영토록 한' 것이었다. 뿐만 아니라 주민이 도로를 따라 집을 짓는 것과 도로 폭의 1/10 면적을 점유하여 나무를 심고, 우물을 파고 차양막을 치는 것 등을 허가하였다. 이는 도시 경제의 새로운 발전에 적응하기 위한 새로운 도로 제도였다. 동시에 상업의 대규모 발전에 따른 수요에 부응하고 도성의 장대한 경관을 더욱 과시하기 위하여 주민이 변하(汴河) 연안에 느릅나무를 심거나 규정된 예제를 넘어서는 상점과 누각, 대사(臺榭, 호사스러운 정자)를 짓는 것도 허가하였다. 북송의 동경(즉 대량) 건설은 바로 후주의 이 새로운 계획을 기초로 하여 발전한 것이다. 북송은 주민들이 대로를 따라 예제의 규정을 넘는 규격의 고급 상점과 누각을 짓는 것을 허가하였으며, 외성의 동쪽, 서쪽, 남쪽, 북쪽 사면의 성문에서 이성(裏城)과 궁성으로 통하는 '어가(御街)' 네 대로를 내었는데 그 가운데 남쪽 '어가'가 성 전체의 중축선이라는 성격을 지니고 있었다. 이에 북송의 동경에는 궁성, 이성과 외성이 모두 세 겹으로 둘러싸는 성곽구조가 나타났고 더

불어 궁성을 중심으로 성 전체 곳곳에 연결되는 교통망이 형성되었다. 후에 남송(南宋) 임안[臨安: 지금의 절강성(浙江省) 항주(杭州)] 및 요(遼), 금(金), 원(元), 명(明), 청(淸)의 도성은 모두 이러한 도성의 새로운 제도를 연용하며 발전하였다.

## 서한 장안의 배치 구조에 대한 재검토

### 양관(楊寬)

최근에 유경주(劉慶柱) 동지가「한 장안 배치 구조 분석─양관 선생의 견해에 대한 논의[漢長安城布局結構辨析─與楊寬先生商榷]」(고고(考古)』 1987년 10기)에서 졸작인「서한 장안 배치 구조에 대한 탐색[西漢長安城布局結構的探討]」(『문박(文博)』 1984년 창간호)에 대해 논의할 만한 의견을 제시하였다. 동지들이 다른 의견을 제기하는 것은 매우 환영한다. 이것은 중국 도성 제도의 발전 과정을 설명하는 데 열쇠를 쥐고 있다고 할 만한 중요한 문제이고 논의를 통해 역사의 본래 모습을 분석하면 할수록 명확해지기 때문이다. 졸작인 앞의 글에 담은 견해는 원래 졸작인『중국도성의 기원과 발전[中國都城的起源與發展]』의 일부분인「서한 장안을 논함[論西漢長安]」에서 제시한 것이다. 그것은 당시에는 개략적 내용을 뽑고 보충하여 먼저 발표한 것이었으며 그 목적은 의견을 구하고 토론거리를 제공하려는 것이었다. 졸작『중국도성의 기원과 발전』은 이미 일본어로 번역되어 작년 11월에 일본에서 출판되어[1] 일본 학계에서도 주목을 받았다. 이 글에서는 단지 유경주 동지가 제기한 네 가지 문제를 다시 한층 더 검토하고자 한다.

### 1. 장안성은 내성인가 아니면 외곽성인가?

고고 발굴과 조사를 거치고 문헌을 결합하여 정확하게 작성된 서한

---

1_ 졸작의 일본어 역본: 니시지마 사다오(西嶋定生) 감역(監譯), 오가타 이사무(尾形勇)·다가키 사토미(高木知見) 공역, 학생사(學生社) 1987년 11월 출판.

장안성의 평면도를 통해 장안성이 궁성인 성격과 동시에 내성인 성격도 띠고 있다는 것을 확인할 수 있다. 유경주 동지는 이런 관점을 부정하고 '한 장안성은 서한 장안의 외곽성'이라고 보았다. 이것이 재검토해야 할 첫 번째 문제이다.

서주 초에 주공이 낙양에 동도 성주를 건설할 때 소성에 대곽을 연결하는 배치 구조를 처음으로 만든 이래 이런 배치 구조가 오랫동안 이어지고 확산되었다. 『오월춘추』 일문(佚文)에서 "성을 쌓아 군주를 보위하였고 곽을 만들어 백성을 거주토록 한다."[2](『태평어람』 권193에서 인용; 『초학기』 권24에서 인용하고 있는 구절에서 '민(民)'을 '인(人)'으로 쓴 것은 피휘에서 비롯되었다.)고 한 것은 역대 도성 건설의 준칙이 되었다. 장안성이 궁성의 성격을 띠고 있다고 보는 까닭은 서한이 커다란 궁전을 집단적으로 건축한 진나라의 풍조를 계승하여 미앙궁을 중심으로 하는 5개의 궁을 장안성 안의 중심 건축으로 하였고 아울러 그것을 성 밖의 서쪽에 있는 건장궁과 공중에 가설한 복도(複道)를 통해 서로 연결토록 하여 대형 궁전 건축군을 조성하였기 때문이다. 5개의 궁이 성안 남부와 중부에 널리 배치되어 성안 대부분의 면적을 차지하고 있다. 게다가 그 발전 과정을 보면 장안성은 궁성이 확장하여 이루어졌다는 것을 알 수 있다. 『삼보황도』에서 "고조 7년(기원전 196)에 바야흐로 장안 궁성을 수축하여 역양(櫟陽)에서 이 성으로 옮겨 거주하였는데 본래 진(秦)의 이궁(離宮)이었다. 처음으로 장안성을 설치할 때 본래 협소하여 혜제에 이르러 다시 그것을 지었다."[3]고 하였고 또한 "장락궁은 본래 진의 흥락궁(興樂宮)이다. 고황제가 처음 역양에 거주했는데 7년에 장락궁이 완성되자 장안성으로 옮겨 거주하였다."[4]고 하였다. 이른바 '바야흐로 장안

---

2_ 『太平御覽:第2卷』 卷193 居處部 城下, p.808. 「吳越春秋曰:築城以衛君, 造郭以居民.」;『初學記』卷24 居處部 城郭, p.565. 「吳越春秋曰:築城以衛君, 造郭以居民.」(역자 주: 현행 중화서국 판본에서는 '人'이 아니라 원래의 '民'으로 되어 있다.)

3_ 『三輔黃圖校釋』 卷1 漢長安故城, p.63. 「高祖七年方修長安宮城, 自櫟陽徒居此城, 本秦離宮野. 初置長安城, 本狹小, 至惠帝更築之.」

궁성을 수축하였다'는 것과 '장안성에 옮겨 거주했다'는 것은 모두 장락궁성을 가리킨다. 『사기』고조본기에 7년 2월 "장락궁이 완성되어 승상 이하가 장안성으로 옮겨 다스렸다."고 하였다. 『사기』한흥이래장상명신연표(漢興以來將相名臣年表)에서는 고황제 7년 "장락궁이 완성되어 역양에서 장안으로 옮겼다."[5]고 하였다. 당시에 말한 '협소'한 장안성은 다른 것이 아니라 바로 장락궁성이었다. '처음으로 장안성을 설치하였다'는 것은 그저 장락궁성이었으며 원래 진의 흥락궁이었다는 것을 전해 준다. 따라서 『황람(皇覽)』에서 "진나라 때에는 소성이 있었으나 혜제 때에 이르러 이내 비로소 그것을 크게 하였다."[6]고 한 것이다(『옹록(雍錄)』권2에서 인용). 이로부터 혜제 때 건축된 장안성은 확대된 궁성이라는 성격을 본래 지녔다는 것을 알 수 있다.

한 고조는 승상 이하 관원을 거느리고 장안성 즉 장락궁성으로 옮긴 이후 장락궁의 서쪽에 미앙궁을 붙여 건축하였고 또한 미앙궁의 북쪽에 북궁을 창건하였다. 혜제 때에 이르러서는 장안성을 확대하여 장락궁, 미앙궁, 북궁 모두를 그 안에 포용하였고 북쪽에는 땅을 비어 두었다. 그러나 한 무제에 이르러 더욱 북쪽으로 궁전을 확장하여 장락궁의 북쪽에는 명광궁을 지었고, 미앙궁의 북쪽에는 계궁을 건축했으며 북궁을 증축하였다. 따라서 비어 둔 땅이 한계가 있어 다시는 성 안에서는 확장할 수 없을 정도로 '성 안이 좁아' 서쪽 성벽을 넘어 규모가 훨씬 큰 건장궁을 짓고, 공중에 복도를 가설하여 성안의 여러 궁과 통하게 하였다. 장안의 성안은 이처럼 황궁으로 가득차서 황궁이 성안에서 주요한 곳을 차지한 가장 큰 건축물이 되어 장안성은 확장된 궁성이라는 것을 분명하고 쉽게 알 수 있다.

---

4_ 『三輔黃圖校釋』卷2 漢宮, p.108. 「長樂宮, 本秦之興樂宮也. 高皇帝始居櫟陽, 七年長樂宮成, 徙居長安城.」

5_ 『史記』卷22 漢興以來將相名臣年表, p.1121. 「長樂宮成, 自櫟陽徙長安.」

6_ 『雍錄』(『宋元方志叢刊:1』, 北京, 中華書局, 1990) 卷2 長安宮及城, p.392-上. 「皇覽曰:秦有小城, 至惠帝乃始大之.」

또한 고조와 혜제 시대에 장락궁·미앙궁 두 궁의 건축과 장안성의 성벽 공정을 주관한 사람이 군장(軍匠) 출신으로 '소부(少府)' 관직을 맡은 양성연[陽成延, 양함연(陽咸延)이라고도 한다][7]이라는 것은 주목할 만하다. 양성연은 '천자의 개인 창고'이자 '천자를 공양하는 곳'인 '소부'의 관직을 주관하며 오랫동안 두 궁 및 장안성의 성벽의 건축 공정을 담당하였다. 이를 통해서도 장안성이 '군주를 보위하는' 궁성이라는 것을 알 수 있다.

그러나 반드시 분명하게 지적해야 할 점은 이 궁성이 후세에 황궁만을 세운 궁성과는 다르다는 것이다. 후세의 도성 제도와 비교하여 검토하면 이 궁성은 내성의 성격을 띠고 있다. 전국시대 이래 중앙집권정권이 출현함에 따라 원래의 궁성 안에 중앙 관서가 설치되었다. 사회경제가 발전함에 따라 외곽에서 상업과 수공업도 발전하는 상황에서 경제 방면을 담당하는 관서의 수요와 귀족 관료의 생활상 필요한 수요에 부응하기 위해 궁성 안에 관영수공업의 작방이 있었고 심지어 시장도 출현하였다. 당연히 상인, 장인 및 그 외 생산자도 그 사이에 섞여 살았다. 예를 들면 전국시대 제나라 도성인 임치의 경우 서남쪽에 있는 소성 안과 궁전 유지인 단공대(檀公臺) 주위에서 동서 양쪽으로 철기 작방 유지가 발견되었고 남쪽으로는 야동(冶銅) 작방과 주전(鑄錢)작방 유지가 발견되었다. 이 궁성은 내성의 성격을 지니고 있었던 것이다. 서한 장안의 상황도 마찬가지여서 궁성은 내성의 성격을 띠고 있었다. 중심 건축인 5개의 궁과 종묘 이외에 대규모의 관서, 창고와 고관의 저택이

---

7_『사기』 혜경간후자년표(惠景間侯者年表)에서는 오제후(梧齊侯) 양성연(陽成延)이 「以軍匠從起郟, 入漢, 後為少府, 作長樂、未央宮, 築長安城, 先就, 功侯, 五百戶.」라고 기록되어 있어『한서』 고혜고후효문공신표(高惠高后孝文功臣表)와 똑같으나 양성연(陽成延)은 양성연(陽城延)으로 되어 있다.『한서』 백관공경표(百官公卿表)에는 「高帝五年, 軍正陽咸延爲少府, 二十一年卒.」이라고 실려 있다. 생각건대 양성연이 한나라에 들어가 소부가 되었고 고후(高后) 6년(기원전 182)에 궁에서 죽었는데 21년 만이었다. 양함연이 또한 양성연이라는 것을 알 수 있는데 '성(成)'과 '함(咸)'의 형태가 비슷하여 '함(咸)'자는 잘못 쓴 글자인 듯하다.

있었고 주전 작방 등도 있었다. 시장도 있었는데 옹문 동쪽에는 효리시(孝里市)가 있었고 동시에 상인, 장인 및 일반 주민이 거주하는 '이(里)'가 있었다. 이것은 후세의 궁성으로는 생각할 수 없는 것이다. 서한 장안성은 내성의 성격을 지닌 궁성이다. 그러므로 앞서 발표한 글에서 지적했듯이 전국시대 중원에 있는 각 나라의 도성에 있는 소성은 궁성의 성격에 속하며(혹자는 내성의 성격을 지니고 있다고 한다.) 서한 장안성의 성격도 이전 도성과 다름없이 궁성(즉 내성)이라고 할 수 있다. 아울러 유경주 동지는 내가 '궁성과 내성을 섞어서 불렀다'고 하는데 그렇지는 않다.

유경주 동지가 장안성을 외곽성으로 보는 이유는 성 안에 많은 백성이 거주하였으며 시장이 번성하고 수공업 작방이 발달하였기 때문이라는 것이다. 유경주 동지는 장안의 큰 시장, 즉 동시와 서시 모두 장안성 안에 있으며 주민이 거주하는 160개의 '이(里)'도 모두 장안성 안에 있었다고 보았다. 이것은 검토해 볼 만한 점이다. 동시와 서시 문제는 뒤에서 거론하기로 하고 여기에서는 먼저 160개의 '이(里)' 문제를 다루고자 한다.

『한서』 지리지에 따르면 원시 2년(기원후 2년) 장안의 호구 통계는 호(戶)가 80,800이며 구(口)는 246,200으로 1호당 평균 인구가 3명뿐이어서 인구수가 현저히 적다. 일반적으로 이 인구수는 나이가 차서 산부(算賦)를 내는 사람의 수로 전체 인구를 모두 포괄하는 것은 아니다. 호마다 평균 5명으로 계산하면 인구는 40만 이상이 되고 다시 황족(皇族), 사병(士兵), 동복(僮僕), 유사(遊士), 객상(客商) 등을 그 안에 넣어 계산하면 성 전체의 인구는 오십만 이상이 될 것이다. 당시 고관의 저택은 '이(里)' 안에 있지 않았고 일반 주민은 '이(里)'에 거주하였으므로 8만호의 40만 명이 160개의 '이(里)'에 나눠 거주한다면 '이(里)'마다 평균 500호의 2,500명이 거주하는 셈이 된다. 고고 발굴 결과를 문헌 기록과 서로 결합하여 보면 장안성 안의 면적은 모두 36km²이고 남부와 중부는 모두 궁전, 종묘, 관서, 고관의 저택이다. 또한 고고 측정에 근거하여 작성한 평면도를 보면 북부 1/5의 면적만 주민이 거주하는 '이(里)'일 뿐이고 북부의 서쪽에도 관서, 고관의 저택 및 시와 작방이 있어 주민의 '이(里)'는 주로 동북 한쪽 모퉁이에 분포하였다는 것을 알 수 있다. 전체 면적의 1/5인 7㎢에 160개의 '이(里)', 8만호와 40만 인구가 어떻게 있을 수 있겠는가?

유경주 동지는 이렇게 '성안의 대다수 사람이 성안의 한 모퉁이에 치우쳐 살았다'는 것이 첨예한 계급 대립을 명확히 보여 준다고 하였다. 빽빽이 비좁게 산다고 해도 적어도 제나라 도성 임치의 외곽처럼 면적이 18㎢가 되어야만 7만호에서 10만호의 인구를 수용할 수 있다고 한다. 한 무제는 "제나라는 동쪽으로 바다를 등지고 있고 성곽이 크며 옛날에는 임치만에도 10만호였다."[8][『사기』 삼왕세가(三王世家)]고 하였다. 서한의 통치자는 이미 일찍부터 성곽이 커야만 많은 주민을 포용할 수 있다는 것을 인식하고 있었던 것이다.

이 점을 일찍이 알아본 사람이 있었다. 내가 과거에 미처 주의 깊게 보지 못한 것인데 최근 고등학교 건축전문교재로 사용되는 『중국건축사(中國建築史)』[중국건축공업출판사(中國建築工業出版社), 1982년]에서 이미 "고고 발굴 및 문헌 기록에서 명확히 나타내고 있듯이 장안성 안에서 활용할 수 있는 토지 가운데 대부분을 5개의 궁성이 차지하고 있었다. 여리(閭里)가 160개라고 기록되어 있는데 궁전 이외 남은 토지는 한계가 있어 이렇게 많은 여리를 포용할 수 없으므로 많은 여리가 외곽에 있었을 것이다. 기록에 따르면 성 안에서 북쪽으로 횡문을 나서면 외곽이 있었고 동쪽으로 세 개의 성문을 나서면 모두 외곽이 있었다. 동남으로 하두성[下杜城, 한 선제(宣帝)의 능읍]을 지나면 큰 길이 있는데 이쪽 방면도 아마 모두 장안의 주민이 모여 사는 곳이었을 것이다. 한나라 이전에 내성과 외

---

8_『史記』三王世家, p.2115. 「齊東負海而城郭大, 古時獨臨淄中十萬戶.」

곽이 있고 곽을 조성하여 백성을 거주토록 한다는 전통적 관점에 따르면 장안성에 외곽이 있었을 것이라고 상상할 수 있다. 이래야만 160개의 여리와 8만호 주민을 수용할 수 있는 것이다."라고 하고 있다. 원래 여러 사람이 모여 함께 쓰고 편집하는 고등학교 교과서에서 이미 나보다 앞서 이러한 관점을 제시하였던 것이다. 다른 점이라면 나는 장안성 밖에는, 북쪽 세 문 밖에 있는 북곽, 서북쪽의 옹문 밖에 있는 서곽과 동북 선평문 밖에 있는 동곽이 있고 북곽과 동곽이 비교적 컸을 것이며 동서 양쪽의 나머지 두 문과 남쪽에는 곽 지역이 없었을 것으로 생각한다는 것이다.

덧붙여 제시하고자 하는 바가 있다. 유경주 동지는 장안성의 설계 사상을 언급할 때 "실제로 한 장안성의 설계 사상은 아마 『주례』「고공기」로부터 영향을 비교적 크게 받았을 것이다."라고 하였다. 이른바 「고공기」의 영향이란, 각 면마다 3개의 성문이 있고 문마다 3개의 문도(門道)가 있으며 성문을 통하는 대가가 모두 세 도로로 평행하게 나눠져 있다는 것이다. 그리고 미앙궁 북궐에서 횡문과 횡교까지 곧장 뻗어 있는 대가가 중축선을 형성하였고 중축선 앞에 조정이 있으며 중축선 뒤에 시장, 즉 옹문 동쪽의 효리시가 있다는 것이다. 이것이 「고공기」에서 말한 '각 변마다 3개의 문을 내고' '도성 안에는 남북 9개의 길과 동서 9개의 길을 내며 길의 폭은 수레 9대가 다닐 수 있도록 하고' '앞에는 조정을 두고 뒤에는 시장을 둔다'[9]는 것과 서로 부합한다는 것이다. 그러나 「고공기」의 내용은 왕성의 체제를 이야기하고 있고 게다가 외곽을 포괄하고 있지 않다. 이에 의거하면 장안성이 외곽성이 아니라는 것도 충분히 증명된다. 하나 더 언급하고 싶은 것은 서한 장안성의 성문 밖마다 일정한 거리에 '외곽정(外廓亭)'이 설치되어 우전(郵傳)과 방어를 위해 사용되었다는 점이다. 유경주 동지가 말한 대로 장안성이 외곽성이라면 성 밖에 멀

---

9_ 『周禮正義』 卷85 冬官 考工記, pp.3423~3428. 「旁三門, 國中九經九緯, 經塗九軌, 左祖右社, 面朝後市」

리 떨어진 '정(亭)'을 왜 '외곽정'이라고 불러야 했겠는가? 역시나 이야기가 통하지 않는다.

## 2. 장안성 밖에 광대한 곽지역이 존재하는가?

이것이 다시 살펴보아야 할 두 번째 문제이다. 나는 장안성 밖에 비교적 큰 곽 지역이 있고 그 가운데 북곽과 동곽의 면적이 비교적 컸을 것으로 생각한다. 유경주 동지는 이런 관점을 부정하고 장안에는 곽 지역이 없었다고 보았다.

중국 고대 도성제도가 발전해 온 전체 역사를 통해서 '곽'의 건설에는 하나의 발전 과정이 있었다는 것을 알 수 있다. 초기의 '곽'에는 곽성이 없었으며 원래 있던 산과 물길을 연결하여 '곽'의 방어벽으로 사용하였다. 청대 학자 초순은 『군경궁실도』 성도 6에서 서주의 동도인 성주는 "곽은 사방 70리이고 남쪽으로 낙수에 붙어 있고 북쪽으로 겹산에 붙어 있다."[10](『일주서』 작락편)고 하여 성주의 곽은 낙수와 망산 등 산과 강에 의거하며 그것을 연결하여 이루어졌다는 것을 전해 주었다. 그는 또한 『춘추좌씨전』을 인용해 춘추시대 정나라의 도성인 신정에서도 곽이 '강에 의거하여 이루어졌다'고 하였고, 길질지문(桔秩之門)과 순문(純門) 등 곽문이 설치되었더라도 '곽이 성처럼 사면에 담으로 둘러싸여 있지는 않았을 것이다.'라고 하였다. 이것은 매우 고명한 견해이며 앞으로도 발전시킬 만한 관점이다. 춘추전국시대 곽성의 건축은 점차 확장되어 산과 물길을 이용하는 작업을 통해 방어벽이 만들어졌다. 진나라 도성인 신전은 지금의 산서성 후마시 서북쪽에 있는데 이미 '평망', '우촌' 등 궁성이 발견되었고 이런 궁성의 동남쪽에는 동(銅)을 만드는 곳, 도자기를 만드는 곳, 골기를 만든 곳 등의 작방 유지가 있는데 곽

---

10_『逸周書彙校集注』卷5 作雒解, p.563. 「郭方七十里, 南系于雒水, 北因于郟山.」

지역에 있었던 것이다. 그러나 곽성이 발견되지 않아 곽의 방어벽은 회수(澮水) 등의 물길에 공사를 벌여 연결한 것일 것이다. 서한의 장안, 동한의 낙양에서 북위의 낙양에 이르기까지 곽의 방어벽은 모두 물길, 구거(溝渠) 및 새로 개착한 조거(漕渠)를 이용하여 연결한 것이었다. 큰 강과 조거에는 모두 제방을 쌓았기 때문에 이러한 자연 재해를 막기 위한 공사는 힘을 더 들이면 도적과 적군을 방어하는 공사로 할 수 있었다. 춘추전국시대에 짓기 시작한 방성(方城)과 장성(長城)은 바로 큰 강의 제방을 이용해 산지에 연결하여 축성한 것이다.[11] 이것은 고대에 방어 시설을 수축하는 데 관습적으로 사용된 공사 방법이었다. 전국시대 이후부터 수당 이전에 이르기까지 '곽'의 건축 형식에는 곽성을 건축하거나 원래 있던 물길 및 그 제방을 이용해 연결하여 이루어진 것도 있었는데 비교적 큰 '곽'을 세울 때는 종종 후자의 방법이 채용되었다. 수당 도성에 이르러서야 웅장하게 건축된 곽성이 출현하였다.

서한 장안의 북쪽에 있는 곽 지역은 위수를 방어벽으로 삼았다. 미앙궁 북궐에서 북쪽의 횡문으로 곧바로 통하는 대가가 있고, 횡문에서 북쪽으로 위수의 횡교에 곧장 통하는 대도가 있었는데 횡교대도라고 불렀다. 이 대도는 미앙궁 정문 북궐에서 성 안의 중부와 북부 및 북쪽 곽을 관통하는 중축선이며 이 길을 통해 위수 북쪽에 있는 5개의 능읍으로 갈 수 있어 도성과 북쪽의 5개 능읍을 연결하는 중요한 도로이다. 따라서 횡교 부근의 곽 지역에는 도문이라는 북곽문이 설치되었다. 당시 장안성은 위수와 단지 3리밖에 떨어져 있지 않아 북곽 전체가 위수의 남쪽 3리 안에 있었다. 북곽은 서쪽으로 옹문(서쪽 성벽의 북문)까지 쭉 이어져 있었고 동쪽으로는 선평문(동쪽 성벽의 북문)밖 광대한 지역까지 펼쳐져 있었다. 선평문에서 동쪽으로 나가면 조거에 놓인 다리와 곧장 이어지는 대도가 있고 아울러 동쪽으로 패수의 패교에 곧바로 통하

---

**11**_ 拙著, 『戰國史』, 上海人民出版社, 1980, pp.295-301.

여 패릉과 이어진다. 이 길은 장안에서 동쪽으로 나가는 중요한 도로가 되어 조거에 놓인 교량의 동쪽에는 동도문이라는 동곽문이 세워졌다.

유경주 동지는 장안성 밖에 곽 지역이 존재하는 것을 완전히 부정하였는데 주요한 이유로 세 가지를 들고 있다. 첫째는 고고 발굴 작업이 30년이나 진행되었지만 장안성 밖에서 북곽과 동곽의 곽성 유지가 발견되지 않았다는 점이다. 둘째는 이처럼 광대하게 곽을 세우는 공사에 대해 역사가가 대략이나마 기술하지 않을 수 없을 터인데, 『사기』, 『한서』 모두에 이를 가리키는 기록이 없다는 점이다. 셋째는 이른바 북곽과 서북곽 안에는 한대 유적과 유물이 적게 발견되며 지하는 대부분 진흙모래층이라는 것과 이른바 동곽 안에는 선평문에서 동쪽으로 2km 떨어진 곳에 진한시대의 묘장이 많이 있고 인가도 밀집하지 않았으며 서북쪽의 옹문 밖 지역에도 묘지가 있다는 점이다. 이 세 가지 모두는 후대 곽성의 구조와 형태를 판단 기준으로 삼은 것이라고 할 수 있다. 실제 서한 장안의 곽 지역에는 본래 곽성이 건설되지 않았으며 서주가 성주에 곽 지역을 건설한 이래로 본래 곽 지역에 묘지를 둘 수 있었다. 예를 들면 임치의 외곽성에서 큰 묘가 발견되었고 곡부 고성 안에도 많은 묘지가 있었다. 게다가 북곽 지하 대부분이 진흙모래층이며 유적과 유물이 적다는 것은 아마 위수가 오랫동안 범람하여 생긴 결과일 것이다.

유경주 동지는 당시 장안의 외곽문을 도문이라 부른 것을 부인하며 "동도문이 장안에서 동쪽으로 나가는 어도(御道)에 있고 또한 선평문의 동쪽에 위치하므로 근처에 있는 선평문을 도문이라고 불렀다."고 하였고 또한 『한서』 왕망전(王莽傳)의 "병사들이 선평문을 통해 들어갔는데 민간에서는 도문이라고 불렀다."[12]는 기록을 증거로 인용하며 "실제 한 장안성의 성문 역시 도문이라고 칭하였다."고 하였다. 그런데 이 주장에는 큰 문제가 있다. 선평문 이외에 다른 11개의 성문에 대해 고문헌

---

12_『漢書』卷99下 王莽傳, p.4190. 「兵從宣平城門入, 民間所謂都門也.」

에서 도문이라고 칭한 것은 없으며 고문헌에서는 모두 동곽문을 동도문이라고 칭하고 있다. 『한서』의 원제기(元帝紀), 창읍왕전(昌邑王傳), 소광전(疏廣傳) 등의 세 곳에서 언급하고 있는 '동도문'은 모두 동곽문을 가리키는 것으로 선평문을 가리키는 것은 하나도 없다. 『후한서』 유분자전(劉盆子傳)에서 "마침내 동도문을 공격하여 장안성으로 들어갔다."[13]는 구절의 동도문도 동곽문을 가리킨다. 이것은 내가 이전 논문에서 이미 증거로 들었던 것이다. 동도문이란 원래 동곽문의 호칭이었으나 선평문을 동도문이라고 칭한 것은 민간에서 뒤섞어서 부른 것에서 비롯된 것으로 『삼보황도』에서 "선평문은 민간에서는 동도문이라고 불렀다."[14]고 하였고 『한서』 왕망전에서도 "민간에서는 도문이라고 불렀다."고 하였다. 특히 '민간에서 부르는 것'이라고 한 것은 '도문'이 본명이 아니라는 것을 말해 준다. 어떻게 뒤바뀌어서 선평문의 본명이 도문이며 동곽문이 오히려 '근처에 있는 선평문, 즉 도문의 이름'이라고 할 수 있는가!

유경주 동지는 곽 지역의 존재를 부정하기 위해 '동곽문'에 대해 부정적 해석을 하며 당시 사람들이 조거가 선평문 동쪽의 조도(祖道)[15]와 엇갈려 모이는 곳을 동곽문(즉 동도문)이라고 불렀고' '동곽문은 아마 조도에 있으면서 조거 위에 놓인 다리이며' '이른바 동도문은 곽문을 상징하는 건축물에 지나지 않는다.'라고 하였다. 유경주 동지는 선평문 동쪽의 큰 길을 '조도'라고 불렀으나 이는 오해에서 비롯된 것으로 보인다. 『한서』 소광전에 "태부(太傅)가 소부(少傅)의 의견을 받아 사직하고서 고향으로 돌아가기를 상소하였다. … 공경대부가 조도를 설치하고 동도문 밖에서는 천막을 설치하며 전별을 하였다."[16]고 하였다. 여기서 '조도'란

---

13_ 『後漢書』 卷11 劉盆子傳, p.481. 「遂攻東都門, 入長安城.」
14_ 『三輔黃圖校釋』 卷1 都城十二門, p.76. 「宣平門, 民間所謂東都門.」
15_ 역자 주: 조도(祖道)란 출행자가 길의 신에게 제사를 올리고 출행자에게 연회를 베풀며 배웅하는 의례를 거행하는 도로를 말한다.
16_ 『漢書』 卷71 疏廣傳, p.3040. 「太傅受少傅, 上疏乞骸骨. … 公卿大夫故人邑子設祖

밖으로 나갈 때 길의 신에게 제사를 드리는 것이며 '공장(供張)'이란 길 옆에 천막을 치고 전별한다는 것이다. 이곳에 있는 도로를 '조도'라고 한 것이 아니다. 『삼보황도』에서 "선평성문 밖에는 음마교(飲馬橋)가 있다."[17]고 하였다. 또 음마교(飲馬橋)를 횡교, 위교(渭橋), 패교와 나란히 제 시하고 있어 음마교는 선평문 밖의 조거에 놓은 큰 다리일 것이다. 『삼보고사(三輔故事)』에서 "등공묘(滕公墓)는 음마교 동쪽에 있는 큰길의 남 쪽에 있으며 속칭으로는 마총(馬冢)이라고 하였다."[18] 『사기』 하후영전(夏侯嬰傳)의 『사마색은』에서 인용고 한 것에서 이곳에는 확실히 큰길이 있었 다는 것을 알 수 있다. 동곽문은 한위 낙양성 동쪽의 동곽문과 다르지 않다. 낙양 동곽문은 조거에 놓인 '칠리교(七里橋)'에서 동쪽으로 1리 떨 어진 곳에 있으며 '곽문이 세 길을 향해 열려 있어 삼문(三門)이라고 부른 것'[19] 『낙양가람기』 권2 경흥니사(景興尼寺)조]에서 알 수 있듯이 가까운 조거 의 제방을 이용하여 확장해서 만든 것이었다. 장안의 동곽문도 조거에 놓인 다리(음마교일 것이다.) 동쪽 지역에 있었고 동시에 동곽문 밖에는 지 도정(軹道亭)이라는 외곽정이 있었다. 기록에 따르면 선평문에서 지도정 까지는 13리 떨어져 있다고 하여 당시 장안 동곽의 면적이 비교적 컸다 는 것을 알 수 있다. 정대창(程大昌)의 『옹록』 권2 「한장안성도(漢長安城 圖)」와 양수경(楊守敬)의 『수경주도(水經注圖)』는 모두 동도문을 조거의 동쪽 지역에 그려 놓았으니 이것은 틀린 것이 아니다.[20]

---

道, 供張東都門外.」

**17_** 『三輔黃圖校釋』卷6 橋, p.360. 「飲馬橋在宣平城門外.」

**18_** 『史記』卷95 樊酈滕灌傳, p.2667. 「【索隱】案: 姚氏云三輔故事曰"滕文公墓在飲 馬橋東大道南, 俗謂之馬冢."」

**19_** 『洛陽伽藍記校注』卷2 城東 景興尼寺, p.89. 「七里桥东一里, 郭门开三道, 时人號为 三门.」

**20_** 유운용(劉運勇)은 『서한장안(西漢長安)』(北京; 中華書局, 1982, p.17)에서 "해방 후 한 장안성 유지를 조사 발굴하여 단지 성벽 하나만 있다는 것을 밝혔다. 문헌 에 기록된 이른바 도문이나 외곽문은 성문 밖의 큰 길에 있는 지방 치안을 담당 하는 기구인 정(亭)의 문일 것이다."라고 하였다. 이 설명은 정확하지 않다고 생 각한다. 외곽정은 외곽문과 구별해야 한다. 외곽정은 방어에도, 우전(郵傳)에도

장안의 동곽문은 유경주 동지가 말한 대로 그저 조거 위에 놓인 다리이자 상징적인 건축물인 것은 아니다. 한 소제(昭帝)가 세상을 떠난 후, 공수(龔遂)가 아버지의 부음을 들은 창읍왕(昌邑王) 유하(劉賀)를 모시고 경사로 들어가는 길에서 나눈 대화를 보면 동곽문, 즉 동도문이 확실하게 있어 결코 상징적 시설이 아니라는 것을 명확히 알 수 있다. 『한서』 창읍왕전에서 "유하가 패상(霸上)에 이르니 대홍려(大鴻臚)가 교외에 나가 맞이하였는데 … 새벽에 광명(廣明)[21]에 있는 동도문에 도착했을 때 공수가 '예(禮)에서는 타국에 있다가 친족의 상을 듣고 달려왔을 때 도성을 바라보며 곡을 해야 한다고 합니다. 이것이 장안의 동곽문입니다.'라고 하였다. 유하가 '내 목구멍이 아파 곡을 할 수 없구나.'라고 하였다. 성문에 이르러 공수가 다시 말하자 유하가 '성문에서도 곽문과 같을 따름이구나'라고 하였다."[22]고 한다. 이로부터, 패상은 장안의 동쪽 교외이고 예에 따라 대홍려가 교외에 나가 맞이하였고 광명의 동도문, 즉 동곽문에 도착하니 그 문만 들어가면 도성이며 예에 따르면 타국에 있다가 친족의 상을 듣고 달려왔을 때는 곡을 해야 하기 때문에 공수가 '예에서는 타국에 있다가 친족의 상을 듣고 달려왔을 때 도성이 보이면 곡을 한다고 하였는데 이것이 장안의 동곽문입니다.'라고 한 것을 알 수 있다. 당시 광명에는 반드시 구체적인 도문이 있어서 공수가

　　이용되었고 항상 관리와 여행객이 도중에 머무는 곳이어서 우정(郵亭)이라고도 불렀다. 예를 들면 진의 도성인 함양의 서문에서 10리 떨어진 곳에 두우정(杜郵亭)이 있었다. 서한 장안의 12개 성문에서 일정하게 떨어진 곳에 외곽정이 있으나 모두 외곽문이 설치되어 있었던 것은 아니다. 외곽문이 설치되어 있었다면 외곽정은 외곽문 밖에 있어야 할 것이다. 선평문의 밖에 있는 지도정이라는 외곽정에 대해 『옹록』 7권에서는 지도정이 동곽문 밖에 있다고 하였는데 틀린 것이 아니다. 이런 제도는 동한 낙양에도 그대로 이어져 동한 낙양의 성문 밖마다 일정하게 떨어진 곳에 외곽정이 설치되었다. 『원하남지』에 수록된 「후한경성도」에는 적지 않은 성문 밖에 외곽정의 이름이 쓰여 있다.

21_ 역자 주: 광명(廣明)은 한대 미앙궁 동쪽에 있던 궁을 가리킨다.
22_『漢書』卷63 昌邑王傳 p.2765.「賀到霸上, 大鴻臚郊迎, … 旦至廣明東都門, 遂曰: "禮, 奔喪望見國都哭. 此長安東郭門也." 賀曰: "我嗌痛, 不能哭." 至城門, 遂復言, 賀曰: "城門與郭門等耳."」

이렇게 말하며 유하에게 예에 따라 곡을 할 것을 요구했던 것이다. 만약 단지 다리이고 상징적인 도문일 뿐이었다면 공수가 유하에게 예에 따라 곡을 할 것을 요구할 때 어떻게 이러한 예가 있을 수 있겠는가? 성문, 즉 선평문에 이어 도착해서도 공수가 똑같은 말을 다시 하였다. 즉 예에 따라 '도문'을 들어갈 때와 '성문'으로 들어갈 때에는 반드시 똑같이 곡을 해야 한다는 것은 '도문'과 '성문'이 예에서는 똑같은 지위를 지니고 있었다는 것을 말해 준다. 유하가 '성문에서도 곽문과 같을 따름이구나'라고 한 것도 바로 이런 뜻이다. 만약 곽문이 상징적인 것일 뿐이라면 유하가 어찌 '성문에서도 곽문과 같을 따름이구나'라고 말할 수 있었겠는가?

유경주 동지는 장주(張澍)의 집본(輯本) 『삼보구사(三輔舊事)』에 나오는 두 사료(출처는 상세하지 않다.)를 근거로 160개의 여리가 모두 장안성 안에 있었다고 단언하였는데 이는 믿을 만하지 않다. 문헌과 한간(漢簡)에 의거해 확인할 수 있는 장안의 이명(里名)은 20개도 되지 않고 그 위치도 대부분 추정할 방법이 없다. 효리(孝里)가 옹문 안에 있고 함리(函里)는 옹문 밖에 있다는 것만 단정할 수 있을 뿐이다.[23] 『수경주』위수조와 『삼보황도』에서는 모두 옹문에 대해 "그 물이 북쪽으로 들어가 함리로 가니 민간에서는 함리문(函里門)이라고 부른다."[24]고 전하고 있다. 이른바 북으로 함리에 들어가는 강은 옹문을 지나 밖으로 나가 북쪽으로 흐르는 혈수(沈水)를 가리키므로 함리가 옹문 밖의 서북 지역에 있다는 것을 알 수 있다. 이에 따르면 서북쪽에 있는 옹문 안팎에는 성 지역이나 곽 지역에 모두 일반민이 거주하는 이(里)가 설치되어 있었다는 것을 알 수 있다. 실제로 반고가 「서도부」에서 일찍이 지적했듯이

---

23_ 馬先醒의 「漢長安里制考」(『漢簡與漢代城市』, 臺灣省 臺北市 簡牘社, 1976 所收)를 참조.
24_ 『水經注疏』卷19 渭水下, p.1588. 「其水北入有函里, 民名曰函里門.」; 『三輔黃圖校釋』卷1 都城十二門, p.86. 「其水北入有函里, 民名曰函里門.」

큰길과 여염에서부터 9개의 시에 이르기까지 '성'과 '곽'에 가득 차 있었다. 「서도부」에서는 "성안에는 대로들이 사방팔방으로 통하고 여염이 또한 천 개입니다. 9개의 시장이 문을 열었는데 재화가 종류별로 다 있고 시장 안의 가게가 늘어선 작은 도로가 나눠져 있습니다. 사람들은 뒤를 돌아볼 수 없을 정도로 붐볐고 수레는 돌릴 수 없을 정도로 많으며 성안에 가득하고 곽까지 넘쳐나 수많은 삼정에 두루 퍼져 있습니다. 저잣거리에 날아오르는 흙먼지가 사방에 가득하였고 [시장 안에서 나오는] 연기와 하늘의 구름이 서로 이어질 정도였습니다."[25]라고 하였다. 이 10구는 압운이 이어지는 단락으로 큰길, 여염과 9개의 시를 언급하여 큰길, 여염과 시장이 모두 '성 안에 가득할[전성(闐城)]' 뿐만 아니라 '곽까지 넘쳐나고[일곽(溢郭)]' 있다는 것을 전해 준다. 유경주 동지는 곽 지역의 존재를 부정하기 위해서 '전성일곽(闐城溢郭)'을 다르게 해석하여 이것은 "한대의 부(賦)에서 늘 사용하는 대구로 다른 글자로 서로 짝을 지어 표현함으로써 문장의 정해진 규정을 보여 주는 것에 해당한다. 여기서 '전(闐)'과 '일(溢)', '성(城)'과 '곽(郭)'은 실제 같은 뜻이다. 장평자(張平子)[26]의 「서경부」 가운데 장안을 성곽이라고 한 것이 그 증거라 할 수 있다."고 하였다. 이는 반고가 대구의 어구를 사용하기 위해 허구로 '전성일곽'이라고 묘사하였고 실제로는 '일곽'이 '전성'인 것이라고 하는 것이다. 이런 허구적 해석은 실제 역사에 부합하지 않는다. 장형의 「서경부」에서 너무도 분명하게 "이에 남북 길이와 원형 면적을 측정하고 동서 길이와 방형 면적을 고찰하여 해자를 파고 성 밖의 대곽을 조영하였습니다."[27]라고 하였다. 이선(李善)은 『춘추공양전』을 인용하며 "부(郛)란 무엇인가? 성 밖의 대곽이다."라고 하였다. 이렇게 '성을 둘러싼 못

25_ 『文選』 卷1 賦甲 京都上 班孟堅西都賦, p.7. 「內則街衢洞達, 閭閻且千, 九市開場, 貨別隧分, 人不得顧, 車不得旋, 闐城溢郭, 旁流百廛, 紅塵四合, 煙雲相連.」

26_ 역자 주: 張平子는 곧 張衡이다. 張衡의 子가 平子이다.

27_ 『文選』 卷2 賦甲 京都上 張平子西京賦, p.51. 「于是量徑輪, 考廣袤, 經城洫, 營郭郛.」

을 판' 것과 '외성과 대곽을 쌓은' 것을 제시하며 언급한 것은 결코 문장의 대구를 위해 허구로 쓴 것이 아니다. 심지어 「서경부」에서 "장안의 성곽이 만들어진 제도를 보면 각 면에 세 개의 문이 나 있고 문 앞의 세 길은 평탄하고 곧아 수레를 나란히 하고서 12대가 다닐 수 있으며, 성 안의 도로는 날실과 씨실이 서로 교차하는 모양입니다."[28]고 하였다. 성곽의 제도를 설명할 때 성과 곽을 겸칭하기도 하지만 성과 곽을 혼용하여 칭하지 않는다. 이는 세 문과 큰길이 성 지역에서 곽 지역으로 통하기 때문이다.

여기서 살펴보아야 할 점은 중국 고대 전성기인 서한의 수도 장안이 규모가 컸다는 것이다. 일반민 호가 8만 호이고 인구는 50만 이상인 장안은 전국의 정치 중심지이자 경제 중심지이었다. 그뿐만 아니라 그 북쪽과 동쪽으로 쭉 이어져 있는 7개 능읍에는 각 지역의 부호들이 강제적으로 옮겨 살았으며 상업이 발달하고 경제가 번영하였으며 인재를 배출하고 인구가 많아 그곳은 실제적으로 장안도성의 중요 구성 부분이 되었다. 반고가 「서도부」에서 "만약 장안의 사방 교외를 관망하고 가까운 현을 돌아다녀 본다면 남으로 두릉과 패릉이 보일 것이고 북으로는 다섯 능이 보일 것입니다. 이름난 도성이 교외의 곽과 마주 대하고 있고 현읍(縣邑)의 주택들은 서로 이어져 있을 것입니다. 그곳은 뛰어난 인재가 사는 지역이고 고관대작들이 일어나는 곳입니다. … 무릇 근본을 강하게 하고 가지를 약하게 함으로써 도성을 융성하게 하여 온 나라에 위엄을 보이려 했던 것입니다."[29]라고 하였다. 이른바 '이름난 도성이 곽을 마주 대하고 있고 읍의 주택이 서로 이어져 있는' 것은 동쪽과 북쪽에 있는 7개의 능읍과 장안의 곽 지역이 마주 보며 이어져 있

---

28_ 『文選』 卷2 賦甲 京都上 張平子西京賦, p.61. 「旁開三門, 參塗夷庭, 方軌十二, 街衢
相徑.」

29_ 『文選』 卷1 賦甲 京都上 班孟堅西都賦, p.8. 「若乃觀其四郊, 浮游近縣, 則南望杜・
霸, 北眺五陵, 名都對郭, 居邑相承. 英俊之域, 黻冕所興. … 蓋以彊幹弱枝, 隆上都而
觀萬國也.」

다는 것을 가리킨다. 장안을 건설하는 전체 설계 사상에서 황궁 지역, 곽 지역 및 사방 교외의 가까운 현을 그 안에 넣은 것은 '도성을 융성하게 하여 그 위엄을 온 나라에 보이기' 위한 것이었다. 북궐과 동궐을 정문으로 삼은 미앙궁을 궁전 건축군의 중심으로 삼았고 북쪽 횡문과 동북쪽 선평문을 정문으로 삼은 성 지역도 있었으며 횡문 밖의 도문과 선평문 밖의 동도문을 정문으로 삼은 곽 지역도 있었다. 게다가 북곽의 북쪽에 5개 능읍을 설치하고 동곽의 동쪽에 2개의 능읍을 설치하여 도성을 지원하고 보위하는 사방 교외에 있는 가까운 현으로 삼았다. 이처럼 서남쪽의 미앙궁과 서남쪽의 성 지역을 동북쪽의 광대한 곽 지역과 서로 결합하고 아울러 동쪽과 북쪽의 7개 능읍과도 서로 결합함으로써 장안의 전체 배치 구조를 구성하였다. 황궁과 성 지역은 나라의 정치 중심지이었고 곽 지역과 7개 능읍은 나라의 경제 중심지로 그 안에는 전국 각지와 경제적으로 연관을 맺는 시장이 있었다. 동쪽과 북쪽으로 뻗어 있는 장안성 전체의 성곽 구조는 매우 위엄 있고 화려했으며 배치 구조도 매우 드넓고 웅장하였다.

### 3. 동시와 서시 두 큰 시장이 성 안에 있는가 아니면 외곽에 있는가?

동시와 서시 두 시장은 확실히 당시 장안에 있던 큰 시장이었다. 『한서』 식화지(食貨志)에는 왕망이 장안의 동시와 서시의 시령(市令) 및 오도(五都)[30] 시장의 명칭을 바꾼 것이 기록되어 있다. 문헌 기록들은 내용상 기본적으로 일치하고 있는데 서시는 6개의 시로 이루어져 있고 동시는 3개의 시로 이루어졌으며 시는 각각 '사방 266보'이며 합쳐 '구시(九市)'라고 부른다는 것이다. 동시와 서시 두 시장은 대칭적으로 위치하고 있어 6개의 시는 도서(道西)에 있고 3개의 시는 도동(道東)에 있다.

---

30_ 역자 주: 오도(五都)란 낙양, 한단, 임치, 완(宛), 성도를 가리킨다.

나는 이전의 논문에서 동시와 서시는 모두 북곽에 있으며 낙성문 밖에 있는 두문대도를 경계로 도동에는 동시가 설치되어 있고 도서에는 서시가 설치되어 있었다고 하였다. 실제로 서시는 횡문 밖에 있는 횡문대도의 동서 양쪽에 집중적으로 분포하고 있어 두문대도에서 보면 모두 두문대도의 서쪽에 있는 셈이다. 그런데 유경주 동지는 동시와 서시가 모두 성 안의 서북 모퉁이에 있는데 횡문 남쪽으로 횡문대가를 끼고서 옹문대가 북쪽 지역에 있다고 생각하여 고고 조사로 발굴한 횡문대가 동쪽의 0.5265㎢ 면적이 시의 유지이고 횡문대가 서쪽의 0.2457㎢의 면적도 시의 유지라고 보았다.

　나는 지금 발견된 옹문대가의 북쪽에 있는 두 개의 '시(市)' 유지가 문헌에서 말하는 9개의 시로 이루어진 동시와 서시에 부합하지 않는다고 생각한다. 문헌 기록에 따르면 옹문 동쪽으로 성 안에는 확실히 시가 있었지만 동시와 서시가 아니라 효리시(孝里市)이다. 『한궁전소(漢宮殿疏)』(『태평어람』 권828에서 인용)에서는 "효리시가 옹문 동쪽에 있었다."고 하였고 송민구(宋敏求)의 『장안지(長安志)』 권5에서도 "효리시가 옹문 동쪽에 있었다."[31]고 하였다. 당시 장안에는 성 지역에 작은 시가 있었을 뿐만 아니라 곽 지역에도 동시와 서시라는 큰 시장이 있어 「서도부」에서 '성 안에 가득하고 곽까지 넘쳐난다'고 하였던 것이다. 장형의 「서경부」에서 "이에 곽에 9개의 시장을 열고, 시장에 담장을 빙 둘러 연결하고 시장의 문을 서로 통하게 하였습니다. 깃발을 꽂아 둔 시장 안의 누각은 5층인데 시장의 모든 거리를 굽어 살필 수 있습니다. 주위에 담장을 연결하고 문을 설치하며 기정은 5층이어서 온갖 도로를 굽어 살펴볼 수 있습니다. 주나라 제도에서는 대서이지만 오늘날에는 위(尉)일 뿐입니다."[32]라고 하였다. 염문유(閻文儒) 선생은 일찍이 「금중도(金中都)」(『문물

---

31_ 『長安志』 卷5 宮室3 漢下, p.100-上. 「孝里市, 在雍門之東.」
32_ 『文選』 卷2 賦甲 京都上 張平子西京賦, p.61. 「爾乃廓開九市, 通闤帶闠, 旗亭五重, 俯察百隧, 周制大胥, 今也惟尉.」

(文物)』1959년 제9기)라는 논문의 주석에서 "곽(廓)과 곽(郭)은 서로 통하며 9개의 시는 모두 곽 밖에 설치되었다."고 지적하였고 외곽에 큰 시장을 설치하는 것은 전통적 방법으로 한·위 낙양에서는 금시(金市) 외에 큰 시장은 모두 성 밖에 있었다고 하였다. 다만 그는 『삼보황도』 중 '구시'조는 이미 당나라 사람들의 개찬을 거쳤기 때문에 9개의 시가 곽 밖에 있는 괴시(槐市), 유시(柳市), 직시(直市) 등을 가리킨다고 한 것은 나의 관점과는 다르다. 일본 학자 사토 다케토시(佐藤武敏) 선생은 「한대 장안의 시(市)」(『중국고대사연구』 2 게재, 1965년 출판)에서 동시와 서시가 모두 성 밖 그리고 곽 안에 있다고 단언하고 「서경부」에서 말한 '곽개구시(廓開九市)'가 9개의 시가 곽 안에 개설되었다는 것을 말한다고 지적하였다. 또한 서시는 횡문 밖의 횡교대도에 있으며 아울러 『삼보황도』에서 복앙문은 두문이라고도 부른다는 것에 근거하여 동시가 있는 곳인 두문대도가 복앙문 밖에 있었을 것으로 추정하였다. 대만학자 마선성(馬先醒) 선생의 「한대 장안성의 조영 및 그 구도[漢代長安城之營建及其形製]」(저서 『한간과 한대 도시[漢簡與漢代城市]』 수록, 1976년 출판)에는 한대 장안성의 개략도가 덧붙여 있는데 서시를 횡문 밖에 그려 놓고 동시를 두성문 안의 대가와 선평문대가가 만나는 곳에 그려 놓았다. 이는 일찍이 몇몇 학자들이 서시가 횡문 밖의 북곽에 있다고 보았으며 동시의 위치에 대해서는 다른 관점을 가지고 있었다는 것을 전해 준다. 『삼보황도』에서 「서경부」를 인용하며 '곽(廓)'자를 '곽(郭)'으로 바로 쓴 것을 보면 옛사람들은 이 구절의 '곽(廓)'자가 '곽(郭)'과 상통한다고 여겼다는 것을 알 수 있다. 『삼보황도』에서 "또한 유시(柳市), 동시, 서시[원래 이 여섯 자는 빠져 있었으나 장종상(張宗祥) 및 진직(陳直)이 『옥해(玉海)』 권16에서 의거하여 보충한 것을 따랐다.]가 있었고 시루(市樓)에는 영서(令署)가 있어 상인들이 재화를 매매하고 무역하는 일을 살폈고 삼보도위(三輔都尉)가 그것을 관장하였다."[진직(陳直), 『삼보황도교증(三輔皇圖校證)』, 30쪽]고 한 것은 「서경부」에서 '오늘날에는 위일 뿐입니다.'라고 한 것과 딱 들어맞는다. 『한서』

백관공경표에 따르면 장안시령(長安市令)은 경조윤(京兆尹)의 속관이지만 동시와 서시의 영서(令署)는 경조윤에 속하지 않고 삼보도위의 관장을 받아 동시와 서시 두 시가 성 서쪽에 있는 유시와 똑같이 성 안에 없었다는 것도 알 수 있다.

「묘기(廟記)」에서는 "횡교대도를 사이에 두었고, 시루가 모두 여러 층으로 된 높은 건물이었다."(『삼보황도』)[33]라고 하였고, 「궁궐기(宮闕記)」에서는 "횡교대도를 사이에 두었고 남쪽에는 당시관(當市觀)이 있었다."[34](『태평어람』권191에서 인용)고 하였다. 사토 다케토시 선생 등이 서시는 횡문 밖의 횡문대도에 있다고 단언한 것은 틀리지 않은 것이다. 횡문대교는 횡문에서 위수에 놓인 횡교까지 통하는 대도로 성 안의 미앙궁 정문인 북궐에서 횡문까지 통하는 대가와 서로 이어져 중축선의 성격을 지니고 있다. 또한 위수 북쪽에 있는 5개의 번영한 능읍에도 이어지는 주요한 도로이기에 상업이 발달한 지역이 되어 장안에서 가장 큰 시인 서시가 설치되었고 횡교대교를 끼고서 서시의 영서인 시루나 당시관이 설치되었던 것이다. 유경주 동지는, 시루는 시 중앙에 우뚝 서 있어야 하므로 횡교대교를 끼고서 시루가 즐비하게 서 있을 수는 없기 때문에 「묘기」에서 말한 바가 명확하지 않다고 하였다. 나는 문헌기록이 매우 정확하다고 생각한다. 서시에는 모두 6개의 시가 있으며 횡교대교 양쪽에 나뉘져 한쪽에 3개의 시가 있으므로 '횡교대교를 사이에 두었던' 것이다. 양쪽 6개의 시 중앙에는 '여러 층'으로 된 '시루'가 우뚝 서 있으므로 "횡교대교를 사이에 두고 시루가 모두 여러 층으로 된 높은 건물이었다."라고 한 것이어서 어디에도 '명확하지 않은' 것이 없다. 유경주 동지는 「궁궐기」에서 "횡교대도를 사이에 두었고 남쪽에는 당시관이 있었다."고 한 것에 대해서도 다르게 해석을 하여 횡교대도의 남쪽이란 대도 남쪽 끝에 있는 '횡문의 남쪽'을 가리키는 것으로 보고서 횡문 남쪽에서 160m

---

33_ 『三輔黃圖校釋』卷2 長安九市, p.93. 「廟記云: … 夾橫橋大道, 市樓皆重屋.」

34_ 『太平御覽·第2卷』卷191 居處部 市, p.794. 「宮闕記曰:夾橫橋大道南又有當市觀.」

떨어진 곳에서 발견된 대형 건축 유지 가운데 중심 건축이 장안 시장의 시루(혹 당시관)일 것으로 추정하였다. 내가 보건대 이 해석과 추정은 문헌의 원래 뜻에 부합하지 않는다. 원문은 "횡교대도를 사이에 두었고 남쪽에는 당시관이 있었다."는 것으로 어떻게 '협(夾)'자를 빼고 횡교대도의 남쪽, 심지어 횡문 남쪽이라고 해석할 수 있겠는가? 원문은 「묘기」에서 말한 것과 서로 들어맞아 횡교대교를 끼고서 횡교대교 남쪽 끝에 당시관이 있다는 것을 전해 주는데 서시에 속하는 6개의 시가 횡교대교 남쪽 끝의 양쪽에 분포하고 있기 때문이다.

「묘기」와 「궁궐기」에서는 모두 "기정루(旗亭樓)가 두문대도 남쪽에 있다."[35]고 하였다. 이것은 동시의 영서가 두문대도의 남쪽 끝에 있었다는 것이다. 고문헌에서는 모두 장안의 9개의 시에 대해 "6개의 시는 도서에 있고 3개의 시가 도동에 있다."[36]고 하여 서로 대칭하고 있다는 것을 전하고 있다. 서시는 횡문 밖의 북곽에 있는 횡교대도 남쪽 끝의 양쪽에 있고 그에 대칭하여 동시는 바로 북곽에 있는 두문대도 남쪽 끝의 동쪽에 있었다. 『수경주』 위수조에 "낙성문은 본래 명칭은 두문이다."[37]라고 명확히 기록하고 있어 그 위치가 바로 횡문의 동쪽에 있기에 두문대도는 당연히 낙성문 밖이어야 한다. 『수경주』에서는 또한 "그 밖에는 객사가 있어 민간에서는 객사문이라고 하였다."[38]고 하였다. 성문이 동시 가까이 있어 문 밖에는 여관이 모인 지역이 형성되었을 것이다. 낙성문 밖의 두문대도는 낙성문을 지나서 성안에서 남북방향으로 뻗어 있는 낙성문대가와 이어졌고 낙성문대가는 또 동서방향으로 뻗어 잇는 선평문대가와 만났다. 이곳이 동곽으로 통하는 교통 요지

---

35_ 『三輔黃圖校釋』卷2 長安九市, p.93. 「廟記云: … 又旗亭樓在杜門大道南.」; 『太平御覽:第2卷』卷191 居處部 市, p.794. 「宮闕記曰: … 旗亭樓在杜門大道南.」

36_ 『三輔黃圖校釋』卷2 長安九市, p.93. 「廟記云: … 六市在道西, 三市在道東.」; 『太平御覽:第2卷』卷191 居處部 市, p.794. 「宮闕記云: … 六市在道西, 三市在道東.」

37_ 『水經注疏』卷19 渭水下, p.1590. 「本名杜門」

38_ 『水經注疏』卷19 渭水下, p.1590. 「其外有客舍, 故民曰客舍門.」

이고 많은 일반민이 모여 사는 지역이기도 하였다. 당시 두문대도 남쪽 끝의 동쪽에는 동시가 설치된 것은 광대한 동북의 곽 지역이나 성안의 동북모퉁이에 모여 사는 일반민의 일상생활 수요에 부응하는 것이었다. 심지어 복앙문을 하두문(下杜門)이라고 하며 본래 낙성문은 '본래 두문이라고 불렀다'는 것과 구별할 정도였다. 그러나 복앙문을 간단히 두문이라고 부르기도 하였기 때문에 문헌에서 말하는 두문이 복앙문을 가리킬 때가 적지 않다. 복앙문은 장락궁 남쪽에 나 있는 성문이며 일반민이 항상 출입하는 통로가 아니고 주위에는 거주하는 사람도 없어 거기에는 상업이 발달하는 도시가 형성될 수가 없었다. 호림귀(呼林貴) 동지는 「한 장안성 동남교(漢長安城東南郊)」[『문박(文博)』 1986년 2기]에서 최근 복앙문 밖에서 대량으로 발견된 한대의 묘가 시대적으로 문제(文帝)·경제(景帝) 시기에서 신(新)의 왕망 시기에 이른다는 것을 근거로 동남쪽 교외지역은 장안 주민이 오랫동안 사용한 묘장 지역이며 '아마 장안 전체 계획 가운데 한 구성 부분'일 것이라고 보았다. 이를 통해서도 이 일대에 동시를 설치할 수 없다는 것을 알 수 있다. 현재 유경주 동지가 두문은 복앙문을 가리키는 것이라고 단정하며 『수경주』에서 낙성문의 '본래 명칭이 두문'이라고 한 것은 '잘못 기록된 것'에 속한다고 보았고 또한 "기정루가 두문대도 남쪽에 있다."는 것을 기정루가 동남쪽 교외의 두현[杜縣, 즉 하두성(下杜城)] 부근에 있었다고 해석하였다. 나는 이 해석이 믿을 만하지 않다고 생각한다. 「묘기」와 「궁궐기」 등 고문헌에 있는 이 구절은 모두 횡교대도를 끼고서 설치된 시루를 제시하며 모두 장안의 큰 시장을 전하고 있으므로 어떻게 갑자기 두현에 관한 이야기로 가버릴 수 있겠는가? 이처럼 『수경주』의 명확한 기록을 잘못되었다고 말하기에는 분명히 논거가 부족하다.

광대한 곽 지역의 대도 옆에 큰 시장을 설치하는 것은 원래 춘추전국 이래의 전통 방식이었다. 예를 들면 정나라 신정에 있었던 큰 시장을 '규시(逵市)'라고 불렀고 외곽의 '순문(純門)' 안쪽에 있는 '대규(大逵)'라고 부른 큰 도로 옆에 설치되었다. 『이아(爾雅)』에서 "구달(九達)을 규(逵)라고 한다."라고 하였는데 '규'란 수레 9대가 동시에 나란히 통행할 수 있는 큰 도로를 말한다. 또 예를 들면 제나라의 임치에 있었던 큰 시장은 외곽의 '장(莊)'이라 부른 큰 도로 옆에 설치되었는데 '장'은 외곽에서 남북으로 곧게 관통하는 '여섯 수레가 다닐 수 있는 도로'이며 이른바 '장악지간(莊岳之間)'은 전국시대에 인구가 가장 밀집하고 번영한 지역이었다. 서한 이후에도 오랫동안 이 제도는 추진되어 동한 낙양의 경우 성안에 금시(金市)가 설치된 것 외에 동곽에는 마시(馬市)가 있었고, 남곽에 남시(南市)가 있었다. 당 장안의 경우도 곽성에 동시와 서시라는 커다란 두 시장이 나눠 설치되어 서한 장안에서 곽 지역에 동시와 서시를 나눠 설치한 배치 구조를 그대로 계승하였다.

### 4. 장안 설계 사상의 연원 및 그 건설 계획

장형의 「서경부」에서는 장안의 조영에 대해 "해자를 파고 성 밖의 대곽을 조영하며 팔방의 도읍에서 각기 다른 체계를 취했으니 어찌 단지 옛날의 규격만을 고찰했겠습니까! 이내 진나라 제도를 참고하고 주나라의 규모를 뛰어넘었습니다."[39]라고 하였다. 이것은 근거가 있는 것이다. 장안성 안의 배치 구조는 「고공기」를 참조했다는 것에 대해서는 이미 앞서 언급하였다. 장안 전체 성곽 구조는 서주의 동도 성주와 전국시대의 중원 제후 가운데 큰 나라의 도성 및 진의 도성 함양에서 서쪽의 소성이 동쪽의 대곽과 연결된 구조를 그대로 이으면서 발전한 것이다. 나는 일찍이 제나라의 임치, 한나라의 신정, 조나라의 한단과 진의 도성 함양의 성곽 구조를 논증한 적이 있다. 현재 유경주 동지는 연하도의 궁전이 북부에 있는 것, 초나라 영성(기남성)의 궁전이 동남부에

39_ 『文選』 卷2 賦甲 京都上 張平子西京賦, pp.51~52. 「經城洫, 營郭郛, 取殊裁於八方, 豈啓度於往日, 乃覽秦制, 跨周法.」

있는 것, 궁전, 중부 북쪽으로 치우친 진나라 역양성(櫟陽城)의 궁전이 중부에서 북쪽으로 치우쳐 있는 것, 진나라 신전(즉 후마, 평망, 우촌 등 고성), 위나라 안읍 및 노나라 곡부의 궁성이 중부에 있는 것 등을 제시하며 전국시대에 있었던 중원 각 나라의 도성의 경우 서쪽의 소성이 동쪽의 대곽과 연결되었다는 공통점을 지녔다는 나의 설명은 성립하기 어렵다고 보았다. 내가 지적하고자 한 것은 연나라와 초나라 두 나라는 당시 중원의 제후 반열에 들지 못했고 게다가 연하도는 방어를 위한 배도(陪都)의 성격을 지니고 있다는 것이다. 진나라 헌공(獻公)이 역양으로 천도했을 때도 여전히 중원의 제후 반열에 들지 못했으니 『사기』 진본기에서는 "진나라는 옹주에 치우쳐 있어 중국의 제후와는 회맹하지 않아 이적(夷狄)처럼 그를 대우하였다."[40]고 하였다. 진 효공이 상앙의 변법을 채용하고 함양에 천도할 때에 이르러 진의 도성 제도는 비로소 중원 제후의 나라의 것과 똑같아졌다. 춘추시대까지 진나라 도성인 신전의 경우 외곽도 궁성의 동남쪽에 있었고 게다가 궁성은 중앙에 있지 않았다. 전국시대의 노나라 도성인 곡부의 경우 여전히 서주·춘추시대의 체제를 유지하였는데 이미 약소한 나라가 되어 제나라, 한나라, 조나라 등의 대국처럼 도성을 고쳐서 건축하고 확장할 수 없어 서성을 동곽에 연결하는 구조를 갖추지 못하였다. 위나라 도성인 대량(大梁)은 아직 유지가 발견되지 않아 지금까지도 그 구조가 명확하지 않다. 위나라의 옛 도성인 안읍(우왕성)은 대성, 중성, 소성 등 세 성이 결합해 이루어진 것으로 대성은 동북부에 있고 중성이 서남부에 있으며 소성이 중부에 있는데 상세하게 조사하거나 시굴하지 않아 세 성의 관계가 명확하지 않다. 동북의 대성이 곽성이고 중간의 소성이 궁성이며 서남의 중성이 진·한의 하동군(河東郡) 치소로 보는 관점이 있다. 그러나 중성 북벽의 항토에서 전국시대의 기와 조각이 포함되어 있어 중성도 전국시

---

40_『史記』卷5 秦本紀, p. 202.「秦僻在雍州, 不與中國諸侯之會盟, 夷翟遇之.」

대에 최초로 세워졌을 것이며 성안에 한대 문화층이 가득 분포하고 있기 때문에 한대에 오랫동안 사용되며 조성되었을 것이다. 중성은 당연히 내성의 성격을 띤 궁성이며 서남쪽의 중성과 연결되어 있는 중간의 소성은 궁의 장벽이라는 성격을 띠었을 뿐이다. 이와 같다면 서남쪽의 성 지역이 동북쪽의 대곽과 연결된 배치가 되어 중원 여러 나라의 도성과 일치한다. 한 발 물러나 말하더라도 서남쪽의 중성은 확실히 한대의 군(郡) 치소였고 한대에 확장되었으며 그 중간에 있는 소성은 여전히 대곽의 서남쪽에 위치하였다고 할 수 있다. 이를 총괄하면 안읍의 경우 궁성은 중부에 있지 않았고 여전히 서남쪽의 궁성이 동북쪽의 대곽에 연결된 배치 구조였다. 전국시대에 제나라, 한나라, 조나라, 위나라 같은 중원 대국의 도성은 모두 서쪽의 성이 동쪽의 곽에 연결된 배치 구조였으며 이에는 어떠한 예외도 없었다.

유경주 동지가 진나라 도성 함양의 배치 구조에 대해 말한 것을 살펴보면 궁성(혹은 궁전구)가 대성의 북부에 있다고 한 것도 사실에 부합하지 않는다. 원래 진의 함양궁과 홍락궁(즉 한나라의 장락궁)은 겨우 강 물 하나(위수) 떨어져 있어 횡교를 세워 연결되었으니 『삼보황도』에서 "위수가 도성을 관통하는 것으로 은하수를 상징하고 횡교로 남쪽으로 건너는 것으로 견우를 본떴다."[41]고 하였다. 함양궁은 북변에 있는 함양원(咸陽原)에서 멀리 있을 수 없다. 함양궁 및 함양성 유지는, 위수가 오랫동안 범람하였고 끊임없이 북쪽으로 이동하였기 때문에 훼손당했다. 그래서 지금까지 성의 유지를 아직 발견하지 못하였다. 함양원에서 발견된 진대 궁전 건축은 진시황이 성 옆에 확장한 궁전일 것이다. 이 문제에 관해서는 현재 다른 의견이 존재하지만 성의 유지가 이미 훼손된 것은 사실이므로 문헌 및 기타 고고 자료를 근거로 추정할 수밖에 없다. 이 방면에 관해서는 『중국도성의 기원 및 발전』의 한 장에서 전

---

41_ 『三輔黃圖校釋』卷1 咸陽故城, p.22. 「渭水貫都以象天漢, 橫橋南渡以法牽牛.」

론한 적이 있어 여기에서는 대략적으로 언급하고자 한다.

　주목해야 할 점은, 진이 상앙의 변법을 시행하는 가운데 새로운 도성 함양을 창건한 후에 함양의 도성 제도는 모범이 되어 널리 퍼졌다는 것이다. 진 혜왕이 촉을 멸망시킨 후에 장의와 장약(張若)을 보내 성도 건설을 담당토록 하니 '함양과 똑같은 제도'로 하였던 것이다. 따라서 성도는 '소함양(小咸陽)'이라는 호칭이 있게 되었다. 성도는 서쪽의 소성이 동쪽의 대곽과 연결된 구조를 채용하여 좌사의 「촉도부」에서도 "다음으로 소성이 서쪽으로 이어집니다."[42]라고 하였다. 구체적으로 말하면 "소성과 대성 모두가 세워졌는데 서쪽, 남쪽, 북쪽의 세 벽만 있을 뿐이고 동쪽은 대성의 서쪽 벽이었다."[이옹(李膺), 『익주기(益州記)』. 지금은 집본(輯本)이 있다.]고 할 수 있다. 성도고성은 정방형으로 한 변이 각 3리이다. 중간에는 남북 방향의 성벽이 놓여져 방성을 서쪽의 소성과 동쪽의 대곽으로 나누었다. 소성과 대곽의 남북 길이는 같지만 동서 폭은 차이가 있다. 따라서 소성은 폭이 좁은 장방형이고 대곽은 폭이 넓은 장방형이다. 함양 도성을 모방한 진시황의 능원도 똑같은 배치 구조이지만 규모가 비교적 작을 뿐이다. 서쪽에 능침과 능묘를 건축한 이중 소성은 폭이 좁은 장방형이고 동쪽에 병마용갱을 포괄하고 있는 대곽은 폭이 넓은 장방형이다. 병마용갱은 바로 대곽의 동문 안에 있다.

　서한 장안이 서주의 동도 성주, 전국시대 중원 제후국의 도성 및 진나라 도성인 함양의 성곽 배치를 그대로 이으면서 발전했다는 것은 분명하다. 서주 동도 성주의 서쪽 소성과 동쪽 대곽이라는 배치 구조는 전국시대 중원의 큰 나라에 계승되었다.[43] 제나라 도성인 임치에서는 내성의 성격을 띤 궁성이 대곽의 서남 모퉁이에 위치하여 궁성의 동문과 북문이 정문이 되고 동문과 북문 유지의 문 입구 양쪽 앞에는 모두

---

**42_**『文選』卷4 賦乙 京都中 左太沖蜀都賦, p.184.「並以少城, 接乎其西.」

**43_** 졸저,「西周初期東都成周的建設及其政治作用」(上海華東師範大學,『歷史教學文帝』 1983년 4기)를 참조하시오.

밖으로 돌출된 부분이 있는데 문궐(門闕)이 세워졌다. 서한 장안도 똑같이 동문과 북문이 정문이고 이미 발굴된 동쪽 성벽의 성문인 선평문과 패성문도 마찬가지로 문 입구 양쪽 앞에 밖으로 돌출된 부분이 있는데 문궐이 세워졌다. 이뿐만 아니라 조궁(朝宮)인 미앙궁도 동궐과 북궐이 정문이며 신하가 상서하거나 일을 아뢸 때 그리고 알현할 때 북궐에서 들어가며 제후와 대신이 인사드릴 때에는 동궐에서 들어간다. 장형의 「서경부」에서 "조당은 동쪽으로 이어져 있고 온조는 북쪽으로 뻗어 있습니다."[44]고 하였다. '동쪽으로 이어져 있는' 조당은 미앙궁의 전전(前殿) 앞에 있는 전각이고 '북쪽으로 뻗어 있는' 온조는 전전 북쪽에 있는 온조전(溫調殿)이며 온실전(溫室殿)이라고도 불렸다. 게다가 곽 지역도 똑같이 동곽문과 북곽문이 정문이고 동도문과 도문이라고 불렸다. 미앙궁 북궐에서 곧장 북쪽으로 대가가 있는데 횡문을 지나며 다시 횡문에서 곧장 북쪽으로 큰 길이 있는데 횡교에 이르며 도문(즉 북곽문)이 설치되어 있었다. 이는 조궁에서 북쪽으로 성 지역과 곽 지역을 관통하는 중축선이다. 이러한 웅장한 배치 구조는 서주의 동도 성주와 전국시대·진대 도성 제도를 그대로 이으면서 더욱 발전하여 후세에 깊고 긴 영향을 끼쳤다. 동시에 이 중축선을 따라서 성 안의 옹문 근처에 효리시가 있었고 곽 지역의 횡교대도 양쪽에는 6개의 시로 이루어진 서시가 있었다. 이처럼 성 지역에 작은 시장을 설치하고 곽 지역에 큰 시장을 설치한 배치도 후세에 오래도록 큰 영향을 끼쳤다.

서한 장안의 건설은 완전한 일련의 계획을 갖추고 차근차근 절차에 따라 완성되었다. 한 고조가 황제 자리에 있을 때 천하가 크게 안정되지 않아 인력과 물자에 한계가 있어 단지 미앙궁을 중심으로 한 핵심 부분만 건설하였고 혜제 때에 비로소 성벽을 쌓았으며 도성 건설이 조금씩 더 진행되었다. 장안의 최초 설계 계획자는 승상 소하이고, 구체

---

44_『文選』卷2 賦甲 京都上 張平子西京賦, p.53. 「朝堂承東, 溫調延北.」

적으로 건축 공정을 담당한 사람은 소부 양성연이었다. 미앙궁과 그 전전, 동궐, 북궐 및 무고, 태창은 모두 고조때 소하가 직접 설계하여 지은 것이다. 미앙궁은 처음에 동궐과 북궐을 정문으로 하였고 무기를 보관하는 무고는 장락궁과 미앙궁 사이에 지었으며 식량을 저장하는 태창은 장락궁 동쪽에 조성하였다. 이런 시설들은 동서로 나란히 배열된 크고 작은 건축군을 형성하였고 도성 장안의 핵심 부분이 되었다. 이어서 북궐에서 북쪽으로 뻗어나가는 중축선인 대가 동쪽에 북궁을 세웠다. 이는 당시 소하의 설계 사상이 명확하였고 장안성 전체가 북문과 동문을 정문으로 하였다는 것을 전해 준다. 장안 성벽은 혜제 원년(기원전 194)에 짓기 시작했는데 당시 소하는 여전히 승상이었고 건설을 담당한 사람은 소부 양성연이었다. 따라서 정책 집행의 연속성이 유지되어 장안성은 원래 정해진 계획을 따라 차근차근 건설되었던 것이다. 기록에 따르면 혜제 원년에 "비로소 장안성 서북쪽에 짓기 시작했다."(『사기』 한흥이래장상명신연표)[45]고 하였다. 왜 장안성을 서북쪽에서부터 지었을까? 서북쪽의 횡문이 장안성의 정문인데 미앙궁 북궐에서 북쪽으로 뻗은 중축선인 대가가 횡문을 통과하기 때문이다. 이처럼 정문과 중축선을 우선시하는 건설 계획은 후세 도성 건설에 오래도록 큰 영향을 끼쳤다. 당시 인력과 물자에 한계가 있었기 때문에 성벽은 해마다 나눠 건설하였는데 혜제 5년(기원전 190) 9월에야 전부 건설되었다(9월은 한 해가 끝나는 달이었다. 당시에는 10월을 새해 첫 달로 삼았다.). 혜제 2년(기원전 193)에 소하가 세상을 뜨고 소하의 추천으로 조참(曹參)이 승상을 맡았는데 장안의 성벽은 여전히 소하가 원래 정한 계획에 따라 완성되었다. 이것은 '소하가 계획을 세우고 조참이 그것을 따른' 정책 가운데 중요한 한 부분이다.

장안의 성벽이 모두 건설되자 혜제 6년(기원전 189) 6월과 7월 사이에

---

45_『史記』 卷22 漢興以來將相名臣年表, p.1122. 「始作長安城西北方.」

서시와 오창(放倉)이 건설되었다. 오창은 장안에 있지는 않았지만, 동시에 건설한 서시와 오창도 장안 건설계획의 한 부분일 뿐만 아니라 중요한 부분이었다. 오창은 원래 진대에 건설한 것으로 당시에는 황하와 제수(濟水)가 갈라지는 곳에 있어 중원의 식량을 쌓아 두고 경사와 변경 요새에 보급하는 중요한 운반 장소였다. 당시 오창은 도성 장안에 식량을 공급하기 위해서 다시 건설하여야만 하였다. 이것은 소하의 설계에 따라 태창을 건설한 뒤를 이으면서도 경제적 목적을 위한 한층 발전된 건설이었다. 서시는 장안에서 가장 큰 시장으로 6개의 시장으로 이루어져 있었다. 그 자리는 북곽에서 중축선인 횡교대도의 양쪽에 있어 위수 북쪽의 도시를 오갈 수 있는 핵심적인 곳이었다. 당시 장안의 성벽이 완공된 뒤 북곽에 딱 붙어서 큰 시장을 건설하고 아울러 황하 중류에 오창을 다시 건설한 것은 모두 경제적 목적을 위해 진행한 중요한 건설이었기에 사서에서도 특별히 기록하였던 것이다. 이에 이르러 장안 도성의 기본적 건설이 비로소 완성되었다. 장안이 차근차근 점차적으로 건설되는 모든 과정을 통해서 후에 건설하는 능읍을 포함한 모든 일련의 건설 계획이 분명히 있었다는 것을 알 수 있다.

## 서한 장안의 배치 구조 문제를 세 번째 논함

**양관**(楊寬)

1984년도에 「서한 장안 배치 구조에 대한 탐색」[「西漢長安布局結構的探討」, 『文博』 1984년 창간호]란 논문을 발표하여 나의 견해를 제시하고 여러분에게 토론거리를 제공하였다. 그 목적은 다른 의견을 구하고 이 방면에 대한 한걸음 더 나간 고찰을 촉진하는 것이었다. 1987년에 유경주 동지가 「한 장안 배치 구조 분석—양관 선생의 견해에 대한 논의」[「漢長安布局結構辨析—與楊寬先生商榷」, 『고고(考古)』 1987년 10기]을 발표하여 그의 견해를 제시하였다. 1989년에 나는 「서한 장안 배치 구조에 대한 재검토」[「西漢長安布局結構再探討」, 『고고(考古)』 1989년 4기]를 발표하여 그가 제시한 견해를 반박하며 한 걸음 나간 해석을 천명하였다. 현재 유경주 동지가 「한 장안성 배치 구조 및 그 관련 문제를 다시 논함—양관 선생에게 답함」[「再論漢長安城布局結構及其相關問題—答楊寬先生」]을 발표하여 나의 반박에 답변을 하였고 이와 동시에 유운용(劉運勇) 동지가 「서한 장안 배치 및 형성 원인을 다시 논함」[再論西漢長安布局及形成原因]을 발표하며 토론에 참여하고 그의 저서인 『서한장안(西漢長安)』[1982년 중화서국(中華書局) 출판]의 내용을 기초로 하여 더 나은 검토를 제시하였다(위의 두 논문은 모두 『고고(考古)』 1992년 7기에 보인다.). 일찍이 말한 적이 있듯이 여러 사람들이 참여하여 토의하는 것을 환영한다. 역사의 진상은 다루면 다룰수록 명확해지기 때문이다. 지난 9년 동안 반복적으로 논쟁을 벌인 문제는 지금 고고 발굴 조사를 거쳐 문헌과 결합하여 그려낸 '서한 장안성이 확대된 궁성이자 내성의 성격을 지닌 것인가? 아니면 외곽성의 성격을 지닌 것인가?', '성 밖에 광대한 곽 지역이 존재하는가? 아니면 존재하지 않는가?', '동시와 서시 두 시장은 성 안에 있는가? 아니면 외곽에 있는 가?' 그리고 '이 배치 구조에 대한 설계 사상의 연원 및 그 건축계획은 무엇인가?' 등이다. 이런 문제들에 대한 토론은 이미 논쟁을 거쳐 비교적 심화되었다. 이제 나는 유경주 동지의 답변과 유운용 동지의 견해를 살펴보며 이 문제에 대한 나의 주장을 한층 더 펼쳐 여러분에게 토론거리를 제공하고자 한다.

## 1. 장안성은 광대한 궁성이며 내성의 성격을 띠고 있다.

서한 장안성이 광대한 궁성이라는 것은 고문헌에 명확히 기록되어 있으며 아직 어떠한 다른 의견을 본 적이 없다. 일찍이 『삼보황도』에서는 고조가 "바야흐로 장안 궁성을 수축하였는데" 본래 진나라의 이궁 (離宮)이었고 "처음 장안성을 건설할 때 본래 협소하여 혜제에 이르러 다시 그것을 지었다."[1]고 하였다. 『옹록』 권2에서도 『황람』을 인용하며 "진나라 때에는 소성이 있었으나 혜제 때에 이르러 이내 비로소 그것을 크게 하였다."[2]고 하였다. 혜제가 건설한 장안성은 원래 광대한 궁성이라는 것이 너무도 분명하다. 『옹록』 권2 장안궁급성(長安宮及城) 조에서 "그 지역(장안향을 가리킨다.)에는 진나라의 홍락궁이 있었는데 고조가 그것을 수축하고 그곳에서 거주하니 바로 장락궁인 것이다. 이것은 본래 진나라의 이궁이어서 성곽을 세우지 않았으나 혜제 때 이르러 백성 가운데 성인 남자를 많이 동원하여 처음으로 그곳에 성을 쌓으니 무릇 수년 후에야 그 일이 끝났다."[3]고 한 것도 똑같은 뜻을 전해 준다.

---

1_ 『三輔黃圖校釋』 卷1 漢長安故城, p.63. 「高祖七年方修長安宮城, 自櫟陽徙居此城, 本秦離宮也. 初置長安城, 本狹小, 至惠帝更築之.」
2_ 『雍錄』 卷2 長安宮及城, p.392-上. 「皇覽曰:秦有小城, 至惠帝乃始大之.」
3_ 『雍錄』 卷2 長安宮及城, p.392-上. 「地有秦興樂宮, 高帝改修而居之, 即長樂宮也. 此本秦之離宮, 故不立城郭, 至惠帝始大起民丁城之, 蓋數年後而訖功也.」

현재 유경주 동지는 이 구절을 "고조가 궁성을 쌓고 성곽을 세우지 않은 것은 바로 새로운 왕조가 막 수립하여 당시 국가의 인력, 물자, 재력 등이 곤란했기 때문이다. 한나라 혜제가 황제에 오른 뒤 국가 재력과 물자가 이전과 비교하여 크게 개선되어 이에 과거에 성곽을 세우지 않은 상황을 바꾸기로 결정하여 성인 남자를 많이 동원하여 성곽을 세웠다. 혜제가 장안성을 수축한 것은 궁성을 확장하기 위해 수축한 것이 아니다. 이것이 분명하고 이해하기도 쉽다."라고 해석하였다. 이런 해석은 『옹록』작자의 원래 뜻에 부합하지 않는다. 『옹록』에서 '이것은 본래 진나라의 이궁이어서 성곽을 세우지 않았다.'고 한 것은 이 지역에 원래 있던 진의 홍락궁이 본래 이궁의 성격을 띠고 있어서 성곽을 세우지 않았다는 것이다. '혜제 때 이르러 백성 가운데 성인 남자를 많이 동원하여 처음으로 그곳에 성을 쌓았다.'고 한 것은 혜제가 이처럼 광대한 궁성을 세웠다는 것을 말한다. 『수경주』위수조에 "장안에는 진나라 이궁이 있었는데 원래 성벽이 없어서 혜제가 그것을 쌓았다."[4]고 한 것도 똑같은 뜻이다. 『옹록』에서 말한 '성곽을 세우지 않았다.'는 것은 『수경주』에서 말한 '원래 성벽이 없었다.'는 것이며 게다가 장안 전체의 성곽 건설 문제에 대해서는 언급하고 있지 않다.

원래 혜제가 건설한 광대한 궁성은 장락궁, 미앙궁과 북궁의 북쪽의 쓰지 않은 땅에 있었다. 무제에 이르러 북쪽으로 더 나아가 명광궁과 계궁 등을 확대하여 지었고 '성안이 작게 되자' 서쪽 성벽을 뛰어넘어서 더욱 큰 건장궁을 건설하였다. 나는 "장안의 성안은 이처럼 황궁으로 가득차서 황궁이 성안에서 주요한 곳이자 가장 큰 건축물이 되어 장안성이 확장된 궁성이라는 것을 분명하고 쉽게 알 수 있다."고 하였다. 현재 유경주 동지는 이를 반박하며 혜제 때 "세 궁의 면적은 12㎢ 정도로 장안성 전체 면적 가운데 약 1/3를 차지한다. 따라서 혜제 때 수축한

---

4_『水經注疏』卷19 渭水, p.1583.「長安有秦離宮, 原無城垣, 故惠帝城之.」

장안성이 광대한 궁성에 속한다고 말하기는 어렵다."고 하였다. 사실 혜제 때 수축한 장안성은 원래 광대한 궁성의 성격을 지니고 있었고 무제가 비로소 북쪽으로 확대하여 명광궁과 계궁 등을 세웠고 '성안이 작게 되자' 건장궁을 서쪽 성벽을 뛰어넘어 세우고 공중에 가설한 복도로 성안의 여러 궁에 통하게 하였다. 나는 「서한 장안 배치 구조에 대한 탐색」에서 이미 지적했듯이 서한은 진나라가 많은 궁전 건축군을 조성한 풍조를 계승하여 궁전을 크고 많이 지었는데 많은 궁전 건축군을 포용하려면 궁성을 크게 짓지 않을 수 없었을 것이다. 따라서 그 면적이 전국시대 중원의 큰 나라 및 진대의 궁성을 훨씬 초과했을 뿐만 아니라 서주의 동도 성주의 왕성도 넘었다. 또한 지적했듯이 장안의 궁전과 성벽이 연이어 건설되었을지라도 진나라 도성 함양을 모범으로 삼았다. 장형이 「서경부」에서 "이내 진나라 제도를 참고하고 주나라의 규모를 뛰어넘었습니다."[5]고 한 것과 같다. 이선은 "과(跨)는 뛰어넘는다는 뜻이다. 진의 제도에서 연원했기에 참고했다고 하였고 주나라의 것과 비교하여 나았으므로 그것을 뛰어넘었다고 한 것이다."[6]라고 주석을 달았다.

고조와 혜제 두 황제 때 장락궁, 미앙궁 두 궁과 장안의 성벽 공정을 담당한 사람은 '소부' 관직을 담임하고 있던 양성연[陽成延, 양성연(陽城延) 혹은 양함연(陽咸延)이라고도 쓴다.]이었다. 양성연이 '천자의 개인 저장고'와 '천자의 공양소'인 '소부'의 관직을 주관하며 오랫동안 두 궁 및 장안성의 성벽의 건축 공정을 담당하였으므로 장안성이 '군주를 보위하는' 궁성의 성격을 띠고 있다는 것을 알 수 있다. 현재 유경주 동지는 내가 말한 양성연이 '소부' 관직을 담임한 것이 오해에서 비롯되었다고 보고 있다. 그는 왕선겸(王先謙)의 『한서보주(漢書補注)』의 해설에 의거하여

---

5_ 『文選』 卷2 賦甲 京都上 張平子西京賦, p.52. 「乃覽秦制, 跨周法.」

6_ 『文選』 卷2 賦甲 京都上 張平子西京賦, p.52. 「跨, 超也, 因秦制, 故曰覽. 比周勝, 故曰跨之也.」

양성연의 '소부'란 '장작소부(將作少府)'이고. 장작소부는 궁실이나 토목에 관한 일을 담당한다고 하였다. 사실 왕선겸의 이러한 해석은 정확한 것이 아니다. 『한서』 공경백관표(公卿百官表)에서 명백하게 "고조 5년(기원전 202)에 군정(軍正) 양함연(陽咸延)이 소부가 되었는데 21년 뒤에 죽었다."[7]고 하였다. 이 양함연은 다른 사람이 아니라 즉 양성연이며 '함(咸)'자는 '성(成)'자의 잘못이다. 『사기』 혜경간후자연표(惠景間侯者年表)에 따르면 양성연은 본래 군장(軍匠) 출신으로 '한나라에 들어온 뒤에는 소부가 되었는데'[8] 고후(高后) 6년(기원전 182) 관직에 있다가 죽었다. 고조 5년에서 고후 6년까지가 바로 '소부에 있은 지 21년 만에 죽은' 셈이 된다. 마선성 선생은 「한대 장안성의 조영 및 그 구도[漢代長安城之營建及其形製]」[저서 『한간과 한대 도시(漢簡與漢代城市)』 수록]라는 논문에서 일찍이 "공신표(功臣表)만 의거해 살펴보면 양성연의 관직은 장작소부, 즉 장작대장(將作大匠)인 것 같지만 백관공경표에 따르면 양성연이 확실히 소부였다는 것을 알 수 있다."고 지적하였다. 또 "양성연은 산, 바다, 연못 등에 관한 세금을 담당하는 소부였으며 궁성 건설에 대한 모든 책임을 짊어지고 있었기 때문에 궁성을 건축하는 뜻이 천자를 공양하는 것에 있다는 것을 말해 줄 뿐만 아니라 한나라 초에 궁성 건축의 재원이 소부, 즉 상세(商稅)에서 나왔다는 것을 너무도 잘 보여 준다."고 하였다 (그 책의 234쪽에 보인다.).

'소부'는 원래 황제 개인 소유의 작은 재산 창고이므로 조정 소유의 '대내(大內)'와는 다르다. 소부 관직은 세금 징수와 황실의 산업 및 사무를 총괄하며 필요한 물자 공급과 필요한 기계와 무기의 제조, 궁전·종묘과 능원의 건축 등에 관한 일도 그 안에 포함되었다. 진나라 때 소부는 수공업자와 상인에게 매기는 세금과 산택(山澤) 개발에 대한 세금을 징수하는 것(염철에 대한 세금 징수 포함) 외에 인두세를 징수하였다. 인두

---

7_『漢書』 卷19下 百官公卿表, p.747. 「高五年, 軍正陽咸延為少府, 二十一年卒.」
8_『漢書』 卷16 高惠高后文功臣表, p.619. 「入漢後為少府.」

세는 군부(軍賦)의 성격을 지니고 군비 지급에 사용된다. 동시에 대량으로 도예(徒隷)와 요역에 동원된 '갱졸(更卒)'을 노동력으로 사용하여 소부는 진나라 때에는 재물을 거둬들이고 백성을 노비처럼 부리며 폭정을 집행한 주요 기구가 되었다. 한초에는 소부의 담당 직무를 점차로 줄여 인두세는 대사농(大司農)에게 귀속하여 징수하도록 하여 군비는 대사농에서 지급하는 것으로 바뀌었다. 중국과 외국의 몇몇 학자들은 장작소부는 원래 소부에 속하는 관서로서 구체적으로는 궁전·종묘와 능원의 건축 공정을 담당하고 그 비용은 소부에서 지급한다고 보았다. 그리고 한대에 이르러 장작소부는 독립된 관서가 되었고 그 비용은 대사농에서 지급하는 것으로 바뀌었다고 한다. 이러한 추정은 합리적이다. 한나라가 개국한 초기에 양성연이 소부의 관직으로 궁전과 장안성의 건축을 주관했을 때 장작소부는 여전히 소부에 속해 있었고 양성연은 소부의 높은 관직을 맡고 있어 장작소부 등 속관을 지휘하며 구체적으로 일을 진행하였다. 양성연은 혜제 3년(기원전 192)과 5년(기원전 190)에 두 차례나 장안 주변의 600리 안에 있는 남녀 14만 명을 징발하여 장안성을 건설하였는데 춘정월에 시행한 징발은 30일 만에 끝났다. 동시에 혜제 3년 6월에 제후왕과 열후(列侯) 소유의 도예 2만 명을 징발하여 오랫동안 장안성을 건축하였는데『장안지』권5에서는 "오랫동안 요역이 멈추지 않았다."고 하였다. 이처럼 600리 주위에서 14만 명을 징발하여 요역을 시킨 것과 제후왕과 열후에게 속한 도예 2만 명을 징발하여 오래도록 부린 것은 소부의 권력, 물자와 재력이 아니면 맡을 수 있는 것이 아니었다. 장작소부는 "종묘, 노침(路寢), 궁실, 능원의 토목 관련 일을 처리하였다."[9]『후한서』백관지(百官志)]고 하니 대규모의 축성은 장작소부가 담당할 일에 들어 있지 않았다.[10]

---

9_『後漢書』卷30 百官志, p.3610.「掌修作宗廟·路寢·宮室·陵園木土之功」

10_ 소부의 담당 업무에 대한 특징과 그 성격에 관해서는 졸고,「소부의 담당 업무를 통해서 본 진한봉건통치자의 경제 특권[從少府職掌看秦漢封建統治者的經濟特

『한서』지리지(地理志)에 기록된 장안 호구 통계에서 호(戶)는 80,800이며 구(口)는 246,200이라고 하여 호마다 평균 3명만 있을 뿐이다. 이는 일반적 추정에 따르면 나이가 차서 산부를 납입해야 하는 사람 수일 것이다. 호마다 평균 5명이 있다고 계산하면 인구는 당연히 40만 명 이상이 된다. 장안의 주민 40만 명은 160개의 이(里)에 나눠 거주하였고 이(里)마다 평균 500호가 거주한다고 하면 인구는 2,500명이 된다. 장안의 성안 면적은 모두 36㎢인데 남부와 중부는 궁전, 종묘, 관서, 고관의 저택이 고르게 차지하고 있어 그 면적의 1/5인 약 7㎢의 북부 면적이 160리, 8만 호, 40만 명을 수용할 수는 없다. 현재 유경주 동지는 나의 인구 추정이 지나치게 크다고 보고 있다. 장안의 호 평균 인구수가 3명이라면 삼보(三輔)지역에 있는 호의 평균 인구수는 전국 호의 평균 인구수보다 크게 낮고 장안의 각 이(里)의 주민도 500호 남짓도 될 수가

權」[『진한사논총(秦漢史論叢)』 제1집, 섬서인민출판사(陝西人民出版社), 1981, 208~226쪽]을 참조. 소부는 구경(九卿) 가운데 재정, 물자, 건축, 제조, 사무, 조달 등을 담당하는 황제의 총관으로 지위가 높고 권력도 크며 재력과 물자가 흘러 넘칠 정도로 충분하여 '장작소부'를 간단히 '소부'라고 부를 수는 없다. 진이세(秦二世) 2년(기원전 208)에 진승(陳勝)이 주문(周文)에게 수십만 명을 이끌게 하여 함곡관을 공격해 들어가 희[戱], 지금의 섬서성 임동(臨潼) 동북]까지 깊게 들어갔다. 소부 장함(章邯)이 여산(驪山)에서 능원을 조성하던 형도(刑徒) 70만 명을 사면하여 군으로 조직해서 '병사를 지원하여 그들을 격퇴해야 한다'는 계책을 올리고 장감이 장군이 되어 통솔하여 주문을 물리쳤고 더 나아가 진승까지 무너뜨렸다. 이 소부에 대해서 『사기』의 『사기집해』와 『자치통감』호삼성의 주 모두 산택의 세금을 담당하여 천자의 개인 저장고에 공급하는 소부라고 보았는데 이는 정확한 것이다. 장감이 다급한 시기에 여산의 형도를 군으로 조직한 뒤 출격하여 승리할 수 있었던 것은 그가 소부 관직을 담임하고 있어 능원을 조영하는 여산의 형도가 본래 그의 관할에 속했기 때문이다. 장함이 맡은 소부도 장작소부의 약칭이 아니다. 일본의 가토 시게시(加藤繁)는 「한대 국가 재정과 황실 제정의 구별 및 황실 재정 일반」[『중국경제사고증(中國經濟史考證)』 제1권, 오걸(吳傑) 번역, 상무인서관(商務印書館), 1959]이라는 글에서 일찍이 장작소부는 처음에는 소부에 예속되어 있었다고 추정하였다. 노간(勞幹) 선생도 「진한구경고(秦漢九卿考)」[『노간학술논문집(勞幹學術論文集)』 갑편하책(甲編下冊), 대북(臺北); 예문인서관(藝文印書館), 1976, 861~866쪽]이라는 논문에서 "장작소부의 담당 업무는 소부에서 나와 나눠진 것이다."라고 하였는데 이것이 실제에 부합한다고 생각한다.

없다. 그는 자신의 추정에 따라 "『한서』에서는 장안 성안에 이(里)마다 약 40호가 있었다고 하고 동한시대에는 이(里)마다 주민이 50호가 있었다는 것이 다른 문헌에 기록되어 있어 선진 시대와 진한 시대에는 이(里)마다 80호 혹은 100호가 있었으며 개별 이(里) 가운데 인구가 가장 많은 100호로 계산하면 장안 성안의 160리도 1만 6천호를 넘지 못한다. … 장안성의 1/5 면적인 동북 모퉁이에는 단지 7㎢만 있어도 장안성 안의 160개 리가 수용하지 못할 문제는 없다. 여유가 있고도 남는다."고 하였다. 또한 "장안의 8만 호는 성안의 160개 리 안에만 있는 것이 아니라 장안성 부근인 교외 지역의 향촌 안에 있는 것도 포함해야 한다."고 하였다.

유경주 동지의 이 계산의 근거는 정확하지 않은 것 같다. 『한서』평제기에 원시(元始) 2년(기원후 2)에 "또한 장안성 안에 5리를 만들고 주택 200구(區)로써 빈민을 거주토록 하였다."[11]고 했다. 만약 주택 한 구에 호 하나가 거주한다면 이(里)마다 단지 40호만 있을 뿐이다. 그러나 한대에 주택을 '구(區)'라고 부른 것은 모두 비교적 큰 집으로 황제가 대신에게 상으로 내린 주택은 모두 '구'를 단위로 써 '주택 한 구를 하사한다'[12]는 기록이 항상 보인다. 전검부(錢劍夫) 선생은 『진한화폐사고(秦漢貨幣史稿)』[호북인민출판사(湖北人民出版社) 1986년 출판]에서 일찍이 이 '구'의 문제를 토론하면서 원시 2년에 "주택 200구(區)로써 빈민을 거주토록 하였다."에서 이 '구'는 아마 '대잡원(大雜院)'으로 구마다 많은 호와 빈민이 거주했을 것이라고 하였다(그 책의 362쪽에 보인다.). 심지어 『풍속통의(風俗通儀)』의 일문에서 "이(里)에는 사(司)가 있는데 50가(家)를 담당한다."고 한 것은 『주례』의 "5가가 린(鄰)이 되고 4린이 이(里)가 된

---

11_『漢書』卷12 平帝紀, p.353. 「又起五里于長安城中, 宅二百區, 以居貧民.」

12_ 역자 주: 『한서』에는 저자가 제시한 '사택일구(賜宅一區)'라는 표현은 찾을 수 없고 '사제일구(賜弟一區, 『漢書』卷37 韋賢傳, p.3107)' 혹은 '사제일구(賜第一區, 『漢書』卷99上 王莽傳, p.4047)'라는 표현이 보인다.

다."는 것과 『국어』의 "5가는 궤(軌)가 되고 10궤가 이(里)가 된다."는 것에서 비롯된 것으로 옛 제도를 말하는 것이지 결코 동한 시대의 이제(里制)는 아니다.

선진 시대와 한대의 문헌에서는 일반적인 이(里)에는 50호에서 100호까지 있다고 확실히 전하고 있으나 장안 성곽의 이(里)는 일반적인 이(里)로 계산할 수 없다. 『삼보황도』에서 " 장안의 여리는 160개이고, 집들이 즐비하게 늘어서 있고 이문(里門)과 이도(里道)가 길고 곧고 정연하다."[13]고 한 것과 장형의 「서경부」에서도 "사방으로 큰길은 서로 통하고 주민의 저택은 똑바르게 서 있습니다."[14]고 한 것은 장안의 성곽 안에 있는 '이(里)'가 가지런히 배열되어 있고 주택도 매우 밀집되어 있다는 것을 전해 준다. 당시 이(里)마다 이문(里門)인 '여(閭)'가 설치되어 오가며 이(里)를 출입하는 행인을 검사하고 감독할 수 있었다. 『한서』 장창전(張敞傳)에서는 이(里)에서 좀도둑을 체포하는 상황을 이야기하며 "좀도둑의 우두머리가 붉은 흙으로 자신의 옷깃을 더럽혔는데 관리는 이려(里閭)에 자리를 잡고서 지나가는 사람을 검열하여 붉은 흙이 묻었다면 곧바로 그를 포박하니 하루에만 수백 명을 체포하였다."[15]고 하였다. 이처럼 이려에서 나가는 행인을 검사하여 하루 안에 좀도둑 수백 명을 체포하였다는 것에서 당시 장안의 치안이 좋지 않았다는 것을 알 수 있고 동시에 당시 '이(里)'에 거주하는 인구가 많았다는 것도 알 수 있다. 역대 도성에서는 방리(坊里)의 호구가 특히 많아 일반적인 이려로 계산할 수는 없다. 이것은 서한 장안만이 아니라 이후 역대 도성은 모두 이와 같았다.[16] 만약 유경주 동지의 계산에 따른다면 서한 장안의

---

13_ 『三輔黃圖校釋』 卷2 長安城中閭里, p.106. 「長安閭里一百六十, 室居櫛比, 門巷修直.」

14_ 『文選』 卷2 京都上 西京賦, p.61. 「街衢相經, 廛里端直.」

15_ 『漢書』 卷76 張敞傳, p.3221. 「偷長以赭汙其衣裾. 吏坐里閭閱出者, 汙赭輒收縛之, 一日捕得數百人. 窮治所犯, 或一人百餘發, 盡行法罰. 由是枹鼓稀鳴, 市無偷盜, 天子嘉之.」

160개 리에는 단지 1만 6천 호가 있고 서한 도성 안의 총인구는 매우 적게 되어 이치에 너무도 동떨어져 있다. 장안의 8만여 호 대부분이 부근 교외의 향촌에 거주했다고 한다면 더욱 이치에 부합하지 않는다.

　서한 장안의 설계는 「고공기」의 영향을 받았다는 것은 분명하다. 장안성의 배치 구조는 「고공기」에서 '각 변마다 3개의 문을 내고' '도성 안에는 남북 9개의 길과 동서 9개의 길을 내며 길의 폭은 수레 9대가 다닐 수 있도록 하고' '앞에는 조정을 두고 뒤에는 시장을 둔다'[17]는 것과 서로 부합한다. 내가 일찍이 지적했듯이 「고공기」에서 말한 것은 '왕성(王城)'의 체제이며 외곽을 포함하지 않는다. 이에 근거하여도 장안성은 결코 외곽성이 아니라는 것이 증명된다. 현재 유경주 동지는 또 '국중(國中)'을 '곽중(郭中)'이며 「고공기」에서 말하는 것이 도성의 성곽 형태라고 주장한다. 사실 「고공기」 장인(匠人)조에 기술되어 있는 '영국(營國)'제도에 대해서 종래 경학가들은 모두 '왕성'을 가리키는 것이며 외곽을 포괄하지 않는다고 보았다. 정현은 "국중(國中)은 성 안이다."라고 주를 달았고 가공언(賈公彦)은 '방(旁)마다 문 3개가 있다.'는 것에 소(疏)를 달아 "왕성의 한쪽 면에 각 세 문이 있다."고 해석하였다. 예전부터 다른 의견이 없는 채 오늘날까지도 여전히 이처럼 이어지고 있다. 하업거(賀業鉅) 선생이 『고공기 영국제도에 대한 연구[考工記營國制度硏究]』에서[18] 「고공기」의 영국 제도에 관한 기록에서는 곽을 언급하고 있지 않다고 지적한 것은 매우 정확한 것이다.

---

16_ 북위가 평성에 도성을 건설할 때 곽성 가운데 가장 큰 방에는 400~500호가 있었고 작은 방은 60~70호가 있었다. 북위가 낙양에 도성을 건설할 때 동곽 지역의 건춘문 밖의 건양리에는 2,000여 호가 있었다. 당대 장안의 곽성에 있는 방(坊)에는 일반적으로 1,000~2,000호가 있었을 것으로 추산되며 많은 것으로는 5,000호 이상이 있었다.

17_ 『周禮正義』 卷85 冬官 考工記, pp.3423~3428. 「旁三門, 國中九經九緯, 經涂九軌, 左祖右社, 面朝後市」

18_ 賀業鉅, 『考工記營國制度硏究』(中國建築工業出版社, 1985년 출판), pp.61~64. 제2장 왕성규획(王城規劃) 제4절에서 곽을 언급하지 않았다고 지적하였다.

서한 장안성은 확대된 궁성이며 내성의 성격을 지녔다는 것은 그 구성을 통해 분명히 알 수 있다. 주요한 건축인 5개 궁과 종묘 이외에 많은 관서, 창고와 고관주택 및 시장과 작방 등이 있기 때문이다. 이 점에 관해서는 「서한 장안 배치 구조에 대한 탐색」에서 이미 거론하였다. 장안성은 내성의 성격을 지니고 있고 성 밖에는 광대한 곽 지역이 있었다는 것은 옳다고 할 만하다.

## 2. 장안성 밖의 북곽 · 동곽 · 서곽의 구조

도성마다 지닌 제도의 성격을 판단하려면 그 구성을 보아야 할 뿐 아니라 그 기능을 살펴보아야 한다. 게다가 그 변화 발전의 과정을 통해 분석해야 한다. 성곽 제도의 발전 역사를 통해 보면 매우 명확하다. 서주 초에 주공이 낙양에 동도 성주를 건설할 때 서쪽 왕성을 동쪽의 큰 곽을 연결하는 배치 구조를 처음으로 만들었고 큰 곽은 원래 있던 산천으로 연결하여 '뛰어넘을 수 없는' 울타리를 조성하였다. 즉 『일주서』작락편(作雒篇)』에서 "남쪽으로 낙수에 붙어 있고 북쪽으로 겹산에 붙어 있다."[19]고 하였다. 춘추전국시대에 중원의 제후국 가운데 큰 나라는 모두 이런 배치를 그대로 사용하였는데 제나라 임치처럼 곽성을 조성하거나 춘추시대의 정나라 신정처럼 원래 있던 하류를 이용하여 연결하였고 수재를 막는 제방을 개조하여 큰 곽의 울타리로 조성하였다. 조거를 개착하여 종종 큰 곽의 울타리로 삼기도 하였다. 동한 · 북위의 낙양에 대해서는 이러한 제도가 『낙양가람기』에 비교적 상세히 기록되어 있어 매우 분명히 알 수 있다. 서한 장안의 이러한 제도는 『삼보황도』와 『수경주』 등의 책에 간략하게만 기록되어 있어 명확히 알기가 쉽지 않다. 그러나 비교를 한다면 더욱 명확해질 것이다.

---

**19_**『逸周書彙校集注』卷5 作雒解, p.561. 「南系于雒水, 北因于郏山.」

한위(漢魏) 낙양성은 서한 장안처럼 확대한 궁성이며 내성의 성격을 지니고 있었다. 진나라 때 및 서한 때 낙양성 안에는 이미 남궁과 북궁이 있었다. 광무제는 낙양을 도읍으로 정하며 옛 제도를 그대로 따라 남궁의 전전(前殿)을 세웠으며 명제는 북궁을 다시 세웠다. 남궁과 북궁 두 궁은 남북으로 배열되어 있어 서한 장안의 미앙궁와 장락궁 두 궁이 동서로 배열되어 있는 것과 다르다. 남궁과 북궁은 면적이 클 뿐만 아니라 중앙에 있어 중요한 위치를 차지하고 있으며 남쪽과 북쪽의 성벽에 가까웠다. 동시에 창고, 관서 및 귀족과 관리의 주택이 성 전체에 가득하였다. 그 낙양성이 확대된 궁성이며 내성의 성격을 가지고 있다는 것은 분명하다. 그러나 서한 장안에서는 궁문, 성문과 곽문은 가릴 것도 없이 모두 동문과 북문이 정문이었던 것과는 달리 한위 낙양성에서는 남문이 정문이었다. 서한의 예제에서는 미앙궁에 이르는 조회에 참여하려면 동궐을 통해 들어가야 하였고 상서하거나 알현하려면 북궐에 이르러야만 하였으며 상서와 알현 접수를 담당하는 공거사마(公車司馬)도 북궐에 설치되었다. 동한의 예제에서는 조회에 참여하려면 남문을 통해 들어가야 하였고 상서와 알현을 하려면 남궐에 이르러야만 하였으며 공거사마도 남궐에 설치되었다.[20] 예제가 변화하였기 때문에 도성의 배치에도 중대한 변화가 생겨 서한 장안은 동향과 북향이었지만 한위 낙양은 남향이 되었던 것이다. 동시에 곽 지역의 분포도 달라서 서한 장안에는 북곽, 동곽과 서곽이 있었고 한위 낙양에는 남곽, 동곽과 서곽이 있었다. 그러나 곽 지역의 구조는 기본적으로 같아서 천연의 하천과 새로운 조거를 곽 지역의 울타리로 삼았고 다리와 곽문을 곽 지역의 문을 삼았으며 다리와 외곽정을 곽 지역의 출입소로 삼았다.

---

20_ 『漢書』卷1下 高帝紀, p.64. 「(高帝七年) 二月, 至長安. 蕭何治未央宮, 立東闕、
   北闕、前殿、武庫、大倉。顔師古曰: "未央殿雖未嚮, 而上書奏事謁見之徒皆詣北
   闕, 公車司馬亦在北焉."」;『後漢書』卷30 百官志, p.3579. 「公車司馬令一人, 六百
   石. 本注曰: 掌宮南闕門, 凡吏民上章, 四方貢獻, 及徵詣公車者.」

『낙양가람기』에 따르면 낙양의 동곽은 수로 교통의 핵심지역에 있어 교통이 발달하여 새로운 조거[양거(陽渠)]를 개착하여 울타리로 삼았다. 양거는 성 밖 동남쪽 모퉁이에서 낙수를 끌어서 북상토록 하여 남북방향의 큰 수로를 이루었다. 그리고 상동문(즉 북위의 건춘문)의 동쪽 7리에 이르러 꺾인 후 곧장 서쪽으로 상동문으로 들어가며 동쪽 곽 지역 대부분을 그 안에 포괄하였다. 동시에 상동문의 동쪽 7리에 있는 조거 위에 다리를 놓았는데 칠리교라고 불렀다. 아울러 다리 동쪽 1리에 '문에 3개의 도로를 낸' 동곽문을 세웠다. 이곳은 왕래하는 여객과 행인이 이별하고 배웅하는 곳으로 서한 장안의 선평문 밖에 있는 동곽문에서 벌어지는 정경과 비슷한 일이 일어난다. 낙양의 서곽은 '남쪽으로 낙수에 접하고 북쪽으로는 망산에 이르는'[21] 장방구를 울타리로 삼았는데 상서문(즉 북위 창개문)의 서쪽 7리에 있는 장방구 위에는 장방교가 놓여 있었다. 동한 때 석양정이라 불렀던 곳이 상서문의 외곽정이 있었던 곳이었다.[22] 석양정은 또한 '낙양도정'이라고도 불렀는데 곽문의 성격을 가지고 있으며 늘 군대가 주둔하고 죄인을 효수하여 군중에게 보여 주는 장소였다. 이것은 서한 장안에서 외곽정을 곽 지역의 출입소로 삼은 것과 똑같다. 낙양의 남곽은 남쪽 성벽과 그에 나란히 흐르는 낙수 사이에 있으며 남쪽 성벽에서 낙수까지의 거리는 4리일 뿐이었다. 남곽은 남쪽 성벽과 낙수 사이에 있는, 동서 폭이 6리이고 남북 길이가 4리인 지역이다. 이것은 서한 장안의 북곽이 북쪽 성벽과 위수 사이에 있는 동

---

21_『洛陽伽藍記校注』卷4 城東, p.206. 「南臨洛水, 北達芒山.」

22_『낙양가람기』권4에서 북위의 최연백(崔延伯)이 '낙양성 서쪽 장방교에서 출정하였는데 바로 한의 석양정이다. 그때 공경들이 전별하니 수레가 대열을 이루었다.(出師於洛陽西張方橋, 卽漢夕陽亭也, 時公卿祖道, 車騎成列.)」라고 기록하였다. 이것은 석양정의 조도(祖道)에서 벌어진 것으로 서한의 소광(疏廣)이 「사직하고서 고향으로 돌아가기를 상소하였다. 공경대부가 조도를 설치하고 동도문 밖에서는 천막을 설치하며 전별을 하였다.(上疏乞骸骨歸, 公卿大夫爲設祖道, 供張東都門外.)」라고 한 것과 조도의 정경이 똑같아 석양정이 서곽문의 성격을 지니고 있었다는 것을 알 수 있다. 석양정이 동한 낙양성의 옹문 서쪽에 있었다는 것은 『원하남지』의 「후한경성도」에도 보인다.(『영락대전(永樂大典)』권9, 561쪽).

서 폭이 10여 리이고 남북 길이가 3리인 지역인 것과 기본적으로 구조가 같다. 낙양에서 동쪽에 있는 평성문을 주요한 교통 정문으로 삼았고 낙수 위에 부교(浮橋)를 놓았는데 이것은 장안에서 서쪽에 있는 횡문을 주요한 교통 정문으로 삼은 것과 위수 위에 횡교를 놓은 것과 그 성격이 같다. 한위 낙양이 서한 장안과 이처럼 똑같은 구조를 가지게 된 것은 동한 도성의 건설이 서한의 제도를 그대로 연용하였기 때문이다.

서한 장안의 북곽은 북쪽 성벽과 그와 나란히 흐르는 위수 사이에 위치하였는데 동서 폭이 10여 리이고 남북 길이는 3리이다. 서쪽에 가까운 횡문이 정문이고 횡문을 통과하여 북으로 가면 '횡교대도'가 있는데 위수에 놓인 횡교에 곧장 통한다. 횡교 남쪽에는 곽문과 외곽정이 있다. 왕망은 일찍이 삭도문과 좌유정으로 이름을 바꾸었다. 이것은 『상서』 요전(堯典)에 나오는 "삭방(朔方, 북쪽 땅)에 살도록 하니 유도(幽都)라고 하였다."는 전고를 이용한 것이다. 삭도문이 곧 북도문(北都門)이다. 이것은 도성의 정문으로 선평문 밖의 동도문과 똑같이 중요하였다. 미앙궁의 북궐에서 북쪽으로 곧장 가면 대가가 있는데 횡문을 통과하고 횡교대도를 거쳐 횡교에 이르고 곽문으로 나간다. 대가는 북쪽을 오가고 특히 북쪽의 5개 능읍을 왕래하는 교통의 핵심일 뿐만 아니라 장안 성곽 전체의 중축선이었다. 이것은 동한 낙양의 남궁의 남궐에서 남쪽으로 가면 평성문을 통과하고 평성문 밖의 부교와 연결된 대도와 기본적으로 같은 성격을 지니고 있다. 북쪽 성벽에서 동쪽에 있는 낙성문은 두문이라고도 부르는데 낙성문을 통과하여 북쪽으로 가면 두문대도가 있고 위수 연변으로 곧장 통한다. 위수에 맞닿는 곳에 또한 외곽정이 있는데, 왕망은 낙성문 및 그 외곽정을 진화문(進和門)과 임수정(臨水亭)이라고 고쳐 불렀다. 임수정이라는 명칭은 위수에 맞닿았기 때문에 그렇게 이름을 정한 것이다. 『당양경성방고(唐兩京城坊考)』 권1 삼원(三苑)조에서 '서쪽으로 한 장안성을 포괄하고 있는'[23] 금원(禁苑) 가운데 위수정(渭水亭)이 있는데 "위수에 맞닿아 있다는 것을 고려하면 당연히 금원의 북쪽에 있었을 것이다."라고 하였다. 이것이 아마 왕망이 개칭한 임수정일 것이다. 북쪽 성벽 중간에 있는 주성문에도 외곽문이 있는데 왕망은 건자문(建子門)과 광세정(廣世亭)으로 이름을 바꾸었다. 이 광세정도 위수가에 있을 것이다. 『한서』 성제기(成帝紀)에는 "건시(建始) 3년(기원전 28) 가을에 관내에 홍수가 났다. 7월 사상(虒上)의 소녀 진지궁(陳持弓)이 홍수가 들이칠 것을 듣고 횡성문까지 달려 들어오고 상방(尙方)[24]의 액문(掖門)[25]으로 난입해서 미앙궁의 구순(鉤盾)[26]에 이르렀다."[27]고 하였다. 응소(應劭)는 "사상은 지명으로 위수 연변에 있었다."고 주석을 달았다. 이것은 위수 연변에는 사람들이 모여 사는 곳이 있었고 사상은 그 가운데 한 지역이며 거기에는 주민이 거주하는 '이(里)'가 있었을 것임을 전해 준다.

　서한 장안의 동곽은 동쪽 성벽과 조거 사이에 있었다. 동쪽 성벽의 북문인 선평문은 동쪽으로 왕래하는 중요한 교통 도로에 있으며 그 도로는 동쪽으로 조거에 놓인 다리를 통과한다. 다리 동쪽에는 동곽문이 있는데 동도문이라고 불렀고 동도문 밖에는 지도정(軹道亭)이라는 외곽정이 있었다. 선평문에서 지도정까지는 13리나 떨어져 있어 동곽이 비교적 광대했다는 것을 잘 알 수 있다. 『삼보황도』에서 "음마교(飮馬橋)가 선평문 밖에 있었다."[28]고 하면서 음마교를 횡교, 위교, 패교, 편문교와 함께 나란히 제시한 것을 보아 음마교가 큰 다리라는 것을 충분히

---

**23_** 『唐兩京城坊考』(淸 徐松 撰, 張穆 校補, 方巖 點校, 北京:中華書局) 卷1 三苑, p.29. 「西包漢長安城.」

**24_** 역자 주: 상방(尙方)은 황제의 기물을 만드는 관아로 소부 소속이다. 상방(上方)이라고도 한다.

**25_** 역자 주: 액문(掖門)은 정문의 양쪽에 있는 작은 문이다.

**26_** 역자 주: 구순(鉤盾)은 한대 동산을 담당하는 관서이다.

**27_** 『漢書』 卷10 成帝紀, p.64. 「秋, 關內大水. 七月, 虒上小女陳持弓聞大水至, 走入橫城門, 闌入尙方掖門, 至未央宮鉤盾中.」 역자 주: 저자는 '闌入上方掖門'이라고 인용하고 있으나 현재 중화서국 표점본에는 '闌入尙方掖門'이라고 되어 있어 그에 따라 번역하였다.

**28_** 『三輔黃圖校釋』 卷6 橋, p.360. 「飮馬橋在宣平城門外.」

알 수 있다. 선평문 밖에 있는 큰 강에 조거가 놓여 있어 음마교는 조거 위에 놓인 큰 다리였을 것이다. 『당양경성방고』 권1 삼원조에는 '서쪽으로 한 장안성을 포괄하고 있는' 금원(禁苑) 가운데 '음마문(飮馬門)'이 있는데, "한나라 선평문 밖에 음마교가 있었다는 고려하면 이 문은 아마 다리로 이름을 삼았을 것이다."라고 하였다. 『당양경성방고』에 붙어 있는 「서경삼원도(西京三苑圖)」에는 '음마문'이 선평문에서 동북쪽으로 비교적 먼 곳에 있어 선평문에서 13리 떨어진 지도정과 지점이 엇비슷하다. 진대(晉代) 원강(元康) 2년(292)에 반악[潘岳, 자는 안인(安仁)이다.]이 장안령(長安令)되어 부임할 때도 음마교를 거쳐 선평문으로 들어갔다. 『문선』 권10에 실려 있는 반악의 「서정부(西征賦)」에서 "음마교의 남쪽에 이르러 선평문의 깨끗한 문턱을 밟고 지났습니다. … 이름난 경사의 본래 면목이 펼쳐지니 이곳이 새롭게 부임하는 곳이며 직무에 임할 곳입니다."[29]고 하였다. 이선은 「장안도(長安圖)」를 인용하며 "한나라 때 칠리거(七里渠)에는 음마교가 있었다."고 주를 달았다. 한대의 동도문과 외곽정이 당연히 음마교의 동쪽에 있었을 것이다.

현재 유경주 동지는 "지도정을 외곽정이라고 한 것은 한 무제 원광(元光) 6년(기원전 134)에 조거를 수축한 것과 관련이 있다. 서한 중기에 조거가 수축된 후에 조거가 장안성 동쪽의 천연 장벽이 되어 당시 사람들도 아마 관습적으로 장안성과 조거 사이를 동곽으로 보았던 것 같다."고 하였다. 이에 따르면 장안 동곽이 형성되고 발전한 것은 자연스럽게 원광 6년에 조거를 수축한 이후일 것이고 동곽문이 건설되고 지도정이 외곽정이라고 한 것도 조거를 완성한 이후일 것이다. 그러나 이 동곽은 확실히 존재하여 유경주 동지처럼 동곽문이 상징성만 띤 문이라는 주장은 결코 성립할 수 없다. 서한 장안과 한위 낙양의 두 동곽을 비교하면 장안의 동곽도 낙양의 동곽처럼 확실히 존재하였고 똑같이

---

**29_**『文選』卷10 賦戌 紀行下 潘安仁西征賦, p.458. 「戾飲馬之陽橋, 踐宣平之清闉. … 展名京之初儀, 卽新館而蒞職」

동쪽 성벽과 조거 사이에 있었으며 똑같이 동쪽 성벽의 북쪽 성문과 동곽문 사이에 있었다. 낙양의 동곽문은 '문에 3개의 도로를 낸' 큰 곽문인데 장안의 동곽문에 대해서는 상세히 알 수 없지만 구체적으로 존재했다는 것은 의심할 여지가 없다.

지난 논문에서 인용한, 소제가 세상을 떠난 뒤 공수가 아버지의 부음을 들은 창읍왕 유하를 모시고 경사로 들어가는 길에서 나눈 대화는 동곽문 즉 동도문이 분명히 존재하며 결코 상징적 시설이 아니라는 것을 증명해 준다. 그들이 광명의 동도문에 이르렀을 때 공수는 "예에서는 타국에 있다가 친족의 상을 듣고 달려왔을 때 도성이 보이면 곡을 한다고 하였는데 이것이 장안의 동곽문입니다."라고 하였고 유하가 "내 목구멍이 아파 곡을 할 수 없구나."[30]라고 하였다. 공수는 동도문 즉 도성에 들어가기 때문에 유하에게 예에 따라 '곡'을 할 것을 요청한 것이므로 곽문이 상징적이라는 것이라면 공수가 유하에게 예에 따라 곡을 할 것을 요청하지 않았을 것이다. 어떻게 상징적인 곽문에서 '곡'을 하는 예가 있을 수 있겠는가? 그들이 성문, 즉 선평문에 도착했을 때 공수는 다시 유하에게 예에 따라 '곡'을 할 것을 요청했는데 유하가 "성문에서도 곽문과 같을 따름이구나."[31]라고 대답하였다. 이는 곽문과 성문이 '예'에서 똑같은 지위를 가지고 있었고 곽문이 결코 상징적이지 않았다는 것을 전해 준다. 현재 유경주 동지는 "유하를 통하여 선평문(성문)과 동곽문(곽문)이 예에서 똑같은 지위를 가지고 있었다는 것을 알 수 있다. 이것은 그 성격이 똑같은 것 같지만 미앙궁의 동궐(즉 동궁문)에 대해 상대적으로 똑같다고 한 것이다. '예'에서 동궐(동궁문)은 선평문과 동곽문과 달랐기 때문에 유하는 비로소 의례대로 곡을 하여 그것들이 서로 다르다는 것을 반영하였다."고 해석하였다. 이 해석은 납득하기

---

30_ 『漢書』 卷63 昌邑王傳, p.2765. 「賀旦至廣明東都門, 遂曰: "禮, 奔喪望見國都哭. 此長安東郭門也." 賀曰: "我嗌痛, 不能哭."」
31_ 『漢書』 卷63 昌邑王傳, p.2765. 「賀曰: "城門與郭門等耳."」

어렵다. 선평문과 동곽문이 '예'에서 똑같은 지위를 가지고 있다면 왜 선평문은 확실히 존재한 시설이고 동곽문은 상징적인 시설이라고 하는 가? '성문에서도 곽문과 같을 따름이구나.'라는 것이 미앙궁의 동궐에 대해 상대적으로 말한 것이고 성문과 곽문이 예의 지위에서 미앙궁의 동궐과 다르기 때문에 곡을 하지 않았고 반드시 동궐에 도착해서야 '의 레대로 곡을 하였다'고 한다면 그는 '예'를 근거로 싸울 수 있는데 어째 서 '내 목구멍이 아파 곡을 할 수 없구나.'와 같은 말로 거절하였겠는 가?

서한 장안의 서곽은 서쪽 성벽과 혈수 사이에 있어 면적이 비교적 좁 다. 『수경주』 위수조와 『삼보황도』는 모두 옹문에 대해 "그 물이 북쪽 으로 들어가 함리로 가니 민간에서는 함리문(函里門)이라고 부른다."[32] 고 하였다. 마선성 선생은 「한대장안리제고(漢代長安里第考)」[저서 『한간 과 한대성시(漢簡與漢代城市)』 수록]에서 함리가 옹문 밖 서북쪽에 있다고 정확히 고찰하였다. 나는 일찍이 인용하며 주석을 달았으나 원문은 인 용하지 않았다. 현재 유운용 동지는 이 점에 동의하지 않는다. 마선성 선생은 "「장안수도도(長安水道圖)」만 살펴보더라도 옹문 안에 강이 없다 는 것을 알 수 있다. 『수경주』에서 언급한 북으로 함리에 들어가는 강 이 혈수와 관련된 것이라고 한다면 혈수는 옹문 밖을 지나서 북으로 위 수로 들어간다. 이로써 함리가 장안성 밖 서북쪽에 있지 장안성 안에 있는 여러 이(里) 가운데 하나가 아니라는 것을 알 수 있다."고 하였다. 나는 이 주장이 근거가 있다고 생각한다. 유운용 동지는 혈수의 지류가 '옹문 부근에서 갈라져 북쪽에서 문 안의 함리로 흘러 들어간다'고 주장 했으나 근거가 부족해 보인다. 유경주 동지가 제시한 황성장(黃盛璋) 선 생의 「수경주의 장안성 부근의 복원에 관한 약간의 문제」[關於水經注長 安城附近復元的若干問題]라는 논문에 첨부된 그림을[33] 포함하여 현재 모든

---

32_『水經注疏』卷19 渭水下, p.1588. 「其水北入有函里, 民名曰函里門.」; 『三輔黃圖校 釋』卷1 都城十二門, p.86. 「其水北入有函里, 民名曰函里門.」

한 장안성의 실측도에는 혈수의 지류가 옹문 안으로 흘러 들어가지 않는 것으로 그려져 있다. 『당양경성방고』의 「서경삼원도」에는 한 장안성이 그려져 있는데 그 그림이 한 장안을 그린 옛 그림 가운데 현재의 새로운 실측도에 가장 가깝다. 그 그림 속에 혈수도 옹문 밖을 지나면서 옹문으로 흘러 들어오지는 않는 것으로 그려져 있다. 옹문에도 외곽정이 있으며 왕망은 장의문(章義門)과 저의정(著義亭)이라고 이름을 바꾸었다. 저의정의 소재지는 상세히 알 수 없다.

서한 장안의 북곽, 동곽, 서곽과 한위 낙양의 남곽, 동곽, 서곽을 비교하면 그 구조는 기본적으로 같다. 똑같이 하류와 새로운 조거를 이용해 울타리로 삼았다. 또 똑같이 다리와 곽문을 곽 지역의 입구로 하거나 다리와 외곽정을 곽 지역의 출입소로 하였다. 혹은 양자를 모두 갖추기도 하였다. 조정의 중요한 예제가 변화하여 서한 장안의 경우 궁문, 성문, 곽문은 가릴 것 없이 모두 동향의 문이나 북향의 문을 정문으로 삼았으나 한위 낙양의 경우 남향의 문을 정문으로 삼았다. 따라서 외곽 분포에도 변화가 일어나 장안에는 북곽은 있으나 남곽은 없고 낙양에는 남곽은 있으나 북곽은 없었다. 장안과 낙양 두 도성에서 동곽이 구체적으로 세워진 것은 모두 조거의 건설이 끝난 이후이다. 서한 장안의 동곽은 무제 원광 6년에 조거를 개착한 이후에 완성되었고 동한 낙양의 동곽은 광무제 건무 24년(48) 양거를 수축한 이후에 건설되었다.

성곽 발전의 역사에서 하나의 '성'이 '성'과 '곽'이 연결되는 배치 구조로 발전하는 것은 우선 정치적·군사적 수요에서 비롯된다는 것을 알 수 있다. 전국시대에 이르면 일반 현성은 '3리의 성'이 '7리의 곽'과 결합하여 각 나라의 도성은 당연히 '성'과 '곽'이 연결되는 구조를 갖게 되었다. 동시에 곽의 발전은 사회경제적 발전, 인구 증가, 그리고 특히 수공업과 상업의 발전과 번영에서 비롯된다. 중앙집권적 정치체제가 확

---

33_ 黃盛璋,「關於水經注長安城附近復元的若干問題」,『歷史地理論集』, 人民出版社, 1982, p.43.

립되고 발전함에 따라 도성은 전국의 정치중심이 되어 광대한 궁성이 필요하여 내성의 성격을 갖게 되었다. 사회경제가 성장하고 수공업과 상업이 번영함에 따라 큰 곽이 필요하였고 주민이 집중적으로 거주하는 지역 및 시장과 작방이 발달한 지역이 조성되었다. 군권이 강화되고 조회와 원단대조회가 일정한 예제를 갖춤에 따라 도성의 배치 구조는 반드시 동쪽을 바라보거나 북쪽을 바라보는 것에서 북쪽에 자리 잡고 남쪽을 바라보는 것으로 바뀌어서 서한 장안과 동한 낙양의 배치에 커다란 변화가 일어났다. 반고의「동도부(東都賦)」와 장형의「동경부(東京賦)」에서는 원단대조회의 성황이 크게 묘사된 구절을 찾아볼 수 있으나 그들의「서도부」와「서경부」에서는 볼 수 없다. 이에 관해서는 내가 이미 『중국도성제도사』에서 밝혔으니 여기에서는 더 이상 언급하지 않고자 한다.

### 3. 북곽대도 옆에 동시와 서시 두 큰 시장의 건설

동시와 서시 두 시장은 서한 장안의 시장 가운데 큰 시장이며 대표성을 지니고 있다는 것은 분명하다. 서시는 혜제 6년(기원전 182) 장안의 성벽이 완성된 후에 오창과 함께 건설된 것을 통해 서시가 매우 중요하다는 것을 알 수 있다. 동시가 완성된 연대는 상세히 알 수 없으나 이검농(李劍農)은 『선진양한경제사고(先秦兩漢經濟史稿)』에서 고조 6년(기원전 201)에 '큰 시장을 세울' 때 건설했을 것으로 추측하였다. 그러나 이때에는 고조가 아직 장안으로 들어오지 않았기 때문에 이 추측은 수긍하기가 어렵다. 동시는 문제·경제·무제 때, 항상 형벌 집행을 백성들에게 보이는 곳으로 이용되어 큰 시장이었을 것이다. 왕망은 일찍이 장안 및 오도(五都)에 '오균관(五均官)'을 설치했는데 이에 따라 장안 동시와 서시의 시령 및 오도의 시장을 '오균사시사(五均司市師)'라고 불렀다(『한서』 식화지 권하에 보인다.).[34] 동시에 동시를 '경(京)'이라고 불렀고 서시는 '기

(畿)'라고 불렀고 왕손경(王孫卿)이 일찍이 '경사시사(京司市師)'에 임명되었다[『한서』 화식전(貨殖傳)].[35] 이를 통해 동시와 서시가 확실히 장안에서 대표성을 지닌 큰 시장이며 다른 시장과는 비교할 수 없는 시장이라는 것을 알 수 있다.

나는 동시와 서시가 북곽의 대로 옆에 건설되었다는 것을 주장하였는데 그 주요한 근거 네 가지를 나열하면 다음과 같다.

첫째, 동시와 서시 두 큰 시장은 장안의 9개의 시이며, "6개의 시는 도서(道西)에 있고, 3개의 시는 도동(道東)에 있다."는 것이다. 이른바 '도(道)'란 성문에서 곽 지역으로 뻗어 있는 대도를 가리킨다. 서한 장안성 안의 도로는 '가(街)'라고 불렀고 성 밖이자 곽 안의 도로만을 '도(道)'라고 불렀다.

장안의 큰 시장의 상황을 기술한 고문헌, 『삼보황도』에서 인용한 「묘기」는 물론이고 반고의 「서도부」에 대해 이선이 주를 달며 인용한 「한궁궐소(漢宮闕疏)」와 『태평어람』 권191에서 인용한 「궁궐기」은 모두 하나같이 장안에는 9개의 시장이 있고 "6개의 시는 도서에 있고, 3개의 시는 도동에 있다."[36]고 하였다. 반고의 「서도부」에서 "9개의 시장이 문을 열었는데 재화가 종류별로 다 있고 시장 안의 가게가 늘어선 작은 도로가 나눠져 있습니다."[37]라고 하였고 장형의 「서경부」에서는 "이에 곽에 9개의 시장을 열고, 시장에 담장을 빙 둘러 연결하고 시장의 문을 서로 통하게 하였습니다."[38]고 하였다. 장안에 9개의 시가 있다는 기록은 동시와 서시 두 큰 도시의 기술과 모순되지 않고 일치한다. 서시에는 6개

34_『漢書』卷24下 殖貨志 第四下, p.1180. 「遂於長安及五都立五均官, 更名長安東西市令及洛陽·邯鄲·臨淄·宛·成都市長皆為五均司市(稱)師.」

35_『漢書』卷91 貨殖傳, p.3694. 「王孫卿以財養士, 與雄桀交, 王莽以為京司市師. 漢司東市令也.」

36_『三輔黃圖校釋』卷2 長安九市, p.93. 「廟記云: … 六市在道西, 三市在道東.」；『太平御覽:第2卷』卷191 居處部 市, p.794. 「宮闕記云: … 六市在道西, 三市在道東.」

37_『文選』卷1 賦甲 京都上 班孟堅西都賦, p.7. 「九市開場, 貨別隧分.」

38_『文選』卷2 賦甲 京都上 張平子西京賦, p.61. 「爾乃廓開九市, 通闤帶闠.」

의 시가 있고 동시에는 3개의 시가 있어 합쳐 9개의 시가 있기 때문이다. 현재 유경주 동지는 이 '구(九)'는 허수이며 왕중(汪中)의 「석삼구(釋三九)」의 '구'이다라고 해석하여 "장안에 9개의 시가 있다는 이야기는 확실하지 않다."고 하였다. 이것은 근거가 부족한 주장이다. 이른바 "6개의 시는 도서에 있고, 3개의 시는 도동에 있다."는 것에서 '도'는 성 밖이자 곽 안의 대도일 것이다. 서한 장안의 성안에 있는 도로는 일률적으로 '가'라고 불렸다. 『삼보황도』에서 인용한 「삼보구사」에서 "장안의 성안에는 팔가(八街)와 구맥(九陌)이 있었다."[39]고 한 것은 분명한 사실임에 틀림이 없고 팔가의 명칭은 모두 고찰할 수 있다. 장안의 12개 성문 가운데 8개 성문에만 성안으로 통하는 대가가 있었고 그 나머지 4개 성문은 궁전에 가까워 궁전만을 출입하는 도로가 되어 교통을 위한 대가는 없었다. 장안의 12개 성문 가운데 성문을 나가 곽 지역으로 뻗어 있는 모든 대로는 일괄적으로 '대도'라고 불렸다. 예를 들면 북쪽의 횡문을 나가 북쪽으로 위수에 놓인 횡교에 이르는 도로를 '횡교대도'라고 하였고 서쪽의 장성문을 나가 서북쪽으로 위수에 놓인 편문교(便門橋)를 통과하여 무릉(茂陵)에 이르는 도로를 '편문교대도'라고 불렸다. 동쪽의 선평문을 나가 동쪽으로 조거 위에 놓인 '음마교'를 지나는 도로를 '대도'라고 불렀다. 『사기』 번역등관전(樊酈滕灌傳)의 한 구절에 관해 『사기색은』에서 인용한 『삼보고사』에서 "등문공[騰文公, 즉 하후영(夏候嬰)]의 묘는 음마교 동쪽에 있는 대도의 남쪽에 있으며 속칭으로 마총(馬冢)이라고 한다."[40]고 하였다.

둘째, 곽 안의 대도 옆에 건설된 큰 시장은 춘추전국시대 이래 줄곧 당대까지 이어진 전통시설로 서한 장안도 예외는 아니다.

춘추전국시대의 중원 각 제후국의 도성에 외곽을 건설한 목적 중 하나는 '시'를 설치하여 사회경제발전의 추세에 부응하고 주민의 생활에

---

**39_** 『三輔黃圖校釋』卷2 長安城八街九陌, p.103. 「三輔舊事云: 長安城中八街九陌.」

**40_** 『史記』卷95 樊酈滕灌傳, p.2667. 「【索隱】案: 姚氏云三輔故事曰"滕文公墓在飲馬橋東大道南, 俗謂之馬冢."」

필요한 물품을 공급하는 것이다. 따라서 각 제후국은 항상 곽 안의 대도 옆에 큰 시장을 건설하였다. 예를 들면 춘추시대의 정나라 신정에서는 큰 시장을 '규시'라고 불렀는데 외곽의 '순문' 안에 '대규'라 부르는 '아홉 대의 수레가 다닐 수 있는 도로' 옆에 설치하였다. 두예는 '규시'가 '곽 안의 도로에 있는 시장'이라고 지적하였다[『춘추좌씨전』 장공(莊公) 28년조, 두예 주(注)]. 전국시대 제나라 임치에 있는 큰 시장은 '악(岳)'이라고 불렀는데 곽 안을 남북으로 관통하는 '장(莊)'이라는 '여섯 대의 수레가 다닐 수 있는 도로' 옆에 설치되었다. 따라서 '장과 악 사이'가 제나라에서 인구 밀도가 가장 높았고 번화했던 지역이 되었다. 서한 장안의 동시와 서시는 외곽의 대도 양쪽에 설치되어 이러한 전통적 배치를 그대로 따랐다. 한위 낙양도 이 전통적 배치를 그대로 계승하여 성 안에 '금시(金市)'라는 시장이 궁벽 서쪽에 설치되었고 큰 시장이 동곽과 서곽 두 곽의 대도 옆에 나눠 설치되었다. 동쪽 성벽의 북쪽 성문인 상동문(북위 때에는 건춘문이라고 불렀다.)에서 밖으로 1리 남짓 떨어진 지역에서 조거 위에 놓인 동석교 남쪽에 '마시(馬市)'가 있었다. 이 마시는 동한 때 이미 존재하였는데 형벌 집행을 백성들에게 보이는 곳으로 이용되었다. 서쪽 성벽의 중간 성문인 서양문 서쪽에 있는 대도 남쪽에는 북위 때 '낙양대시(洛陽大市)'가 있었는데 시의 둘레가 8리이고 사방 10개의 '이(里)'와 서로 결합하여 이루어져 있다. 동쪽 성벽의 남쪽 성문인 청양문에서 밖으로 3리 떨어진 효의리에는 '낙양소시(洛陽小市)'도 있었다. 동시에 남곽에는 사통시(四通市)가 있었다. 당대 장안의 동시와 서시 두 큰 시장도 곽성의 동부와 서부 가운데 중심 지점에 나눠 설치되어 있었다.

셋째, 『삼보황도』에서 인용한 「묘기」에서 장안의 9개의 시를 언급하며 "횡교대교를 끼고 있으며 시루는 모두 여러 층의 건물이다"고 하였고 또한 "기정루가 두문대도 남쪽에 있다."[41]고 하였다. 서시가 횡문

---

**41_** 『三輔黃圖校釋』 卷2 長安九市, p.93. 「廟記云 … 夾橫橋大道, 市樓皆重屋. 又曰旗亭樓在杜門大道南.」

대도의 양쪽에 있었다는 것과 낙성문은 두문이라고 불렀기 때문에 동시가 낙성문 밖의 두문대도 남쪽에 있었다는 것을 알 수 있다. 장안의 9개의 시를 합쳐서 부른 동시와 서시 두 큰 시장에 삼보도위(三輔都尉) 관할에 속하는 영서(令署)가 설치된 점은 좌풍익(左馮翊)에 속하는 4개의 시에 장승(長丞)이 설치된 것과는 다르다.

현재 유운용 동지는 횡교는 장안이 여러 능읍에 통하는 교통의 핵심이므로 횡문 안의 서북 한 모퉁이 및 횡문 밖으로 '횡교대도를 사이에 둔' 일대가 수공업과 상업의 무역 활동의 중심이 되어 큰 시장이 밀집한 곳이 되었다고 생각한다. 동시에 그도 "기정루가 두문대도 남쪽에 있다"는 구절에서 기정루는 동시의 시루를 가리킨다고 보았다. 다만 동시는 낙성문 남쪽에 있지만 낙성문 밖에 있는 것은 아니라고 주장하였다. 실제 동시는 두문대도 남쪽에 있었고 두문대도는 낙성문에서 북곽으로 뻗은 대도이며 당시 '대도'라고 부른 도로는 모두 성 밖에 있어 동시가 낙성문 남쪽에는 있을 수가 없다. 동시에 그는 또한 "횡문 밖에 횡교대도를 사이에 둔 시장은 한 왕조가 전성기로 치달을 때에 장안성 안의 수공업과 상업이 고도로 발전하여 도시 배치에 제한을 받아 밖으로 넘치는 산물을 내놓지 않을 수 없었다."고 하였다. 내가 보기에는 동시는 이미 두문대도 남쪽에 있고 동시를 마주하는 서시는 바로 '횡문대도를 사이에 두고' 맞은편에 있었다. 동시와 서시 두 큰 시장은 동쪽과 서쪽에 정확히 나란히 배치되어 있었다.

장안의 성 안팎에 있는 '시'의 분포는 복잡한 문제이다. 이른바 '장안구시(長安九市)'라는 말도 있고 '장안사시(長安四市)'라는 말도 있다. 『한서』의 백관공경표에 따르면 경조윤의 속관으로 장안시령, 승(丞)이 있고, 좌풍익의 속관으로 '장안사시사장승(長安四市四長丞)'이 있다. 『삼보황도』에서 인용한 「묘기」에서 '횡교대도를 사이에 두고' 있다는 것과 '두문대도 남쪽에' 기정루 즉 시루가 있다는 것을 서술한 후에 이어서 "당시루에 영서가 있는데 상점, 재화, 매매, 무역 등에 관한 일을 살펴보았고 삼보도위가 그것을 관장하였다."[42]고 하였다. 이에 따르면 서한 장안의 많은 시를 3개의 관서가 나눠 관장했다는 것을 알 수 있다. 장형의 「서경부」에서 '곽에 9개의 시장을 열고'와 '깃발을 꽂아 둔 시장 안의 누각은 5층인데'를 서술한 후에 "주나라 제도에서는 대서(大胥)이지만 오늘날에는 위(尉)일 뿐입니다."[43]라고 하였다. 이 '위'는 당연히 삼보도위이다.[44] 삼보도위가 관할하는 '장안구시'라고 합쳐 부른 동시와 서시에는 '영서가 있었으며' 이것이 좌풍익 소속인 '장안사시'에 설치한 장승과는 다르다는 것을 알 수 있다. 도위는 '병사가 궁성을 보위하는 것을 담당하였고 도적을 대비한' 무관인데[『한관의』] 동시와 서시의 규모가 크기 때문에 교역에 참여하는 사람들이 많아지고 치안 문제가 비교적 복잡해서 특별히 삼보도위가 관장하게 되었다. 좌풍익에게 소속된 '사시'는 송민구의 『장안지』 권5에서 열거하고 있는 장안의 '시' 가운데 시장 명칭 중 하나로서 동시와 서시 등과 나란히 나열되어 있는데 이는 이치에 맞는 것 같다. 진직(陳直)의 『한서신증(漢書新證)』에서는 한 장안성 유지에서 출토된 동서남북 네 시장의 봉니(封泥)를 좌풍익 소속의 장안사시의 최고 책임자가 사용한 것으로 보았다. 나는 아마 '사시'는 그 안에 동서남북의 네 시가 나눠서 설치되어 있었기 때문에 얻은 이름이라고 생각한다.[45]

---

42_ 『三輔黃圖校釋』 卷2 長安九市, p.95. 「當市樓有令署, 以察商賈貨財賣買貿易之事, 三輔都尉掌之.」

43_ 『文選』 卷2 賦甲 京都上 張平子西京賦, p.61. 「爾乃廓開九市, 通闤帶闠, 旗亭五重, 俯察百隧, 周制大胥, 今也惟尉.」

44_ 『文選』 卷2 賦甲 京都上 張平子西京賦 李善注:「市有長丞而無尉, 蓋通呼長丞爲尉.」 그 의미가 무엇인지 명확하지 않다.

45_ 『장안지』 권5에서 나열한 장안의 시는 사시(四市), 유시(柳市), 동시(東市), 서시(西市), 직시(直市), 교문시(交門市), 효리시(孝里市), 교도정시(交道亭市) 등이다. 유운용 동지는 동시와 서시가 '사시'에 넣으면 마치 9개의 시 즉 장안구시(長安九市)가 된다고 보았다. 이 주장은 『삼보황도』의 장안구시, 즉 '6개의 시가 도서에 있고 3개의 시가 도동에 있다'는 기록에 부합하지 않는다. 게다가 문헌에서 남시(南市)와 북시(北市)가 있어서 동시와 서시와 병렬적으로 견주는 것을 아직 발견하지 못하였다. 이에 따라 나는 '사시'가 아마 시 하나 안에 동서남북의 네 개의

유운용 동지는『장안지』에서 '사시'를 동시와 서시와 나란히 나열한
것은 정확한 것이 아니며 동시와 서시는 당연히 '사시' 중에 포함되어야
하며 '사시'는 곧, 동서남북의 사시를 가리킨다고 보았다. 또한 그는『한
서』유굴리전(劉屈氂傳)에 여태자(戾太子)가 병사를 끌어들이고 '사시의
사람 수만 명을 부리며 장락궁 서궐 밑으로 이르게 하였다.'는[46] 기록을
승상의 군대와 혼전을 벌이는 상황과 함께 분석하여 '사시'는 성 안에 있
어야 하며 성 밖에 있을 수는 없으며 이것은 장안성 유지에서 출토된 동
서남북 사시의 봉니와 서로 들어맞는 것이어서 동시와 서시는 성 안에
있었을 것이라고 단정하였다. 이 판단은 여전히 증거가 부족해 보인다.
『자치통감』권20의 호삼성(胡三省)의 주에서는 "이도(二都) 및 이경(二京)
의 부(賦)에서는 모두 장안에 9개의 시가 있다고 하였으며「묘기」에서
도 '장안에는 시가 9개 있고 … 무릇 4리가 시 하나이다. 이것은 사시가
동서남북으로 나눠 시를 이루었다는 것이다. 일설에는 사시란 동시, 서
시, 직시(直市), 유시(柳市)라고 한다."고 하였다. 왕선겸은『한서보주』에
서 "이때 갑작스럽게 모집하니 어떻게 어떤 시장 소속의 누구라고 정할
수 있겠는가? 사시의 사람이란 여러 시장의 사람을 가리킬 뿐이며 사
(四)는 범칭을 나타내는 단어이다. 호삼성의 말은 그것을 잘못 이해하여
주장한 것이다."고 하였다. 나는 생각하기에 여태자가 부린 '사시의 사
람'은 확실히 성 안에 있었지만 여태자가 경사를 방어하는 '북군(北軍)'을
징발하는 데 성공하지 못해 즉각 병사를 끌어들이고 '사시의 사람'을 부

---

시가 나눠져 있기 때문에 부른 명칭이라고 추측한다.『한서』백관공경표에 따르
면 경조윤의 속관에는 '장안시령승(長安市令丞)'이 있고 좌풍익의 속관에는 '장안
사시사장승(長安四市四長丞)'이 있다고 한다. 일반적으로 '영(令)'이라고 칭하는
것이 '장(長)'이라고 칭하는 것보다 중요하고 높기 때문에 '영'을 칭하는 쪽이 큰
시장일 것이고 '장'을 칭하는 쪽이 작은 시장일 것이다.『삼보황도』에서 '장안구
시'라고 합쳐 부른 동시와 서시의 두 큰 시장에는 영서가 있고 삼보도위의 관할
에 속하여 당연히 좌풍익 관할에 속하면서 '장승'을 설치한 '사시' 안에 포괄되지
않는다. 이는 명확하게 쉽게 알 수 있는 것이다.
46_『漢書』卷66 劉屈氂傳, p.2881.「歐四市凡數萬衆, 至長樂西闕下」

려 작전을 폈는데 그가 '사시의 사람'을 부린 작전에는 병력이 부족하다고 하여 갑작스럽게 동서남북으로 설치된 4개의 시에 사는 군중을 모아서 장락궁 서궐 밑에 이르게 할 수는 없다. 여기서 말한 '사시'는 단지 하나의 시장일 것이며 아니면 왕선겸이 말한 것과 같이 추상적인 범칭일 것이다.[47]

넷째, 장안에는 일반 상인과 대상인이 곽 지역에 적잖이 살고 있었고 게다가 여러 능읍에는 관중에서 천사된 일반 상인과 대상인이 많아 '횡교대도를 사이에 둔' 큰 시장은 이런 수요에 부응하였고 이에 따라 끊임없이 발전하고 커졌다.

서한에서만 일곱 차례나 관동(關東)에서 많은 귀족, 관리 및 부유한 사람들을 옮겨 관중을 충실히 하고 이들의 힘을 빌려 장안의 위성 도시라 할 수 있는 능현을 건설하였다. 고조 9년(기원전 198)에는 제(齊) · 초(楚)의 귀족 및 호걸 10만여 명을 관중으로 옮겼고 나중에 주로 장릉(長陵)에 거주토록 하였으며 몇몇 부유한 상인은 장안 부근에 거주토록 하였는데 나중에 장안의 부유한 상인 가운데 전씨(田氏)가 있었다는 것으로 이를 증명할 수 있다. 뒤이어서 여섯 차례에 걸쳐 관동 사람을 능현

47_ 여태자(戾太子)가 무고(巫蠱)의 화(禍) 때문에 강충(江充)과 호무(胡巫)를 죽이고 병사를 일으키도록 압박을 받아 황후의 윤허를 얻고는 "구거(廐車)를 징발하여 활쏘는 병사를 실었고 무고(武庫)의 병기를 꺼내고 장락궁의 위졸(衛卒)을 징발하였다."고 하였다. 무제는 승상 유굴리에게 "성문을 굳게 닫고 반란자가 나갈 수 없도록 하라."고 명하였다. 아울러 삼보(三輔)와 가까운 현에서 병사를 동원하여 추격하여 체포토록 하였다. 태자는 또한 황제의 제(制)를 위조하여 장안에 있는 죄인을 동원하여 저항하게 하였고 이어서 태자는 경사를 방어하는 북군을 동원하려고 했으나 성과를 거두지 못해 태자는 병사를 이끌고 '사시의 사람' 수만 명을 부려 장락궁의 서궐 밑으로 이르게 하였다. 승상의 군대와 5일간에 혼전 끝에 실패하고 말았다. 태자가 '사시의 사람'을 부려 장락궁의 서궐 밑에 이르게 한 것에서 그가 서궐을 향해 진공하려고 하였다는 것을 추측할 수 있다. 왜냐 하면 그들은 일찍이 무고를 작전 지휘의 거점으로 삼았고 아울러 무고의 병기를 나눠 주며 전투에서 사용할 수 있기를 엿보았기 때문이다. 무고는 서궐의 서남쪽에 있었다. 그러나 태자는 '사시의 사람'을 통솔하는 작전에서 병력의 한계가 있었고 '사시의 사람'은 오합지졸이어서 5일 동안 혼전을 벌인 뒤 사망자 수만 명을 내며 마침내 실패로 끝났다.

으로 옮겼는데 관리와 호걸 이외에는 부자들이었다. 관리의 수는 많을 수 없어 주로 호걸과 부자들이었다. 원삭(元朔) 2년(기원전 127)에 무릉(茂陵)으로 옮기는 부자에 대해 '자(訾) 300만 이상'이어야 한다고 규정하였고 본시(本始)원년(기원전 73)에는 평릉(平陵)으로 옮기는 부자에 대해 '자 100만 이상'이어야 한다고 규정하였다. 따라서 장안과 능현에는 대상인이 적잖이 있었는데 예를 들면 장안에는 부자로 왕손씨(王孫氏), 어씨(魚氏), 좌씨(左氏), 지씨(摯氏), 단씨(丹氏), 전씨(田氏), 번씨(樊氏), 섭씨(葉氏) 등이 있었다. 『사기』 화식열전(貨殖列傳)에는 "관중의 부유 상인과 대상인은 대체로 전씨(田氏) 일족인데 전색(田嗇), 전란(田蘭)이 있다. 위가(韋家), 율씨(栗氏), 안릉(安陵)과 두(杜)의 두씨(杜氏)도 역시 엄청난 부를 소유하였다. 이들은 부유한 사람 중에서도 두드러진 사람들이었다. … 상업으로 재산을 모았고 농업으로 그것을 지켰다."[48]고 하였다. 부자가 '상업으로 재산을 모은 것'은 반드시 시장의 교역을 통해서였다. 여러 능현에도 '시'가 있을지라도 고기를 살 수 있는 무릉의 시장처럼 작은 시장에 지나지 않아[『한서』 유협전(游俠傳)] '횡교대로를 사이에 둔' 큰 시장은 이런 수요에 부응하며 끊임없이 커져 갔다. '횡교대도를 사이에 둔' 서시는 혜제때 처음 설치되었으나 백성을 많이 이주시키고 능현을 만든 이후에 커졌을 것이다.

나는 얼마 전 장안의 성 서북쪽 모퉁이에서 발견된 '시'의 유지는 문헌에서 말한 "효리시(孝里市)가 옹문의 동쪽에 있었다."는 것이며 9개의 시로 구성된 동시와 서시는 아니라고 주장하였다. 현재 유경주 동지는 이 옹문은 장안성의 옹문이 아니며 옹문이 달리 있고 효리시는 오늘날 함양시의 동쪽 교외에 있었다고 보았다. 『한서』 외척전(外戚傳)에서 구익부인(鉤弋夫人)의 아버지가 "장안에서 죽자 옹문에서 장례를 치렀다."고 하였는데 안사고(顏師古)는 "옹문은 장안 서북쪽에 있는 효리시의 서

48_『史記』 卷70 貨殖列傳, p.3281. 「關中富商大賈, 大抵盡諸田, 田嗇 · 田蘭. 韋家栗氏, 安陵 · 杜杜氏, 亦巨萬. 此其章章尤異者也. … 以末致財, 用本守之.」

남에 있는데 장안에서 30리 떨어져 있다.[雍門在長安西北孝里西南, 去長安三十里.]"[49]고 주를 달았다. 유경주 동지는 이러한 표점이 정확하지 않은 것이며 "옹문은 장안 서북의 효리에 있고 서남쪽으로 장안과 30리 떨어져 있다.[雍門在長安西北孝里, 西南去長安三十里.]"라고 표점을 해야 하며 '서남'은 '동남'의 잘못이라고 보았다. 그는, 안사고가『한서』를 주를 달 때 '장안'이라고 한 것은 한 장안고성(長安古城)이고 당 장안성은 '경성(京城)' 이라고 하였기 때문에 이 주에서 '장안'은 한 장안성이며 옹문은 다른 곳이고 둘 사이의 거리가 30리라고 보았다. 그리고 그는 효리의 동쪽 근처에 있는 진나라의 두우정(杜郵亭)이 효리라고도 불려 효리시는 그 때문에 그런 이름을 얻었다고 생각하는 듯하다. 나는 이 고증은 잘못된 이해에서 비롯된 것으로 생각한다. 원래 표점은 정확하며[50] '장안'은 당연히 당대 장안성을 가리키며 옹문은 당대 장안성의 서북쪽이자 효리의 서남쪽에 있었으며 당대 장안과 30리 떨어져 있었다.『수경주』위수조에서 두우정은 '지금은 효리정(孝里亭)이라고 한다'고 하였다.『문선』권10 반악의「서정부」에서 "두우(杜郵)가 어디에 있는지 찾아보니 두우는 효리의 이전 이름이라고 합니다. 망연히 수레를 멈추고 앞으로 나가지 못한 채 무안[武安, 무안군(武安君) 백기(白起)]을 안타까워하며 애도하였습니다."[51]고 하였다. 이선은 "두우는 정(亭)의 이름으로 함양 서쪽에 있으며 지금은 효리(孝里)라고 부른다."고 하였다. 두우는 진나라 도성인 함양의 서문 밖으로 10리 떨어진 곳에 있는 외곽정이다. 두우가 한대에 이미 효리로 개명한 증거가 없고 효리라는 이름이 후에 생겨났으므로 어떻게 이것을 근거로 한대의 효리가 거기에 있었고 게다가 옹문이 따

---

49_『漢書』卷97上 外戚傳, p.3956.「死長安, 葬雍門. 師古曰: "雍門在長安西北孝里西南, 去長安三十里.」

50_ 역자 주:『한서』의 현행 중화서국 표점본도 저자의 주장과 똑같이 표점을 하고 있다.

51_『文選』卷10 賦戊 紀行下 潘安仁西征賦, p.464.「索杜郵其焉在, 云孝里之前號. 惘輟駕而容與, 哀武安以興悼.」

로 있었다고 단정할 수 있는가?

유운용 동지는 장안 인구 가운데 상당수가 시적(市籍)에 속하고 시장에 거주하여 160개의 이(里)에 거주하는 주민은 아니라고 지적하였다. 적확한 지적이다. 장안에는 상인이 많이 있었고 시조(市租)의 수입도 임치 다음이었다. 주보언(主父偃)은 경제에게 일찍이 "제지역의 임치에 호수는 10만 호이고 시조는 천금이며 사람들이 부유하고 장안보다 컸습니다.[『사기』 제도왕세가(齊悼王世家)]"[52]라고 하였다. 그러나 적지 않은 행상, 특히 대량으로 물품을 사두고 가격이 높아질 때까지 기다린 후 팔아 폭리를 취하는 부상과 대고는 시적도 없었고 시장 밖에 거주하였다. 『사기』 평준서(平準書)에서는 "부유한 상인 가운데 어떤 사람은 재물을 모으고 가난한 사람을 부렸고 그 화물을 실은 수레가 수백 량이기도 하였으며 성안에 살면서 싸게 사서 비싸게 팔기도 하여 봉군(封君)조차도 모두 그들에게 머리를 수그려 물품을 공급받을 정도였다."[53]고 하였고 "상공업자 가운데 고리대금을 놓을 사람, 싸게 사서 비싸게 파는 사람, 성안에 살면서 물건을 쌓아 둘 사람 그리고 여러 가지 장사를 통해서 이익을 얻는 사람은 비록 시적에 없더라도 스스로 재화를 헤아려 관에 신고하게 해야 합니다."[54]라고 하였다. 적지 않은 상인이 특별히 설치한 '이(里)'에 거주하고 있었다는 것을 알 수 있다. 북위의 '낙양대시' 주변에는 10개의 '이(里)'가 있어 각종 상인이 나눠 거주하였다. 예를 들면 동쪽의 통상리와 달화리에 행상과 수공업자가 거주하였고 그와는 달리 준재리와 금사리에는 부자가 거주하였다. 동시에 '낙양소시'의 동북쪽에는 식화리가 있는데 '도살을 본업으로 삼는' 사람들이 거주하였다. 당대 낙양의 북시 동북에는 식업방(殖業坊)과 풍재방(豐財坊)이 있고 동남

---

52_ 『史記』 卷52 齊悼王世家, p.2208. 「齊臨菑十萬戶, 市租千金, 人衆殷富, 巨於長安.」

53_ 『史記』 卷30 平準書, p.1425. 「而富商大賈或蹛財役貧, 轉轂百數, 廢居居邑, 封君皆低首仰給.」

54_ 『史記』 卷30 平準書,, p.1430. 「諸賈人末作貰貸賣買, 居邑稽諸物, 及商以取利者, 雖無市籍, 各以其物自占.」

에는 육재방(毓財坊)이 있었으며 남시의 북쪽에는 통리방(通利坊)이 있고 서시의 북쪽에는 광리방(廣利坊)이 있어 여전히 이런 습속을 그대로 따르고 있었다. 이러한 방리의 명칭은 모두 상인이 이익을 도모하는 것과 관련이 있는 것이어서 우연이 아니다. 당대 장안의 동시와 서시 두 시장 주변의 이(里)에도 마찬가지로 상인이 적잖이 거주하였다.[55] 이런 습속은 서한 장안에서 이미 시작되었다는 것을 알 수 있다. 『거연한간석문(居延漢簡釋文)』 제5762호에는 "경진(庚辰)일에 과객(過客)이 장안의 발리리(發利里)에 거주하였다."고 하고 『거연한간 갑편(甲編)』의 부록에 있는 37호에서는 "장안 유리리(有利里)의 송매(宋買), 나이 24살, 키는 7척 2촌이고 얼굴빛이 검다."라고 하였다.(이상은 마선성의 「한대장안리제고」에서 집록되어 있는 것이다.) 발리리에 거주하는 '과객'은 외부에서 온 객상일 것이고 유리리에 거주하는 송매는 아마 매매를 잘 하였으므로 그런 이름을 얻었을 것이다.

---

55_ 예를 들면 당대 장안 서시 동북쪽에 있는 연수방(延壽坊)에는 '금은보석을 파는 사람'이 있었고[『당궐사(唐闕史)』 권하(下) 왕거사신단조(王居士神丹條)] 서시 동남쪽에 있는 흥화방(興化坊)에는 '비단을 파는 것을 본업으로 하는' 자가 있었다[『태평광기』 권486 무쌍전(無雙傳)]. 서시 서남쪽에 있는 회덕방(懷德坊)에는 부유한 상인인 추봉치(鄒鳳熾)가 거주하면서 '사방의 물자를 이루 다 거둬들였다.'고 한다[『태평어람』 권495에서 인용하고 있는 「서경기(西京記)」]. 서시 서남쪽으로 두번째 방인 풍읍방(豐邑坊)에는 '많은 곳에서 방상(方相)과 상례를 치르기 위해 필요한 도구를 빌려 주었다.'고 한다[『서경신기(西京新記)』 권3)]

# 찾아보기

## 저자 약력

**양관**(楊寬, 1914~2005)

1914년 중국 상해 출생으로 1936년 상해 광화대학[光華大學, 현재 화동사범대학(華東師範
大學)] 중문학과를 졸업 후, 1946년 상해시박물관 관장 겸 광화대학 역사과 교수,
1953년 복단대학(復旦大學) 역사과 교수, 1960년 상해사회과학원(上海社會科學院) 역사
연구소 부소장, 1970년 복단대학 역사과 교수를 거쳐, 1986년 미국으로 이주하였다.
대표적 저서로는『중국고대도성제도사』외에『전국사(戰國史)』,『고사신탐(古史新探)』,
『중국고대야철기술발전사(中國古代冶鐵技術發展史)』,『중국고대능침제도사연구(中國古代
陵寢制度史硏究)』등이 있다.


## 역자 약력

**최재영**(崔宰榮)

서울대학교 동양사학과에서 학사, 석사, 박사 학위를 취득하고, 서울대학교 역사연
구소 선임연구원을 거쳐 현재 한림대학교 인문학부 사학전공 부교수로 재직중이다.
저서로는『한국과 동아시아의 동궁 연구』(공저, 역사산책, 2018),『도시 속의 역사』(공
저, 라움, 2012)가 있으며, 역서로는『또 하나의 돈황』(이담북스, 2005),『장안은 어떻게
세계의 수도가 되었나』(황금가지, 2006)가 있다. 그 외 논문으로「수당장안성과 시장
의 기능」(『역사와 담론』 86, 2018),「당대 도성 수축 관리제도와 법률조직」(『東洋史學
硏究』 128, 2014) 등이 있다.